PARIS. — IMPRIMERIE DE CH. LAHURE
Rue de Fleurus, 9

ESSAIS
DE PHILOSOPHIE
ET DE MORALE

PAR

ERNEST BERSOT

TOME PREMIER

PARIS
LIBRAIRIE ACADÉMIQUE
DIDIER ET Cie, LIBRAIRES-ÉDITEURS
55, QUAI DES AUGUSTINS, 55

1864
Droit de traduction reservé

AVERTISSEMENT.

Des personnes qui ont sur moi la plus juste autorité m'ont conseillé la publication que je fais aujourd'hui. Elles veulent bien remarquer ce qu'il y a de soin dans mes écrits, mais elles regrettent qu'ils soient épars ou mal désignés par des titres trop vagues ; je réunis donc ici les travaux de plusieurs années sous le titre qui me semble leur convenir, parce qu'il représente le mieux la direction constante de mon esprit. Il m'a paru de bonne heure que le plus intéressant objet proposé à la curiosité de l'homme, c'est l'homme, soit qu'on observe, comme les historiens, les économistes et les politiques, le mouvement et les lois des sociétés qu'il a formées, soit que, comme les philosophes et les moralistes, comme tout notre-dix-septième siècle, on l'étudie en lui-même et qu'on s'efforce de le saisir. Celui qui, livré à cette étude, a goûté une fois cette sorte de vérité, ne s'en passe plus, il ne se plaît plus où elle n'est pas; la littérature et l'art lui paraissent vides, s'il n'y a pas quelque chose sous leur prestige, une idée vraie, un sentiment vrai.

Quelque jugement que l'on porte sur ces deux volumes, si on daigne s'en occuper, on y reconnaîtra du moins cette inspiration, et j'espère qu'elle leur fera trouver grâce pour des imperfections dont j'ai la conscience; je prie aussi les lecteurs du *Journal des Débats* de protéger un ouvrage dont une grande part a été faite pour eux.

Versailles, 19 décembre 1863.

Ernest BERSOT.

ESSAI

SUR LA PROVIDENCE.

PRÉFACE.

I

Puisque nous parlons de la Providence, à qui en parlons-nous ?

Le peuple d'abord y croit-il ? Sans doute il croit en général à Dieu, et reconnaît que le monde n'a pu se faire seul ; mais ce n'est pas tout de croire à Dieu, il faut savoir s'il veille ou non sur son œuvre, et comment sa Providence s'exerce ; or ici les croyances s'énervent et se diversifient. L'action uniforme du Créateur sur le monde physique est si claire, qu'il faudrait fermer obstinément les yeux pour ne la point voir : il est pour tous manifestement l'auteur de l'harmonie de la nature ; mais dès qu'on abandonne ces phénomènes palpables pour s'élever plus haut, il n'y a plus de commune croyance. On entend partout répéter que toutes les religions sont bonnes : maxime honorable et bien précieuse en face des auto-da-fé, mais qui, dans une société plus douce, telle que la nôtre, annonce seulement une profonde indifférence pour toutes les religions.

En l'absence de cette règle, qui donc instruit le peuple et lui enseigne la Providence? Les savants peut-être? La Providence, telle que le peuple l'entend, n'est pas celle de Herder et de Vico, cette Providence métaphysique qui n'est sensible que dans une longue suite d'événements ; il la veut moins savante, mais plus présente, morale avant tout, telle qu'elle se manifeste dans les tribunaux ou dans le monde, établissant ici-bas la justice, punissant le vice, récompensant la vertu. Or, que lui apprennent ces expériences des tribunaux et du monde? Un certain jour un crime considérable est découvert et puni. Ou bien le coupable s'est trahi, ou le remords l'a contraint de se dénoncer lui-même, ou, pour cacher sa faute, il s'est jeté dans des contradictions infinies, ou enfin il a presque tout prévu, mais a négligé un point imperceptible, par quoi il va périr. Hors des tribunaux, les choses humaines ont leur cours, qui instruit : une fortune scandaleuse se détruit misérablement, la ruse se prend à son piège, et la violence se précipite. Ici et là ne semble-t-il pas qu'il y ait une puissance occulte, vengeresse, qui poursuit les méchants par diverses voies et d'un pas inégal, mais toujours âpre dans sa poursuite et inévitable? Quand au contraire l'innocence soupçonnée est reconnue, quand c'est la vertu qui se cache et que peu à peu son mérite transpire, ou qu'une circonstance imprévue la fait éclater et qu'elle prospère dans le monde, ne semble-t-il pas voir une puissance amie du bien, qui lui prépare sûrement son prix? Or, la puissance qui récompense le bien et punit le mal est, sous ses traits familiers, la Providence. Quiconque fait ou aide le mal prêche donc contre la Providence ; plus le mal a d'étendue, plus l'enseignement porte loin, et la meilleure leçon d'athéisme est la durée d'un régime injuste. Ainsi, que le mérite et le démérite reçoivent chacun ce qui leur est dû, et la Providence sera visible ; mais combien de fois l'ordre est interverti ! combien de fois la vertu languit en face du vice triomphant ! combien de fois surtout nous nous croyons injustement victimes : avides de bonheur, et, pour en être dignes, effaçant nos défauts, exagérant ou inventant nos vertus, peu frappés du bien-être, que la possession rend insensible, et jetés hors de nous par la moindre douleur ? Dans ces épreuves, le peuple demande ce que fait donc la Providence, et pourquoi elle demeure témoin impassible de ce renversement ; si elle dort, si elle existe. Il va ainsi de la foi au doute et du doute à la foi, inquiété jusqu'au milieu de sa foi par le souvenir du doute passé ; et sa vie se partage entre l'adoration, la défiance et le blasphème.

On tâche de le rassurer. Oui, dit-on, si on s'enferme dans ce monde, tout n'est pas dans l'ordre ; mais il y a un autre monde au delà de celui-ci, où Dieu règne, et nous recevant, au sortir de la terre, purs ou impurs, donne à chacun suivant ses mérites. Faire abstraction de l'existence future, quand on juge l'existence actuelle, c'est juger une pièce sur un acte, sur l'exposition, sans tenir compte du dénoûment, qui pourtant en fait bien partie. C'est parfaitement raisonner, si bien qu'après cela il ne devrait plus rester place au moindre doute. Il n'en est rien. C'est qu'en effet nous sommes loin de cet âge où la foi qui inspirait à Dante son Enfer, également vive chez le peuple, environnait de terreur l'homme qui avait *vu* de si redoutables choses, et projetait sur lui comme un reflet

des clartés souterraines. Aujourd'hui le peuple est agité par les mêmes pensées qui troublaient la forte raison de Leibnitz : « C'est un jugement terrible que
» Dieu, étant l'unique auteur et maître du salut des
» hommes, en sauve pourtant si peu et abandonne
» tous les autres au diable, son ennemi, qui les tour-
» mente éternellement et leur fait maudire leur créa-
» teur, quoiqu'ils aient été tous créés pour répandre
» et manifester sa bonté, sa justice et ses autres per-
» fections. » Dans ce conflit entre la bonté et la justice de Dieu, le peuple ne sait quel parti prendre; la vie future se couvre de nuages, et il flotte de doctrine en doctrine, d'imagination en imagination, au gré de ses impressions mobiles, suivant son bonheur ou sa misère, ses craintes ou ses espérances.

On cite encore comme instituteurs du peuple le théâtre et les romans. Puisqu'ils représentent les passions de l'homme et leurs suites, qu'ils mettent aux prises le vice et la vertu, et qu'ils disposent du succès de la lutte, ils peuvent, s'il leur plaît, rendre visible à nos yeux la main de la justice divine. Je le reconnais, ces fictions agissent fortement sur les esprits : on est tout prêt à y reconnaître la vie humaine; mais passons ces compositions légères et aimables, dont il ne faut pas médire, puisqu'elles nous procurent des instants de plaisir et d'oubli, et arrivons au drame, aimé de la foule, qui prétend la moraliser ; ne sont-ce pas de singulières écoles de la vie que ces pièces qui, pour frapper de plus grands coups, exagérant l'horreur et créant des monstres, nous transportent dans un monde fantastique, qui n'a rien à voir avec le monde où nous vivons, puis nous renvoient dans un heureux contentement de nous-mêmes, alors que comparant nos vices à ces vices gigantesques, ils nous semblent au moins des vices honnêtes, et, avec quelque complaisance, des vertus ? Quant aux romans, sauf des exceptions trop rares, qu'ont-ils fait, depuis longtemps, qu'enflammer l'imagination et les sens par des analyses et des tableaux passionnés, qui vous chassent hors de la règle, à la recherche de voluptés ardentes ? et, quand ils-ont peint la corruption universelle avec leur cynique ironie, quand ils ont enseigné que la vaste scène du monde est occupée par la licence ou le crime, qui marchent le front haut, en plein soleil, qu'ont-ils fait encore ? Comparant à ce dévergondage, qui est, nous dit-on, la réalité, la beauté de la destinée humaine que nous avons rêvée, et tombés de cette hauteur, nous prenons la dignité morale pour le préjugé d'une existence médiocre, nos bonnes résolutions et nos bonnes actions pour des naïvetés de la jeunesse, qui n'ont de la grâce qu'un temps.

Ainsi le peuple demeure réduit à quelques vérités de morale naturelle, solides sans doute, mais sans efficacité, faute de s'appuyer sur l'autorité d'un Dieu bien vivant, bien présent au fond de la conscience, faute aussi des terreurs et des attraits de la vie future ; l'être d'où ces vérités partent et le monde où elles conduisent restant dans les nuages, elles flottent dans le milieu, sans racine et sans fruit. On vit au jour le jour, dans cette bizarre honnêteté, qui tient pour qualités les défauts absents, et ne tient guère pour défauts que ceux qui nuisent à autrui ; enfin, au sortir de cette vie insoucieuse, on s'en remet des hasards de l'avenir au dieu des bonnes gens.

Dans les classes supérieures, dans celles qui ont des loisirs pour la réflexion, il semble qu'on trouve des convictions plus fortes. Or, parmi ces esprits convaincus, je ne parle pas des hypocrites, comptez-vous les hommes qui, dans les choses d'intelligence, suivent la mode : population flottante, mue par le caprice, qui ne demande pas à une opinion d'être vraie, mais d'avoir bonne grâce, et la déserte avec la faveur publique ? ceux qui rougiraient, si on pouvait croire qu'ils ont laissé quelque importante question sans la résoudre, et tiennent à avoir une opinion sur chaque chose, pour représenter aux yeux du monde et par contenance ? ceux qui ne considèrent pas dans une doctrine sa solidité, une règle de penser et de vivre, mais son alliance avec un parti politique, et la portent comme on porte une couleur ? ceux qui, plus touchés du beau que du vrai, en goûtent la poésie, et se font une foi artistique ? Parmi tant d'hommes qui manquent de convictions sur leur âme, sur leur destinée, sur la Providence, cherchez du moins combien sont tourmentés par ces problèmes ; en trouverez-vous beaucoup ? Hommes rares, instants fugitifs, pensées légères, sur un fond immense d'oubli.

Dans de pareilles âmes que peut être la volonté ? Energique, quand elle est excitée par des croyances profondes, elle est languissante, au service d'esprits mal convaincus, douteurs ou indifférents. Aussi voit-on que nous manquons universellement de caractère. Comme on n'est sûr ni des autres ni de soi-même, on craint avant tout de se compromettre, on ne suit que trop fidèlement le précepte du sage, qui ne l'entendait pas dans ce sens : « Vis avec tes amis comme
» devant un jour devenir tes ennemis, et avec tes
» ennemis comme devant un jour devenir tes amis. »
Et pourtant, s'il fallait des convictions, ce serait maintenant plus que jamais. Dans notre société ancienne, un homme était attaché à une condition par

sa naissance ; d'un coup d'œil il voyait devant lui sa route toute tracée ; aujourd'hui que chacun peut prétendre à tout, il n'y a guère d'hommes que l'ambition ne touche, et qui, dès leur jeunesse, ne rêvent de fortune. Alors le grand objet de la vie est de franchir sa condition. Mais ici que de difficultés ! Il faut se créer des appuis, prévenir les haines, ne négliger aucun homme jouissant de quelque pouvoir politique, ou de quelque influence privée, se permettre au plus d'écraser le mérite silencieux, courtiser toujours la médiocrité bruyante et agissante. Dans ces soins, on efface, on change sa couleur, on se jette dans des ménagements infinis, dans des conciliations universelles ; tandis qu'on n'envisage les hommes, ces créatures divines, que comme des instruments ou des obstacles à notre fortune, on perd le sens moral ; et pour achever, on décore cette belle pratique d'un grand nom : on l'appelle pompeusement la science de la vie, l'expérience des hommes et des choses.

N'y a-t-il donc nulle part de conviction ? Il en existe sans doute ; mais ici encore le bien est souvent corrompu par le mal. La croyance la plus générale de toutes, celle qui surnage dans la ruine des autres, celle qui influe le plus puissamment sur notre conduite, la croyance salutaire à la Providence, est fréquemment gâtée par ce que nous y mêlons du nôtre, et, par une contradiction déplorable, se tourne en instrument de mal. Essayons de peindre un si étrange renversement.

Lorsque, dans notre simplicité, nous voulons juger les actions humaines, nous les jugeons par la morale commune. Il existe en effet une loi qui prononce sur les pensées et les œuvres des hommes. Elle n'est ni difficile à consulter, ni difficile à interpréter, ni d'une autorité médiocre ; accessible à tous, savants et ignorants, d'une clarté inexorable, ses arrêts sont absolus. Grâce à elle, quand deux Etats se font la guerre, quand un gouvernement, un citoyen prennent une décision, on sait s'ils agissent justement ou injustement ; les plus vastes comme les plus petits desseins trouvent là ou leur sanction ou leur sentence.

On nous détourne de cette considération. Lorsque lisant l'histoire, ou observant ce qui se passe devant nous, nous sommes indignés de voir le mauvais parti triomphant, survient une doctrine qui nous dit :
« Pourquoi cette indignation vertueuse ? Ne voyez-
» vous pas que si un événement de cette importance
» arrive, c'est qu'il a sa raison d'être, qu'une force
» irrésistible le produit ; et ce n'est point une raison
» frivole, une force sans énergie, c'est la nature elle-
» même toute-puissante. Quelle folie de vous révolter
» contre cette nécessité, et si vous la rencontrez sur
» votre chemin, d'aller vous briser contre elle et
» contre Dieu, dont elle est l'organe ! Respectez les
» faits accomplis. »

C'est là, il faut en convenir, une doctrine heureusement née, à qui l'on pouvait sûrement, lors de son apparition, prédire une grande fortune. Les hommes aiment à être du parti vainqueur, les uns par calcul, les autres parce qu'ils sont moins à l'aise dans le moindre parti : gens à convictions peu profondes, qui ont besoin, pour avoir foi dans leurs idées, de les voir partager par le grand nombre, et qu'elles leur reviennent de tous côtés revêtues de l'approbation générale ; la solitude leur fait peur. La vie qu'on trouve dans les minorités n'est pas si douce qu'on y demeure volontiers. Être perpétuellement sur pied, armé en guerre ; se sentir blessé à toute heure par les démarches de ses adversaires, aigri par leur bonheur, par leur sagesse même; rêver un avenir qui n'arrive pas, ou le toucher du doigt et le voir s'échapper ; douter parfois, et au moment d'agir, être saisi par cette réflexion pleine d'angoisses que peut-être on a fait fausse route, qu'on dépense en vain son énergie, qu'on se sacrifie inutilement : voilà l'existence, quand on se place parmi les mécontents. On est donc porté à abandonner les faibles pour les forts ; mais au moment de passer dans le camp ennemi, on hésite, ce brusque passage soulève des scrupules et quelques remords. C'est alors que la doctrine proposée a son usage : elle nous enseigne à accepter les faits accomplis, à révérer en eux la nature souveraine. Après ces leçons, la conscience est plus en repos, et une conversion s'opère hardiment.

Certes j'admire la soumission aux décrets de Dieu. Lorsqu'un homme qui a servi avec loyauté un parti, observant la marche des événements continue et irrésistible, voit d'une vue claire que ce parti a fait son temps, que la vie s'est retirée de lui, et qu'il est condamné; lorsque dans cette âme honnête il se livre un cruel combat entre d'anciennes affections et la raison inexorable, et que la raison l'emporte, je m'incline à ce grand spectacle et je salue le transfuge à son passage. Mais comment ne pas s'indigner, quand des considérations si hautes ne servent qu'à colorer la lâcheté? Ils prétendent, lorsqu'ils se soumettent aux faits accomplis, accepter le jugement de la nature, c'est-à-dire le jugement de Dieu sur les affaires humaines. Sont-ils bien sûrs de ne se tromper jamais ? Que de faits ont été regardés comme accomplis, qui ne l'étaient pas, qui ne devaient jamais l'être ! Les partis sont sujets à l'illusion : le désir les aveugle, tout léger succès est cause gagnée et sans appel, toute possession d'un instant vaut prescription. Est-il donc arrêté que les leçons de l'histoire seront éternellement perdues? Où leur a-t-elle montré une fortune sans revers? La lutte des peuples et des partis n'est-elle pas pleine d'alternatives, en sorte que le vainqueur du jour est le vaincu du lendemain? Sans même consulter les livres, ne trouvent-ils pas dans leur souvenirs les mêmes vicissitudes, les mêmes enseignements? Ils ont vu, sur le sol mouvant de la France, en quarante années, six ou sept révolutions; ils ne peuvent regarder un instant le monde, sans le voir changer sous leurs yeux. Mais non, ils n'ont rien vu; on ne peut assez s'étonner de cette enfance sans fin, pour qui l'expérience n'est pas, et qui se repaît, avec une confiance inaltérable, de chimères cent fois confondues, ni de cette folie des hommes, qui se promettent la consistance dans la perpétuelle mobilité. Combien on en voit errer de parti en parti, offrant, retirant, rapportant les témoignages fervents d'une fidélité éternelle, abattus devant le succès, sans entrailles pour le malheur, hommes à cœur d'esclave, qui traînent à la suite des puissances une vie sans dignité. Est-il rien de plus triste que cette dégradation volontaire, que ce spectacle d'une créature humaine se dépouillant de ce qui fait l'homme : une raison pour voir les principes et la liberté pour suivre la raison? Il est une cause qui ne souffre rien de la fortune : la cause de l'honnêteté au fond de l'âme; il est des faits accomplis : nos pensées basses ou généreuses; il est un pouvoir inviolable : celui dont le stoïcien a pu dire : Il n'y a ni voleur ni tyran de la volonté.

Et considérez combien cette doctrine encourage les

gens entreprenants. Comme il ne s'agit que de réussir, le succès à tout prix devient le but unique de tous les efforts. Que dis-je, le succès? l'apparence ; car il ne faut que faire figure. Or quand les hommes se laissent intimider par le succès, presque toujours c'est devant leur œuvre qu'ils s'inclinent. Si, pendant qu'un grave événement se prépare, ceux qui y travaillent étaient sûrs qu'un œil vigilant les observe, qu'une main vigoureuse s'oppose à leurs desseins, et qu'une fois ces desseins réalisés, ils la retrouveront encore étendue et inflexible, pour détruire ce qu'ils auront construit, plus d'un réfléchirait avant de se jeter dans une entreprise si menacée. Quand au contraire on sait que ce personnage puissant, capable de vous arrêter, vous regarde faire, qu'il n'est pas un ennemi, et qu'il peut devenir un ami, la confiance n'a plus de bornes ; et c'est elle qui fait réussir.

Supprimer la morale, renoncer à toute initiative, obéir au fait brutal, livrer le monde à l'audace, voilà les beaux effets de la résignation aux faits accomplis. Si on juge les théories à l'œuvre, que celle-ci subisse son jugement.

Au lieu de cette doctrine, qui ne voit dans les événements que la force qui les a produits, laissant dans l'ombre le caractère par lequel ils sont justes ou injustes, en voici une autre qui néglige également ce caractère, ou plutôt le défigure, parce qu'elle se préoccupe exclusivement des résultats. Ecoutez parler ses partisans. « Votre morale, nous disent-ils, est
» vraie, mais singulièrement médiocre; au lieu de
» cette appréciation étroite des faits, élargissez vos
» vues, considérez les choses d'une plus grande
» hauteur. Telle action est choquante, pensez-vous,
» et rien ne peut empêcher qu'elle soit blâmable ;

» oui sans doute, blâmable devant la morale com-
» mune et la conscience des esprits faibles ; mais
» considérez-en les résultats, quels changements
» heureux elle a opérés dans le monde, et vous re-
» connaîtrez qu'elle a sa place marquée dans les plans
» de la Providence. Cette guerre est inique, je le
» veux ; mais observez combien elle sert la civilisa-
» tion, et vous n'aurez plus le cœur d'être sévère.
» Cette paix, à son tour, est, d'après vous, sans di-
» gnité, mais à son ombre fleurissent le commerce,
» les arts, la science, l'industrie. Le despotisme est
» honteux ; mais qu'on y dort bien ! et qu'il laisse de
» beaux monuments ! Aussi, comme il est juste de
» distinguer les événements en eux-mêmes de l'en-
» semble où ils prennent place ; comme à ces deux
» points de vue, une seule et même action change de
» caractère ; comme on doit plus considérer l'ordre
» de l'univers qu'un simple fait, qui paraît et s'ef-
» face, les desseins de Dieu que les desseins des
» hommes, il est juste de distinguer une grande et
» une petite morale, et de donner à celle-là la préé-
» minence. Si elles se trouvent d'accord, c'est heu-
» reux ; si elles se combattent, il n'y a pas d'hésita-
» tion permise, la grande l'emporte. »

Je vous entends. Eh bien, voici les redoutables personnages de quatre-vingt-treize, qui abattent les têtes élevées, nivellent la nation et préparent l'égalité ; voici les conquérants du nouveau monde, qui assurent la civilisation en exterminant les indigènes ; voici les ouvriers de la Saint-Barthélemy, des dragonnades et de l'Inquisition, qui travaillent à l'unité de la France et de l'Europe. Dites, sont-ce là vos saints ? Reniez-les, vous vous reniez vous-mêmes ; confessez-les, vous désertez le genre humain. Pour nous, nous sommes avec le genre humain, honorant ce qu'il honore, flétrissant ce qu'il flétrit ; la violence et l'astuce, au service de la plus noble cause, demeurent ce qu'elles sont ; toujours l'âme honnête les réprouve, et en outre elle s'indigne profondément de voir les choses sacrées entre des mains impures. Vous espérez en vain qu'on vous permettra de distinguer entre les faits, d'approuver les uns, de désapprouver les autres. Cela ne sera pas. Comme tout se tient dans l'histoire, tout est également bon, la violence de Sextus et la pudeur de Lucrèce, la résistance des victimes et l'énergie des bourreaux ; vous êtes condamnés à ce misérable optimisme qui fait voir en beau toutes les pages de l'histoire, palliant les plus révoltantes, ou même en supprimant l'horreur.

Il y a des esprits plus fiers qui ne s'inclinent pas devant les faits, et veulent un jugement ; ils l'ont trouvé dans le suffrage populaire : la voix du peuple est la voix de Dieu. D'honnêtes gens avaient pensé que le suffrage populaire vaut dans la matière changeante des formes politiques, et qu'il n'a rien à voir au juste immuable ; que la décision du bien et du mal appartient à la seule conscience ; ils ont changé tout cela. Hobbes écrivait, il y a trois siècles : « Les princes » font juste ce qu'ils ordonnent, injuste ce qu'ils dé- » fendent. » Ils pensent comme Hobbes, au prince près. Donc si leur prince décidait qu'il n'y a plus ni liberté de conscience, ni liberté personnelle, ni propriété inviolable, ni droit, il n'y aurait plus légitimement ni liberté de conscience, ni liberté personnelle, ni propriété inviolable, ni droit. Il faut bien le croire, puisqu'ils le disent. Pour nous qui avions cru qu'avant tout droit politique est le droit naturel, que les formes politiques sont seulement des manières d'administrer

ce droit; que la volonté d'un peuple délibérant et choisissant, probablement en liberté, et probablement à autre effet que de se vendre, peut créer ces formes politiques, pour durer autant qu'elle-même, vingt siècles ou un jour, sans qu'elle puisse jamais toucher au droit naturel, sur lequel tout porte; pour nous, dis-je, qui pensions être allé aussi loin qu'il était permis d'aller, nous avons honte d'être si arriéré auprès de ces nouveaux théologiens du suffrage universel. A voir de quelle façon il profite par leurs soins, nous comptons qu'au premier jour ils le chargeront de décider entre Newton et Descartes, sur l'émission et l'ondulation de la lumière. En attendant, nous rétractons entre leurs mains ce que nous avons jadis écrit : « La nation peut faire d'elle-même ce qu'elle
» veut, comme je puis faire de moi ce que je veux ;
» mais il faut bien qu'on le sache, et qu'on ne l'oublie
» pas : pas plus que moi, la nation entière ne peut
» faire le juste et l'injuste. Elle crée la légitimité et la
» légalité, légitimité des formes de gouvernement,
» légalité des actes de ces gouvernements; mais,
» comme le simple individu, elle n'agit qu'à condition
» d'agir bien ou mal, selon la loi morale éternelle. Il
» est bon de répéter au peuple souverain qu'il n'est
» pas maître de la nature des choses, de peur qu'il ne
» se prenne pour la Raison en personne, et ne vienne
» à déraisonner. »

C'est ainsi que les hommes se dispensent de la conscience, absolvant ce qui est, par l'histoire ou par le suffrage du nombre, interprètes de la volonté divine. Du moins, ce parti une fois pris, ils agissent dans le sens de la Providence, qu'ils imaginent; mais en voici qui, de la confiance en la Providence tirent, par un nouveau tour, l'inertie. Comme ils ont vu les événements les moins probables survenir par les causes les moins attendues, et qu'ils ne comptent pas que l'avenir soit fait autrement que le passé, convaincus de leur impuissance à rien prévoir et à rien préparer, ils laissent rouler le monde, sans lui demander où il les mène, lui permettant d'aller où il lui plaira, pourvu qu'il marche seul et les exempte de le pousser. S'il va au mal, pensent-ils, ce n'est pas la peine de l'y aider; s'il va au bien, il ira de toute manière, avec ou sans nous, et un peu mieux sans nous; car nous ne savons point par où il faut qu'il passe, et n'agissons guère qu'à contre-sens. A Dieu ses affaires, à nous les nôtres.

Il est fâcheux de troubler une si agréable quiétude; mais qu'y pouvons-nous? Ils ont raison de dire qu'ils ne gouvernent pas le monde, et ce n'est pas ce que Dieu leur demande, mais il leur demande d'y faire leur devoir, de combattre partout contre le mal pour le bien. Certainement le monde va où il doit aller, et il lui est fort indifférent de m'emporter éveillé ou endormi, mais il ne m'est pas indifférent à moi qu'il m'emporte innocent ou coupable devant la justice de Dieu, où je vais.

Si les considérations précédentes sont vraies, le monde a sa loi, et nous avons la nôtre, qui est la morale. Et il n'y a pas une grande et une petite morale; il n'y en a qu'une seule, l'ancienne, la vraie, la bonne morale. Pour la connaître, il suffit d'écouter sa conscience, et il n'a pas paru bon à Dieu que, pour être un honnête homme, il fallût être un savant historien ou un profond métaphysicien, que, pour distinguer entre le bien et le mal, nous eussions à deviner des énigmes.

« Respecte ce qui est, me dit-on : il a une cause

» sacrée, la volonté de Dieu. » Non ; les lois universelles, excellentes en elles-mêmes, donnent entrée dans le monde à la fois au bien et au mal. Quand ils sont ainsi mêlés, la morale les sépare : elle donne à chacun ce qui lui est dû, au bien l'amour, au mal la haine. Rien ne peut changer leur nature ni la mienne, qui est de m'armer pour la justice contre l'iniquité.

« Respecte ce qui est, me dit-on encore : il a des » effets heureux. » Non ; car quel événement possible n'a pas quelques effets heureux? Mais osez dire que le bien eût été plus fâcheux que le mal. Puis vos beaux résultats, si ingénieusement calculés, sont toujours incertains, mais le mal est certain :

> Faisons notre devoir, et laissons faire aux dieux.
> (*Corneille*)

« Respecte la décision du nombre. » C'est selon. Pour la morale, le nombre n'y peut rien. Sachez que tous les hommes vivant actuellement sur le globe, et ceux qui y ont vécu, et ceux qui y vivront, s'ils s'accordaient, ne pourraient faire que le bien fût mal et que le mal fût bien, qu'il fût légitime de violenter une conscience, d'ôter arbitrairement à un homme sa liberté physique, d'ôter arbitrairement un cheveu de sa tête ou une obole de sa main.

« Songe uniquement à toi-même : le monde ira » sans toi. » Je le sais, et ne me sens responsable que de ma personne, mais je suis justement responsable de ma paresse et de ma méchanceté.

Enfin, n'oublions pas les menus propos sur la Providence ; ils ne laissent pas d'être curieux. Voici d'abord les écrivains et les orateurs qui la protègent, puis ceux qui l'exploitent. Ceux-ci ont inventé une

Providence à leur usage, ils la mettent de moitié dans leurs aventures; quelquefois ils parlent d'une seconde Providence, ce qui prouve qu'ils croient à la première; mais la première habite par delà les nuages, on en a peu de nouvelles, et il en est peu question, elle ne fait guère que soutenir l'univers en général, et promet au plus d'intervenir à la fin des temps pour récompenser la vertu; la seconde, présente et sensible ici-bas, dispense la fortune. L'espèce des protecteurs est amusante : ce serait un crime de les troubler dans leur imagination; quant aux autres, ils blessent cruellement les hommes de conviction sincère, en prostituant le nom le plus respectable, et il faut être bien ferme pour croire encore à la Providence, après qu'ils en ont parlé.

II

Ce désordre des idées sur la Providence et la justice s'explique naturellement. Si on ne trouve pas la vérité sur ces choses, c'est qu'on ne la cherche pas où elle est. Elle est dans l'âme. Là l'abîme se creuse entre le juste et l'injuste; là, plus forts que tous les sophismes, la satisfaction intérieure et le remords nous font sentir le frein; là paraît une Providence qui ne flotte point, celle que la vertu espère et que le crime redoute.

Voilà ce que nous saurions, si nous habitions en nous-mêmes; mais le monde de l'âme est désert, la vie publique est tout pour nous, la vie intérieure plus rien. Ou le flot nous saisit et nous entraîne, ou nous demeurons sur le rivage, absorbés par le magique spectacle de cet océan humain, sans regard que pour son immensité et pour les vaisseaux qui le tentent, sans rien entendre que ses murmures et ses éclats, sans rien prévoir, sans rien espérer que ses colères et ses apaisements. On veut être un homme public, revêtir une part de l'autorité sociale, on veut une vaste sphère d'action. C'est ce qu'on appelle être quelque chose, ce qui signifie sans doute que, si on n'est pas cela, on n'est rien. Au défaut des emplois, on prend la plume et on parle à l'univers. Si cependant notre âme est un peu en désordre, quoi d'étonnant ? Nous sommes occupés ailleurs, nous avons à ordonner le monde.

Et on a raison, si nous ne vivons que cette vie, car alors il ne s'agit que de faire belle mine et soutenue ; mais s'il y a une autre vie, si nous ne devons arriver à Dieu que dignes de lui, qu'après avoir imité sa perfection suivant nos forces, c'est-à-dire après nous être enrichis de vertus réelles, il est clair que tout ce temps d'extérieur imposant et de pauvreté intérieure est perdu, et que nous serions plus avancés, si, passant inaperçus dans la foule, nous avions déraciné de notre âme un seul défaut. L'humble femme qui élève son enfant, qui s'efforce de lui communiquer de saines convictions, des sentiments élevés et une volonté courageuse, se dévouant en entier à cette tâche, cette femme qui, dans toute sa vie, aura donné un homme à l'humanité, est incomparablement au-dessus de vous, qui décidez du sort des États. Le problème, à notre époque, est de faire de grandes choses avec petitesse ; il faudrait le renverser, et se proposer de faire de petites choses avec grandeur.

Tels sont les acteurs sur cette scène ; le reste est spectateur. Chacun de nous sait jour par jour ce qui se passe dans l'univers, il assiste aux grands mouvements qui agitent les nations, il est présent aux changements de ministère et aux révolutions de palais dans l'Océanie; il entre dans les partis, s'échauffe pour leurs intérêts, partage leurs espérances et leurs craintes : il est heureux et malheureux au même instant, heureux du succès de la cause qu'il aime dans un pays, malheureux de son échec dans un autre; il s'indigne contre ce qu'il appelle le mal, applaudit au bien, soupire après le mieux; les événements se compliquent-ils, son anxiété croît jusqu'au comble : quand donc viendra le dénoûment? il calcule, il se travaille. Et comme si ce n'était pas assez des émotions que fournit la vie réelle, les récits d'un monde imaginaire l'agitent de semblables mouvements : il est saisi par le tourbillon.

C'est vivre, si l'on veut, mais vivre au théâtre, et déserter sa maison. Je sais où en est à cette heure l'humanité entière, j'ignore où j'en suis; je compte les pulsations de la vie universelle, j'éprouve si elle est calme ou précipitée, j'ignore si la mienne est calme ou non, si je suis sain ou malade, et comme il est certain que je ne suis pas le mieux que je puisse être, je perds le sentiment du mal qui me mine, et à la fois l'idée, la volonté et la force de m'en corriger; tandis que je déplore les erreurs et les vices des hommes, si je fais un retour sur moi-même, c'est pour me féliciter de sentir de si bons mouvements, d'avoir une conscience si pure et si ferme. Notre vertu consiste à être mécontents des autres.

Qu'est devenu ce dix-septième siècle, qui n'est pas encore loin? Qu'est devenu ce temps où la grande affaire était le travail sur soi-même en vue de la perfection, le soin de ses intérêts éternels? Les distractions du monde, le souci de la fortune, les passions violentes pouvaient l'interrompre, non le faire oublier : au milieu des plus vifs entraînements, on y avait de soudains retours, décisifs quelquefois, jamais stériles; dans une existence dissipée on gardait la conscience qu'on faisait le mal, ou qu'on ne faisait pas le bien ; le remords, s'il n'était victorieux, jetait dans les joies coupables ou frivoles une salutaire amertume. Où sont Rancé, la Vallière, Pascal, Longueville, et tant d'autres semblables à eux? Quand on approche de ces personnages, on sent jusque dans leurs excès la créature divine, et sous leurs agitations se trahit un fond austère de dignité morale, le sentiment d'une noble destinée, le respect de l'âme immortelle : imposant contraste, qui donne à ce spectacle un intérêt incomparable et une singulière grandeur.

De longtemps il ne se reproduira. Nous avons les mêmes passions terrestres qu'on avait alors, moins l'instinct des choses spirituelles; notre attention, absorbée par le drame puissant du monde, par sa richesse infinie, n'a plus de regard pour cet autre monde, invisible à l'œil du corps, où notre âme, acteur unique, conduit, avec une lenteur désespérante, une simple action. Il est si facile de se laisser captiver par des scènes incessamment changeantes, et si pénible de se replier continuellement sur soi-même, de se rendre compte, de constater beaucoup de fautes, de rares et insensibles progrès, en un mot, de vivre en face des témoignages accablants de son infirmité! Aussi les temps sont changés : la lecture du journal a remplacé l'examen de conscience.

Sans doute il serait insensé de vouloir que nous revinssions à l'ignorance primitive des faits qui se passent sur la terre; il est bon que nous ne soyons pas concentrés en nous-mêmes, isolés de tous par nos pensées et nos affections; il est beau de voir des hommes que des distances immenses séparent et qui ne se connaîtront jamais, rapprochés par de généreuses sympathies, partager leurs joies et leurs douleurs; de voir enfin le sublime sentiment de la fraternité humaine s'étendre, embrasser le globe, sans s'arrêter devant un fleuve ou une montagne; c'est aussi de cette façon que s'acquiert l'expérience : avec la publicité actuelle, la brièveté fatale de la vie est compensée par la multitude des observations, l'intelligence, toujours également restreinte par la durée, se met à l'aise dans l'espace; puis un plus grand nombre d'hommes sont initiés à la vie intellectuelle, excités qu'ils sont par de perpétuelles provocations; enfin, du moment qu'il y a une nation qui pense, il faut qu'elle parle, pour dire sa volonté sur elle-même; et si on la fait taire, je voudrais bien savoir qui se permettrait de parler à sa place.

Mais, pour la vie morale, la publicité actuelle a ses dangers. La faculté qui s'émeut en nous doit être ménagée, sous peine qu'elle s'épuise. Or comment ne s'épuiserait-elle pas avec un tel régime? Blessés chaque jour, à chaque instant, par les injustices impunies, par la persistance des abus, par la durée des pouvoirs ou des partis qui nous répugnent, spectateurs passionnés, acteurs quelquefois dans les combats qui se livrent, animés, abattus par leurs vicissitudes, incapables de garder la santé de l'âme dans un état si violent, ou bien nous devenons la proie d'une exaltation fiévreuse, nous perdons la prudence et le repos, ou bien nous venons à prendre notre parti des désordres qui jadis nous irritaient, et, pour conserver notre bien-être, nous nous interdisons la fatigue des émotions. Les événements passent alors devant nous sans nous toucher : nous sommes renfermés dans l'indifférence, dans ce port assuré de l'égoïsme, contre lequel expirent les tempêtes. Quelques-uns poussent plus loin encore l'art du bonheur : ils se donnent la jouissance que vante Lucrèce, ils contemplent du rivage, avec volupté, les vaisseaux battus par les vents.

Ni le délire, ni l'indifférence plus ou moins brutale, ne peuvent être, dans les desseins de la Providence, le terme de notre activité. Il y aura bien toujours quelques hommes qui garderont une juste mesure, qui, sans tomber dans l'apathie, se résigneront à des maux inévitables, confiants dans l'avenir ; mais par malheur, pour un de ceux-là, combien d'autres faut-il compter qui ne conserveront pas ce sage tempérament ! Or ce que nous constatons ici, ce ne sont pas les exceptions, mais le caractère le plus général. Il n'est que trop vrai : l'intérêt qui doit s'attacher aux choses de l'âme s'est reporté sur les événements du monde, et là même il s'use, quand il ne va pas à l'excès.

Notre grand mal est donc l'absence de vie intérieure : sans elle la vie privée marche à l'aventure, sans elle la société ne peut se promettre ni ordre ni liberté. Tous conviennent qu'elle est la condition de l'ordre : il est visible que celui qui travaille à établir l'harmonie dans son âme n'ira pas troubler l'Etat par de folles démarches ; mais que les défenseurs de la liberté se persuadent bien que la vie intérieure est leur plus puissant auxiliaire. En vain vous ferez des révolutions pour être libres ; vous appartenez au dedans à la cupidité et à la peur, vous appartiendrez au dehors à la corruption et à la force : à la corruption, qui achète les consciences, chose toujours facile à qui tient en main les places et la richesse, et n'est point d'ailleurs travaillé de scrupules ; à la force, qu'on s'empresse de justifier, pour n'avoir pas de honte à la subir, quand on n'a pas le courage de la combattre, soit qu'elle se donne simplement comme la force, ou qu'elle joue la Providence.

Pour ne pas tomber là, ou pour vous en relever, sur quoi compteriez-vous? Sur la loi morale? Oui, si nous vivions dans le monde intérieur, qu'elle illumine et où elle commande en souveraine, revendiquant par le remords son autorité méconnue; mais nous n'y vivons point, nous sommes étrangers à nous-mêmes, tout répandus au dehors, où rien ne nous entretient du devoir que des propos de conversation ou des discours souvent convenus, de rares exemples, plus d'une fois controversés, entachés toujours de l'imperfection humaine, la justice des tribunaux, copie mutilée, parfois infidèle de la justice absolue, d'ailleurs directrice commode, qui n'exige ni la réforme intérieure, ni même l'apparence des vertus, et tient que les hommes sont assez moraux quand ils sont inoffensifs. Vraiment, cette autorité de la loi du devoir ainsi restreinte et violée, comme tombée en désuétude, est-elle faite pour nous arrêter dans des transactions coupables et nous apprendre notre dignité? La sympathie sera-t-elle plus forte? Le croire, c'est peu connaître quel avocat habile, quel subtil raisonneur est l'amour de soi. Je délibère, par exemple, si je vendrai ma conviction pour quelque avantage personnel : il est certain que je consulte avant tout mon intérêt, mais est-ce à dire que j'y sacrifie l'intérêt général? D'abord, en mettant les choses au pis, en noircissant mon intention, ma conduite a-t-elle quelque danger assuré pour l'État? Parce qu'un soldat se repose ou passe à l'ennemi, le succès d'une guerre est-il compromis? — Puis, cette faveur que j'accepte, un autre, et serait-il aussi honnête? se trouverait pour l'accepter. Si le mal est inévitable, avec ou sans mon consentement, en suis-je responsable? — En outre, ne se peut-il pas que mon action soit favorable au bien public? La cause à laquelle je me donne n'est-elle pas peut-être la bonne cause? Ainsi s'opèrent les conversions complètes et les conversions partielles, ainsi le cœur s'endurcit.

Il ne faut pas s'étonner que cela arrive dans une société dépourvue de ces convictions profondes que la vie intérieure seule fournit. Ces hommes, pour lesquels on veut que j'éprouve une si vive sympathie et que je me dévoue, que me sont-ils après tout ? J'ignore d'où ils viennent et où ils vont, ignorant d'où je viens moi-même et où je vais ; je ne sais quel hasard nous rapproche, et ne vois d'autre rapport entre nous que de nous trouver dans le même temps au même lieu, comme des voyageurs qui se connaissent quelques heures, pour ne plus se revoir. Est-on en droit de demander à des êtres ainsi rapprochés autre chose que cette sympathie superficielle et toute physique, dirai-je cette sensibilité du corps, que blesse la vue d'une infirmité présente, et à qui il répugne de verser le sang?

Il est une sympathie plus profonde et plus forte, capable de résister aux tentations de l'égoïsme, mais elle se puise plus haut ; l'amour fraternel, la charité naît d'autres principes, se nourrit d'autres pensées. Que les hommes habitent en eux-mêmes, qu'ils descendent dans leur âme et l'interrogent consciencieusement, ils y retrouveront leurs titres de famille : là ils verront clairement qu'ils sont tous enfants d'un même père, qui tous nous aime et nous appelle à lui ; et cette communauté d'origine et de destinée, et cette participation égale à un même amour, en même temps qu'elle nous imposera des devoirs réciproques, éveillera en nous un sentiment d'affection vigoureuse, capable de soulever notre volonté pour les remplir. Ceux que ce sentiment possède sont munis contre les séductions de l'intérêt privé : lui seul il crée des sociétés véritables, de véritables citoyens. Multipliez de pareils hommes dans un Etat, c'est le secret pour être libre. S'ils ne connaissent pas encore leurs droits, ils les connaîtront vite, car savoir que nous sommes frères, que nous sommes des créatures raisonnables et libres, faites pour la perfection, mais à d'inégales distances de ce terme, c'est nécessairement deviner les droits de l'homme et leurs proportions. Or, une fois que ces droits sont découverts, fondés sur notre nature immuable, ils ne périront pas : ils auront à leur service une armée de gardiens vigilants, courageux, incorruptibles ; et il n'y a pas de petites conspirations pour étouffer la liberté, qui puissent vaincre cette immense conspiration pour la défendre. Si donc nous voulons être libres, commençons par être moraux ; pour réformer les choses, réformons les hommes ; et pour réformer les hommes, appelons-les à la vie intérieure, source unique de toute dignité.

Voilà le dessein de ce livre : il est de philosophie spéculative et de philosophie pratique, une démonstration de la Providence et un appel à la vie intérieure. La Providence qu'il proclame n'est pas la puissance complice des crimes heureux, ou l'autorité banale qu'on entremet et compromet dans toutes nos petites affaires, Providence de ménage, mais celle qui, gouvernant de haut, livrant le monde au combat du bien et du mal, fait germer sourdement et paraître un matin les idées justes ensevelies, recueille les bons sentiments perdus, et réserve à la droite volonté le contentement qu'elle n'a pas eu autrefois. La vie intérieure qu'il propose n'est ni la caverne où se réfugie le passant par l'orage, ni le foyer solitaire où l'âme rêve dans les longues nuits, mais la source vive où la volonté se trempe pour mieux combattre.

La philosophie au nom de laquelle nous parlons est cette philosophie française qui, depuis quarante ans, a rendu d'assez grands services au spiritualisme. Elle ne se fâche pas parce qu'on les oublie, et ne se croit pas dispensée d'en rendre encore, mais elle tâche de n'être ingrate envers personne. Comme elle ne prétend pas avoir inventé Dieu, la liberté, le devoir et l'immortalité, elle cherche avidement, elle note avec bonheur ces dogmes, partout où ils se rencontrent, pour constater la foi éternelle du genre humain, qui est la sienne. Elle n'est point envieuse : elle veut que le bien se fasse, et n'exige pas qu'il ne se fasse que par ses mains; elle croit qu'il y a de l'ouvrage pour tout le monde, et invite toutes les puissances à y travailler avec elle. En ce moment même, elle a retrouvé dans les cloîtres du dix-septième siècle toute une génération de héros chrétiens; curieuse de la grandeur morale, mais éprise d'un goût particulier pour la vertu passionnée des femmes, pour cette vertu discrète qui ne fleurit bien qu'à l'ombre, fuit le théâtre, les vastes fonctions, et emploie souvent au gouvernement d'une maison l'âme d'un héros de Plutarque, elle ressuscite de la même main Pascal et sa sœur, sans trembler pour la philosophie, qui en effet n'a rien à craindre d'aucun génie et d'aucune vertu.

Comme aussi un maître de la critique littéraire a peint dans sa beauté l'éloquence des Pères sans penser qu'il trahît Démosthènes. C'est la civilisation, l'équité et le bon goût. Grâce à Dieu, nous ne nous sentons point les petites jalousies, nous sommes placé plus haut, et c'est de là que nous réclamons en faveur des bonnes vérités, ou plutôt en faveur de l'âme humaine, à qui elles sont si nécessaires.

Je sais qu'il n'est pas en tous temps également facile de croire à la Providence; mais c'est à la raison de l'affirmer, par un acte de foi, devant l'expérience contraire. D'ailleurs, on prend bien son moment pour annoncer aux hommes que Dieu ne se soucie pas d'eux? Est-ce pour les consoler?

Je sais aussi qu'on n'aime pas en tous lieux la philosophie; et cela est juste : elle est dans l'âme la conscience, au dehors, la liberté.

1853.

ESSAI

SUR

LA PROVIDENCE.

> Atheisme, marque de force d'esprit, mais jusqu'à un certain degré seulement. PASCAL.
>
> Soutenir la piété jusqu'à la superstition, c'est la détruire. Id.

CHAPITRE Ier.

CONNAISSANCE DE DIEU PAR LA RAISON. — PREMIÈRE IDÉE.

Je ne puis m'observer moi-même, avec mes qualités imparfaites, sans concevoir un Être parfait, par qui j'existe; le monde me le révèle pareillement. Que suis-je en effet? Je vis depuis quelques années sur cette terre, et tout le temps que j'y demeure, je sens qu'il n'est pas en mon pouvoir d'y rester un instant de plus; j'en sortirai comme les autres, malgré moi. J'habite un point de l'espace, le lieu qu'occupe mon corps, rien de plus. Je suis intelligent, mais j'ai commencé par tout ignorer, puis j'ai erré, j'ai douté; autant que je sache, il faut que je travaille pour apprendre, et autant que je sache, je ne sais pas tout. Cette intelligence est capable de quelque sagesse, de concevoir des desseins assez bien conçus, de prendre des moyens assez bien pris; mais que de petites vues! et je ne fais vraiment que me tromper. Je suis sensible, je jouis et j'aime : c'est quelque chose; mais mon bonheur est un pauvre bonheur, préparé et suivi par le besoin et le dégoût, traversé par mille souffrances, gâté au sein de la jouissance même par une certaine amertume, par le souvenir, la crainte, le sentiment de quelque chose d'incomplet, et dans le cœur le plus plein un vide encore. J'aime, mais je hais, et si j'aime d'autres que moi, je m'aime beaucoup moi-même, et si j'ai mes ardeurs, j'ai mes langueurs, et me consume dans le désir d'un idéal que je ne trouve point. Je suis libre, mais il y a eu un temps où je n'avais pas cette liberté; les passions, la fièvre me l'enlèvent; et qu'elle est tourmentée dans ses résolutions! Cette liberté est puissante sur mes facultés et sur mes organes, et, par ces organes, sur les objets qu'ils touchent, mais à tout moment ces objets me résistent, et je sens l'obstacle jusque dans ce corps que j'appelle mien, jusque dans cette âme qui est moi-même. Cette liberté est capable de justice, mais capable aussi d'injustice, et le montre assez : je fais rarement le bien, souvent le mal, et, quand je fais le bien, il est mêlé. Combien y a-t-il de saints dans le monde! et les saints rougissent de leur vertu.

De cette vue de mes qualités misérables, je m'élève jusqu'à un Être qui possède ces qualités dans la perfection. Je suis borné dans un coin du temps et de l'espace : il est éternel et immense; je suis d'une sagesse et d'une intelligence limitée : il sait tout, il est absolument sage; j'ai une félicité et une bonté incomplète : il est souverainement heureux et bon; j'ai une liberté, une puissance, une justice imparfaite : il est infiniment libre, puissant et juste.

Connaissant d'un côté cette plénitude de l'être, de l'autre cette existence et ces qualités finies et précaires, je vois bien que je ne les tiens pas de moi, et que je dépends dans mon tout de celui qui est par lui-même, qu'il m'a donné et soutient ma vie, qu'il a mesuré mes facultés.

Le monde, à son tour, me révèle la même perfection et la même cause. Il est aveugle et insensible : il manque donc de quelque chose. Il est puissant, mais où je l'atteins je le dompte, et même quand il me surpasse, il le fait par une force étrangère, qu'il ne connaît ni ne gouverne. Imparfait comme moi, plus que moi, il ne se suffit donc pas davantage, et il tient aussi tout ce qu'il a de l'Être qui seul se suffit à lui-même, de Dieu.

CHAPITRE II.

ATTRIBUTS DE DIEU.

Deux méthodes ont été suivies jusqu'ici pour déterminer les attributs de Dieu et son action sur le monde, la méthode d'analogie et la méthode de raisonnement. Les uns s'adressent au raisonnement : saisissant l'idée d'infini, ils l'analysent et la pressent, pour lui faire rendre ce qu'elle contient. Convaincus qu'il ne saurait y avoir de contradiction en Dieu, que toutes ses qualités s'impliquent les unes les autres et sont unies par un lien nécessaire, il suffit à leurs yeux de tenir une seule de ces qualités ; la logique, survenant alors, fera le reste, et tirera successivement de cet attribut unique tous ceux que la Divinité renferme. Selon eux, par cette méthode, on ne connaît pas seulement Dieu en lui-même, mais encore son action sur l'univers; car il fait selon ce qu'il est. L'autre méthode est le contraire de celle-là. Au lieu de partir d'un principe et d'en tirer toutes les conséquences, au lieu d'affirmer uniquement ce qui doit être, elle se borne à constater les caractères des êtres observables et, par analogie, les transporte en Dieu. De là viennent les divinités du paganisme, ce Jupiter qui est né dans le temps, a conquis par la violence un royaume que lui enlèvera peut-être la violence, ignorant ce que l'avenir lui réserve de périls, impuissant devant le destin, calme et irrité tour à tour, animé enfin de toutes les passions qui agitent le genre humain. Xénophane disait : « Si les bœufs savaient peindre, ils peindraient Dieu avec des cornes. » Ce n'est pas à une seule époque de l'histoire, sur un seul point de la terre, qu'on a vu une analogie sans guide et sans règle attribuer arbitrairement à Dieu notre corps, nos instincts égoïstes, nos facultés étroites, nos variations et nos combats; c'est partout et toujours la pente de notre nature : pour beaucoup d'entre nous encore, il n'est qu'un homme plus grand que les autres.

Ces deux méthodes sont vicieuses. Dans la seconde, on oublie que les choses bornées ne se suffisent pas à elles-mêmes, que la raison les traverse et nous porte au delà, qu'elle ne se contente pas d'agrandir nos qualités finies ou notre durée ou l'étendue qu'occupe notre corps, mais qu'elle leur enlève toutes bornes, pour nous révéler une nature parfaite, une éternité et une immensité, conditions nécessaires de notre existence, et qu'ainsi l'infini nous enveloppe de toutes parts. Les partisans de la première méthode sont pleinement convaincus de cette vérité, mais à leur tour ils en méconnaissent une autre : perdus dans l'infini, ils négligent au contraire ce monde et ce qu'il contient. Ils ne devraient pas oublier que, pour nous élever jusqu'à Dieu, nous ne sommes pas partis du néant, mais de la réalité que nous attestent nos sens et notre conscience. Son existence, nous en avons puisé l'idée dans notre existence ; sa liberté, jamais nous n'aurions pu la concevoir, si nous ne nous étions d'abord reconnus nous-mêmes comme causes, et n'avions pris conscience de notre pouvoir dans l'effort nécessaire pour diriger nos facultés ou mouvoir notre corps ; ce temps infini, que son existence mesure, et cet espace illimité, que sa puissance remplit, qui nous en a fourni la notion, si ce n'est notre propre être, qui occupe une partie de cet espace et de ce temps? Nous aimons, prenant un seul attribut de Dieu, à en faire sortir tous les autres, comme par une vertu merveilleuse de la logique, et tandis que les parties d'un tout naturel, fictivement séparées par l'abstraction, s'appellent et se rejoignent, nous attribuons cet effet à la puissance de nos formules ; mais nous sommes nos propres dupes : l'idée d'infini toute seule ne nous donne rien qu'elle-même, les attributs que nous croyons en avoir tirés, elle ne les contenait point, c'est en nous que nous les avons pris. Cet emprunt doit passer inaperçu, car il n'a exigé aucun travail : il nous a suffi, en parlant de Dieu, de rester ce que nous sommes, de garder notre nature, de transporter avec nous au sein de cette idée d'infini des idées inséparables de nous-mêmes.

Ni la logique seule ni l'analogie seule ne sauraient nous bien conduire ; les deux sont nécessaires. Nous ne pouvons, pour parler de Dieu, nous mettre en dehors de notre nature, inventer des qualités dont nous n'ayons pris aucune idée en nous ou autour de nous; or, c'est l'analogie qui nous les fournit; mais, pour rapporter ces qualités à Dieu, il faut qu'elles lui conviennent, qu'elles conviennent à son infinité, et c'est ici l'affaire de la logique, qui les admet et les exclut. A vrai dire, il n'y a en Dieu qu'un attribut divin, l'infinité, qui renferme tous les autres, comme il n'y a qu'un océan, qui prend divers noms, suivant les terres qu'il baigne. Suivant ces principes, nous ne ferons pas de Dieu un homme, nous n'en ferons pas non plus un être abstrait, sans rapport avec le monde, nous en ferons un Dieu vrai et vivant. Tout ce qui dans l'homme est pure imperfection, nous le laissons donc à l'homme. Dieu n'aura pas de corps. Le corps limite à un lieu l'action de l'âme; or, Dieu ne saurait être limité de cette façon : sa puissance doit pénétrer tout l'espace. Il n'éprouvera pas la douleur, témoignage de faiblesse et de privation; il n'aura ni nos agitations ni nos petites passions; il ne connaîtra pas notre observation pénible, nos inductions douteuses et nos longues déductions : ce serait supposer qu'à un moment il ignore et que dans un autre il apprend. Enfin il ne changera pas comme nous : car on ne change que du mal au bien, du bien au mieux ou du mieux au pire; et toutes ces suppositions outragent la Divinité.

Mais il n'en est pas de même de toutes nos qualités : nous ne pensons point que l'intelligence, que l'amour, que la liberté, parce que nous les possédons, dégradent l'être parfait; il nous paraît seulement que ces attributs, distinctifs de toute nature supérieure, sont susceptibles de divers degrés, et qu'ainsi ce n'est pas leur présence dans l'homme qui constitue son imperfection, mais leur mesure. Je m'élève par l'intelligence au-dessus de la pierre et de la plante : tout être qui viendra prendre place au-dessus de moi doit donc d'abord posséder cet attribut. En vain me dira-t-on que cet être inintelligent est Dieu : ces deux idées se heurtent et se détruisent, ma raison réclame là contre, et il n'aura sur moi qu'une supériorité nominale, que ma conscience dément : « L'homme, dit Pascal, n'est qu'un roseau, le plus faible de la nature, mais c'est un roseau pensant. Il ne faut pas que l'univers entier s'arme pour l'écraser. Une vapeur, une goutte d'eau suffit pour le tuer. Mais, quand l'univers l'écraserait, l'homme serait encore plus noble que ce qui le tue, parce qu'il sait qu'il meurt, et l'avantage que l'univers a sur lui. L'univers n'en sait rien. » Est-il insensible, je me refuse à reconnaître sa prééminence. Je distingue parmi les hommes ceux qui sont apathiques, et ceux que l'amour, que l'âme transforme en poëtes, en orateurs, en héros. Il y a entre ces deux classes un intervalle immense; en vain tâcherait-on de méconnaître ce signe caractéristique de la vraie grandeur, il reparaîtra toujours et nous forcera d'estimer les êtres qui le portent. Dieu n'est-il pas libre, je déclare que je lui suis supérieur, car la liberté est mon titre de noblesse vis-à-vis des autres créatures, et la raison est obligée de placer au-dessus de l'instrument, aussi parfait qu'il soit, la main indépendante qui le dirige.

La méthode que nous appliquons ici n'est pas nouvelle; c'est celle qu'annonçait Socrate, il y a deux mille ans : « Ton œil voit plusieurs stades, pourquoi
» les Dieux ne verraient-ils pas tout l'univers? Tu
» connais ce qui se passe dans la Grèce et dans l'E-
» gypte, pourquoi les Dieux ne connaîtraient-ils pas
» tout ce qui se passe ici-bas? Tu peux remuer ton

» corps, pourquoi les Dieux ne pourraient-ils pas re-
» muer le monde? ». Telle était la vérité et la puissance de cette méthode, qu'au bout de quelques années elle enfantait la doctrine de Platon. Sera-t-elle stérile aujourd'hui? ou n'avons-nous pas au contraire tout motif d'espérer en elle pour les découvertes futures? D'un côté, l'idée d'infini a été profondément élaborée, de l'autre, la psychologie et l'histoire se sont enrichies et nous livrent d'abondantes observations; rien ne manquera pour tenter ces problèmes, si nous conduisons notre esprit avec sagesse et bonne foi. Tenons donc inébranlablement les maximes suivantes, avouées par le bon sens et par toute sage philosophie. Dieu n'est pas cet univers visible, il y a seulement laissé des traces, et un esprit sensé devra les poursuivre et se laisser guider par elles jusqu'aux pieds de l'être qui les a imprimées ici-bas. Cette empreinte est surtout visible dans nos âmes, qui participent de la nature spirituelle de Dieu. Sans doute notre perfection est une image bien obscure de cette autre perfection infinie et souveraine, mais elle en est une image pourtant. Que faut-il faire pour retrouver le modèle? Purifier l'image de toute souillure, éterniser la sainteté. Sans doute l'homme est plein de misères, mais il y a en lui de l'excellent et du divin; recueillons ces qualités excellentes et divines, puis, au lieu de ce point imperceptible de la durée et de l'étendue où elles sont restreintes, donnons-leur, pour se développer, le temps et l'espace; s'il y a quelque moment dans la vie où notre intelligence est soudain illuminée par la vérité, où notre cœur plein d'amour déborde, où notre liberté vole au bien sans effort, où notre âme est comme noyée dans la joie de voir, d'aimer et d'agir, ajoutons encore à l'infini de

la lumière à cette lumière, de l'ardeur à cette ardeur, de l'élan à cet élan, puis arrêtons en esprit ce moment qui par malheur s'échappe : alors, autant qu'il est permis à de pauvres créatures de monter ces hauteurs inaccessibles, d'entrer dans ces merveilleuses profondeurs, nous aurons quelque idée moins faible de l'existence divine.

Ainsi, et on l'admettra aisément, soit qu'en parlant de la nature de Dieu l'homme affirme ou nie, ce sont toujours ses propres qualités qu'il lui donne ou lui refuse. Mais l'idée d'infini qui, dans ce cas, est purement régulatrice, n'est-elle pas féconde lorsque nous recherchons les desseins et les voies de Dieu dans la conduite de ce monde, et ne peut-elle pas alors suppléer l'observation? Etait-ce donc une prétention fausse que celle de Descartes, lorsqu'il écrivait : « Je fis voir [1] quelles étaient les lois de la nature; et, sans appuyer mes raisons sur aucun autre principe que sur les perfections infinies de Dieu, je tâchai à démontrer toutes celles dont on eût pu avoir quelques doutes, et à faire voir qu'elles sont telles, qu'encore que Dieu ait créé plusieurs mondes, il n'y en saurait avoir aucun où elles manquassent d'être observées. »

Ne croyez pas, sur sa parole, que, pour découvrir les lois de la nature extérieure, il se soit appliqué à fermer ses sens, qu'il ait chassé de sa mémoire toutes les perceptions qui auraient pu lui donner quelque nouvelle de ce monde qu'il aspirait à connaître, et que, par la force du raisonnement, il ait tiré de l'unique idée de la perfection divine l'ensemble des lois physiques dans leur variété et leur harmonie? Non, il avait beaucoup observé, longuement interrogé la

---

[1] Discours de la méthode, v^e partie.

nature, puis, une fois possesseur des principes que l'observation et l'expérimentation lui avaient fournis, il s'efforçait de les sanctionner, en montrant qu'ils étaient dignes de l'intelligence de Dieu. Ce second travail a confirmé le premier, mais ne l'a pas suppléé. Descartes n'a pas pu deviner le monde, personne ne le pourra. La perfection divine est infinie, et nos vues sont courtes. Ne prêtons point à cette intelligence qui embrasse et ordonne ensemble toutes les parties de l'univers nos étroits desseins, et si nous voulons savoir ce qui en toutes choses est le mieux, étudions ce qui est : la pensée la plus forte, l'imagination la plus riche seront toujours pauvres et languissantes auprès des inventions de la sagesse éternelle.

L'observation, l'observation de la conscience, étant le point de départ et le fondement de toutes nos recherches dans la science divine, on en comprend l'importance. Cette science ne fait que reconnaître le rapport entre Dieu et l'homme, rapport qui doit varier si l'un des termes varie; par conséquent, telles seront nos vues sur nous-mêmes, telles seront aussi nos vues sur notre créateur. Or, quand nous étudions l'homme, nous avons à nous garder d'un double écueil. Les uns se préoccupent de la grandeur de l'homme : frappés des exemples où elle a le plus vivement éclaté, considérant cet amas de vérités que nous avons conquises peu à peu par nos travaux, et cet autre héritage de vertus que les générations se transmettent avec admiration et respect, ils exagèrent notre force; de là à prétendre que l'homme peut se passer de Dieu, ne s'appuyer que sur sa raison et sa liberté, être à lui-même sa providence, il n'y a qu'un pas. Combien l'ont franchi! D'autres au contraire ne voient dans l'homme que ses imperfections et s'épouvantent de sa petitesse : sa vie n'est que d'un jour, sa vérité que mensonge, sa volonté qu'impuissance ou instrument de mal. Sous leur regard et par leur analyse, notre existence et notre force se dissipent, remontent et vont se perdre dans le sein de Dieu. Tels sont les deux défauts où on peut tomber lorsqu'on observe l'homme, et par suite, tels sont les deux grands vices des diverses doctrines sur Dieu. Appelés à déterminer le rapport entre le créateur et la créature, ou bien nous prenons la plus large part et abandonnons à Dieu le reste, ou bien nous lui donnons presque tout et ne nous réservons rien. Une philosophie religieuse doit combattre opiniâtrément cette tendance à anéantir l'homme devant Dieu. On croit relever Dieu en rabaissant l'homme, et grandir le créateur de toute la grandeur de la créature qu'il écrase, on se trompe étrangement ; en réalité, ce qu'on enlève à l'un on l'enlève à l'autre du même coup : car le mérite de l'ouvrier ne se proportionne-t-il pas à la valeur de l'œuvre ? le roi d'un peuple libre n'est-il pas plus grand que le chef d'une horde d'esclaves ? et la dignité du commandement, aussi bien que de l'obéissance, n'est-elle pas, d'un côté à représenter, de l'autre à reconnaître l'autorité de la loi morale universelle, supérieure à celui qui commande et à celui qui obéit ? Si les rapports entre le créateur et la créature sont autres que ceux-là, ma raison le déclare à regret : la cité des hommes est plus parfaite que la cité de Dieu. L'homme ne peut construire que des machines qui le contrefont. Qu'il leur donne ce qu'il peut leur donner : un mouvement qui s'éteint aussitôt, des ressorts qui se détraquent ou se brisent aisément, qu'il leur communique une vie factice et passagère, mais qu'il ne leur dise pas : créature, pense, reconnais celui qui t'a créé, aime-le, et incline-toi librement devant lui. Ce pouvoir n'appartient qu'à Dieu : seul il peut émanciper son œuvre, seul il peut être l'artisan de l'homme. Pourquoi donc vouloir rabaisser l'homme au rang de ces œuvres imparfaites que ses mains produisent? Si c'est là le plus beau travail de cet univers, par quoi nous seront alors révélés le génie et la puissance de l'architecte qui en a fait exécuter le plan? Quoi! c'est là le chef-d'œuvre de la Divinité, l'ouvrage où elle a mis toutes ses complaisances!

Que Bossuet savait mieux faire comprendre la grandeur de Dieu! Il se gardait bien d'avilir d'abord les royautés terrestres, pour donner ensuite à Dieu un triomphe facile sur ces puissances dégradées; il montrait la couronne de France, qui, selon lui, n'a rien d'égal sous le soleil, il rehaussait la majesté du sceptre, pour abaisser ce sceptre et cette couronne aux pieds de celui de qui relèvent tous les empires, de celui qui communique sa puissance aux princes et la retire à soi-même, de celui qui se plaît à leur donner de grandes et terribles leçons. Il n'aurait prêté à ce roi des rois qu'une dignité illusoire, s'il n'eût prêté aux princes de la terre qu'une ombre de pouvoir ; au contraire il fait ressortir pleinement sa grandeur en montrant cet éclat du trône qui nous éblouit comme un reflet décoloré de sa gloire. Ce que Bossuet faisait pour les rois des hommes, faites-le pour l'homme, ce roi de la terre. Ne commencez point par le dépouiller, pour offrir à Dieu l'hommage d'une créature misérable ; faites-le grand, donnez-lui une intelligence capable du vrai, un amour vaste et pur, une volonté capable du bien, puis inclinez-le aux pieds de son maître, et dans cette noble créature, je pourrai reconnaître l'ouvrage d'un Dieu.

Telle est, selon nous, la méthode qu'il faut suivre, et la mesure qu'il faut garder, quand on veut savoir de Dieu ce que l'homme en peut savoir. Mais n'allons pas nous imaginer que nous saurons tout; songeons que la machine du monde est immense, et que, si nous ne saisissons l'ensemble, nous ne pouvons connaître aucune pièce complétement. Songeons aussi à ce que nous sommes. Quel homme, lorsque sa vie s'épuise dans l'étude d'un atome, attaché à un point du monde, où il mourra bientôt, quel homme oserait se vanter de connaître le tout de toutes choses! Est-ce à dire que nous ne devions plus rien chercher? D'abord, nous aurions beau faire, notre instinct est là; puis, pourquoi désespérer de l'avenir? Cette borne qui nous arrête, qui sait si un jour elle ne sera pas reculée par des efforts plus heureux? Travaillons pour nos successeurs, convaincus que cette volonté de Dieu, qui a décrété l'inégalité des générations comme des conditions humaines, et qui a décrété par là même le mouvement continuel des individus et de l'humanité, que cette volonté, dis-je, a fait ce qu'il était bon de faire; ainsi nous nous résignerons, sachant seulement qu'un jour il nous sera donné de voir les vérités qui nous ont été refusées à un moment de notre existence terrestre, et qu'il dépend de nous d'arriver et d'arriver plus tôt à ce terme promis, en travaillant consciencieusement sous l'œil de ce divin maître, qui ne laisse aucune œuvre sans fruit, aucune vertu sans récompense.

Que si cette borne est réellement inébranlable, non-seulement pour nous, mais pour l'homme, il faudra voir là et respecter la main de Dieu; s'écrier avec saint Paul : « O profondeur de la sagesse divine! tes secrets sont impénétrables et tes voies incompréhensibles. » Les limites de notre intelligence sont aussi nécessaires que sa capacité : ce mécontentement de nous-mêmes, cette conscience de notre faiblesse rappelle à chacun de nous ce qu'il est : enflés de notre science, nous pourrions en tirer vanité, mais quand notre force nous trahit, nous nous souvenons de notre néant, et cette pensée fait ressortir avec plus d'éclat les perfections de l'être tout connaissant et tout-puissant, devant lequel notre science et notre force comptent pour bien peu. Il faut donc quelque lumière, pour satisfaire notre intelligence, mais il faut aussi de l'obscurité, ces mystérieuses ténèbres, qui soulèvent en nous une sainte émotion, une horreur religieuse, et nous font sentir que nous sommes en la présence d'un Dieu.

Voilà par quels procédés et dans quel esprit nous cherchons les attributs de Dieu et son action sur le monde. L'intelligence emploie tour à tour l'observation qui recueille la réalité, et la raison qui juge ce qui convient ou ne convient pas à la perfection divine. Puis, quand elle est à bout, paraît cette confiance généreuse en la perfection de Dieu, qui nous fait croire sans avoir vu, cette foi qui ne se laisse ni déconcerter ni abattre, et forme le résultat le plus solide et la plus précieuse récompense de nos travaux.

CHAPITRE III.

SAGESSE DIVINE. — DIEU AGIT PAR RAISON. — IL N'Y A QU'UNE RAISON.

Mais nous devrons renoncer à rien juger de l'action de Dieu, si cette action est arbitraire, s'il se conduit par caprice. Il est un moyen très-simple de le vérifier, c'est d'examiner ce que deviennent nos diverses facultés, ce que devient la vie humaine, si on y laisse dominer le caprice à la place de la raison; ensuite nous conclurons de notre être imparfait à l'être parfait, et nous nous garderons d'attribuer à Dieu toute qualité qui ne saurait se trouver dans l'homme sans le dégrader.

Voyons donc qui on nous propose pour modèle. Celui qui prend les premiers desseins venus, les premiers moyens venus, et en change vite, de peur de s'enchaîner lui-même? Celui qui, pour n'être pas esclave, donne et retire arbitrairement son amour? Celui qui, pour se soustraire à la tyrannie des règles, compose son œuvre d'incohérences? Celui qui, pour s'émanciper de la loi morale, la brave? Mais ce sont des fous et des criminels! Pensons mieux. Sans doute l'homme doit s'affranchir, affranchir sa pensée, son cœur et sa volonté; mais faire cela, ce n'est point renier la vérité, la beauté et la justice, pour leur substituer le caprice sans frein : c'est arracher son âme à l'ignorance et au mensonge, aux prestiges des choses et aux fureurs des plaisirs, et à tout ce qui l'abat, la trompe et la captive, pour la rendre à elle-même. La dignité de l'homme s'évanouit dans le caprice et la folie, et son idéal est la sainteté, état sublime où, dans le silence des passions, la voix de la raison se fait pleinement entendre, et où notre volonté, enfin disciplinée, ne connaît plus les pénibles combats, et les échecs que suit le repentir, et les victoires qui déchirent les entrailles. La fantaisie, avec sa mobilité sans relâche, qui se prend à tout, qui se déploie dans tous les sens, ne constitue pas la personnalité humaine, elle la détruit; l'être se dissipe dans cette expansion vague et indéfinie; pour qu'il se détermine et prenne une forme, il faut qu'il se heurte contre quelque chose de solide, et il le trouve dans tous les sens où il se porte : car le vrai, le beau, le bien, que sont-ils autre chose? Non, connaître le vrai, aimer le beau, pratiquer le bien n'est point de l'esclavage; c'est l'état le plus parfait d'un être qui, intelligent, sensible et libre, se met spontanément en harmonie avec la vérité absolue, la souveraine beauté et l'éternelle justice.

Voilà ce que sont nos facultés, selon qu'on y laisse dominer la raison ou l'arbitraire. Fidèle à notre méthode, je n'irai donc pas follement, après avoir banni le caprice de la vie humaine, le faire régner dans le ciel. Si nous voulons l'homme raisonnable, ce n'est pas pour avoir un Dieu fantasque; Dieu sans doute peut tout ce qu'il veut, mais il ne veut que le bien; ainsi ce qui gouverne ce monde, c'est la justice, ce n'est pas le bon plaisir.

Ici toutefois une grave objection se présente. Est-ce assez de démontrer que Dieu agit selon sa raison, et qu'avons-nous gagné, si cette raison n'a rien de commun avec la nôtre? Il est des principes que nous appelons nécessaires et universels, que nous faisons résider de toute éternité dans l'intelligence divine et déclarons inviolables; mais on nous conteste ce droit; ces principes mêmes, dit-on, dépendent de la volonté de l'être souverain : par son libre choix, il les a imposés à l'humanité et peut les retirer; comme il les a faits, il peut les défaire; roi absolu du monde, il a décrété, dès le commencement, certaines vérités qui en seraient les lois; il a pu les porter, il pourra les abroger un jour. Si tout ce qui commence commence par une cause, si la matière est incapable de penser, s'il existe des vérités géométriques, c'est à la condition d'un *fiat* de l'être tout-puissant : il les a créées comme il a créé la lumière, qu'il peut éteindre; si ces vérités, qui s'imposent à nous avec une autorité absolue, étaient indépendantes de lui, il serait inférieur à quelque chose, il y aurait un obstacle contre lequel sa puissance échouerait, il serait imparfait, il ne serait plus Dieu. D'autres reconnaissent encore une justice éternelle, mais incompréhensible à notre raison, et au besoin contraire à notre justice.

Au fond ces deux doctrines sont la même : c'est toujours la raison humaine, non pas seulement imparfaite, ce que nous savons, mais trompeuse; et si j'avais à choisir entre ces deux opinions, je préférerais la première : car enfin, si Dieu fait arbitrairement toute vérité, il a pu, dans son caprice, décréter pour les hommes la vérité qui est déjà la sienne; mais s'il y a deux règles de justice, l'une humaine, qui se révèle avec toute évidence, l'autre divine, contraire à celle-ci, la contradiction est flagrante. Et par malheur, elle ne porte pas sur une vérité abstraite, mais sur la vérité la plus essentielle, qui intéresse la vie morale tout entière, sur la justice. Cela vaut la peine d'être examiné.

Si les principes de la raison ne valent pas ce que nous croyons, au moins faut-il expliquer l'erreur du genre humain qui s'obstine à leur donner un titre immérité. Un philosophe peut en faire ce qu'il veut, mais ils ne sont pas à lui : la philosophie, qui en recherche les caractères et la nature, les emprunte d'ailleurs, elle les puise à la source commune, d'où ils se répandent sur toute l'humanité. Or le sens commun, malgré les décisions de quelques docteurs, persiste à croire que ces principes sont absolument vrais, il persiste à les regarder comme des rayons de la raison divine descendus ici-bas, comme la lumière incréée où Dieu habite, et où s'allume l'intelligence de l'homme.

Mais quel Dieu nous fait-on ici? S'il y a deux sagesses, l'une, la sagesse humaine, qui n'a pour elle que la confiance, l'autre, la sagesse divine, qui se réserve la vérité, si notre nature est menteuse, qui donc nous a donné cette nature? Quel autre que Dieu? Il a donc voulu que nous fussions éternellement trompés, il nous a créés tout exprès pour cela, il a placé l'erreur dans notre être même, qu'il nous est impossible de dépouiller. Cela est horrible à dire, mais c'est lui qui ment.

Encore si, en nous trompant, il ne nous l'avait pas laissé soupçonner, nous ne serions que ridicules ; mais nous le soupçonnons, et notre pauvre raison se dévore elle-même.

Si au moins il nous laissait du repos ! Non, il a mis en nous un désir de savoir et un amour du bien, tous les deux impérieux, insatiables, qui ne nous laissent aucun relâche. Ainsi, nous sommes ignorants, mais nous prétendons à la vérité, nous sommes infirmes, mais nous prétendons à la vertu ; et nous travaillons sans cesse pour cela, et nous ne valons que par là. Qu'est-ce donc que nous, et qu'est-ce que Dieu, s'il n'y a ni vertu ni vérité !

Qu'on n'espère point que les hommes seront longtemps assez fous pour se donner gratuitement tant de peine. Ils cherchent et se disciplinent encore, parce qu'ils ne sont pas bien sûrs que vous ayez raison, qu'il n'y ait ni vérité ni justice certaines ; mais qu'une fois ils le croient, et vous verrez ce qui arrivera. Imaginez-vous qu'ils travailleront encore, qu'ils se consu-

meront à la poursuite d'un fantôme de vérité? Croyez-vous qu'ils s'exerceront contre eux-mêmes, dans un combat cruel et sans fin, pour cette dérision de vertu? La belle espérance en effet que vous leur donnez pour l'avenir : un Dieu devant lequel ils se présenteront tout meurtris de la lutte soutenue en son honneur, et qui leur dira : « Mes jugements ne sont point vos ju-
» gements; vous avez cru à la vertu et à la récom-
» pense; j'ai d'autres poids et d'autres mesures,
» comme il me convient. »

Ceux qui soutiennent cette belle doctrine ne se doutent pas jusqu'où elle les mène. On veut que Dieu ait fait et puisse défaire à son gré les principes de notre raison; y pense-t-on bien? Celui à qui on donne une telle puissance, qui donc nous dit qu'il est et quel il est? N'est-ce pas la raison? Cette raison qu'est-elle elle-même? Rien de sûr. Or tel est le principe telle est la conséquence : d'un principe certain, par un bon raisonnement, on tire une vérité certaine; d'un principe douteux, par un bon raisonnement, on ne tirera jamais qu'une vérité douteuse comme lui. On détruit donc du même coup la nécessité de Dieu. Peut-être il est, peut-être il n'est pas ; je n'en sais absolument rien.

Voyez jusqu'où nous mène une erreur dans la détermination des attributs de Dieu, un défaut d'équilibre entre ses perfections. On croit être religieux en exaltant outre mesure la puissance divine, en soumettant à cette puissance, non-seulement l'homme variable et passager, mais tout ce qui est dans l'homme, jusqu'à cette raison qui n'est pas lui, mais apparaît seulement en lui. Au premier abord, cette assertion semble nous mettre à notre véritable place, infiniment bas, mais à la réflexion, en poussant cette doctrine à ses vraies et dernières conséquences, elle donne précisément le contraire de ce qu'elle promettait : pour affermir la puissance de Dieu, elle ébranle son existence, la relègue au rang des hypothèses, et justifie l'athéisme dans cet univers qui est plein de lui. Mais personne ne peut se tenir dans l'athéisme, ceux-là surtout qui ont péché en exagérant la puissance divine. Si donc, arrivés à ce point, ils renoncent à croire qu'un être ait la force de détruire les vérités nécessaires, elles reparaissent avec leur caractère vrai, et les ramènent aux pieds d'un Dieu tout-puissant encore, mais parfaitement sage, dans lequel la puissance et la raison ne se combattent plus, mais marchent de front dans une harmonie complète et indestructible.

En résumé, l'action de Dieu est toujours conforme à la raison, et cette raison est la même qui s'impose irrésistiblement à chacun de nous. Il est donc possible, il est donc permis de découvrir quelque chose de ses desseins ; il n'a pas voulu seulement que nous fussions soumis à sa sagesse, il nous a donné encore les moyens de la pénétrer et de l'estimer.

CHAPITRE IV.

L'IDÉE DE DIEU S'ACHÈVE PAR LA SCIENCE ET LA VERTU.

La science découvre, chaque siècle, un peu plus de l'ordre du monde. Ce qu'elle en voit la ravit, et elle entrevoit des merveilles. Aussi elle renonce aux systèmes arbitraires, convaincue que nos plus belles inventions pâlissent auprès de la réalité, et elle consent à apprendre de Dieu lui-même, parlant par les mouvements des choses, ce qu'il a voulu faire et ce qu'il a fait, ce que c'est que la sagesse.

La vertu nous prend où la science nous laisse, pour nous conduire plus avant dans la connaissance de Dieu. Vous ne croyez pas que le premier venu soit capable d'entendre ces œuvres exquises de Virgile, de Raphaël, de Mozart, où un reflet de l'harmonie paraît, et vous voudriez qu'il entendît l'harmonie elle-même ! Vous défendez à des âmes basses, grossières et méchantes de comprendre les nobles actions des héros et des saints, et vous penseriez qu'elles s'élèvent naturellement à l'intelligence de la bonté et de la sainteté infinies ! Pour avoir l'idée et le goût de ces qualités excellentes, il faut les voir quelque part : si on veut, à un degré plus humble, mais les voir certainement. Or c'est en nous-mêmes, dans nos aspirations et nos combats, que s'esquisse cette image de la perfection morale, qui ensuite, agrandie comme il convient, est rapportée à Dieu ; et celui qui ne la trouve pas là, ne la trouvera nulle part : il ne sait ce que c'est. Il ne suffit pas de connaître ces qualités parfaites, il faut désirer qu'elles soient en Dieu, n'avoir pas à craindre qu'il soit sage et qu'il soit juste. Or la vertu seule a intérêt à ce que Dieu soit lui-même. On a beau faire : pour achever en soi l'idée de Dieu, le génie ne suffit pas ; il y a dans ce savoir des sommets où n'atteignent que les plus hautes âmes ; et nous tous, partagés entre le bien et le mal, nous devons incliner notre science des choses divines devant la science de ces âmes meilleures qui, dans un cercle étroit, dans une humble condition, étrangères aux écoles, ne savent que la vertu.

CHAPITRE V.

DIEU PRÉSENT A L'AME PAR LE SENTIMENT.

Jusqu'ici, pour connaître ce qui se peut connaître de Dieu, nous ne nous sommes adressé qu'à la raison, et nous aurions craint, en nous adressant au sentiment, de faire, à la place d'une science sévère et solide, une science de fantaisie ; mais nous nous gardons bien d'en méconnaître la puissance. Rien de ce que Dieu a fait n'est mauvais, et rien n'est bon qu'à sa place. Le sentiment est ce qu'il est, quelque chose d'admirable, qui ne remplace pas la réflexion, mais que la réflexion ne remplace pas non plus.

Il est la raison émue. Or, cette émotion donne toujours à l'esprit une singulière sagacité. A chaque instant, la passion nous fait apercevoir dans ceux que nous aimons des qualités qui resteraient éternellement cachées à l'œil indifférent : l'amour, né de l'intelligence, réagit sur elle et l'aiguise, puis s'animant par les découvertes qu'il a provoquées, à ce nouveau degré il acquiert une nouvelle vertu ; tous les deux grandissent en proportion, se fortifient par leur influence réciproque, et parviennent enfin : l'amour à l'enthousiasme, et l'intelligence à ce point merveilleux de pénétration où elle voit une autre âme penser et sentir à découvert. Eh quoi ! si la passion aide ainsi notre esprit dans l'étude des créatures, sera-t-elle donc impuissante quand il s'agira de connaître Dieu? Ici-bas elle est souvent déconcertée et paralysée par la vue de quelque imperfection ; n'aurait-elle pas au contraire une énergie constante et toujours croissante dans l'étude de l'être souverainement parfait? En lui point de tache, point de défaut, un éclat qui jamais ne pâlit, et dans sa sagesse et sa conduite des profondeurs adorables. Voudriez-vous donc les pénétrer uniquement avec les lenteurs de l'analyse et les artifices de la déduction? Pour saisir un si grand objet, est-ce trop de toutes nos puissances? Ne serait-ce pas une folie d'en retrancher quelqu'une et de nous mutiler à plaisir? Sans doute l'intelligence a suffi pour découvrir son pouvoir irrésistible et pour admirer son dessein dans la construction de ce monde, seule elle a reconnu le maître et l'artiste; mais qui donc, si ce n'est l'amour, lui a donné son vrai nom, le nom de père? Qui donc, si ce n'est ce même amour, plus fort encore, a tempéré la majesté du père, toujours imposante, pour lui donner le sourire affectueux et rassurant d'un ami? Ce n'est plus maintenant ce Dieu impassible qui, satisfait de pousser le monde en avant, méprise les individus qu'il écrase; ce politique qui, absorbé dans le maintien de l'univers, dans la conservation des lois et des genres, n'a pas un regard pour les chétives créatures que ces lois inflexibles frappent et que ces genres immortels dévorent; cet artiste qui, uniquement attentif à l'harmonie de ses sphères, n'entend pas les gémissements et l'appel des âmes en souffrance; ce monarque perpétuellement irrité, qu'il faut apaiser avec des hécatombes; ce maître ignorant qui, à travers la fumée des victimes, ne distingue pas, du haut du ciel, la supercherie de ses serviteurs; ce n'est plus la puissance jalouse qui s'offense et se venge de la vertu d'un homme; ce n'est plus pour nous ni un despote, ni un rival : il dépose ses menaces et ses terreurs, et vient se mêler, invisible, aux sublimes entretiens de Malebranche avec ses disciples, ou s'asseoir familièrement près de l'auteur de l'*Imitation* : là pour ouvrir les intelligences, pour servir d'intermédiaire et d'interprète dans de religieuses discussions, ici pour façonner la volonté, et guider la créature vers cette perfection idéale, qu'il n'aime à posséder que pour la communiquer.

Puis, aussi loin qu'aille la raison, que pouvons-nous par elle? Remonter de l'univers à sa cause première, des choses bornées à leur principe infini; mais si nous concevons qu'il faut un Dieu, avons-nous quelque vue de Dieu lui-même? N'est-il pas plutôt pour nous une conclusion rigoureuse, une nécessité logique, qu'un être vivant; et a-t-il été donné au syllogisme, à une forme abstraite de raisonnement, la vertu merveilleuse de nous transporter jusqu'en la présence de l'Éternel? Sans contredit, l'être que nous atteignons par ce procédé est distinct de tout autre, il possède en propre le caractère de l'infini; je l'avoue encore, ce mot a un sens très-bien déterminé, nous pouvons raisonner très-juste sur l'idée qu'il traduit, dire ce qu'elle comporte et ce qu'elle exclut; mais il ne faut pas croire que cette idée, sans autre secours, suscite en nous la représentation de l'infini lui-même. Quand le géomètre détermine les propriétés des figures, d'une figure de cent côtés, par exemple, s'en retrace-t-il une image exacte, et fait-il autre chose qu'en développer la définition? Quand l'algébriste, remplaçant des lignes par des lettres, leur fait subir des changements multipliés, a-t-il vraiment devant les yeux ces lignes et leurs intersections diverses? Quand le chimiste se propose les formules de certains corps et opère sur ces formules, croit-on que dans ce moment même il imagine les corps avec leur forme essentielle et leurs diverses propriétés? Un chiffre nous donne-t-il le spectacle d'une armée, d'une hauteur, d'une étendue? Non, dans tous ces cas nous sommes en face de nous-mêmes, de notre esprit, des signes qu'il a fabriqués, et non en face des choses. Mais que faut-il pour voir réellement cette figure aux cent côtés, ces lignes dans leurs vrais rapports, ces corps, cette armée, cette hauteur, cette étendue? La science est inutile, il n'y faut qu'un ignorant : placez-le devant la nature et qu'il ouvre les yeux.

Les philosophes ne sont ils pas souvent comme ces algébristes et ces géomètres, etc. Pendant qu'ils s'écartent de la lumière et du bruit, seulement attentifs au mouvement de leur pensée travaillant sur l'essence de Dieu, qu'ils expriment et enferment dans leurs formules, l'homme simple, qui n'a jamais médité sur ces matières, va rencontrer sur sa route ce que le savant cherche en vain ; le lever ou le coucher du soleil, l'obscurité étincelante de la nuit, l'aspect de la création du sommet d'un pic, l'immensité de la mer, un orage, une toile, un marbre d'un grand maître, un vaste monument d'architecture, une large composition musicale, une action héroïque, lui révèlent l'infini. Un jour, le philosophe, lui aussi, fatigué par un travail continu sur des idées arides, abandonne les livres et la méditation ; il veut quitter pour un instant ces spéculations pénibles sur l'infini, et descendre, pour récréer son esprit, dans le monde des choses limitées ; il va vivre un instant de la vie des autres hommes, voyager comme eux, et amuser son imagination par la variété des spectacles ; à peine a-t-il fait un pas, le voilà en face des grandes productions de la nature et de l'art ; il est agité d'une émotion inconnue, il voit, pour la première fois, quelque chose qui lui avait jusqu'alors échappé ; ce n'est plus cette gêne de l'esprit qui se replie sur soi pour saisir et décomposer l'idée d'infini, c'est l'infini lui-même qui lui apparaît, et descend dans son âme, qui s'ouvre pour le recevoir. S'il y a un moment où l'on soit proche de Dieu, pour ainsi dire, c'est dans ce moment-là ou jamais. Alors Dieu n'est plus seulement l'auteur caché d'un effet visible, l'ouvrier distinct et détaché de son œuvre ; il se manifeste plus directement par un attribut qui lui est plus intime que ses œuvres et forme son essence même, l'infinité.

Il faut donc que la raison et le sentiment se concilient, que l'amour accompagne la réflexion ; seuls ils ne sauraient se suffire, et peuvent se compléter par leur alliance. Qu'est-ce en effet que ce sentiment de l'infini? Il est vif sans doute, mais il est rare : nous sommes presque toujours retenus ou promptement rappelés au milieu des misères de notre condition matérielle ; de plus il est passager et s'épuise aisément ; l'homme a donc besoin, dans le cours ordinaire de sa vie, d'un appui plus durable : c'est la réflexion qui va le lui fournir. A côté du sentiment, pour l'évoquer au besoin, elle mettra l'idée d'infini, qui reparaît à notre ordre ou s'éveille en nous d'elle-même, en tous lieux, par le seul travail de l'esprit, et n'a pas besoin, pour naître, du tableau passager des choses. D'un autre côté, l'idée d'infini n'a rien qui nous touche, qui nous soulève ; et d'ailleurs nous pouvons nous faire souvent illusion sur ce qu'elle renferme, comme les empiristes qui la faussent, en la rapetissant. Qui donc lui donnera un corps, pour ainsi dire, de manière qu'il nous soit impossible de la méconnaître? Le sentiment seul possède cette vertu. La réflexion, privilége des philosophes, en est aussi l'écueil : sortis du peuple, ils risquent d'oublier leur origine, et de perdre de vue, à mesure qu'ils s'élèvent, ses idées fondamentales et ses besoins immortels. Quand ils ont renié le peuple, celui-ci les renie à son tour, et les condamne comme des représentants infidèles. Ainsi commence et se consomme le divorce de la philosophie et de l'humanité, divorce fatal pour l'une et pour l'autre : comme si un arbre, devenu grand, prenait la terre en mépris et en détachait ses racines, ou bien encore si, à peine sorti du sol, il craignait de perdre pied en grandissant, ainsi condamné, par l'ignorance de sa vraie nature, à la triste alternative de rester enfant ou de se dessécher et de périr. Il faut rappeler à la pensée, selon le besoin, ou son fondement ou sa destinée, représenter au philosophe qu'il est homme avant tout, que, sorti du peuple, il doit y tenir, en garder, dans tout son développement ultérieur, les croyances nécessaires et les généreuses inspirations. Déjà une révolution heureuse s'opère : la philosophie reconnaît qu'elle part du sens commun et doit y revenir ; désormais la croyance à l'existence du devoir, de Dieu, de l'âme et de la liberté, seront les articles constitutifs de tout système qui voudra durer ; mais il ne faut pas s'arrêter là, il faut fortifier la croyance au devoir par le sentiment moral, la croyance à Dieu par le sentiment religieux, la croyance à l'âme et à la liberté par le sentiment de la dignité humaine. L'humanité ne se borne pas à donner des solutions logiques à certains problèmes, ce n'est pas seulement sa raison qui porte d'immortels principes, il se meut en nous une autre faculté, également féconde ; cette faculté a un autre secret, mais elle a la même puissance, elle nous parle une autre langue, mais elle nous entretient des mêmes vérités : c'est le sentiment. La philosophie puisera l'être dans le sens commun, c'est ici qu'elle trouvera la vie; c'est à ce feu que la science refroidie doit se ranimer, c'est à cet air natal que la pensée appauvrie doit se refaire. Si la réflexion venait à s'égarer encore, comme elle s'est égarée déjà, si ce monde lui semblait se suffire et que l'infini en disparût, le sentiment démentirait et ramènerait une raison abusée : celui qui nie le soleil, au moment où il ferme les yeux à la lumière, peut-il n'en pas ressentir la chaleur ?

CHAPITRE VI.

PROVIDENCE VISIBLE DANS L'ORDRE DE LA NATURE.

Voici d'abord le Dieu législateur. Les phénomènes sont liés, les causes agissent selon un ordre certain : mouvements et formes, tout est réglé. Il y a dans le monde des lois, et constantes, car sans constance il n'y a pas de lois.

Le modèle de cet ordre est le système céleste : depuis que les astres roulent, il est manifeste qu'ils roulent avec la même vitesse dans la même orbite; l'astronome décrit sûrement le thème du ciel qui fut il y a des milliers d'années, et celui qui sera dans des milliers d'années encore. Mais si la régularité est là plus visible, elle est également partout, et partout, si nous nous donnons la peine de la chercher, nous ne manquerons pas de la découvrir.

Cet ordre n'est pas seulement constant; il est précis : les formes sont les formes géométriques, et les nombres les nombres exacts. La nature est une mathématique universelle.

Cet ordre n'est pas seulement constant et précis; il est à la fois simple et fécond, d'une simplicité extrême et d'une extrême fécondité. Au-dessus de nos têtes, un même principe enferme tous les changements de ces corps innombrables, qui changent sans cesse; autour de nous, quelques lois physiques règlent les mouvements des êtres inanimés, et quand la vie survient, elles la servent. Au dedans de nous est visiblement un ordre semblable; car s'il y a une nature matérielle, il y a aussi sans doute une nature morale, quelque chose qui est l'intelligence humaine et le cœur humain.

C'est un des plus sensibles plaisirs de la vie, et qui s'usent le moins, de contempler la variété merveilleuse de la création : d'abord les trois règnes, si tranchés; dans ces règnes les grandes familles, quadrupèdes, bipèdes, reptiles, oiseaux, insectes, poissons, coquillages, arbres, arbustes et plantes, métaux et pierres; dans chacune de ces familles les espèces distinguées, les formes, les couleurs, les attitudes, les physionomies, les mouvements; toutes les fantaisies dans la fourrure, le plumage, la cuirasse et la gaze des animaux, dans les feuilles, le calice et les pétales des fleurs, et jusque dans les plus petites parties que le microscope révèle, des chefs-d'œuvre de couleur et de dessin. Et les hommes se plaignent chaque jour qu'il n'y a rien de nouveau sous le soleil, comme s'ils connaissaient toutes les choses que ce soleil éclaire. Si la nature leur préparait un seul spectacle et le changeait tous les matins, ils courraient au spectacle et remercieraient la nature qui prend soin de les divertir, mais elle n'a pas fait ainsi : elle a réuni au même instant tous les spectacles infiniment divers ; et l'homme, qui pourrait, en s'y promenant, varier ses ans, ses jours et ses heures, reste immobile, s'ennuie de l'uniformité et se plaint de la nature. Pour moi, je ne puis faire un pas sans rencontrer du nouveau et découvrir à tout moment quelque merveille que j'ignorais ; je m'étonne et m'en veux d'être venu à mon âge sans la connaître. Plus facile à contenter, tous les printemps me sont nouveaux, et chaque rose qui naît m'est nouvelle.

Fénelon a écrit sur les lois universelles qui font ces belles choses : « Le mouvement des astres, dira-t-on, est réglé par des lois immuables. Je suppose le fait; mais c'est ce fait même qui prouve ce que je veux établir. Qui est-ce qui a donné à toute la nature des lois tout ensemble si constantes et si salutaires, des lois si simples qu'on est tenté de croire qu'elles s'établissent d'elles-mêmes, et si fécondes en effets utiles qu'on ne peut s'empêcher d'y reconnaître un art merveilleux? La nécessité de ces lois, loin de m'empêcher d'en chercher l'auteur, ne fait qu'augmenter ma curiosité et mon admiration. Il fallait qu'une main également industrieuse et puissante mît dans son ouvrage un ordre également simple et fécond, constant et utile. Je ne crains donc pas de dire, avec l'Écriture, que chaque étoile se hâte d'aller où le Seigneur l'envoie, et que quand il parle, elles répondent avec tremblement : « Nous voici, *Adsumus*. »

Après le Dieu législateur, le Dieu industrieux. Considérons le corps de l'homme. Je vois d'abord une charpente composée d'os très-solides, qui s'emboîtent de manière à se mouvoir aisément, sans se disloquer, et forment des cavités pour protéger des organes plus délicats. Sur ces os sont insérés des muscles ou leviers de chair, qui se contractent, et, en se contractant, les font ployer; et ces leviers sont disposés de façon à produire les mouvements les plus étendus et les plus variés avec le moins de dépense. Entre eux et les os sur lesquels ils s'insèrent est répandue une huile qui en adoucit le jeu. Pour mouvoir les muscles, des nerfs les parcourent jusque dans leurs derniers éléments, en filets très-minces. Pour nourrir ces muscles encore, une liqueur, le sang, les arrose. Pour porter ce sang, il existe un curieux appareil. Figurez-vous deux arbres dont les branches creusées communiquent par leurs derniers ramuscules, les deux troncs plongeant dans un même réservoir. De ce réservoir, qui est le cœur, le sang est lancé, par les contractions de cet organe, dans les artères, qui, se contractant à leur tour, le poussent plus loin; il arrive ainsi dans les vaisseaux les plus déliés, où il monte par une force nouvelle, la capillarité, et passe, par la même force, dans les rameaux du second arbre, dans les veines. Il trouve là, pour l'empêcher de rétrograder, des soupapes, des valvules, et ainsi, d'écluse en écluse, il est conduit dans l'autre gros tronc, et retombe dans le cœur. Sur son chemin, il a distribué aux chairs le meilleur de sa substance et ne revient qu'épuisé. Pour le nourrir plusieurs appareils concourent. La bouche reçoit les aliments, les dents les coupent et les broient, la salive, en les décomposant, leur donne une première préparation; l'estomac les prend alors, et, par l'action de nouveaux sucs, continue à les élaborer; rejetés de là, par la contraction de l'estomac, dans les intestins, où ils glissent par une ondulation continuelle, de nouveaux liquides achèvent de les décomposer, et il se fait une dernière séparation entre la substance utile et la substance inutile. Pendant tout ce trajet, des vaisseaux, qui donnent dans la bouche, dans l'estomac et les intestins, pompent l'élément nourrissant, qui, directement ou indirectement, est porté dans les veines, et s'y mêle avec le sang qui est de retour. Ce n'est pas tout ; ce mélange manque, pour remplir les fonctions du sang, d'un certain feu que l'air lui donnerait ; il faut donc qu'il soit mis en communication avec l'air, sans se répandre : un autre appareil y pourvoit. Les poumons sont comme deux soufflets, composés d'une multitude de membranes extrêmement minces, qui aboutissent à une multitude de cellules extrêmement petites ; entre ces cellules circule un système de vaisseaux, d'artères et de veines, semblable à celui que nous avons décrit. Tandis que les membranes, en se gonflant, reçoivent l'air dans les dernières cellules, les vaisseaux peuvent recevoir le sang qui leur sera amené. Le mélange de sang épuisé et d'aliment digéré, dont nous avons parlé tout à l'heure, y est en effet porté par d'autres contractions du cœur. L'air, ainsi rapproché du sang, se décompose, lui cède sa partie vitale, et, tandis que les poumons, en s'affaissant, chassent le reste, le sang vivifié est ramené au cœur, où commence le mouvement que nous avons dit d'abord.

Voilà déjà une machine merveilleuse ; et il faut songer que nous nous sommes contentés de retracer grossièrement les principaux appareils par lesquels elle s'entretient. Mais il ne suffit pas d'avoir une bouche et le reste pour se nourrir, il faut encore trouver son aliment dans la foule des corps qui sont sur terre. Or voici tout un nouveau système, les sens, par lesquels nous connaissons les corps qui nous entourent. Des nerfs, dont les extrémités sont infiniment délicates, partent du cerveau pour se rendre aux yeux, aux oreilles, au nez, à la bouche, à la surface de tout le corps, abondamment aux doigts. Une même substance des nerfs, diversement ébranlée par les objets extérieurs, fournit la variété de ces sensations surprenantes : la vue, l'ouïe, l'odorat, le goût et le toucher. Tandis que le nerf de la vue tapisse le fond de l'œil, pour empêcher que la lumière ne le blesse, des milieux divers sont ménagés ; des membranes, des humeurs et une sorte de cristal. Pour que, dans un petit espace, il reçoive l'impression entière de grands objets, ces membranes, ces humeurs et ce cristal ont la nature et la forme voulue par l'optique, de sorte que les rayons, en convergeant de plus en plus, vont peindre sur la rétine une image réduite des objets, et non pas d'un ou deux objets seulement, mais d'un univers ensemble, sans confusion, les choses et les proportions des choses. De même, entre le nerf de l'ouïe qui est au fond de l'oreille, et l'air violemment agité, à la fois pour le conduire et le ménager, il y a des intermédiaires : un entonnoir qui le recueille, une membrane qui vibre sous ses coups, des osselets qui la tendent et la distendent, enfin une sorte de conque étroite, où il se réduit et chemine jusqu'au point où l'impression a lieu. Et il n'est pas nécessaire qu'une impression cesse pour que l'autre se fasse, mais j'entends ensemble ces bruits divers, confus, qui sans cesse s'élèvent autour de moi, et j'entends toute une symphonie, des centaines d'instruments qui jouent en même temps ; je distingue leur direction, leur ton, leur timbre, leur harmonie. Tandis que la lumière et l'air, mus par les objets, frappent l'œil et l'oreille, les objets eux-mêmes, leurs émanations qui s'envolent et les particules qui se détachent, touchant d'autres nerfs, donnent d'autres sensations, qui pareillement se rencontrent et se démêlent. Enfin les nerfs du tact, partout répandus, qui partout nous donnent l'impression de chaleur et de froid, de mollesse et de dureté, d'âpre et de poli, se concentrent en certains lieux et y prennent une nouvelle vertu : exercés par ces mains mobiles, qui se ploient en tous sens, pour embrasser les objets et se promener autour d'eux, ils nous donnent la notion précise de la forme.

Ces deux existences, la vie de relation et la vie organique et leurs diverses fonctions, sont distinctes, mais unies ; et ce qui est aussi admirable que chacune d'elles, c'est le lien du tout. Les nerfs des sens et les nerfs de la vie organique jettent hors de leur direction des filets qui se rencontrent et s'entrelacent et se fondent de telle sorte que les changements survenus dans un organe ont leur contre-coup dans les organes les plus éloignés, et qu'il règne entre les pièces innombrables de cette machine une sympathie universelle.

On a vu quelle nécessité réunit dans un même être, dans l'homme, les fonctions si variées que nous avons décrites : elles sont ensemble, par la raison qu'elles ne peuvent être à part, qu'elles ne sauraient se passer les unes des autres : une seule donne le reste. Or, de même que les fonctions s'appellent, les formes des organes qui les accomplissent s'appellent aussi. Donnez à un animal un estomac et des intestins propres à digérer en même temps la chair et les végétaux, il lui faudra et il aura des dents aiguës, pour déchirer la chair, d'autres, tranchantes, pour couper les végétaux, d'autres enfin, en forme de meule, pour les broyer, et il aura des mains pour saisir sa proie. Otez à son estomac et à ses intestins la faculté de digérer la chair, la première sorte de ses dents disparaît, et sa main inutile s'engage dans un sabot. Donnez à un animal la faculté de voler, cette opération dépense beaucoup de force et de chaleur; il lui faudra et il aura un principe très-actif de chaleur et de force : son sang coulera vivement, il respirera par les poumons, comme nous, et de plus par le corps entier, pour que partout ce sang se brûle; au contraire, qu'il nage ou qu'il rampe, comme il lui faut moins de force et moins de chaleur, leur principe se tempère; et soit que le sang circule encore complétement ou en partie, dans ces deux cas il ne sera qu'incomplétement rapproché de l'air et incomplétement revivifié. C'est là cette grande loi de la corrélation des formes, qui éclaire si vivement l'anatomie comparée. Il y a de toute éternité dans la nature une puissante logique : il ne s'agissait que de la reconnaître; et, depuis qu'on l'a reconnue, il a été possible, sur l'inspection d'une seule dent, de décrire la forme générale d'un animal; un savant, notre Cuvier, a pu, avec quelques débris d'ossements fossiles, reconstruire un animal perdu, de telle sorte que, lorsqu'on le retrouva plus tard, il était tout semblable à la description. Il y a des monstres dans les individus, il n'y a pas de monstres dans les espèces.

Cette même logique qui, dans chaque forme animale, fait suivre les diverses fonctions, et, d'une forme à l'autre, fait suivre les divers changements, cette même logique unit les espèces vivantes et le grand tout où elles subsistent. Comprenez-vous le pied de l'homme et des animaux voisins, s'il n'y a pas un sol ferme où il porte? l'aile de l'oiseau sans l'air, la nageoire du poisson sans l'eau, une bouche, des dents et des entrailles, sans qu'il y ait au dehors ni chair, ni herbes, le poumon sans l'air, l'œil sans la lumière, l'oreille sans l'air encore, et le reste? Si la nature avait commis un tel oubli, que ne diriez-vous pas? Et puisqu'elle ne l'a pas commis, ce semble, dites donc que c'est bien fait. Cette même nature ne s'est pas contentée de fournir en général à un organe son objet, mais, quand cet objet est dans d'autres conditions, d'autres conditions surviennent dans l'organe. L'homme et le poisson respirent tous les deux, mais l'un vit dans l'air libre et l'autre dans l'eau; avec le poumon de l'homme, le poisson mourrait : aussi il a reçu un autre appareil, qui extrait de l'eau l'air qu'elle renferme, et le fait respirer aussi aisément que nous. Elle a de moindres attentions. La qualité d'un même élément se modifie-t-elle, elle modifie en conséquence les animaux qui doivent y vivre : elle allonge prodigieusement les jambes et le corps ou le bec de l'oiseau des marais, et si quelque animal doit à la fois marcher et nager, elle lui donne un appareil à deux fins : elle palme son pied, qui appuie sur la terre et rame dans l'eau. Le corps de tout animal est une harmonie, et le grand corps du monde, qui nous enferme, animaux et éléments, est une grande harmonie.

Achevons notre spectacle, faisons mouvoir tous ces animaux vers leur fin. Elle est double : vivre et donner la vie. Pour vivre, ils ont à se préserver des éléments, à se nourrir, à se défendre de leurs ennemis. Les uns craignent la chaleur ou le froid : ils sont protégés contre le froid, ou par une peau épaisse, ou par une fourrure, soit de poil, soit de plume, qui se garnit encore dans la dure saison, et vivent sans danger en plein air ou se creusent des habitations sous terre. Ceux qui font cela ont l'instrument et l'art nécessaires. Voyez la taupe, l'animal fouisseur par excellence : ce museau pointu et dur, ce corps allongé et plat, ces membres bas et rompus en dehors, ces doigts écartés, aigus et vigoureux, n'est-ce pas là un animal né pour creuser? et ce qu'il y a de mieux, il agit comme s'il le savait, il a une impatience, comme une fièvre de creuser. D'autres émigrent : quand doit venir le froid, ils vont au midi, quand doit venir le chaud, ils vont au nord, ou en sens inverse, pour revenir avec la chaleur et le froid, toujours ainsi chaque année, à travers les airs, les terres et les mers, voyageant avec une sûreté merveilleuse, que tout l'art humain, avec ses boussoles, ses cartes et ses calculs, n'a pas dépassée encore; ils font mieux que de s'orienter vaguement vers le nord ou le midi : ils touchent des lieux précis; et nous le savons, d'autres printemps nous ramènent les mêmes hirondelles.

Il s'agit de se nourrir et de se défendre. Ceux qui ne peuvent pas se mouvoir, la nature leur apporte leur aliment : les huîtres, attachées à leur rocher, ne meurent point. Ceux qui se meuvent ont la sorte de mouvement nécessaire pour atteindre leur nourriture : ils marchent, ils rampent, ils volent, ils nagent, selon qu'elle se trouve sur la terre, dans l'air ou dans l'eau; ils ont les instruments nécessaires pour la saisir; ils la cherchent où il convient avant de l'avoir vue, ils la reconnaissent la première fois qu'ils la voient; ils se fient à la force, s'il faut la force, à la ruse, s'il faut la ruse; en fait de ruses, ils tendent toutes sortes de piéges, avec un art qui suppose une connaissance exacte de l'animal à prendre, de sa forme, de ses habitudes, et la connaissance exacte aussi des moyens qu'il faut employer pour le prendre, le choix des matériaux et la disposition où il faut les mettre. Or, cet animal, ils ne le connaissent point et ne le connaîtront peut-être jamais. Nous passons près d'une toile d'araignée, et quand nous sommes disposés à admirer, nous admirons l'art du tisserand qui a ourdi cette toile; mais il y a là une bien autre science, celle à laquelle on ne songe pas. Si on faisait raisonner cette araignée, comme Montaigne fait raisonner son chien, voici ce qu'elle devrait se dire : « Ma proie vole, et moi je marche, donc il faut lui » tendre un piége et le tendre en l'air; elle n'est pas » faite comme moi, sinon nous nous prendrions au » même piége, ou nous échapperions toutes les deux : » des mailles d'un fil fin et élastique empêtreront ses » jambes courtes, tandis que j'y marcherai à mon » aise; ce fil est celui que je produis; elle est petite » et faible, ma toile est donc assez forte; cette toile, » dès qu'elle sera touchée, remuera, et le mouvement » arrivera au centre, je vais donc me placer au centre » et attendre que la toile remue. » Voilà quelques-uns des discours que l'araignée devrait tenir, si elle savait ce qu'elle fait, et encore, une fois la mouche prise, elle devrait savoir que sous l'enveloppe extérieure il y a du sang qu'elle veut, et qu'en piquant et aspirant, le sang viendra. Que celui qui voudra bien prêter à une araignée ces beaux raisonnements le dise. Un petit insecte s'enfonce dans un trou, et faisant bascule avec sa tête, quand sa proie passe, il la précipite au fond; un autre, le fourmi-lion, creuse en dessous le sable, ne laissant qu'un plancher très-mince, qui s'éboule sous sa proie.

Quant à la force, la nature est un arsenal bien pourvu. Voyez les cornes du taureau, les bois du cerf, le front du bélier, le nez du rhinocéros, les défenses du sanglier et de l'éléphant, la scie de l'espadon, la trompe de l'éléphant, la dent du crocodile, les suçoirs du poulpe, l'ongle du lion, les pinces de l'écrevisse, les bras de l'ours, les anneaux du boa, la batterie de la torpille, les pointes du porc-épic, l'éperon de la vive, la queue du requin, le dard de la guêpe, l'ergot du coq, le pied du cheval ; ils savent tous où est leur arme, et s'en servent sans hésiter ; quelques-uns même l'essaient avant qu'elle soit venue ; ils ne les échangent point. Les faibles ont d'autres défenses ; la nature quelquefois en fait tous les frais : elle donne à certains animaux la couleur des objets parmi lesquels ils habitent, ou bien ils ont la peur et la vitesse ; ils ont des malices, ils contrefont les morts et se raidissent ou se laissent tomber ; ils s'enduisent d'une liqueur dégoûtante, ils jettent une encre qui trouble l'eau et les dérobe, ils font des feintes, se tapissent dans des cachettes.

Si toutes les ressources deviennent à un moment inutiles, si la saison enlève à l'animal sa nourriture, ou bien il la suit en émigrant, ou il est paralysé par le froid, et, tant que manque la nourriture, manque le besoin.

Ajoutez que chaque espèce, en même temps qu'elle a les moyens d'attaque et de défense, et l'instinct de s'en servir, est pourvue des sens qu'il faut pour les seconder, pour deviner son ennemi et sa proie : l'œil de l'aigle aperçoit sa proie du haut des airs, le chien la sent et la suit à la piste, tandis que le lièvre, avec ses oreilles longues et mobiles, entend son ennemi de loin. Où l'odorat n'enseigne pas assez, le goût supplée, et tous deux conduisent les animaux qui vivent de grain et d'herbe à leur aliment propre, à travers les grains et les herbes empoisonnés.

La création est une grande guerre : force contre

force, ruse contre ruse ; nul combattant n'y vient sans arme et sans art ; et ainsi, chaque espèce vivant d'une autre, qui vit d'une autre à son tour, nulle ne meurt ni ne détruit le reste, et, à travers ces morts des individus, l'équilibre des espèces se maintient, et la vie universelle chemine.

Une multitude d'animaux sont solitaires, et se défendent chacun pour son compte contre la faim, les éléments et leurs ennemis ; il en est qui subsistent en commun, formant des sociétés plus ou moins parfaites. Alors il y a chez eux, à côté du soin de l'existence individuelle, le soin de l'existence de la communauté, ou plutôt ils ne songent à eux-mêmes que comme parties de l'ensemble. Il y a des sociétés élémentaires, dont les membres n'ont d'autre lien que de vivre sur la même feuille ou dans la même prairie, de s'avertir du danger et de se presser l'un contre l'autre, ou de fuir ensemble, d'émigrer ensemble à la saison ; il y a des sociétés plus savantes, vraiment organisées. Ici on construit ensemble, on va à la provision pour tous, on attaque et on se défend en commun, on obéit à un chef, on a des adresses nouvelles pour empêcher que la société ne se rompe, une politique. La taupe et le renard se creusent une demeure à leur fantaisie, l'abeille suit un plan, le mieux entendu pour la construction commune. On peut admirer la solidité de sa cellule, bâtie sous le meilleur angle que la géométrie enseigne : la solidité se trouve ailleurs, dans des travaux isolés ; mais s'il y a une figure qui, répétée, économise l'espace et permette d'appuyer exactement cellule contre cellule, sans aucun vide, c'est celle-ci, c'est l'hexagone qu'elle choisit. De même, quand les castors construisent leurs digues, il ne font pas tous uniformément le même ouvrage, mais ils s'unissent, quand il le faut, pour conduire une pièce de bois trop forte, et se séparent aussi quand il le faut, pour divers travaux. Les fourmis vont-elles à la guerre, elles n'y vont pas chacune pour soi, mais combattent en troupes rangées : il y a des généraux et des soldats. Dans l'intérieur d'une ruche il y a une reine et des sujets; parmi les sujets divers emplois : les uns peuplent, les autres travaillent et veillent; survient-il une génération nouvelle dans une habitation désormais trop petite, l'ancienne génération part pour former une colonie; la reine craint-elle de voir son autorité partagée par les enfants de sa famille qui vont naître, elle cherche à les détruire dans l'œuf, et si elle-même vient à périr, les sujets, pour que l'autorité ne vaque pas, transportent dans la cellule royale des œufs d'abeilles communes, pour obéir à celle qui en naîtra et restera maîtresse.

Les animaux ne sont pas nés uniquement pour vivre : la vie qu'ils ont reçue, ils doivent la donner et perpétuer la race. La nature leur en inspire le désir et les a créés de conformation différente pour cette fin; mais que deviendraient les œufs et les petits nouveau-nés, s'ils étaient abandonnés au hasard? Cela n'est pas. Voyez quel nouveau souci et quel nouvel art paraît tout à coup dans les oiseaux : tout à l'heure ils volaient et chantaient insouciants dans les branches, maintenant les voilà préoccupés, ils ramassent des branches sèches, de la paille, du duvet, de l'argile, ils entrelacent, ils cimentent, ils construisent un nid, solidement attaché à quelque point fixe, arbre ou muraille, s'il doit rester en place, libre s'il doit flotter; ils lui donnent la grandeur, la forme convenable pour recevoir le nombre des œufs qu'ils n'ont pas vus encore, des petits qu'ils ne verront peut-être pas ; ils le placent en bon lieu pour éviter les éléments et les animaux ennemis, ils l'ouvrent où il faut, autant qu'il faut, pour pouvoir passer, sans que les petits risquent de tomber ; puis, une fois cette chaude demeure préparée et les œufs déposés, ils les couvent obstinément, comme s'ils savaient que la chaleur est nécessaire pour les faire éclore ; les petits éclos, ils n'ont plus de pensée, d'attention que pour eux, leur apportant dans leur bec la nourriture qu'ils ont cherchée ; leurs enfants sont-ils menacés, ils se font tuer pour eux ; à un moment, ils les invitent à sortir du nid, à voler, à essayer leurs forces ; enfin, quand les forces sont venues et que les jeunes peuvent se suffire, on se sépare, on se méconnaît, et parents et enfants deviennent étrangers les uns aux autres, vont chacun de leur côté à de nouvelles amours, former une nouvelle famille, qui aura le sort de la première. Quand les petits naissent vivants, ils subsistent par d'autres moyens, mais par des moyens aussi sûrs. La mère ne les quitte point une fois nés : pleine de tendresse pour eux, elle les recueille dans son sein ; la nature a placé là leur aliment, elle leur a aussi enseigné l'art de le prendre, l'art de sucer le lait et de presser avec leurs membres la mamelle qui le renferme. Cependant les petits grandissent, la mère les forme aux exercices qu'ils essaient, et un jour cette famille si tendrement unie se disperse, ses membres ne se reconnaissent plus, se menacent, se battent, se tuent dans la rencontre, nourrissent à leur tour d'autres petits, qui à leur tour les abandonnent.

Nous avons tous les jours sous les yeux ces spectacles qui nous touchent, nous les recherchons avec attendrissement ; mais il faut bien savoir que la nature ne s'est pas astreinte à un seul art, elle a des ressources infiniment variées. Tandis que des oiseaux se donnent tant de peine pour construire un nid, d'autres profitent de leur travail et déposent dans ce nid étranger leurs œufs que la mère trompée couvera; les insectes qui construisent des palais transportent les larves communes d'étage en étage et les soignent en commun ; l'animal qui dépose ses œufs sans les couver les met au lieu convenable pour qu'ils puissent éclore et que les nouveau-nés subsistent : la tortue dans le sable du rivage, tels insectes dans le nid d'autres insectes que les petits mangeront, ou dans les poils d'une chenille qu'ils dévoreront. Cependant, pour les mieux mettre à l'abri, l'argyronète, qui vit d'air, change d'élément : elle plonge sous l'eau, y file une cloche, et, de voyage en voyage, apportant chaque fois une bulle d'air, elle en approvisionne sa demeure, désormais préservée du danger.

Voilà comment la vie s'entretient en ce monde; et ici tout est merveille. Dans chaque animal la fin est nette, l'instrument bien fait, l'instinct infaillible ; de l'une à l'autre espèce c'est un autre instrument, c'est un autre instinct, mais avec une convenance aussi juste ; puis, si on considère toutes les espèces ensemble, une même fin et tant de moyens divers, il paraît que la nature n'est pas aveugle et esclave comme l'instinct qui vient d'elle, attachée à une seule opération, mais qu'elle est émancipée de son œuvre, qu'elle se plaît à épuiser les possibles, et se joue dans la variété infinie des spectacles d'un monde enchanté.

Encore nous n'avons rien dit du règne végétal ; et pourtant l'action de la nature est visible là, car elle agit seule. Du reste, dans les productions inférieures, elle se montre telle qu'elle s'est montrée dans des productions d'un ordre plus élevé : elle s'imite, en grande artiste, il est vrai, qui n'est pas asservie au modèle, et n'en copie que la perfection. Il serait curieux de voir les plantes respirer et se nourrir, et la séve, qui est leur sang, circuler dans des masses énormes par d'imperceptibles artères, les racines choisissant les sucs de la terre, et les feuilles décomposant l'air pour s'en approprier ce qui leur convient ; il serait curieux de voir aussi comment la vie se transmet, par quels artifices divers la nature a pourvu à la fécondation, soit qu'elle ait réuni les organes contraires sur une même plante, ou surtout que les séparant, elle fasse transporter la poussière fécondante par les vents ou par les insectes ; enfin on verrait les plantes et les animaux se prêter tour à tour les gaz dont ils ont besoin, au lieu de se les disputer : l'un absorbant l'élément que l'autre a laissé libre, et recomposant sans cesse l'air qui fournit à tout. Mais il faut avancer, et, puisque la création est immense, se contenter de noter ce qu'on passe.

Nous avons considéré à loisir l'art de la nature conduisant les bêtes à leur fin ; considérons cet art appliqué à l'homme. L'homme est un animal, et comme tel il conserve sa vie physique et la transmet, mais chez lui, au-dessus de l'animal, il y a l'être qui vit de la vie intellectuelle et morale, pour la transmettre aussi. Qu'il ait cette destinée, cela est certain par la conscience, qui le dit, par la raison qui lui ordonne d'y tendre, par la satisfaction morale et le remords, qui le récompensent ou le punissent ; au défaut de ces témoignages, il serait assez certain par sa constitution même.

Voulez-vous voir d'abord le corps d'un être fait

pour penser, voyez le corps de l'homme. Il a tous les mouvements, il a toutes les qualités : force, souplesse, agilité; il paraît donc qu'il n'est pas un instrument pour une œuvre unique, instrument qui dompte l'ouvrier, mais un instrument à toutes œuvres. Pour les sens, il semble, au premier regard, disgracié : il n'a pas l'œil de l'aigle, l'odorat du chien, l'ouïe du lièvre, la griffe du chat, mais, à la réflexion, il semble mieux doué : il a une certaine proportion, une certaine perfection de tous les sens réunis, et celle qui va non à un animal de proie, mais à un esprit : sa vue, plus resserrée, démêle finement entre elles toutes les diverses couleurs, son ouïe les sons, son odorat les odeurs, sons, odeurs et couleurs jusque dans leurs plus délicates nuances; et cette main nue, ce pouce et cet index opposés et mobiles distinguent exactement les formes des formes, la dureté de la mollesse, la rudesse du poli; en un mot, ses sens embrassent moins et apprécient mieux. Le corps qui porte ces sens, juges des choses, ne se meut point d'ordinaire avec la vitesse qui brouille la vue des objets et ôte le temps de les observer : il marche, il marche debout, et, dans cette allure, tandis que la bête endurcit ses mains contre le sol et penche la tête vers sa nourriture, lui, il garde son toucher délicat et promène sa vue par l'horizon, sur la variété des spectacles du monde, fournissant éternellement à l'esprit son aliment, qui est la connaissance.

Rien qu'à voir ce corps, on devine que celui qui l'habite est un esprit; observons cet esprit, à son tour. Il a la perception, qui recueille des idées innombrables des choses visibles et invisibles, la mémoire qui les retient, l'induction, le raisonnement, qui, appliqués aux objets de la perception et de la mémoire, en tirent des vérités, et de ces vérités d'autres sans fin. Il n'est point la proie de ses idées : il les gouverne à son gré, il les décompose, les recompose, les sépare, les groupe, pour les étudier à loisir ; il les appelle et les éloigne quand il lui plaît, quand il lui plaît remonte aux principes, descend aux conséquences, se meut librement dans ce monde, comme chez lui.

Cet esprit est mû par un instinct puissant, le désir de savoir, et mû sans cesse par le désir insatiable. Comme il ignore où se trouve la vérité qu'il cherche, et qui est dans l'unité, l'amour de l'unité le pousse là ; puis deux instincts contraires, l'amour de la nouveauté et le respect de la tradition, agissant tour à tour, empêchent qu'il ne s'endorme sur ces richesses ou ne les dissipe perpétuellement. Ainsi la nature lui donne et lui continue le mouvement, dirige ce mouvement et le modère. A l'instinct s'ajoute dans cet être libre le devoir, et, pour soutenir le devoir, la passion de la renommée et de la gloire.

Mais aussi loin qu'il aille dans la connaissance, l'individu est toujours bientôt arrêté ; car, s'il est bien constitué pour trouver la vérité, cette vérité est immense et il est seul. La nature y a pourvu : elle l'a placé dans la société. Né dans la famille, la nécessité physique suffirait longtemps à l'y retenir ; mais l'affection, l'habitude, le devoir l'y attachent, et quand il la quitte, ce n'est pas pour vivre seul, mais encore dans la compagnie des hommes, où un puissant instinct, l'instinct de société, l'appelle. Sera-ce une société muette, simple rapprochement des corps ? Non sans doute, une telle société pour un esprit est l'isolement ; aussi il a la parole : la parole naturelle, énergique, qui, par l'attitude, le geste, la physionomie, le cri, exprime les principaux mouvements intérieurs, et la parole articulée, instrument merveilleux qui, à l'aide de quelques sons combinés de toutes manières, exprime toutes les idées, leurs combinaisons infinies et leurs nuances les plus subtiles. Désormais l'homme pense en commun. Donnant dans ce commerce nouveau quelques connaissances, et recevant en échange les connaissances de ses semblables, il peut, dans cette heure rapide de son existence, entrevoir quelque chose de l'ordre de ce monde qu'il ne fait que traverser.

Comme il est né pour penser, il est né aussi pour agir moralement. Il connaît sa loi et il est libre. Cette loi, il la connaît, qu'il le veuille ou non. Elle n'est pas dans un code qu'il faille ouvrir, là le précepte perdu dans la multitude et souvent équivoque ; elle est en lui, fournissant à chaque action, dans chaque circonstance, sa règle, parlant avec une évidence irrésistible : elle est la conscience. Mais le devoir est rude, infini, et la volonté faible, chancelante. Elle a reçu des appuis. Le sentiment moral, le sentiment religieux, le sentiment du beau, l'amour bien entendu de soi-même, nous poussent ensemble au bien, et tandis que la nécessité d'agir nous porte, avec des devoirs de plus en plus précis et stricts, dans des lieux différents, vague société naturelle, société civile, famille, amitié, nous y trouvons des secours plus présents et plus puissants aussi ; la sympathie, l'amour de la patrie, les affections de famille et l'amitié créent dans notre âme des forces incalculables, à la hauteur de tous les devoirs et de tous les dévouements.

Voulez-vous voir à nu, dans un exemple, la différence des destinées et la sagesse constante de la nature, considérez l'homme et l'animal dans la famille. Celui-ci élève ses petits, les aime, puis les chasse ; l'homme élève ses enfants, les aime, puis les aime encore. En vain la terre le sépare d'eux, il leur reste uni ; en vain la mort les lui enlève, ils vivent dans son cœur, et il porte son amour au tombeau, il désire, il espère les retrouver, il se console par là de mourir ; et ce lien qui unit les parents aux enfants, unit les enfants aux parents et les parents entre eux, et les enfants entre eux. Qu'est-ce que cela ? Si la famille animale subsiste temporairement, n'est-ce pas que sa fin était temporaire ? Si la famille humaine dure, n'est-ce pas que sa fin était durable ? Oui vraiment, car la vie physique est l'affaire d'un jour, la vie morale l'affaire éternelle, et la nature, qui agit avec proportion, comme elle fait naître l'instinct avec le besoin, le fait cesser ou continuer avec lui : elle a un instinct passager pour une œuvre passagère, pour une œuvre immortelle un instinct immortel.

Les espèces animales subsistent sans autre but que de subsister, de faire figure dans le spectacle du monde ; l'espèce humaine a une destinée spéciale, qui est de propager la vérité et la justice. La nature s'y est bien prise à cet effet.

Les hommes meurent ; leur pensée, vraie ou fausse, ne meurt pas avec eux, et tombe dans le monde, où le vrai et le faux s'agitent ensemble. Là, comme toute connaissance est féconde, la vérité devra engendrer la vérité, l'erreur l'erreur ; mais la vérité est lente à grandir, au contraire, l'erreur profite à souhait ; qu'arrivera-t-il ? L'esprit sera-t-il, comme la terre, au premier occupant ? Non certes ; à mesure que l'erreur grandit, sa nature, ses principes, ses conséquences, ses alliances se découvrent; elle est embarrassée et insuffisante, l'esprit y est mal à l'aise, et, sans savoir encore où est la vérité, il sent du moins qu'elle n'est pas là; il la quitte donc, et essaie d'autres systèmes qui ne sont pas vrais encore, et qu'il abandonne à leur tour; cependant, par le travail de tous les esprits ou le génie de quelqu'un d'eux, la vérité se dégage, et à ses premiers rayons les fausses pensées s'évanouissent comme à l'aurore les fantômes. *Multi pertransibunt et augebitur scientia*, répétait Bacon dans sa confiance : « Beaucoup d'hommes passeront et la science croîtra; » et Pascal : « Toute la suite des hommes, pendant le cours de tant de siècles, doit être considérée comme un même homme, qui subsiste toujours et qui apprend continuellement. » C'est son *homme universel*.

Ainsi de la justice. Je ne sais pas quand a paru l'âge d'or, je sais que le mal est ancien, qu'il dure et qu'il durera encore ; je sais aussi qu'il mourra. On a beau dire, l'homme ne peut vivre dans le mal, ce n'est pas son élément. Tombé dans une société injuste, il peut quelque temps n'y pas songer et longtemps ignorer où est la justice, mais aussitôt qu'il y songe, il sait que l'injustice est bien là, il espère en sortir et il en sort. Il y rentrera et sera heureux d'y rentrer, disent quelques-uns, il lui arrivera malheur et il l'aura mérité. Des hommes religieux citent comme le résumé de la sagesse des nations ce triste mot d'un politique déçu : « L'homme est dans le bien, il cherche le mieux, tombe dans le mal, et s'y tient de peur du pire. » Je vous demande pardon, l'homme n'est pas fait pour le bien, mais pour le mieux, et s'il tombe dans le mal, il ne s'y tiendra point : brisé par sa chute, il se reposera là un instant, mais il n'y restera pas, et reprendra bientôt sa course. La civilisation ne consiste pas à aller tout droit au vrai et au bien, mais à user toutes les erreurs et toutes les injustices; l'humanité se trompe souvent, mais qu'elle trouve ou non, elle profite quand elle se détrompe. Il ne faut que du temps et du courage; elle a l'un et l'autre, et elle arrivera un jour : « *Multi pertransibunt et augebitur justitia.* » « Beaucoup d'hommes passeront et la justice croîtra. » Comme Énée descendant aux enfers, l'humanité fraye son chemin à travers les ombres.

Jusqu'ici nous avons considéré la création divine, enveloppant dans son ordre immense l'homme avec le reste; voici autre chose, une création humaine, dans le monde éternel de la nature un monde de l'homme, qui est comme une continuation de celui-là. Double argument de l'excellence de l'homme pardessus les animaux, et de l'excellence du maître qui a fait un tel ouvrier.

L'homme crée d'abord la science. Il devine, à travers les apparences, le mouvement des astres, il les mesure, les pèse, calcule leur éloignement, le temps que la lumière met à nous venir d'eux, décrit quelle a été, il y a des siècles, quelle sera, dans des siècles encore, la figure du ciel; revenu à la terre, il s'y reconnaît, il classe les phénomènes et les êtres, il saisit les causes simples qui produisent les faits innombrables, les lois qui les règlent, et les desseins qui circulent dans l'univers; il refait l'histoire des révolutions du globe et du genre humain qui l'habite; puis, rejetant les idées des formes changeantes, des mouvements qui naissent et qui meurent, il assigne les principes abstraits, éternels, infaillibles du nombre et de la grandeur; enfin, pénétrant cet autre monde invisible, qu'il porte en lui-même, il en retrouve l'ordre, et, sans se laisser étonner par l'inconsistance perpétuelle des pensées, des sentiments, des actions humaines, il dit les principes constants qui le mènent, et atteint le fond immuable, qui est l'esprit et le cœur de l'homme. Quoi plus! partant de ces existences et de ces changements matériels et immatériels, il monte plus haut, il perce jusqu'à la pensée qu'ils renferment, et s'élève jusqu'à l'Être infini qui, du sein de son éternité immobile, conduit tous ces mouvements.

Il crée l'industrie, et qu'est-ce qui échappe à son action? Il construit des chemins, creuse des canaux, jette des ponts; il purifie l'air, dessèche les marais ou transporte l'eau dans des terres arides, défriche le sol, le féconde, lui fait porter des fruits, selon sa nature, ensemençant jusqu'aux sables que dépose l'Océan; il perfectionne les fleurs et les fruits : de l'églantine des buissons il fait la rose magnifique des jardins et ses variétés charmantes, des essences sauvages il fait le pêcher et l'abricotier savoureux; il modifie même les animaux, croisant les races, pour développer les parties plus utiles ou plus belles. Et, pour transformer la nature, il emploie la nature elle-même : il fait travailler à sa place l'air, l'eau, le feu, le fer; cependant il se repose et médite de nouveaux perfectionnements. Nous admirions tout à l'heure les animaux; que sont-ils devant l'homme? Chacun d'eux est assujetti à une certaine démarche et à de certaines opérations; lui, il fait ce qu'il veut : il marche, il rampe, il grimpe, il saute, il plonge, il nage, il vole, il a toutes les industries, et, grâce à elles, il vit partout; il tisse, bâtit, construit des digues, creuse la terre, voyage, chasse, pêche, il a toutes les ruses et toutes les violences ; il est l'animal universel.

Lors même qu'il fait les mêmes opérations que les animaux, il les fait autrement ; il sait ce qu'il fait, et en outre il les fait mieux : il passe par son habileté ceux qui tout à l'heure étaient ses maîtres. Il tisse mieux que l'araignée, il bâtit mieux que les termites, construit des digues mieux que les castors, creuse la terre mieux que la taupe, voyage, aussi sûrement que l'hirondelle, où il lui plaît et quand il lui plaît ; il compose des chants mieux que le rossignol, tend des piéges mieux que le fourmi-lion ; il a perfectionné tous les instruments de mort que les animaux réunis possèdent, et leur a ajouté des moyens formidables, il pratique en grand la destruction ; il arme ses yeux et perce jusqu'aux étoiles dans les profondeurs de l'espace. Il a aussi une politique plus vaste que celle des abeilles. Supérieur de droit aux bêtes, il les force de reconnaître ce droit : il se fait suivre par elles comme chef de troupe : des troupeaux de taureaux terribles se laissent conduire par un enfant, ou, s'ils résistent, il les dompte ; il conduit le cheval, joue avec le tigre, et met sa tête dans la gueule du lion. Il dispose d'eux en souverain, les faisant servir tous à ses usages : c'est pour lui que le mouton se couvre de laine, que le ver file la soie, que la martre et l'hermine se revêtent de fourrure, que l'éléphant et le cerf poussent leurs dents et leur bois ; il court sur le dos du cheval, fait labourer les bœufs, donne aux chiens la garde de sa maison et la conduite de ses troupeaux, au chien et au faucon le soin de chasser pour lui ; enfin toute la création, animée et inanimée, travaille en son honneur.

Il ne lui suffit pas de réformer la nature, il se réforme lui-même. Voyez sur quel champ sa liberté s'exercera. Toutes les passions disséminées dans les espèces vivantes : vengeance, orgueil, colère, bonté, férocité, il les a, et par là il est encore l'animal universel que nous avons tout à l'heure reconnu, mais il les a d'une autre manière. D'abord il n'est point emporté par la passion comme par un poids : il la connaît, la modère, et fait de lui-même ce qu'il veut, le meilleur des animaux ou le plus féroce; puis il connaît le bien, il l'aime, il goûte la paix intérieure et le remords. Enfin tout ce qui est en lui de l'animal s'y transfigure : l'aveugle instinct devient la passion réfléchie, l'appétit grossier devient le sentiment de l'âme; la faim introduit le poétique banquet d'Alcibiade et le grave repas de saint Louis; le désir physique, les infinies délicatesses de l'amour et la dignité de la famille. Mettons-le d'un coup hors de pair, il crée la vertu.

Il invente les langues, avec leur fond commun, où se retrace l'unité de l'intelligence humaine, et leur variété prodigieuse, qui exprime la variété prodigieuse aussi des intelligences. C'est comme une végétation de l'esprit : elles naissent, croissent, meurent et produisent des langues nouvelles, qui, ainsi que nos enfants, mêlent au trait de famille le trait personnel.

Il crée l'art, l'architecture, la sculpture, la peinture, la musique, la poésie, etc.; à son tour il fait son univers. Tandis que le grand artiste, avec un peu de brouillard et de lumière, fait ses merveilleux tableaux, lui aussi, avec quelques essences mêlées, il ose l'imiter : il fait naître la lumière, avec la grâce de son aurore, la force de son midi et les splendeurs de son couchant; il la répand à flots ou la ménage, l'égaie ou l'attriste à volonté; là il appelle tout ce qui existe, les montagnes, les eaux, les plantes, les animaux, l'homme, les meut comme il lui plaît, non point lès transportant crûment et pêle-mêle, mais toujours extrayant des choses leur essence, force ou grâce, pensée ou passion, c'est-à-dire leur vie et leur âme, et y met encore sa vie et son âme. Avec quelques sons, il compose ces chants dont la variété dépasse les idées qu'on s'en forme : chants graves ou légers, sévères ou élégants, enfants de l'air, à qui le cœur humain confie ses impalpables émotions. Mais le voici qui, s'affranchissant des couleurs et des sons, bâtit en idée tout un monde; et ce monde de son imagination ne s'évanouit pas comme les songes au réveil : il échappe à son auteur et subsiste hors de lui. C'est l'Iliade, l'Odyssée, l'Enéide, le Paradis perdu, le Roland furieux, l'Antigone, l'Andrienne, Othello, le Cid, Phèdre, le Misanthrope, le Tartuffe, les fables d'Esope et de la Fontaine, le Décaméron, Gargantua et Pantagruel, l'Héloïse, Paul et Virginie et le reste à l'infini, créations vraiment vivantes, plus vivantes que nous tous, hommes, plantes et animaux, qui durons une heure de leur immortalité. Et tant de productions de peinture, de musique, de poésie, n'ont pas épuisé la fécondité de l'esprit; mais, comme notre terre perpétuellement renouvelée est emportée dans l'espace à la suite d'un corps qui lui-même est emporté par un autre, ainsi l'âme humaine travaillée au dedans traverse la durée où tout change : la même terre ne voit pas deux fois les mêmes cieux, et la même âme ne voit pas deux fois le même monde; frappée par les choses, elle rend sans cesse d'autres images et d'autres sons.

L'homme crée la politique, non point la politique facile des bêtes, qui ne dévient pas et ne connaissent pas la justice, mais la politique qui enferme le libre arbitre et le droit.

Il crée l'économie politique, qui, observant les lois naturelles, selon lesquelles la richesse se distribue, nous les explique ou nous y rappelle.

Et puisque cette science et cet art profitent, puisque, malgré de terribles écarts, il est impossible que l'homme ne trouve de plus en plus sûrement sa vie, plus de bonheur et plus de justice entre invinciblement dans le monde, la condition générale s'améliore, le niveau de la civilisation monte, et l'homme, auparavant courbé vers la terre par l'appétit physique, se relève peu à peu, pour respirer; il conçoit d'autres idées, d'autres plaisirs et d'autres peines; enfin naît dans son âme cette fleur des pensées et des sentiments qui ne vient que dans un air moins épais et sous de moins rudes soleils.

Que conclure de cette longue description du monde? Ceci sans doute. Le monde est un immense concert. Dans un individu, les organes s'appellent; dans les diverses espèces ils changent ensemble; enfin les mouvements de toutes les parties de l'univers animé et inanimé se correspondent : chaque être est appliqué à son objet comme l'aimant au pôle, et, quand il ne lui est pas apporté, il va à lui par les chemins les plus sûrs. La création n'est donc pas une unité morte, mais une unité vivante, une harmonie; et il n'y en a pas une seule, mais des multitudes; et elles ne sont pas isolées ou contradictoires, mais elles se pénètrent et s'enveloppent; la guerre universelle est à la surface, elle trompe l'œil inattentif et découvre un ordre ineffable à l'observateur confondu.

Le monde entier est donc fait avec une sagesse admirable, et l'intelligence chez qui cette sagesse réside est quelque part. Nous l'avons appelée nature, appelons-la de son nom : Providence.

Oui, il faut une Providence pour expliquer l'ordre éternel des choses; et lorsque paraît l'intelligence humaine, principe d'un nouvel ordre, qui continue les merveilles du premier, sans que cette intelligence ait fait ni le monde ni elle-même, il faut plus que jamais une Providence pour l'expliquer, tant qu'au-dessus de la figure exacte de géométrie sera le géomètre qui l'a tracée, au-dessus de la statue le statuaire, au-dessus de la *Transfiguration* l'esprit divin de Raphaël.

CHAPITRE VII.

PROVIDENCE NÉCESSAIRE A LA VIE MORALE.

La destinée de l'homme est la libre perfection, le moyen, l'épreuve. Cela se voit dans tout son être et dans tous ses mouvements. Si ce n'était pas, pourquoi connaîtrait-il la loi morale, pourquoi aurait-il le libre arbitre, pourquoi l'amour du bien, la haine du mal, et la paix intérieure et le remords, selon qu'il a suivi l'un ou l'autre, le contentement de soi-même, quand il va vite dans la bonne voie, et l'éternel mécontentement, tant qu'il lui reste du chemin à faire? Le voilà donc tel que la vérité le montre : il part du néant et va à tout : de l'ignorance à la science, de l'apathie à la bonté, de l'innocence à la sainteté, non point à quelque chose de médiocre, mais à la science, la liberté et la sainteté la plus grande où une créature puisse atteindre, sans empiéter sur la Divinité.

Pour accomplir ce voyage, sur quoi voulez-vous qu'il s'appuie? Sur l'orgueil? Il n'est point l'auxiliaire de la vertu, il est le vice. Tandis que la perfection est au-dessus de nous à l'infini, et que nous en sommes à une distance immense, l'orgueil imagine une perfection basse, qu'il touche ou qu'il tient. Quelle vérité dans ce sentiment! Quelle juste idée de la fin humaine! Quelle exacte mesure de sa propre force, de la fermeté de ce libre arbitre que tout ébranle : le nuage qui passe sur le soleil, le rayon de soleil qui perce le nuage, la santé, la fièvre, la faim et la satiété, une ligne, un mot, un son, une image, un rêve! Quelle merveilleuse excitation à combattre que la conviction d'avoir vaincu! à agir, que la conviction de n'avoir plus rien à faire! Ne sait-on pas que s'il y a une erreur, c'est celle-là ; que s'il y a un danger, c'est celui-là ; que s'il y a un crime moral, c'est ce crime, puisque, par le renversement le plus étrange, une misérable créature s'établit dans la perfection et fait le Dieu !

Regardera-t-on davantage comme vertu la poursuite unique du bonheur futur à travers l'accomplissement de la loi morale! Donnons-lui son vrai nom, c'est un calcul. Ce n'est pas sans doute cet égoïsme vulgaire qui veut jouir vite et achète son bonheur du malheur des autres hommes ; celui-ci est bienfaisant, il adoucit votre infortune dans ce monde pour être heureux dans l'autre ; on ne voit pas tout de suite quel fruit il retire de ses œuvres, mais au fond, le bien qu'il vous fait est un simple prêt, à gros intérêt, à long terme, sans aucune chance de perte, car ce n'est pas vous, être pauvre et périssable, qui payerez cette dette, mais

Dieu lui-même qui se substitue à votre place et l'acquittera.

Qu'est-ce encore que cette prétendue vertu dictée par la crainte? La crainte arrête et comprime : alors que la passion s'agite dans nos cœurs, elle nous présente les menaces de l'avenir et nous glace. Dans les âmes où elle règne, rien de naturel, de généreux, partout un air de gêne et de servitude ; c'est en effet l'esclave qui a l'œil sur son maître; la peur de la correction l'obsède et retient tous ses mouvements; ou si parfois il s'échappe et tente de s'émanciper, il se repent bientôt de sa hardiesse, et, la jouissance passée, rendu à lui-même, il retombe dans ses frayeurs, renchérissant sur sa bassesse première, pour expier sa faute et détourner le châtiment mérité.

Fausse vertu qu'inspire l'orgueil, l'amour des récompenses ou la crainte! Vertu d'esclave, de trafiquant et de gladiateur! Y a-t-il quelque sentiment plus noble qui puisse soutenir la liberté?

L'amour est d'une saison ; il est un instrument de bien et de mal, selon les rencontres, capable de développer l'âme, capable aussi de l'absorber. L'amitié, un peu languissante auprès de cette passion maîtresse, dure davantage ; mais aussi, quand on la veut sérieuse, honorable et agissante, qu'elle est rare ! et alors, fondée sur une estime réciproque, elle suppose justement les vertus qu'on lui demande de créer. Puis il y a telles irritations politiques ou religieuses qui rompent les amitiés que l'on croyait solides, ou du moins les refroidissent, et leur enlèvent, avec la ferveur, l'efficacité. Doit-on compter sans la mort? Et enfin, outre les amis qu'on perd, ne perd-on pas l'amitié même? Les affections de famille ne sont pas fondées sur le choix, aussi elles ne sont pas exceptionnelles comme l'amitié, elles ne naissent pas des vertus, et travaillent à les faire naître, elles sont capables de produire de grandes choses; mais la mort sépare les frères, les sœurs et les époux, puis, à mesure que la génération nouvelle s'élève, elle frappe l'ancienne génération, nous livrant à nous-mêmes, peut-être dans le moment où les passions s'agitent, à moins que, par un jeu cruel, elle abatte le fruit et respecte l'arbre, qui languit dépouillé. Qu'on dise le bien qu'on voudra des affections de famille, on ne rendra jamais justice à cette forte et salutaire influence, mais il est dangereux de les prendre pour unique appui, de leur remettre sa vie, car bien souvent ces appuis manquent en route, et il nous faut continuer notre chemin tout seuls, la mort dans le cœur.

La charité est toute-puissante dans certaines âmes qui s'y donnent entièrement; par malheur, il est difficile qu'elle prenne une si grande place dans la vie occupée du monde, et souvent les ressources trahissent la bonne volonté. Pour la patrie, il n'est pas donné à tous également de la servir, et encore elle ne fait à ses serviteurs que de rares appels. L'humanité est trop vaste : nous pouvons à peine nous apercevoir dans son immense étendue, nos actions et nos pensées semblent se perdre dans son agitation, et nous ne voyons pas pourquoi nous sacrifierions des jouissances immédiates et certaines pour un résultat si éloigné et si douteux. Ce peut être la passion des hommes d'État, des hommes de génie, et de quelques esprits à qui l'histoire des faits et des idées a enseigné comment l'humanité marche, mais c'est le petit nombre, et nous ne voulons pas que la vertu soit un privilége. L'amour de la vérité rendrait le monde meilleur si le monde était composé de savants. L'homme qui travaille pour un si grand objet se respecte : il sait que sa vie, sa santé ne lui appartiennent plus, que sa considération même ne lui est plus personnelle, que l'estime ou le mépris qu'il s'attire rejaillit sur la vérité qu'il défend, mais il y a des moments de doute, des moments aussi de découragement, alors que survient le sentiment de notre impuissance réelle ou imaginaire, ou la triste pensée que la vérité trop combattue ne fera pas son chemin. Puis comptez les hommes qui ont une pareille mission ! Quant à l'amour de la nature et de l'art, noble passion et de grande énergie, il veut une organisation particulière, dont la Providence est avare. Ajoutez que presque tous les hommes sont condamnés à s'enfermer dans les villes loin de la nature, et qu'il ne suffit pas, pour inspirer une vie entière, de quelques rares émotions bientôt effacées.

Où donc trouverons-nous ce sentiment qui doit entretenir dans le bien notre volonté? Il sera fort, il sera pur, il sera accessible à tous les hommes, dans tous les temps, il s'attachera à un objet qui ne meure pas, lui-même ne mourra pas d'épuisement, il ne sera pas la prérogative d'une nature d'élite, d'une certaine fortune, ceux qui sont déshérités des biens de l'esprit et du corps ne seront pas déshérités de ce bien, souvent même il les recherchera de préférence, il leur viendra comme une ample compensation, comme un précieux auxiliaire contre les maux qui les assiègent, jamais il ne manquera de les consoler, et quelquefois il leur tiendra lieu de la santé, de l'aisance et de la liberté, toute créature humaine découvrira en elle, quand elle la cherchera, cette source toujours jaillissante ; enfin ce sera le sentiment religieux.

Certainement il est pur, puisqu'il est la passion de la pureté idéale, l'enthousiasme de la perfection suprême ; certainement il est universel et immortel. Doutez-vous qu'il soit fort, comptez les martyrs, et pour vous assurer que ce dévouement ne tient pas à un dogme ou à un pays, considérez qu'il y a eu des martyrs dans toutes les religions. Certes il faut un grand fonds de courage pour affronter des tourments dont le seul récit nous révolte. Sans recourir à ces faits d'exception, la mort ne se présente-t-elle pas à chaque instant du jour et de la nuit, presque toujours attendue et amère, souvent avec son cortége d'atroces douleurs ? De faibles créatures, qu'effrayait une légère souffrance, ne s'abattent point sous ses terribles assauts, et meurent avec la constance du martyr, sans l'enivrement du supplice. Qui les soutient dans cette lutte, si ce n'est le sentiment religieux ? alors que les illusions de la durée s'évanouissant, parvenu au seuil de l'éternité, on voit en face Dieu qui y réside. Et encore ces supplices des époques violentes, et ces tourments que nous impose l'ordre de la nature, sont adoucis par la pensée de leur brièveté et du bonheur immédiat dont sera payé notre courage, le terme voisin et éclatant nous empêche de nous démentir ; il est une épreuve plus dure peut-être, celle que tentent les religieux qui se condamnent à mourir toute leur vie, à un martyre sans fin. Briser son corps par la fatigue, lui épargner le repos, le sommeil, la nourriture ; se jeter hors du monde, vivre seul, tourment horrible ! se retrancher toutes les affections qui peupleraient ou charmeraient la solitude, l'amour, l'amitié, quel sacrifice ! et qu'il faut que l'amour de Dieu soit fort, pour soutenir un homme, pendant cinquante années peut-être dans ce désert de la nature et de l'âme! Et il n'a pas opéré ce prodige une fois ou deux fois, en sorte qu'on y puisse voir une aberration singulière, une sorte de monomanie; il l'a répété sans nombre, pour qu'il soit bien visible que c'est là sa vertu : le christianisme et les religions de l'Inde, l'Occident et l'Orient disputent de tels renoncements.

Cherchons le secret de cette puissance.

Toute loi réduite à elle-même obtient difficilement l'obéissance : on l'élude si on peut; si on ne l'ose, effrayé par le châtiment, on l'accomplit avec parcimonie, froidement et à contre-cœur. Comme, de sa nature, elle restreint la liberté, elle sera reçue en ennemie. Que faut-il pour qu'elle entraîne les volontés? Qu'elle se présente comme le commandement d'un être qui a autorité sur nous. Autrefois elle ordonnait, maintenant elle se fait obéir. Ceci ne s'applique-t-il pas à la loi morale? N'est-elle pas une loi, et ne s'adresse-t-elle pas à des hommes? Si donc elle n'a sur nous qu'un faible empire, nous connaissons déjà une des causes de cette faiblesse. Tant qu'elle demeure simplement une loi, il est inévitable qu'il en soit ainsi : car de quel droit s'impose-t-elle à nous, prétend-elle régler notre vie? Je ne puis la nier, il est vrai, mais cette nécessité regarde mon intelligence; avant de lui soumettre ma volonté, j'ai besoin de savoir au nom de qui elle commande. Jusqu'à ce que je sois arrivé là, elle demeure une conception géométrique, un objet de spéculation, et ne passe point dans la vie; mais supposez que je remonte à Dieu d'où elle part, alors la loi revêt sa sanction, alors je sais qui me commande de me perfectionner, de développer mon esprit, de purifier mon cœur, au mépris des instigations du corps;

quand elle parle, c'est Dieu même qui me parle, avec l'autorité légitime que possède sur des créatures bornées le Créateur parfait ; je ne conteste plus, je m'incline et j'obéis. Tout à l'heure j'avais une loi, à cette heure j'ai un maître ; et ce qui me révèle cet être vivant et gouvernant, c'est le sentiment religieux. Aussi voyez, dans les religions où ce sentiment s'exalte, quelles choses on opère avec ces mots magiques : Dieu le veut ; c'était le cri des croisades. Tantôt ils ont ordonné le bien, tantôt le mal ; ils ont fait ici des saints, là des bourreaux ; toujours ils ont dompté les individus et les peuples.

Voilà déjà un des secrets de la force du sentiment religieux. Mais ce n'est pas assez que le maître ordonne, il faut encore qu'il paraisse, qu'il frappe de la voix, du geste et du regard. Quel est celui qui, dans un combat, se sentant sous l'œil de son général, n'éprouve pas que sa vigueur se multiplie? Si en outre il l'aime, plus rien n'est au-dessus de son courage. Puissance de l'œil du chef, qui, juge inflexible des bons et des mauvais, affranchit l'obéissance par le sentiment de l'honneur, et relève cette passion même, trop personnelle encore, par l'amour, qui fait des pensées du maître et du serviteur une seule pensée et de leurs volontés une seule volonté. La vie est un combat, de tous le plus rude. Or sait-on ce que peut sur une âme la conviction profonde que Dieu la voit, ce que peut sur cette âme, alors qu'elle médite de déserter le bien ou qu'elle travaille à l'accomplir, le spectacle de cet œil toujours ouvert, tantôt caressant, tantôt irrité, conscience extérieure, qu'elle tenterait en vain d'endormir ou de corrompre ? Autrefois un meurtrier fut arrêté par ces mots : « Malheureux ! si ton père te voyait ! » Eh bien ! supposez que dans la tentation une voix nous les répète, ne peuvent-ils pas nous arrêter aussi ? Voilà ce que fait la présence d'un témoin vénérable. Et si l'amour a sa place quelque part, n'est-ce pas surtout ici, devant cet Être, perfection aimable du bien et de la beauté, Providence infatigable ? Que l'homme possédé du sentiment religieux se laisse donc porter en sa présence, et désormais on ne trouve plus en lui ou une soumission frémissante ou le soin laborieux de sa propre dignité, mais cette affection libre et vigoureuse par qui la vertu nous devient comme naturelle, l'attention touchante à ne pas violer une haute et sainte amitié.

Enfin on n'expliquerait pas toute la force du sentiment religieux, si on ne savait quel est le pouvoir de l'exemple. Un caractère éclatant se fait suivre : les brigands de Schiller ont créé des brigands ; Werther a excité dans bien des âmes la sensibilité maladive et la pensée plus d'une fois efficace du suicide ; de René, de Manfred, est sorti tout un peuple de rêveurs ; les Vies de Plutarque ont fait plus de héros que les belles Pensées de Marc-Aurèle ; Alexandre rêvait d'Achille, et son vrai précepteur est Homère plus qu'Aristote ; les qualités ou les défauts de nos parents s'impriment en nous, et leurs maximes sont sans action auprès de leurs exemples. Il y a dans le monde entier deux traditions, l'une de vertus l'autre de crimes ; dans la grande famille humaine il y a deux familles où ces traditions sont déposées et se perpétuent ; il dépend de chacun de nous de choisir nos ancêtres, d'entrer par l'adoption dans la race du premier juste ou du premier méchant, de nous constituer l'une ou l'autre généalogie, par notre libre choix, par l'imitation, qui est la génération des esprits. Qu'on ne s'étonne pas de cette puissance de l'imitation : le pur précepte languit; après l'avoir entendu, on se demande s'il est possible de l'exécuter, ou s'il n'est pas peut-être quelque invention arbitraire, et involontairement on se complaît dans cette dernière pensée, parce qu'elle dispense de courage. Au milieu de ces lâches préoccupations, l'exemple survient et les dément, car il est le précepte réalisé; si de plus il est brillant, si la puissance humaine s'y développe, il nous frappe et nous séduit par le prestige de la grandeur. Pour nous, qui visons à la grandeur de la vertu, nous cherchons un modèle où elle paraisse dans toute sa beauté. Or il existe un tel être, et il est constamment devant nous, si nous le voulons voir, non pas des yeux du corps, qui le chercheraient vainement dans le monde de la matière, mais des yeux de l'esprit, à qui il a été donné de contempler l'être absolu, idéal de toute perfection. De là le but proposé à l'activité des hommes par Platon et les stoïciens : « Rendez-vous semblables à » Dieu autant qu'il est possible; » et que le Christ leur rappelle : « Soyez parfaits comme mon père est » parfait. » Et vraiment Dieu est notre digne modèle : en le contemplant nous apprenons à ne penser que le vrai, à n'aimer que le beau, à ne vouloir que le bien, à mettre entre toutes nos facultés une juste et inaltérable harmonie.

Pourtant il faut l'avouer, cette perfection est si élevée que notre regard se trouble; cette nature qui ne connaît pas nos besoins et nos combats est bien loin de notre nature, et nous ne savons souvent comment rapporter à l'usage de chaque jour, à des circonstances infiniment variées, l'exemple d'une vie sans succession; aussi nous cherchons un modèle qui, avec une pureté sans tache, tienne plus de nous, soit plus proche de nous. Le Christ avait fondé l'imitation de Dieu, les hommes ont fondé l'imitation du Christ. Faire descendre au milieu des hommes le divin idéal, sans lui enlever rien de sa pureté, lui donner nos besoins pour qu'il nous enseigne à les régler, nos misères pour qu'il nous enseigne à les soutenir, le placer dans les rencontres difficiles de la vie, pour observer comment il se conduira et nous conformer à sa conduite, amener devant lui et la femme adultère et le pharisien, qui lui demande ce qu'il doit à César, en un mot, le faire vivre comme nous vivons, afin de vivre comme il a vécu, faire d'un Dieu un homme, pour que cet homme à son tour nous fasse dieux : telle est l'œuvre profonde du christianisme. Lisez ses orateurs, toute sa prédication est un perpétuel commentaire des discours et des actes du maître, en vue de la pratique journalière, en sorte que, depuis l'âge où la raison paraît jusqu'au moment suprême de la mort, nous trouvions toujours quelqu'une de ses traces où nous puissions poser le pied. Qu'on parcoure les grandes religions de l'Inde, de l'Égypte, de la Perse, passées un jour dans la Grèce et dans Rome, partout on trouvera la Divinité entrant dans le mouvement et sa conduite proposée à tous les croyants comme le type de la perfection humaine.

J'ai montré, je crois, d'où procède la force du sentiment religieux, le secret de cet appui si efficace qu'il prête à la morale : il confirme la loi par l'autorité du souverain maître, il retient dans l'obéissance par le respect du témoin vigilant, juge équitable qui a l'œil sur nous, et il rend cette même obéissance douce et chère, la transformant dans le dévouement de l'amitié, enfin, il enflamme et soutient notre courage par la force de l'exemple. Et ce n'est pas ici une simple spéculation que les faits démentent, je me suis appuyé sur les faits eux-mêmes impartialement observés. Du reste, voilà quatre siècles qu'autour de nous se fait une grande expérience que sans doute on ne contestera pas. Car comment expliquera-t-on le succès immense de l'*Imitation du Christ*? Une mode ne dure pas quatre cents ans. Ce n'est pas la conformité de ce livre au génie d'une certaine époque qui le soutient : depuis qu'il a paru nous avons bien changé; il y a donc en lui quelque chose de profondément humain, qui fait que, malgré les accidents des caractères, pourvu que subsiste la nature humaine, il ne manque pas de s'y appliquer. Beaucoup s'imaginent que c'est sa morale. Eh ! sans doute elle est souvent excellente, quoiqu'elle tende visiblement à substituer à la vie commune et véritable la sévérité étroite de la vie monastique; mais la morale fût-elle parfaite, elle ne se suffirait pas. D'autres attribuent son influence à ce qu'elle propose un exemplaire divin, en s'appuyant sur le titre, et ils n'ont pas complétement raison, car l'ouvrage n'est pas le moins du monde un récit de la vie du Christ, accompagné des moralités auxquelles elle se prête; mais observez la forme du livre, que voyez-vous? un discours du Christ au fidèle, et plus d'une fois une conversation du fidèle avec le Christ. Remarquez de quel ton parle le Christ : il parle en père, c'est-à-dire avec la triple autorité de la raison, de la puissance et de l'affection, avec une autre autorité encore qu'il ne revendique pas, mais que le fidèle lui reconnaît, l'autorité de l'exemple. De pareils entretiens qu'appellent la solitude, la lutte, la souffrance, se renouvellent souvent, et forment entre l'homme et son Dieu une forte habitude, une constante société. Ainsi les caractères qui donnent au sentiment religieux son énergie, et dont un seul suffit à le rendre fécond, dispersés dans d'autres livres se réunissent tous dans le petit livre de l'*Imitation;* et voilà justement ce qui en fait le prix. C'est la vertu de la Bible exprimée, c'est la nourriture préparée à l'âme chrétienne, tandis que les protestants la cherchent eux-mêmes, extrayant de la Bible, chacun pour son usage, ce qu'elle a de sain et de fortifiant.

Si la raison ne s'accommode pas de cette association de deux natures si différentes, de cette distinction des personnes en Dieu, de cette chute de l'Eternel dans la durée; si dans l'homme elle ne peut plus apercevoir le Dieu, ou si dans le Dieu elle ne peut plus distinguer l'homme, si elle ne reconnaît plus la vertu des créatures dans une victoire sans combats, alors nous rapprochons encore de nous notre modèle, nous consentons qu'il soit moins grand pourvu qu'il luise de plus près, et nous nous proposons comme exemplaires les héros et les saints de l'humanité. Est-ce à dire que nous ne voulons plus de Dieu pour notre idéal? Non certes, mais éblouis par une perfection si sublime, trop faibles pour en soutenir la vue, nous poursuivons sur la terre son image et son reflet; et nous ne prenons pas le reflet pour la lumière, l'image pour la réalité, les surprises et l'oubli sont impossibles, car l'enthousiasme qu'excite en nous l'humaine vertu nous porte par delà cette vertu même, ne nous émeut qu'à la condition de nous faire entrevoir quelque chose de meilleur encore: toute action généreuse vivement sentie est une aperception de l'idéal, une révélation de Dieu.

Sachons-le bien, notre force n'est ni en nous ni

autour de nous, elle est plus haut; ce n'est pas en touchant la terre, comme l'ancien Antée, que nous reprendrons notre énergie, c'est en touchant le ciel, en nous élevant vers le lieu où réside la sainteté ; car telle est la nature de l'homme : il prend le caractère des objets où il vit, mobile et faible au milieu des choses qui passent, fort et constant par son commerce avec les choses qui demeurent éternellement. Oui, toute notre vertu est une participation de Dieu ; il se révèle diversement, mais c'est toujours lui qui nous communique les fécondes émotions. Tantôt la vaste étendue du monde, où notre regard se perd, nous fait paraître l'immensité ; tantôt ses bouleversements nous font sentir cette puissance qui ne connaît pas d'obstacles; tantôt son aimable beauté nous ravit ; ou bien c'est l'art qui réalise, autant que possible, la divine perfection, soit par la proportion des formes, soit par l'expression qu'il sait leur donner; ou encore c'est l'homme qui produit quelqu'une de ces grandes actions qui brillent dans nos ombres comme une clarté d'en haut : que ce soit un de ces traits soudains et éclatants d'héroïsme qui nous éblouissent, ou ces longs sacrifices qui demandent toute une vie pour s'accomplir, sacrifices moins éclatants que les autres, mais plus méritoires peut-être, qui n'ont souvent d'autre témoin que Dieu; ou bien enfin c'est l'âme qui, sans s'aider d'aucune impression extérieure, s'élève directement jusqu'à l'Être absolu et adore dans une contemplation sublime ses infinies perfections. De quelque façon qu'il se montre à nous, sans voile ou à travers des apparences diverses, n'est-ce pas toujours le même infini, le même idéal, le même Dieu qui, lorsqu'il descend dans notre âme, l'élargit et la remplit, et n'y souffre rien de bas et de méprisable ?

Que ne sommes-nous toujours ce que nous sommes dans ces moments où Dieu se manifeste à sa créature! Pourquoi faut-il que cette émotion se dissipe? Sans cela, quel beau spectacle présenterait l'humanité, quelle pureté dans nos instincts, quelle noblesse dans nos aspirations, quel dévouement pour la vérité, quelle abnégation de nous-mêmes, quelle charité pour nos semblables, quelle sainte ardeur pour le bien! Heureusement, si cette émotion salutaire s'efface, il dépend de nous de la rappeler; nous n'en sommes pas réduits à attendre que des circonstances variables et incertaines nous relèvent, ni à craindre qu'en disparaissant elles nous laissent fatalement retomber; Dieu a mis en nous une faculté puissante, capable de nous arracher à la terre et de nous transporter dans le monde meilleur où il habite. Alors, touchés de cette richesse infinie et de notre misère, nous sentons humblement, nous désirons ardemment ce qui nous manque; et cet humble sentiment et cet ardent désir sont la prière.

Il est des créatures d'élite que ces approches ont transfigurées: saint Augustin, sainte Thérèse, saint Bonaventure, Gerson, saint François de Sales, Fénelon, de ces âmes excellentes qui furent blessées par l'amour divin, mais tous nous éprouvons cette influence, quoique tous nous ne l'éprouvions pas au même degré, tous, dans nos abattements et dans nos luttes, nous nous élevons vers Dieu, et lui demandons de soutenir par un peu de sa force notre courage épuisé, et à la suite, nous avons senti notre vigueur renaître. La prière rafraîchit et ranime, elle est, comme disait Malebranche, un vœu de l'âme qui est toujours exaucé, et selon la belle et profonde expression des Alexandrins, elle est la respiration de l'âme.

Notre grandeur est en abaissement volontaire, la volonté se perd en présumant injustement d'elle-même; avec l'idée qu'elle peut tout, elle ne peut rien. Notre vertu est bien à nous, mais une part revient au tout-puissant maître, qui nous a créés comme il lui a plu, à celui qui fait les terres ingrates et les terres fertiles, puis leur distribue sa pluie et son soleil, à l'être excellent, qui, comme il est le modèle, est aussi la source de toute sainteté.

On se fait illusion je crois, et je le dis avec la conviction la plus sincère, quand on prétend rendre des hommes vertueux en leur prêchant uniquement la morale, sans les entretenir de Dieu. Bayle soutenant qu'une société d'athées est possible, et Voltaire proclamant sa maxime célèbre :

> Qu'on soit juste, il suffit, le reste est arbitraire.

ont eu, ce me semble, le tort de ne pas connaître l'homme assez complétement. Sans doute il suffit d'être juste, mais pour l'être, ce *reste* est tout. Être juste est notre œuvre, mais où puiser la force pour l'accomplir? On ne me le dit pas, et j'ai grand besoin de le savoir. Or les maîtres de la vie intérieure me l'apprennent, et de plus ils font passer cette force en moi : ils m'enseignent que, pour pratiquer la justice, il faut s'attacher par l'amour à l'idéal du bien, et combattre les inspirations d'en bas autant par la prière que par son énergie. D'autres connaissent l'essence de la justice, ils en connaissent le secret; j'emprunterai à d'autres des systèmes et des préceptes de morale, mais j'irai leur demander le sentiment religieux, qui est l'âme de la vertu.

CHAPITRE VIII.

·OBJECTION HISTORIQUE. — RÉFUTATION.

L'histoire semble nous donner tort et montrer que le sentiment religieux est souverainement indifférent à la vertu. On a répété à satiété que les païens étaient vertueux en adorant des dieux infâmes. Pour mieux combattre, choisissons un terrain étroit, et ne parlons que des païens de notre connaissance plus proche, des anciens Grecs.

D'abord, lorsqu'on juge le paganisme, on a le tort de ne mentionner que la religion vulgaire, et de passer les Mystères sous silence; pourtant ils valent bien la peine qu'on ne les oublie pas. « Fondés [1] vers la
» fin du quinzième siècle ou le commencement du
» seizième avant notre ère, ils ont accompagné la
» religion visible dans toute sa durée, et, quoique
» supérieurs à elle, comme elle, se sont développés
» avec le temps. Ils se célébraient à Eleusis, avec le
» concours de toutes les villes grecques, qui y en-
» voyaient des députés, et d'une foule d'initiés, car
» on craignait de mourir avant d'être initié. C'était
» une institution de la plus haute importance, ratta-
» chée à l'Etat par des liens étroits, tellement qu'une
» juridiction spéciale avait été établie contre les vio-
» lations qui s'y adressaient, et que dans les tribu-
» naux qui en connaissaient siégeaient les Eumolpides
» et les Céryces, familles privilégiées qui fournissaient
» les quatre prêtres de la classe supérieure. Les pro-
» cès d'Alcibiade, de Diagoras de Melos et autres,

---

[1] Des religions de l'antiquité par MM. Creuzer et Guigniaut, t. III, part. 2.

» témoignent du caractère public et de la grande
» autorité des Eleusinies. »

Or qu'y enseignait-on ? La haute doctrine spiritualiste de l'Egypte et de l'Orient : un Dieu unique, éternel, partout présent, connaissant tout, tout-puissant, souverainement sage et juste, providence constante de l'univers, ami des bons, ennemi des méchants, réservant à ceux-là des récompenses, à ceux-ci des punitions dignes de leurs œuvres ; l'univers temple de la divinité ; l'homme composé d'un corps fragile et d'une âme immortelle, libre et raisonnable, fait pour imiter dans ce monde la vie céleste, et se préparer par de longues épreuves à la partager un jour. Tel est le sens profond de ces légendes, de ces fables aimables, qui sorties de là, sont venues jusqu'à nous : Narcisse qui se consume dans l'amour de lui-même, Psyché, l'aventure de l'âme innocente qui brûle de savoir et souffre d'avoir su, et par l'épreuve et l'amour retrouve le bonheur perdu. Voilà ce qui était enseigné dans les Mystères qu'on décrie si légèrement. Ce n'est pas nous, il faut bien nous le dire, qui avons inventé la raison ; avant notre sagesse, les Grecs étaient sages, mais ils l'étaient à leur manière, d'une manière charmante et à jamais regrettable.

Laissons les Mystères et suivons la religion à découvert, la religion vulgaire, qu'on apprenait dans les poëtes. Les hommes, dit-on, sous des dieux mauvais étaient bons, preuve que sous des dieux bons ils seraient aussi bien mauvais, et que le sentiment religieux est indifférent à la morale. Cette thèse est spécieuse, elle n'en est pas moins un sophisme que voici : il ne s'agit pas de savoir ce que nous paraît la théologie païenne, mais ce qu'elle paraissait aux païens, et, comme cette religion a longtemps vécu, ce qu'elle paraissait aux païens à des époques diverses. Par là seulement on pourra juger avec exactitude de son influence, bonne ou mauvaise, et le procès sera bien instruit. Or traduire les dieux d'Homère devant notre raison, pour confondre tout le paganisme, c'est traduire les Grecs d'Homère devant nos tribunaux, et supposer qu'ils n'ont pas changé d'Homère à Plutarque.

D'abord un Grec de l'Iliade n'est pas un philosophe français dressant le syllogisme qui suit, ou un pareil : il ne peut y avoir deux infinis, car ils se limiteraient l'un l'autre ; donc il n'y a qu'un seul Dieu ; et ce Dieu, en tant qu'infini, est parfait, éternel, d'un pouvoir, d'une sagesse sans bornes, affranchi des misères de l'humanité. A cette époque, on n'avait pas disserté encore sur le fini, l'indéfini et l'infini, sur leurs rapports et leurs différences, sur l'esprit et la matière et leur incompatibilité ; on était beaucoup moins métaphysicien. La nature, pensait-on, et la société se soutiennent, mais elles ne peuvent se soutenir toutes seules : un État sans gouvernement aurait bientôt péri ; le monde est donc gouverné par un être supérieur, et toutes les puissances qui résident dans la nature sont ramenées par lui à l'harmonie. Ensuite, cet être étant corporel, ainsi que toutes choses, et habitant un certain lieu, pour administrer son empire, il lui faut des intermédiaires, des ministres, qui exécutent ses décrets dans l'étendue de l'espace. Il a donc besoin de ces puissances pour agir, comme elles ont besoin de lui pour agir avec ordre ; elles lui sont nécessairement associées. Or le peuple qui raisonne ainsi est un peuple enfant, nouveau à la vie intellectuelle ; il donnera donc une âme à toutes ces puissances, il leur prêtera une intention, une volonté ;

a ôutez encore qu'il est merveilleusement artiste, doué au plus haut degré de cette faculté qui personnifie tout ce qui se conçoit et le fait mouvoir avec sa forme, sa physionomie, son génie propre; dès lors ces puissances ne seront pas des forces vagues, mais des êtres semblables à l'homme, pourvus d'organes comme lui, chacun avec son caractère et ses traits distincts. Comme elles ne meurent pas, et comme leur action est irrésistible, formidable et décisive pour nos destinées, ce seront autant d'êtres d'une nature supérieure, de divinités; comme elles concourent au gouvernement du monde, elles seront le conseil du souverain maître dont elles formeront la cour; et cette société d'en haut sera semblable aux sociétés humaines, pleine d'ambitieux, de mécontents, partagée par des intérêts divers, mais maintenue par une volonté plus forte que les prétentions individuelles et les intrigues des partis. Les Grecs ne pouvaient pas la concevoir autrement : de même qu'ils ne comprenaient pas l'action sans la vie, ils ne comprenaient pas la vie sans le mouvement, et le mouvement sans la lutte. Où nous faisons un traité de physique, ils faisaient un drame. Le ciel sera donc une représentation agrandie de la terre.

Nous nous récrions là-dessus : quelle folie de regarder comme des dieux des êtres qui partagent nos défauts et même les exagèrent! Sans doute, folie pour nous, mais pour ces Grecs, c'est selon ce qu'ils entendaient par divinité et par moralité. Un dieu est-il, à leur avis, un être éternel, un être qui est présent partout, qui sait tout, qui peut tout? Nullement, car les dieux naissent, habitent un certain séjour, ils ignorent, et un seul est tout-puissant. Que reste-t-il donc qu'ils possèdent en commun et qui constitue leur titre? l'immortalité. Mourir, voilà la déplorable nécessité de notre condition et comme la marque de l'humanité. Qu'est-ce en effet qui caractérise essentiellement l'homme? La maladie? Beaucoup jouissent de la santé, quelques-uns d'une santé inaltérable. L'ignorance? Mais n'y a-t-il pas des artistes, des législateurs, des philosophes si grands qu'on ne voit rien au delà, et qu'ils sont appelés divins? La puissance? Quelques-uns la possèdent telle qu'elle nous éblouit. La prudence, le courage? Le vaillant Achille est semblable aux dieux, Ulysse et Nestor sont d'une sagesse incomparable. Vous prendrez toutes les qualités les plus désirables, vous les chercherez parmi les hommes : elles manqueront ici, vous les trouverez là et dans un degré éminent, mais il en est une que vous chercherez en vain. Ces êtres si heureux, si grands par l'esprit, par le caractère, par le pouvoir, meurent un jour; de quelque lieu, de quelque fortune qu'ils partent, quelque carrière qu'ils aient parcourue, ils se rencontrent là : Agamemnon avec Thersite, Achille avec Briséis, et se reconnaissent comme membres de la même famille. Si donc c'est la mort qui fait les hommes, c'est l'immortalité qui fera les dieux, et comme les hommes, égaux par la fin, se distinguent entre eux par les qualités, chez les dieux, égaux par la prérogative de ne finir jamais, il s'établira une pareille distinction; et s'il est un de ces immortels qui surpasse les autres par la qualité qui sur terre fait les chefs de peuples, la puissance, celui-là aura l'empire; de même qu'Agamemnon est le roi des rois, il sera le dieu des dieux.

J'entre dans la considération de la moralité des dieux du paganisme. Nous leur reprochons de n'être pas des saints. J'imagine un Grec du temps d'Homère écoutant ce reproche, il en serait fort étonné et ne le comprendrait guère. Il demanderait sans doute ce que c'est qu'un saint : on lui répondrait : c'est un homme qui fait peu de cas du corps, en méprise les avantages et le traite sévèrement, s'imposant d'être chaste et sobre, un homme attentif à son perfectionnement moral, qui s'abstient du mensonge et de la ruse, et rend le bien pour le mal. Notre Grec ne reviendrait pas de sa surprise; lui, il est enthousiaste de la beauté et de la force ; il ne comprend pas qu'on soit un homme, si on n'aime les plaisirs physiques et si on n'en use largement; l'étude de soi-même, la gymnastique de l'âme s'exerçant à modérer les désirs, lui paraît une fable ou une folie; il n'a pas peur du mensonge ou de la ruse, même Ulysse est son héros de prédilection; enfin il pense qu'il n'y a pas de justice hors de l'axiome : tu rendras à ton ennemi autant de mal qu'il t'en aura fait, et il pratique en conscience la loi du talion. Tels sont les saints de l'Iliade, des temps barbares, d'un peuple sensuel et subtil. Or tel est alors l'idéal de l'homme, tels sont les dieux : des héros amplifiés.

Les choses devaient se passer ainsi : avant de connaître le dieu sage, l'humanité devait connaître le dieu fort. En effet étudiez, comme il convient, l'humanité dans les hommes. Ce qui frappe l'enfant, c'est la force physique : à ce signe seul il reconnaît votre supériorité; l'intelligence, la sagesse, sont choses trop délicates pour cet être qui vit seulement de la vie matérielle, et chez qui l'intelligence et la sagesse sommeillent encore. Voyez dans quel cercle il se meut : d'un côté il est en butte aux coups des agents extérieurs et découvert à leurs atteintes, agréables parfois, souvent douloureuses; de l'autre il se porte à des objets divers avec une impatience extrême, changeant de désirs, mais désirant toujours. Soit donc que les êtres physiques viennent le trouver ou qu'il marche vers eux, qu'ils lui apportent du plaisir ou de la peine, il faut qu'il lutte pour les repousser, les attirer, les retenir, qu'il se mesure avec eux, qu'il éprouve sur eux sa puissance. Ou ils cèdent ou ils résistent, voilà ses inférieurs et ses maitres; il les considère à proportion qu'ils exigent plus ou moins d'efforts, et ceux-là sont au dernier ou au premier rang, qu'il remue avec la moindre fatigue ou qui triomphent de sa vigueur. Et la foule juge comme les enfants : l'action paisible d'un sage législateur, l'obstination du savant qui arrache à la nature ses secrets, le travail de l'homme sur lui-même, disciplinant ses passions, ne la frappent guère : son oreille est pleine des noms des conquérants et des monarques terribles. La puissance chez les autres nous frappe vivement, et le désir de la posséder est une de nos passions les plus violentes. Le mouvement qui pousse et entraîne les hommes, qui les fait aspirer sans relâche à une condition supérieure, relève les couches de la société, porte au faîte des hommes de condition basse et obscure, ébranle les nations comme les individus, il part de là. Et ce n'est pas étonnant : l'homme se sent libre, par sa liberté il connaît qu'il est une personne, infiniment au-dessus des autres créatures, et il tâche de s'agrandir par ce côté, il croit étendre son être avec sa domination.

Ainsi les Grecs barbares, dans les combats, où la force du corps est souveraine, et où la vie intellectuelle et morale ne s'apprend point, dans un état de société où la victoire donnait la légitimité, les Grecs devaient estimer avant tout la puissance, et l'honorer

par-dessus tout où ils la rencontraient. Thersite se lève dans l'assemblée : avant qu'il ait dit un mot, on le méprise, car il est laid, et, quand il a fini son discours, battu par Ulysse, il y a une chose qu'on ne lui pardonne pas, c'est d'être battu. Ils veulent dans les hommes non pas des vertus morales, mais des vertus viriles ; hommes de guerre et artistes, ils ne goûtent pas les passions douces ou la mesure dans la passion, qu'apprécient les peuples civilisés ; ils veulent des passions de feu, emportées, indomptables, dramatiques dans leurs explosions. Etant tels, que peuvent-ils faire que transporter dans l'Olympe les qualités qu'ils admirent dans leurs villes et dans leurs camps ? Considérez les divinités les plus actives de l'Iliade : ce sont Junon, Vénus, Mars, où s'idéalisent la fierté, l'amour et l'ardeur des batailles. Minerve représente la puissance par la prudence ; elle est la protectrice d'Ulysse et lui donne parfois des conseils plus habiles qu'honnêtes. Quant à Jupiter, un jour que les divinités se révoltent il leur expose durement les titres qu'il a à l'empire. « Oui, dieux, connaissez [1] ma puis-
» sance ; essayez de suspendre au haut des cieux une
» chaîne d'or, attachez-vous tous à cette chaîne, et
» vous et les déesses, jamais vous ne parviendrez à
» entraîner sur la terre le maître et l'arbitre du
» monde ; tous vos efforts y échoueraient. Moi, s'il
» me plaisait d'y porter la main, soudain j'entraîne-
» rais avec vous la terre et la mer, puis je fixerais la
» chaîne au sommet de l'Olympe, et l'univers entier
» serait suspendu dans les airs, tant ma force est au-
» dessus et de celle des dieux et de celle des hom-
» mes. » Minerve répond : « Jupiter, père des dieux

---

[1] *Iliad.* VIII, 18 seq.

» et souverain des hommes, nous le savons, ta force
» est invincible. » Et plus loin, Junon le lui répète.

C'est ainsi que les Grecs envisageaient la perfection. Descend-on dans le détail, on trouve que beaucoup d'actions, à nos yeux criminelles, étaient autorisées chez les Grecs du temps d'Homère, et que les prétendus vices des dieux et du maître des dieux étaient alors ou indifférents ou légitimes, et nullement choquants pour les hommes religieux. Il est curieux, vraiment, de nous entendre accuser Jupiter de manquer aux lois de la chasteté, comme si c'était la vertu des héros d'Homère, et nous récrier sur l'enlèvement de Ganymède, comme si c'eût été un scandale chez les Grecs, dans une société où la femme était si bas placée. Pourquoi aussi les dieux ne lutteraient-ils pas entre eux? Sur la terre les rivalités sont permises, chacun a le droit de chercher à s'élever : heureux qui réussit. Comment encore flétrir leurs vengeances, quand la vengeance est honorée parmi les hommes? Dans une société ébauchée, où il n'y a pas un code vaste et précis qui assigne les droits de chacun, où il n'y a pas une magistrature permanente, interprète et gardienne des lois, et un pouvoir central qui lui prête sa force, l'individu offensé se fait justice lui-même, il supplée la société, et il est respectable dans l'exercice de cette fonction. Chez les Grecs, comme chez un grand nombre d'autres peuples, la vengeance a paru légitime et honorable : elle était la justice en l'absence de la justice. N'accusez donc pas les dieux d'Homère d'être vindicatifs ; ils devaient l'être. Mais les représailles des dieux étaient terribles? Sans contredit, et avec raison. Quand une certaine autorité est nécessaire aux peuples, et cette autorité des dieux l'était sans doute, lorsque sa ruine entraînerait de grands maux, il faut qu'elle se fasse respecter; et le moyen d'arriver là, quand on a affaire à des gens rudes et incivilisés, c'est de les effrayer par des châtiments exemplaires. Voilà pourquoi, même au milieu de nos mœurs plus douces, le code militaire et le code de marine gardent une terrible sévérité. On ajoute que ces représailles étaient coupables, puisque les dieux, pour punir le criminel, le poussaient à un autre crime. Nous le savons trop, c'est ainsi que nous sommes punis bien souvent : nous expions une faute par des fautes nouvelles; d'ailleurs, pour les Grecs comme pour nous, tout le châtiment n'est pas là, mais dans la douleur qui suit inévitablement le désordre. Mais, dit-on encore, pourquoi ne pas châtier le criminel lui-même, au lieu de faire porter la peine à sa femme, à ses enfants, etc.? Par une raison toute simple : c'est que la vengeance ainsi comprise, est plus sûre et plus cruelle. Inventez par exemple un châtiment plus atroce que celui de Niobé, voyant ses quatorze enfants périr sous ses yeux. Condamnez cette justice, je ne m'y oppose pas : grâce à Dieu nous en sommes loin; mais prétendre qu'elle était condamnable devant les Grecs, et qu'elle n'était pas ce qu'elle devait être à cette époque pour les hommes qu'ils étaient, c'est tout confondre : pour toucher ces rudes gens de guerre, il s'agit de frapper fort.

Eh quoi! la vengeance, ainsi sanctifiée par l'exemple des dieux, ne risque-t-elle pas de déchaîner les hommes contre les hommes, d'amener des cruautés déplorables, et enfin de rompre la société? Ici j'admire profondément ce merveilleux instinct de l'humanité, qui lui révèle ce qui est nécessaire à sa vie, et tempère dans sa constitution tous les éléments violents. Qui ne connaît la sublime allégorie des

Prières, ce discours si sage et si touchant du vieux Phœnix à l'impétueux Achille : « Les Prières[1] sont
» filles du grand Jupiter; boiteuses, le front ridé,
» levant à peine un humble regard, elles marchent
» avec inquiétude sur les pas de l'Injure. L'Injure est
» vigoureuse et prompte; aussi les devance-t-elle de
» beaucoup, et, parcourant toute la terre, elle outrage
» les hommes; mais les Prières viennent ensuite pour
» guérir les maux qu'elle a faits. Celui qui révère ces
» filles de Jupiter, lorsqu'elles l'approchent, en reçoit
» un puissant secours, et elles exaucent ses vœux;
» mais s'il est quelqu'un qui les renie, qui les re-
» pousse d'un cœur inflexible, elles montent vers le
» fils de Saturne, et l'implorent pour que l'Injure
» s'attache aux pas de cet homme, et les venge en le
» punissant. »

Protégée par ses croyances religieuses, la société se maintient, et, en durant, se police ; dans la paix, les relations des hommes deviennent plus délicates, les mœurs plus douces, les idées de bien et de mal s'assurent, la justice prend chaque jour plus de considération et d'autorité. Mais alors aussi la vieille religion se trouve en dissentiment avec la civilisation nouvelle, la morale de cette époque est plus pure, plus haute que la morale proposée au nom des dogmes antiques, et les hommes valent mieux que les dieux. D'abord ce travail se fait sourdement, mais enfin l'opposition éclate. Alors qu'arrivera-t-il? Pénétré de respect pour les maximes et les exemples des dieux, tentera-t-on de retourner sur leurs pas vers la barbarie? Non certes, et l'humanité, destinée au progrès, ne marche point ainsi : elle reconnaîtra donc

---

[1] *Iliad.* IX.

clairement le bon chemin qui donne sur l'avenir, et s'y avancera hardiment; les dieux suivront. De là ces protestations universelles et jamais interrompues contre les vieilles fables qui attribuent aux dieux des actions indignes de leur majesté, protestations par le rire fin ou grossier et par la grave éloquence. Pindare recommande seulement, si on invente des fables sur les dieux, de n'inventer que des fables qui ne leur soient pas défavorables. Eschyle est plus hardi : il montre le vice de la croyance populaire. Je ne parle pas de son Prométhée enchaîné, qui n'est que le premier acte d'une trilogie, et ne peut être jugé par lui seul. Toutes ces attaques qu'il renferme contre le pouvoir arbitraire et dur du nouveau tyran du ciel sont probablement adoucies dans les deux actes qui suivent; autrement on ne comprendrait guère que des paroles si violentes fussent tolérées sur la scène, à une époque profondément religieuse; d'ailleurs on raconte que dans le dernier acte Jupiter et Prométhée se réconciliaient. Mais il y a dans ce drame une accusation terrible dont Jupiter ne peut être justifié, et qui revient dans un autre drame encore. Comme Prométhée lui reproche d'avoir détrôné Saturne, son père, le chœur des Euménides rappelle à son tour ce crime; Apollon défend Oreste contre les Euménides, et invoque l'autorité de Jupiter; celles-ci répondent :
« Jupiter[1], s'il faut t'en croire, est le vengeur des
» pères. Mais lui, il a enchaîné son père, le vieux
» Saturne; ce fait n'est-il pas tout le contraire de ton
» discours? Juges, vous avez entendu; je prends
» acte. » Et Apollon ne réplique pas un seul mot sur ce sujet.

[1] *Euménides* Traduction Pierron.

Dans ce même Eschyle, quelle sublimité de pensées sur la Divinité, sur le Jupiter qui gouverne le monde ! Comme on voit que depuis Homère la raison s'est affermie, et la morale épurée ? Il est tout-puissant. « Le dieu [1] dont l'empire durera dans tous les
» âges, Jupiter, nulle puissance ne l'emporte sur sa
» puissance, nul trône n'est plus élevé que le sien,
» n'a droit à ses respects. Il parle, et l'effet suit, ce
» que décide sa volonté s'accomplit aussitôt. — Ta
» volonté, ô Jupiter [2], est impénétrable, et pourtant
» elle se montre resplendissante jusque dans les té-
» nèbres mêmes, alors que la noire infortune vient
» fondre sur la race des mortels. Ils s'accomplissent,
» ils n'échouent jamais, les desseins arrêtés dans la
» tête de Jupiter, car les voies de sa pensée sont cou-
» vertes d'ombres épaisses, et que nul regard ne sau-
» rait percer. Du haut de leurs fastueuses espérances,
» il précipite les mortels dans l'infortune. L'impie a
» beau s'armer pour la violence, il recevra des dieux
» le prix de son crime. Du haut du ciel où elle réside,
» du haut de ce sacré séjour, la suprême Intelligence
» accomplit sur nous ses décrets. — Jupiter l'a vou-
» lu [3], Jupiter, l'arbitre suprême, le dieu qui fait
» tout ! Eh ! que se passe-t-il dans le monde, sans
» l'aveu de Jupiter ? Il n'est [4] qu'un dieu libre, c'est
» Jupiter. Le grand Jupiter [5], celui dont les antiques
» lois règlent le destin. »

C'est là le dieu fort, le dieu caché. « Sa pensée
» est [6] un abîme dont l'œil n'aperçoit pas le fond ; et
» les hommes doivent s'abstenir de la curiosité des
» choses divines. » Mais il est autre chose encore, il

---

[1] *Suppliantes.* Chœur. — [2] *Suppliantes* Chœur. — [3] *Agamemnon.* Chœur. — [4] *Prométhée.* La Puissance. — [5] *Suppliantes.* Chœur. — [6] *Suppliantes.* Chœur.

est le dieu moral, le dieu de l'hospitalité [1], le gardien des hommes justes, le persécuteur des méchants. Cette idée de la justice céleste remplit les tragédies d'Eschyle, et lui inspire des vers magnifiques. « La
» Divinité [2] a sa loi, j'ose le dire, elle ne saurait favo-
» riser les méchants. — Toujours [3] ce dieu juste con-
» damne les méchants, absout les bons! Jupiter tient
» pour tous la balance égale : que crains-tu donc de
» te montrer juste? — Le mortel [4] heureux se croit
» un dieu, même plus qu'un dieu. Mais la justice
» veille sur le monde : tantôt prompte, frappant au
» midi du jour; souvent tardive, mais plus terrible
» en ses vengeances, n'apparaissant qu'au crépus-
» cule. Quelquefois enfin, c'est la nuit, l'éternelle
» nuit qui ensevelit le coupable. — Oui [5], la justice
» agite son glaive; le tranchant du fer atteint, perce
» le cœur du coupable. L'iniquité n'est pas un sol que
» foulent impunément nos pieds : la majesté de
» Jupiter a été outragée par des actes injustes; mais
» la justice se raffermit un jour sur sa base. —
» Hôte [6] terrible, le dieu qui punit le crime, même
» après la mort, n'abandonne pas sa proie. — Celui [7]
» qui volontairement pratique la justice ne sera ja-
» mais malheureux; jamais il ne périra renversé de
» fond en comble. Mais l'impie dont rien n'arrête
» l'audace, qui méprise l'équité et confond tous les
» droits, cet homme, au jour marqué, fera une fin ter-
» rible; la tempête déchirera les voiles du navire, et
» brisera les antennes. Il appellera les dieux, mais
» les dieux seront sourds à ses prières; il luttera, mais
» en vain, battu de tous côtés par la tourmente. Le ciel

[1] *Agamemnon*. Chœur. — [2] *Choéphores*. Chœur. — [3] *Suppliantes*. Chœur. — [4] *Choéphores* Chœur. — [5] *Choéphores*. Chœur. — [6] *Suppliantes*. Pélasgus. — [7] *Euménides*. Chœur.

» rit quand il voit l'homme impie perdre à jamais son
» arrogance, enveloppé dans les inextricables liens du
» malheur, d'où ses efforts ne sauraient le dégager. Sa
» prospérité d'autrefois, après un long temps, s'est en-
» fin brisée à l'écueil de la justice; il périt, et nul ne le
» pleure, et nul ne garde son souvenir. »

Et enfin, à côté de cette providence extérieure, qui rétablit l'ordre par des coups si éclatants, l'homme trouve dans Jupiter la providence intérieure qui lui inspire le bien, lui reproche le mal, et le soutient dans la misère. « Jupiter ! [1] qui que tu sois ; si
» ce nom t'agrée, c'est sous ce nom que je t'implore !
» J'ai beau réfléchir, me perdre dans mes pensées,
» il n'est qu'un dieu qui puisse soulager l'homme du
» fardeau des vaines inquiétudes : c'est Jupiter... Qui
» chante à Jupiter, avec l'élan de l'enthousiame, un
» hymne d'espérance, verra son vœu tout entier s'ac-
» complir. C'est Jupiter qui guide les mortels dans
» la route de la sagesse; c'est lui qui a porté cette
» loi : la science au prix de la douleur. Même pen-
» dant le sommeil le remords distille sur nos cœurs;
» même malgré nous, quelquefois, la sagesse pénètre
» en nous, présent du dieu qui s'assied sur le trône
» auguste de la toute-puissance. — Invoquons [2] les
» dieux, comme fait le nautonier ballotté par la
» tempête. »

Voilà ce que pensait Eschyle, voilà ce qui était dit sur la scène devant tout le peuple rassemblé, non pas par le premier venu, mais par le chœur, organe de la sagesse, ou par quelque personnage aimé de l'auteur, et aux applaudissements de la foule. Qu'on cite contre le paganisme les écarts de l'imagination des poëtes

---

[1] *Agamemnon.* Chœur. — [2] *Choephores.* Electre.

ou les conceptions d'une raison grossière, je le veux, mais ce que nous venons de citer est aussi du paganisme. Puisque la religion n'avait pas de symbole déterminé et qu'elle était l'œuvre de tous, on n'a pas le droit d'adopter Homère et d'exclure Eschyle, soutenu par l'enthousiasme d'un peuple entier.

Ecoutez Sophocle à son tour, et vous reconnaîtrez que les doctrines d'Eschyle n'étaient pas particulières à ce poëte, des importations aventureuses d'une doctrine plus haute, mais qu'elles étaient le produit de ce temps. Lui aussi il célèbre le pouvoir suprême : « O Jupiter! quel [1] mortel pourrait vaincre ta puis-
» sance, toi que ne vainc jamais ni le sommeil, à qui
» tout cède, ni le cours infatigable des ans? A jamais
» exempt de vieillesse, tu habites éternellement dans
» les splendeurs de l'Olympe. »

Cette idée de la grandeur de Dieu opposée à la petitesse de l'homme est bien vraie, mais il faut qu'elle produise son fruit, qu'elle se traduise en vertu dans la pratique. Elle n'y manque pas, et engendre d'abord l'humilité. « Les hommes [2] les plus élevés,
» s'ils manquent de sagesse, sont précipités par les
» dieux dans un abîme de misères, quand, oubliant
» qu'ils sont nés mortels, ils ont des sentiments peu
» conformes à leur nature. Mon fils, disait à Ajax son
» père, sois jaloux de vaincre, mais toujours avec
» l'appui des dieux. » Il répondit dans son fol orgueil : « Avec les dieux, un lâche même peut vaincre,
» mais sans eux je saurai acquérir cette gloire. » Tel était son superbe langage. « Une autre fois, Minerve
» elle-même l'excitant à porter ses mains sanglantes
» sur les ennemis, il lui répliqua par ces paroles

Antigone. Chœur. — [2] *Ajax furieux.* Le Messager.

» pleines d'arrogance : Déesse, cours assister les
» autres Grecs ; partout où je suis, le succès est cer-
» tain. »

De cette même pensée de notre néant sort un autre sentiment, l'humanité; et il est bien curieux de voir dans Sophocle comment il se produit à travers les préjugés antiques, même à travers la religion. Ulysse apprend que son ennemi Ajax est tombé dans la démence et la fureur. Minerve vient le tenter. « Est-il [1]
» rien de plus doux que de rire d'un ennemi ! » Ulysse répond : « J'ai pitié de son malheur, quoiqu'il soit
» mon ennemi, parce qu'une destinée funeste pèse
» sur lui ; et ce n'est pas la sienne plus que la mienne
» que je considère ; je vois que tous, tant que nous
» sommes d'êtres vivants, nous ne sommes que des
» fantômes ou une ombre vaine. » Minerve reprend :
« Pénétré de cette vérité, garde-toi d'outrager les
» dieux par des paroles superbes, et de t'enorgueillir
» de ta force ou de tes richesses ; un seul jour
» abaisse ou relève les grandeurs humaines ; la mo-
» destie plaît aux dieux, l'impiété les irrite. » Quel dialogue !

Le dieu de Sophocle est aussi le dieu d'Eschyle, le gardien impitoyable de la justice, le vengeur de l'innocent rebuté. Mais, par le progrès du temps ou par l'heureuse nature du génie de Sophocle, la justice exécutive qui maintient l'ordre dans le monde et imprime la terreur s'efface devant cette autre justice, autrement aimable, qui est la sainteté, l'ordre dans l'âme humaine. La loi politique se soumet à la loi divine, et la loi divine se confond avec la loi de la raison.

---

[1] *Ajax furieux.*

CRÉON[1]. C'est donc être coupable que de faire respecter mes droits ?

HÉMON. Oui, si tu foules aux pieds les droits des dieux.

Quelle ferme confiance dans ces paroles d'Antigone à sa sœur Ismène, âme timide qui craint de désobéir aux lois en ensevelissant son frère : « Je repo-
» serai[2] saintement criminelle auprès d'un frère
» chéri. J'ai à plaire aux maîtres des enfers plus
» longtemps qu'aux maîtres de cette terre, car j'ha-
» biterai éternellement avec eux ! Toi, méprise, si tu
» le veux, ce que les dieux honorent. » Et à Créon, quand il lui ordonne d'obéir aux lois : « Ce n'est pas
» Jupiter qui a dicté ces lois aux hommes, ni la Jus-
» tice qui habite avec les dieux des enfers, et je ne
» pensais pas qu'un arrêt de toi eût assez de force
» pour qu'un mortel osât violer les lois divines, ces
» lois qui, sans être écrites, sont immuables ; car elles
» ne sont pas d'aujourd'hui ni d'hier, mais elles sont
» toujours en vigueur, et nul ne sait leur origine. »
Ce qu'Antigone, l'héroïne antique, a dit, ailleurs le chœur le répète et le consacre ; par un mouvement sublime, il révèle à l'humanité son immortel idéal :
« Puissé-je[3] avoir le bonheur de conserver la sainte
» pureté dans toutes mes actions et toutes mes pa-
» roles, et de régler ma vie sur ces lois sublimes éma-
» nées des cieux ! L'Olympe seul en est le père, nulle
» nature mortelle ne les a engendrées, jamais elles ne
» dorment dans l'oubli. La vertu divine y réside, et
» elles ne vieillissent point. » Mais Antigone n'a pas tout dit encore ; il lui reste un mot à prononcer, un mot sublime, inouï dans la Grèce, et qui ne devait

---

[1] *Antigone.* — [2] *Antigone.* — [3] *Œdipe roi.*

plus mourir. « Je ne suis [1] point née pour haïr, mais
» pour aimer. » Je ne puis lire et retracer ces lignes
sans une profonde émotion ; je ne puis, sans m'attendrir, assister à ce moment unique où l'âme humaine
s'éveille à la vraie vie morale, lorsque, exilée depuis
sa naissance du Dieu d'où elle vient, par l'ignorance
et la terreur, courbée sous le ciel froid, muet, menaçant, tout à coup elle tressaille, elle sent qu'elle porte
ce Dieu en elle, elle entend sa voix qui l'enseigne et
l'encourage, et que dans ses transports elle prophétise la liberté et la charité. Après de sombres journées d'hiver, le premier rayon qui perce les nuages
est bien doux, mais que la lumière intérieure a plus
de chaleur et d'éclat !

Je ne veux pas poursuivre, à travers Euripide, Aristophane et les autres poëtes ou écrivains, la transformation du paganisme primitif, et n'ai pas l'intention
de faire l'histoire du polythéisme grec ; j'ai voulu
seulement montrer comment la morale modifiait peu
à peu et sûrement le dogme, en sorte qu'on pourrait
établir cette loi de la religion grecque, loi qui a une
plus grande portée sans aucun doute : les dieux marchent avec les hommes, et se civilisent avec eux ; à
chaque degré, ils marquent le plus haut point de
cette civilisation, et représentent l'idéal du temps.
Ce qu'on prend pour leurs vices ne sont que des
qualités d'un autre temps ; quand on songe à les
en blâmer, ils ne les ont déjà plus. On dirait, à
entendre ceux qui parlent du paganisme, que durant tant de siècles de son existence il n'a pas varié ; tout au contraire, il a varié perpétuellement.
Il ne faut donc pas le prendre tout entier, mais dis-

---

[1] *Antigone.*

cuter avec soin les époques. Au temps de Sophocle par exemple, il y a bien, si on veut, d'anciens croyants, fidèles aux dogmes d'un autre âge, mais la plupart des hommes se sont élevés au-dessus du paganisme vulgaire et le désertent franchement, soit qu'ils aient rencontré une doctrine supérieure, révélée par la méditation ou par les Mystères, soit qu'ils aspirent à cette doctrine qu'ils ne connaissent pas encore, mais dont ils dessinent à l'avance les grands traits; d'autres, plus fidèles au paganisme, rejettent parmi les fables tout ce qui en altère la sainteté, ou l'interprètent selon des vues plus avancées : et pour ces deux classes d'hommes les dangers qu'on signale n'existent pas; d'autres encore sont moins aventureux et admettent à la lettre ce que les précédents rejettent ou expliquent, mais ne pensent pas à autoriser par ces dogmes ou ces exemples les écarts de leur conduite : ils croient que certaines maximes, certaines actions conviennent aux dieux, en tant que dieux, mais que chez les hommes elles seraient hors de leur lieu et coupables; ils établissent deux morales, l'une à l'usage des êtres inférieurs, l'autre souvent conforme à celle-là, mais sur quelques points plus haute, et qui ne sied qu'à l'Être souverain. Ainsi dans le catholicisme on attribue sciemment à Dieu une justice autre que la justice humaine : il condamne les enfants pour l'iniquité des pères et applique au criminel les mérites de l'innocent : or les mêmes hommes qui admettent ces articles de foi croiraient être injustes s'ils imitaient cette conduite. Enfin dans le paganisme on trouve des hommes qui allient la religion avec le désordre des mœurs ou l'absence des vertus, et prétendent couvrir leurs vices de l'autorité du Ciel, ou les racheter par de faciles pratiques et de grossiers sacrifices, mais ce n'est pas seulement le paganisme qui compte de pareilles gens : il y en a dans toutes les religions. Ces religions sont pures ou impures, eux, ils sont toujours impurs, et corrompent ce qu'ils touchent.

Benjamin Constant explique à sa façon pourquoi les vices des dieux du paganisme n'étaient pas contagieux. Selon lui, le sentiment religieux planait sur ses formes et en tempérait les imperfections. La pensée est profonde et se confirme dans toute religion : en tout pays il y a des âmes dans lesquelles le sentiment religieux est si vivant, si puissant, qu'il les emporte dans le monde de l'idéal, à travers des dogmes erronés et dangereux; mais ces âmes sont rares : ailleurs le sentiment religieux est moins subtil, reçoit des dogmes une plus forte influence, et, loin de corriger leurs défauts, s'en pénètre pour les exalter. Les vertus des païens se concilient avec le paganisme, mais par un autre tour. Il faut bien reconnaître cette constante métamorphose de la religion sous l'influence de la morale et de la raison publique, cette éducation alternative des dieux par les hommes et des hommes par les dieux, qui, une fois dépouillés de leurs anciens vices et enrichis de nouvelles vertus par leurs adorateurs, leur proposent ces mêmes vertus idéalisées à la fois et réalisées dans un modèle toujours présent, consacrées par leur autorité suprême. Un jour ce mouvement s'arrête, la lettre triomphe de l'esprit, le dogme vieilli l'emporte sur l'esprit nouveau; ce jour la religion et la morale divorcent : la religion perd son crédit, les dieux s'en vont, et la moralité humaine, destituée de cette force d'en haut, s'altère puis s'éteint dans des désordres honteux. Mais aussitôt naît une autre croyance meilleure que celle-là : car, il est bon qu'on le sache, l'humanité n'a jamais vécu dans le vide, son histoire est l'histoire de la grande doctrine spiritualiste, de ses combats, de ses échecs et de ses victoires, qui nous ont faits ce que nous sommes.

Il serait bien temps que justice fût rendue à toutes les fortes doctrines qui ont jamais gouverné les esprits. Elles se méconnaissent, elles s'outragent les unes les autres. Chacune dit : « Seule je possède la vérité et la vie ; hors de moi il n'y a que l'erreur et la mort. » Que gagne-t-on par là ? D'abord quelques hommes, frappés de l'étrangeté de ce spectacle, prennent gaîment leur parti. Voilà, pensent-ils, des doctrines qui se renvoient le reproche d'absurdité ; il se pourrait bien faire que toutes eussent raison. D'autres, poussés hors d'une croyance par le mouvement sérieux et irrésistible de la réflexion, habitués à l'idée que nulle part ailleurs il ne se trouve rien de consistant, tombent dans le doute universel. Tout à l'heure ils étaient pleins de convictions utiles, maintenant ils ne croient plus à la Providence, au devoir, à leur âme spirituelle, libre et immortelle. Ces convictions tenaient à d'autres qui ne leur conviennent plus ; ils les avaient apprises ensemble du même maître, et une fois que son autorité a été ébranlée en quelque point, elle est entièrement ruinée, tout s'abat du même coup. Alors, montrant ces âmes qui se débattent dans un profond malaise, quelquefois se précipitent dans de terribles excès, la doctrine abandonnée triomphe. « Vous le voyez, dit-elle, quand on renonce à moi, on renonce à l'ordre même : ici seulement est la règle de l'intelligence et de l'action, et il faut choisir entre moi et l'anarchie. » Pendant qu'elle parle ainsi, laissant également une doctrine différente, ennemie peut-être, un autre homme se présente, travaillé de la même maladie, livré à de pareils égarements ; et la doctrine abandonnée tient le même langage. Qu'y a-t-il donc de vrai dans de telles prétentions ? C'est que ces doctrines sont en effet un principe d'ordre, et qu'il en existe de moins bonnes et de meilleures. Mais qu'y a-t-il de faux ? C'est qu'elles soient le principe unique, que par leur seule présence ou par leur seule absence elles donnent la vie ou la mort. Si quelqu'un, habitué à se nourrir de pain, en était tout à coup privé, et qu'il ne reçût rien en échange, ce serait fait de lui ; faudrait-il donc conclure que le pain seul a la vertu de le soutenir ? On le verrait bien, si à cette nourriture on en substituait promptement une autre. Ce n'est pas le changement qui tue, mais la disette. Ainsi va-t-il de l'esprit ; il y a plus d'un aliment qui lui convient : cela est visible par la diversité des croyances où les hommes sont engagés et la ressemblance de leurs vertus ; si donc, comme il arrive quelquefois, ils échangeaient immédiatement une foi pour une autre, si encore, en attendant que cette foi nouvelle s'élève, on leur ménageait quelque abri, nul trouble dangereux ne se manifesterait, et la santé de l'âme ne serait pas compromise. Il ne dépend de personne de faire que toutes les fois qu'une croyance s'éteint dans un esprit, une autre aussitôt s'allume ; personne n'est maître de diriger ces puissants mouvements qui le saisissent et l'emportent, sans lui laisser le temps de se reconnaître ; mais il dépend de nous de lui préparer un asile. Il faudrait que toute doctrine où les hommes se réunissent leur dît : Parmi les vérités que je vous apporte, il en est qui m'appartiennent en propre, qui sont uniquement de mon fonds ; il y en a d'autres qui ne sont ni à moi, ni à personne, mais à l'humanité même ; elles ne dérivent d'aucune autorité particulière, en sorte qu'elles naissent et qu'elles meurent avec cette autorité, qu'elles en suivent toutes les vicissitudes : elles dérivent de la raison, elles sont le fruit de la nature humaine, qui les porte spontanément, nécessairement, éternellement : nul peuple n'a dans aucun temps existé sans elles ; elles sont essentielles à la vie de l'âme, comme les artères et les nerfs sont essentiels à la vie du corps. Croyez donc à Dieu, à la Providence, à la distinction certaine du bien et du mal, au principe qui réside en vous, libre de la contrainte du corps et de toute contrainte, à ses hautes destinées, à son immortalité ; croyez à ces dogmes d'une foi inébranlable, ne les abandonnez jamais, sinon vous vous excommuniez vous-mêmes de la communion universelle, vous sortez de l'humanité, vous désertez la nature.

Combien ces importantes vérités se graveraient profondément dans nos âmes, et en caractères ineffaçables, si on pesait ainsi sur nous de tout le poids de cette énorme tradition des âges qui va chaque jour s'aggravant ; si nous entendions partout ce même langage, dans les temples et dans les écoles ; si nous entendions les religions antiques nous dire d'une même voix : « Nous sommes vieilles comme le monde ; par-
» ties des confins de la durée, voici ce que nous vous
» rapportons : la croyance à un être qui a fait cet uni-
» vers et le conduit avec sagesse, la croyance à l'âme,
» à la liberté, à la vertu, à l'immortalité ; » si les religions plus récentes, qui ont réformé celles-là, et la philosophie, qui réforme toutes choses à toute heure, nous disaient à leur tour : « Pour nous, nous sommes
» moins près des premiers hommes, mais nous pré-

» tendons comprendre les besoins de ceux avec qui
» nous vivons; nous avons rejeté plus d'un dogme
» vieilli, mais il en est qui nous paraissent toujours
» jeunes : c'est la croyance à un être qui a fait cet
» univers et le conduit avec sagesse, la croyance à
» l'âme, à la liberté, à la vertu, à l'immortalité; »
alors quelle puissance irrésistible résiderait dans ces
dogmes consacrés à la fois par la vénération de l'âge
et par leur convenance avec l'esprit nouveau : alors y
aurait-il beaucoup d'hommes assez courageux pour
se condamner à un terrible isolement entre le passé
qui les repousse et l'avenir qui ne s'ouvre pas pour
eux ?

CHAPITRE IX.

PROVIDENCE NÉCESSAIRE A LA VIE FUTURE.

Je suis cet être simple qui pense, sent et veut, et
a conscience de lui-même; mon corps, être composé,
qui fait des opérations plus grossières, est à moi, il
n'est pas moi. Lors donc qu'il meurt, il n'y a pas de
raison pour que je meure; il finit de la fin des corps,
composé il se décompose; cet accident ne m'atteint
pas. Nous sentons bien cela, sans y réfléchir beaucoup, et les premiers peuples l'ont senti comme
nous; aussi ils croyaient qu'après les corps dissous,
enterrés ou brûlés, il restait quelque chose de
l'homme, non point la poussière ou la cendre, mais
une ombre, avec forme humaine, qui descendait à
part dans un monde souterrain. La vérité est là dans
l'enfance, il ne restera plus qu'à la développer, à spiritualiser cette ombre, à animer sa morne existence,

et à définir le lieu vague qu'elle habite. Les ombres deviendront des esprits, quand la philosophie aura décidément distingué en nous la nature des deux principes ; elle ne tarderont pas à agir, car Achille s'ennuie dans les enfers ; et, selon l'idée qu'on se sera formée de la vie, ce sera l'action du corps, de l'intelligence ou de l'âme, séparée ou réunie ; enfin la description du monde futur se précisera, qu'on le place au sein de la terre ou des nuages, ou dans le ciel invisible, soit qu'on assigne à tous les hommes la même condition, soit que, fortement pénétré de la nécessité d'un ordre moral où les bons soient récompensés et les méchants punis, et trouvant que cet ordre n'est pas sur terre, on le transporte au delà. Et ici encore les esprits plus ou moins raffinés, les caractères plus ou moins durs des divers peuples à leurs divers âges, se montreront dans la conception de leur paradis, de leur purgatoire et de leur enfer.

Pour nous, avec notre raison plus exacte, nous pouvons admirer, nous indigner ou sourire à de certaines descriptions, mais il est sûr que nous ne toucherons pas au fond de la croyance : elle est la foi éternelle de l'homme, qui, voyant vite la distinction et l'inégalité de l'âme et du corps, et la disproportion présente entre ce que l'homme doit et ce qu'il peut, entre ce qui lui est dû et ce qu'il reçoit, conçoit une autre existence, où tout est comme il doit être, où l'âme garde son indépendance et la justice son droit. L'humanité n'a point là-dessus deux discours : elle prononce dans sa maturité ce qu'elle bégayait au berceau.

Non assurément ce monde ne contente pas la raison.

L'homme est incontestablement fait pour la vérité :

il la désire, d'un désir insatiable, il a le devoir de la chercher, il est heureux quand il la trouve, et son intelligence est admirablement formée pour cela. Pourtant qu'observons-nous? Beaucoup meurent peu après leur naissance; la plupart vivent presque uniquement de la vie matérielle, et s'ils sont créés pour la vérité, n'y songent guère; une multitude, qu'ils s'en préoccupent ou non, vivent au milieu d'illusions; les mieux partagés par l'instinct et la puissance disputent leur temps aux affaires, aux maladies, aux besoins physiques, au sommeil, et dans leur élan sont arrêtés par la mort. Enfin où arrive-t-on, si loin qu'on aille? à dire avec Socrate : « Tout ce que je sais, c'est
» que je ne sais rien; » deux mille ans après, avec M. Royer-Collard : « La science humaine dérive l'i-
» gnorance de sa source la plus haute ; » non pas qu'on ignore tout en effet, mais par une juste tristesse, quand on compare sa science à la science. L'œil est créé pour la lumière, et la lumière existe, mais l'esprit est créé aussi pour la vérité; où est la vérité?

L'homme désire aimer et être heureux. On sait comment Bossuet parle de cet amour du bonheur, si fort en nous et si légitime; écoutez-le maintenant, aussi vrai que la première fois, quand il recueille le temps où il a eu quelque contentement : « Mais com-
» bien ce temps [1] est-il clair-semé en ma vie!
» C'est comme des clous attachés à une longue mu-
» raille, dans quelques distances; vous diriez que
» cela occupe bien de la place; amassez-les, il n'y
» en a pas pour emplir la main. » Quant à notre amour, qui, de son premier élan, veut embrasser l'in-

[1] Fragment sur la brièveté de la vie, etc.

fini et rêve d'être éternel, quels mécomptes! comme il lui faut se replier peu à peu jusque sur quelques êtres, que la mort frappe entre nos bras.

L'homme appartient à la loi morale : il doit établir la justice en lui-même, et il veut qu'elle règne au dehors. Trouvez-vous que l'humanité soit tout près de là, et qu'elle risque bientôt de n'avoir plus rien à faire? Êtes-vous bien content de vous-même, êtes-vous maître chez vous, vos passions vous obéissent-elles, et obéissez-vous à la conscience? Il y a des saints. Combien sur cent hommes? Et ils savent et ils disent combien peu de chose est leur sainteté, lorsqu'ils la comparent, mêlée et chancelante, à la sainteté parfaite, qui est en Dieu seul. Quant à la justice distributive du monde, si vous en êtes pleinement satisfait, si vous trouvez que la vérité et l'honnêteté gouvernent, je respecte votre bonheur.

Puis donc que l'homme est, à n'en pas douter, créé pour la perfection, perfection de vérité, d'amour, de bonheur et de justice, puisqu'il est la pauvre créature que nous savons, trompant partout sa destinée, par sa faute ou par celle du sort, il faut nécessairement une autre vie. Si c'est lui qui est faible, il doit être corrigé, la raison le veut ; si c'est le sort qui a dérobé à cet esprit curieux la vérité, à ce cœur ardent et pur les objets de ses affections, à cette bonne volonté le loisir de se rendre meilleure ; si c'est le sort qui distribue ici le bonheur et le malheur, punit et récompense à sa façon, il ne convient pas à la raison que les choses s'arrangent ainsi : elle veut que partout où est une fin soient aussi les moyens, qu'il n'y ait nulle part une œuvre à faire sans l'instrument pour la faire, une destinée sans les moyens de la remplir ; où ces moyens ne paraissent pas, elle les affirme.

Par conséquent, comme la destinée humaine est infinie et la vie humaine misérablement courte, ou bien la création est un monstre, ou bien, après cette partie de notre existence, il y en a une autre, qui suffit à tout. La raison veut qu'à la fin la loi morale l'emporte sur la loi physique, pour arracher la vertu et le vice aux caprices du sort, et donner à chacun ce qui lui revient. Elle veut qu'une âme qui a subsisté, quand elle était pleine de ténèbres, de faiblesses et de vices, ne périsse pas, alors que, par un long et dur travail, elle possède vérité, amour et vertu ; elle n'admet pas que l'imperfection fasse durer un être, que la perfection le détruise, qu'une créature profite hors de sa loi et se perde en y revenant, que le désordre sauve et que l'ordre tue ; et de même qu'elle attribue à la vertu passagère un bonheur passager, elle attribue à la vertu impérissable un bonheur qui dure autant qu'elle.

Voilà ce que la raison, sans rien consulter qu'elle-même, ose affirmer, non point comme une présomption ou une espérance, mais avec la pleine certitude des mathématiques.

Pour conduire l'âme dans son voyage à travers l'existence, il faut donc encore un être qui ait toute puissance sur l'âme et sur les choses, et agisse constamment en vue de l'ordre. Cet être nous apprendrions ici à le connaître, si nous ne le connaissions déjà : c'est Dieu, sage, juste et bon ; souverainement sage, souverainement juste et souverainement bon, il y emploie sa perfection tout entière.

Selon sa sagesse, il doit à l'intelligence consciencieuse la vérité que la faiblesse naturelle ou les ténèbres des temps ou la brièveté de la vie lui cachent ; il doit à l'amour pur l'objet que la mort lui ravit.

Pourquoi donc, quand il éteint à un moment chez les animaux l'affection de famille, l'aurait-il éternisée dans l'homme? Pourquoi en aurait-il fait la plus douce, la meilleure, la plus saine des affections, si c'était pour s'éteindre un peu plus tard? Il doit à la mère l'enfant qu'elle pleure, la mère à son enfant; et, si l'instinct ne nous trompe, ce cœur, d'abord ouvert à toutes les sympathies, puis flétri par l'égoïsme et par la haine, ce cœur, qui déjà, à la mort, se réconcilie avec ses ennemis, exercé par l'épreuve, reprendra son ressort, rendu par la vertu à sa première nature, se rouvrira à l'amour. Dieu doit aussi à l'homme courageux, qui travaille à se rendre meilleur, le temps qui lui manque. Et il se doit à lui-même, quand l'homme a atteint sa destinée, de ne point briser son œuvre parfaite.

Selon sa justice, il doit ne pas commander en vain, et récompenser celui qui, obéissant à la morale, a cherché de toutes ses forces le vrai, l'amour et le bien. Tout à l'heure c'était lui encore, mais parlant par l'instinct aveugle, qui nous enseignait notre chemin, maintenant, par la voix claire, infaillible de la conscience, il nous y confirme. Si l'instinct nous trompe, il restait, pour le redresser, la conscience; mais si la conscience nous trompe, où est le remède? Et quel Dieu que ce Dieu?

Enfin, selon sa bonté pour de pauvres créatures, qui n'ont point demandé l'existence, qui n'en ont point discuté les conditions, il ne doit pas leur envier le bonheur qu'elles ont gagné par tant de peines, mais les combler de joie éternellement.

Voilà ce que je crois être le vrai, et si je me trompe, on ne peut pas se tromper davantage.

Il est bien entendu que nous parlons ici d'une immortalité réelle et personnelle. L'immortalité du nom, quand l'être auquel il est attaché subsiste, est le rayonnement d'une belle âme ; au cas contraire, l'immortalité du nom n'est que l'immortalité d'un mot. Il ne me suffit pas non plus que ma substance demeure, si ma personne disparaît. Je ne suis pas l'existence, car toute chose existe ; je ne suis pas l'intelligence, la sensibilité, la volonté, car elles sont à tous les hommes ; je suis cette intelligence avec telle ou telle pénétration, cette sensibilité avec telle ou telle ardeur, cette volonté avec telle ou telle force, cette mesure qui distingue l'homme de génie du sot, les bons des mauvais cœurs, les lâches des courageux ; ces énergies, telles qu'elles sont à chaque heure de ma vie et à l'heure de ma mort, par le don premier de la nature et par mon travail. Voilà ma personne, me voilà moi-même ; et je ne suis pas plus cette substance nue ou ces vagues facultés qu'on prétend rester de moi après la vie, que mon corps n'est cette masse de matière sans forme ou cette partie qui a passé dans le corps du ver ou le tissu de l'herbe. Qu'on ne croie pas enfin m'amuser de l'immortalité de mes idées et de mes actes. Belle destinée que la vôtre ! me dit-on ; vous avez contribué au progrès de l'univers, vos pensées et vos actions entrent dans le trésor commun de l'humanité, servent à la civilisation du monde ; que voulez-vous de plus ? Vivre. Mes idées et mes actions, détachées de moi, ont leur destinée ; qu'elles la suivent et que Dieu la leur fasse bonne ; moi je garde la mienne, qui est de penser et d'agir encore, qui est de penser et d'agir toujours, selon la vérité et le bien ; elles ne tiennent pas plus à moi que ne tient à l'astre éteint la lumière lancée il y a des siècles, qui va éclairant l'espace. Et considérez quelle dure condition on fait là aux hommes! Tandis que leurs travaux portent l'humanité vers la vérité, la justice et le bonheur, de deux choses l'une : ou nulle génération ne doit voir ce terme, alors toutes se seront usées à la peine; ou, si une génération doit le voir, pourquoi celle-là plutôt qu'une autre, et quelle iniquité! Laissons faire la Providence : elle n'est pas embarrassée de conduire à leur fin ensemble l'espèce et l'individu; elle n'a pas besoin de couper l'arbre pour avoir le fruit; et cet arbre ne mourra pas de lui-même, car, à ce sentiment de vigueur qui accompagne l'habitude de la pensée et la culture morale, on voit assez qu'il n'est pas de ceux qui s'épuisent en produisant.

CHAPITRE X.

DU PLAN DE LA CRÉATION. — 1° DESSEINS ET LOIS.

Il est très-vrai qu'on a abusé de l'argument des causes finales. Fénelon même n'est pas à ce sujet sans reproche. Bernardin de Saint-Pierre s'est un peu compromis, quand il a inventé que les volcans, placés, dit-il, au bord de la mer, sont placés là pour purifier ses eaux, en brûlant les matières grasses qu'elle transporte; quand il a inventé encore que les charançons, qui dévorent le blé dans les greniers, sont créés exprès pour empêcher les accaparements, et autres découvertes de ce genre. Mathieu Garo, qui loue Dieu de toutes choses, et le loue d'avoir suspendu des glands aux chênes, au lieu d'y suspendre des citrouilles, pour épargner le nez des dormeurs, après avoir été frondeur, est un peu complaisant, et je ne sais ce qu'il aurait dit du fruit des cocotiers; enfin on est impatienté, dans certains livres, de cette admiration infatigable qui se prend à tout, sans mesure et sans choix, de cette naïveté qui prête d'abord à Dieu ses petites idées, et ensuite s'extasie devant ces idées : disposition touchante dans les grands esprits, souvent un peu niaise chez les moindres. Mais enfin c'est le défaut de ceux qui louent la Providence, ce n'est pas le défaut de la Providence ; parce qu'elle a des admirateurs indiscrets, ce n'est pas une raison pour qu'elle ne soit pas ce qu'elle est : la sagesse incomparable qui a créé les incontestables harmonies de l'univers.

Il faut croire à des desseins, car ils existent : l'œil est évidemment fait pour voir, l'oreille pour entendre, le poumon pour respirer, l'estomac pour digérer ; il faut y croire, car on ne peut s'empêcher d'y croire : quand on ne les voit pas, on les cherche et on les trouve, et quand on ne les trouve pas, on les affirme encore ; il faut y croire, car cette croyance fait deviner des faits réels, positifs : comme il arriva par exemple à Harvey, qui, par l'inspection des valvules des veines, découvrit la circulation du sang. Quand on y renonce, on renonce à rien entendre à la création, et tous les mouvements de la nature ne sont plus que des paroles, si l'on veut harmonieuses, qui n'ont pas de sens.

Le mal est que les partisans des causes finales ne veulent voir souvent que les causes finales, et proscrivent la recherche des lois naturelles : il leur semble que cette recherche fait tort à la grandeur de Dieu. D'abord on s'offense de la prétention de la science humaine à lier Dieu par ses propres décrets : *Semel jussit, semper paret,* disait l'ancien adage, « Il ordonne une fois, il obéit toujours ; » on ne croit pas son indépendance intacte, du moment qu'il obéit, fût-ce à lui-même. Puis, comme Dieu est la cause de tout ce qui est, lorsque des savants en cherchent d'autres, on craint qu'ils ne veuillent se passer de lui. Le premier philosophe qui annonça à Athènes l'existence d'un Dieu qui, après avoir donné l'impulsion à la matière, l'avait livrée à son propre mouvement, ce philosophe, qui tenait compte des agents physiques dans les événements physiques, et ne rapportait pas tous les phénomènes immédiatement à Dieu, fut accusé d'athéisme? Et ce sont quelquefois les premiers des grands esprits, qui sont tombés dans cette prévention : Pascal reprochant à Descartes de ne faire intervenir Dieu que pour donner une chiquenaude au monde, ou, s'il faut un exemple illustre entre tous, l'inventeur de l'attraction universelle, Newton imaginant qu'un jour notre système se désorganiserait, et qu'il faudrait alors que le Dieu ordonnateur vînt réparer son ouvrage, et, pour un temps encore, le remettre sur pied. Enfin, on reproche à la science d'enlever à la nature sa beauté et de dessécher l'âme. Bernardin de Saint-Pierre a dit : « En portant les recherches de notre esprit jusqu'aux principes de la nature et de la divinité même, nous avons détruit en nous le sentiment. » On se rappelle cet apologue qui nous présente un paysan vivant d'abord heureux dans une petite vallée des Alpes. « Un ruisseau qui descendait de ces montagnes fertilisait son jardin; il adora longtemps en paix la naïade bienfaisante qui lui distribuait ces eaux et qui en augmentait l'abondance et la fraîcheur avec les chaleurs de l'été. Un jour il lui vint en fantaisie de découvrir le lieu où elle cachait son urne inépuisable... Après une pénible marche, il arrive au pied d'un effroyable glacier...

Tout a disparu : douce et tranquille vallée, humble toit, bienfaisante naïade ; son patrimoine n'est plus qu'un nuage, et sa divinité qu'un affreux monceau de glaces. La nature, telle que l'ont faite les savants, n'est plus pour lui qu'un triste théâtre composé de leviers, de poulies, de poids et de ressorts. Encore cet écrivain s'est-il borné à des protestations : il voulait seulement rappeler aux hommes que le plaisir de la science ne saurait suppléer le sentiment religieux ; mais est-il facile de s'arrêter sur cette pente, et la science n'y passera-t-elle pas en entier ?

Toutes ces raisons ne sont pas invincibles. Pour la première, ce n'est point être si irrespectueux qu'on le dit, de prétendre que Dieu suit les décrets qu'il a lui-même portés ; on ne le fait point esclave parce qu'on le fait constant. Pour la seconde, il est souverainement injuste de regarder la recherche des causes naturelles comme irréligieuse. Il est bien de voir au premier principe de toutes choses la volonté de Dieu, mais, pour expliquer un phénomène, il n'est pas nécessaire de le faire trop tôt intervenir : avant cette cause dernière il peut y avoir des causes plus prochaines, et notre tâche est de les découvrir ; il n'a pas cessé d'être le maître de la foudre depuis que Franklin a rattaché la foudre à l'électricité. Il ne faut point mettre Dieu à la place des lois, mais au-dessus, et se servir de ces lois pour remonter jusqu'à lui. Faire autrement, c'est trancher la difficulté, non la résoudre ; et le précepte d'Horace :

Nec deus intersit nisi dignus vindice nodus;
« Qu'un dieu n'intervienne pas, si le dénouement n'est digne d'un dieu ; »

est aussi vrai en philosophie que sur la scène. Dieu ne

doit être que le point extrême où aboutit toute recherche : sa place est au terme de la science, non au début ; s'il ne paraît pas, la science est incomplète, s'il paraît trop tôt, elle n'est même pas commencée. Voilà ce qu'on peut dire à ceux qui suppriment les causes secondes, et s'imaginent que cet intermédiaire placé entre lui et nous le recule et nous en dérobe la vue.

Enfin, serait-il vrai que la science des lois flétrit la nature et le sentiment religieux ? Mais à quelle époque la grandeur de Dieu a-t-elle été révélée d'une manière plus souveraine par cet univers ? Qu'on mette d'un côté le monde partagé entre les trois enfants de Saturne, bouleversé par les volontés contraires de ces grandes puissances, et par les révoltes des puissances inférieures ; que d'un autre côté on contemple cette puissante unité où se confondent tous les phénomènes et toutes les lois, qu'une seule volonté, qu'un seul décret produise tous les mouvements qui ont lieu, et les plus réguliers et ceux dont l'irrégularité semble défier l'observation, on concevra alors que la beauté de l'univers tient encore moins peut-être aux séductions des sens et de l'imagination qu'à l'économie admirable qui règne dans la distribution de ses innombrables parties, qu'à l'unité parfaite où se ramènent et se résolvent toutes les divergences et les oppositions.

Ce qui contrarie le plus la croyance aux lois générales, c'est l'expérience souvent répétée des étranges changements qui surviennent en nous-mêmes parmi le flux et le reflux des idées, et les singuliers retours des passions. Il est en effet des états de notre âme qui nous étonnent. Envisageant le point d'où nous sommes partis et le point où nous sommes parvenus, nous cherchons en vain à retrouver dans notre mémoire quelque acte de notre volonté qui nous ait fait franchir cet intervalle. Il y a là, selon toutes les apparences, un travail dont nous ne sommes pas les artisans, car nous n'avons ni considéré ni même entrevu ce but, et nous n'avons pas voulu l'atteindre. Mais c'est bien plus, lorsque notre volonté a protesté contre un pareil changement, lorsque nous avons énergiquement résolu de nous tenir fermes à certaines idées, à certains sentiments, et que nous nous trouvons soudain renouvelés en dépit de nous-mêmes! Alors, ne pouvant expliquer notre état présent, nous nous hâtons de dire qu'il est inexplicable, et que nous ne saurions trouver en nous aucune cause qui l'ait produit. Que reste-t-il sinon de croire que nous avons été transportés là par une puissance étrangère, qui nous a modifiés à notre insu, a opéré en nous et sans nous? que nous partageons notre gouvernement avec un autre être qui a ses vues indépendantes des nôtres, et nous meut quand il lui plaît et comme il lui plaît, par une action secrète et invincible? Mais la science résiste.

Tout l'ordre de l'univers repose sur des desseins et des lois, des desseins infaillibles et des lois constantes, Cela est et doit être ainsi. Il est certain d'abord, et tout le monde en conviendra, que Dieu ne saurait apporter dans le gouvernement de l'humanité et de la nature cette imprévoyance et cette prudence étroite qui agit au jour le jour, sans aucun conseil déterminé à l'avance, sans aucun plan. Le plus simple bon sens suffit pour le décider. Nous admirons les hommes qui conçoivent, mûrissent un dessein, et y marchent hardiment, réglant toutes leurs pensées, tous leurs désirs, toutes leurs volontés dans cette vue ; ceux qui, dans les bornes resserrées de la vie humaine, réalisent quelque grande idée, accomplissent quelque grande chose. Procéder au contraire, c'est procéder en aveugle et en étourdi. Et encore, dans le gouvernement de nous-mêmes, cette absence de plan n'est pas toujours sensible, car, au défaut de la raison, l'instinct la supplée et l'imite ; ses impulsions, se répétant avec constance, contrefont, aux yeux des autres hommes, qui ne voient que l'écorce, la constance du jugement ; mais, quand il est question de conduire un État, la chose est manifeste : la grande politique n'attend pas les événements, elle les prépare, et on refusera toujours le titre d'homme d'État à l'homme qui, habile dans les détails, n'aura pas cette vue d'ensemble qui embrasse et calcule toutes les chances et commande l'avenir.

Eh bien ! cette unité des vues que nous exigeons des hommes dans leur gouvernement personnel et dans le gouvernement des empires, ne devons-nous pas la chercher dans le règlement de cet autre empire qui les enferme tous et se maintient au milieu de leurs ruines ? Dieu n'est donc pas seulement le créateur du monde ; en le créant, il a dû se proposer un but à atteindre, un dessein à accomplir, et ne point dévier.

Il est certain aussi qu'à cette constance du dessein répond la constance des moyens. Nous avons une pauvre idée de l'artisan qui est forcé de s'attacher à la machine qu'il vient de construire, et de se porter tour à tour à chaque partie, pour réveiller les différents rouages ; nous estimons beaucoup plus celui qui, ayant créé une machine, met en elle le principe durable de son mouvement. Mieux elle se suffit à elle-même, plus nous en admirons l'auteur : nous mesurons notre estime pour l'ouvrier par la sûreté de son œuvre, par le temps qu'elle fonctionne sans se déconcerter. Si nous avons une haute idée de Dieu, si nous l'appelons le plus puissant et le plus grand de tous les ouvriers, c'est pour cela, c'est que nous avons pénétré la constitution solide de l'univers, que nous avons comparé avec nos ouvrages, qui se détraquent à tout moment, la solidité de cette machine immense qui, depuis le commencement des temps, accomplit ses énormes révolutions sans se fatiguer jamais.

C'est à ceux qui admettent des dérogations à ce bel ordre à en prouver la nécessité et la réalité ; quant à nous, nous tentons de faire pour l'homme ce que les physiciens font pour la nature, expliquant ce que nous pouvons expliquer, déclarant inexpliqué encore ce qui nous résiste ; ce que font aussi les historiens dans l'étude des événements, recueillant toutes les causes qu'il est possible de constater, et nous arrêtant devant l'inconnu. La philosophie ne s'occupe pas des accidents : elle ne vise qu'à dégager des faits changeants l'universel qui les précède et les domine.

CHAPITRE XI.

1° DU PLAN DE LA CRÉATION. — 2° L'HOMME EN EST-IL LE CENTRE ? — 3° BEAUTÉ VIVANTE DE LA CRÉATION.

Au premier regard jeté autour de lui, l'homme considéra la terre comme le centre du monde ; la science le démentit. Elle détruisit une prétention fausse, mais non la vanité, qui est la mère des illusions, et ne devait pas tarder à reparaître sous une forme nouvelle. Qu'importe après tout ce point de l'espace également distant de toutes les extrémités? Existe-t-il seulement? Mais s'il existe un être pour lequel tous les autres soient faits, un être pour lequel travaillent tous les pouvoirs de la nature, n'allons pas chercher plus loin : sur quelque partie de cette vaste sphère qu'il réside, là où il est, là est le vrai centre de la création. Un globe est déplacé, il est rejeté peut-être dans un coin de l'univers, mais il porte une puissance plus grande que lui, une puissance qui échappe aux bornes de la matière, l'humanité. Ouvrez les livres qui traitent de la Providence, la plupart se proposent uniquement de montrer que toutes choses ne sont faites qu'à notre intention. Lorsque Dieu sortit de son repos, l'homme fut son but principal, tout le reste fut adapté à ce premier dessein : il appela du néant cette foule de créatures que nous voyons et qui ne sont pas l'homme, pour les disposer autour de lui, donnant à chacune pour unique fonction de servir sa créature privilégiée, de contribuer à sa conservation et à son bonheur.

Qu'il soit permis de le dire. Quand il s'agit de prouver la providence ou l'existence de Dieu, nous ne sommes pas assez sévères, nous acceptons des arguments de toutes sortes et de toutes mains : une considération qui appuie notre thèse est par cela même bienvenue; peut-être n'est-elle pas au fond très-solide, mais elle est honnête, et fortifie une croyance salutaire; convaincus que nous sommes de ces vérités, nous admettons volontiers que tout chemin y mène, et transportant dans la spéculation l'axiome si connu dans la pratique : la fin justifie les moyens, toute opinion qui étaye une doctrine incontestablement vraie participe à nos yeux de son caractère, et se légitime par ce rapport; il semble qu'elles soient entre elles désormais comme le principe est à la conséquence, indissolublement liées, et si l'on attaque l'une d'elles, anéanties du même coup. Aussi est-on presque toujours mal reçu quand on porte la main sur ces théories. La science, primitivement destinée à dissiper les ténèbres et à établir la vérité, se trouve par là forcée de dissiper les préventions et de détruire l'erreur; au lieu d'être simplement aimée de quelques hommes, elle est haïe de la multitude : le monde, qui pourtant est son domaine, lui est fermé, et, pour le conquérir, il faut qu'elle rende des combats sans fin, que, dans des luttes innombrables contre les hommes et sans cesse renaissantes, elle chasse pied à pied de chaque intelligence un fantôme, son ancien possesseur. Mais quoi ! on s'adresse à l'intelligence, ce n'est pas elle qui répond : c'est la sensibilité qui se révolte contre une science impitoyable, réclame en faveur d'une illusion plus douce que la réalité même, et s'y replonge avec l'ardeur d'une jouissance inquiète et ombrageuse.

Disons là-dessus ce qui nous semble vrai; il n'y a de religieux que la vérité.

Pour réfuter l'opinion que l'homme est le centre de la création on s'y prend mal : on nous étonne par le spectacle des masses énormes qui se meuvent dans l'espace, puis on nous ordonne de reporter les yeux sur nous-mêmes; l'imagination toute pleine de ces vastes objets, nous avons peine à nous apercevoir, et prenons en pitié notre petitesse; nous ne pouvons plus comprendre qu'on voie dans ce point imperceptible le centre de l'univers infini, et nous rions de la vanité immense qui se loge dans un atome. C'est réfuter injustement, si c'est réfuter habilement. Oui certes, si nous comparons notre corps à ces corps gigantesques, il est ridicule de prétendre que le tout, infiniment grand, a été fait pour la partie infiniment petite ; mais nous ne sommes pas pure matière, nous sommes en même temps un esprit ; et des deux, la nature maîtresse et supérieure, ce n'est pas la matière, c'est l'esprit. « L'homme est un roseau pensant. » Lors donc que, pour le comparer à l'univers, vous le pesez et le mesurez, votre comparaison est essentiellement vicieuse : vous prenez le vêtement pour la personne. Que si vous voulez réparer cette injustice, vous trouverez qu'il n'y a pas de commune mesure entre la masse de l'univers et l'âme de l'homme ; revenant enfin à la droite raison, qui les estime par leurs qualités, vous placerez infiniment au-dessus des éléments aveugles, inertes et périssables, la substance intelligente, libre et immortelle. Que les astres se meuvent donc pour le respect de l'homme, un tel honneur n'a rien qui le doive surprendre : les rangs sont observés. Si notre destinée est celle que nous assigne le spiritualisme, de marcher vers Dieu à travers les épreuves de la vie physique, qu'on ne nous parle plus « de très-» grands préparatifs pour une petite chose, » car cette petite chose est plus grande que tous ces grands préparatifs.

On plaide la petitesse de l'homme, il fallait plaider la grandeur de Dieu, qui s'arrange mieux d'autres desseins. Prenons le monde comme un spectacle admirable, qu'y voyons-nous à admirer ? D'abord sa richesse prodigieuse. Le regard le plus perçant ne découvre du ciel que la première apparence ; sous la lunette des astronomes, des corps auparavant invisibles étincellent ; dans les espaces vides de la voûte céleste des étoiles innombrables se pressent, des abîmes se creusent, tout pleins de globes de feu; leur multitude confond la vue, leur distance lasse le calcul; derrière eux nous soupçonnons d'autres corps, d'autres abîmes, pareillement peuplés, et nos plus parfaits instruments servent encore moins à nous découvrir des astres nouveaux qu'à nous révéler l'immensité des espaces qui nous échappent. Ces mondes sont, comme la terre, l'empire du mouvement, de la naissance et de la mort : on les voit s'illuminer, changer de couleur, s'éteindre, dévorés par de terribles incendies. Et qui sait ce qui les peuple ? Car personne n'osera assurer que la vie se concentre sur notre petite planète, et qu'elle y épuise ses formes. Mais quittons cette immensité et revenons au lieu où nous sommes. Ce sol a été travaillé par des révolutions sans nombre; cette terre, notre mère, a eu d'autres enfants : nous marchons sur leurs débris ; nous en connaissons quelques-uns, le reste est à jamais perdu. Mais quittons ces temps éloignés et revenons à cette heure où il nous est donné d'exister : quelle immense variété d'êtres vivants ! La science s'épuise à les classer. Mais on n'a pas visité le fond des mers, et, dans l'air que nous respirons, dans l'eau que nous buvons, dans les aliments que nous mangeons, outre ces infiniment petits que nous avons aperçus avec tant de peine, n'y a-t-il pas peut-être tout un monde d'êtres plus petits encore, qui s'agitent sans que rien nous avertisse de leur présence ? « Nous avons beau » enfler nos conceptions au delà des espaces imagi- » nables, nous n'enfantons que des atomes au prix de » la réalité des choses. »

Cette richesse infinie de la création coûte peu : il n'est pas de plus grand spectacle à moins de frais. Tous les phénomènes célestes, passés, présents et à venir, dans tous les points de l'espace, sont produits par une seule loi, tous les phénomènes physiques par quelques agents, tous les corps par quelques corps simples, toutes les espèces vivantes par quelques organes. Et la science n'est pas encore contente : elle travaille chaque jour à multiplier les phénomènes et à réduire les causes. De quelle admiration n'est-on pas frappé quand on considère ce bel ordre qui veut que tant de choses se fassent avec si peu de dépense, qu'une même force meuve les soleils dans l'espace, soulève les mers dans leur lit, et conduise notre sang dans les plus étroits canaux des veines ; que quelques substances, par l'artifice de leurs combinaisons, donnent tour à tour un corps brut, une plante, un animal ; que la même substance, sans aucun mélange, soit successivement le vil charbon et le précieux diamant ; que quelques organes, ici rassemblés, là dispersés, ici simplifiés, là compliqués, portés à la surface ou enfoncés dans l'intérieur, donnent la foule incalculable des espèces animales ! On voit dans le monde une économie merveilleuse, qui fait beaucoup avec peu, et la simplicité des voies égale à la grandeur des effets ; nous sommes à la fois enchantés et confondus de trouver la multitude des choses réduite à l'unité, et l'unité enfantant la multitude des choses ; nous sentons bien qu'elles se relèvent mutuellement, et que celui qui diminuerait l'une ou l'autre ferait tort à Dieu.

Or la sagesse qui multiplie ainsi ses œuvres se contentera-t-elle de produire un seul être, acceptant le reste comme une conséquence de cet unique dessein ? Oui, selon une certaine opinion. Mais voyez donc cette puissance à l'ouvrage, quand, après avoir résolu de former l'homme, elle forme le reste de l'univers : elle diffère étrangement d'elle-même. Là elle se contente de créer une espèce, ici elle répand la vie à profusion, ne consultant rien qu'elle-même, ne considérant que ce qu'elle se doit, ne songeant qu'à se produire dans tout son éclat. Admettez-vous que le nombre des êtres pourrait être plus grand, ou que la simplicité des moyens pourrait être mieux entendue, aussitôt la création se dégrade, la perfection de Dieu s'éclipse, et au-dessus de ce monde admirable encore la raison conçoit un monde nouveau, plus digne à la fois et de sa contemplation et du suprême artisan. Nous expliquerait-on pourquoi dans ces deux instants divers où Dieu crée, il agit si diversement, si contrairement, d'abord se contentant de produire un seul être, puis donnant la vie à une multitude de formes innombrables, épuisant toutes les combinaisons des organes, des couleurs et des figures, etc.? D'où vient cette sagesse nouvelle dans un être qui ne reçoit en lui rien de nouveau? Est-ce qu'il n'agit pas toujours avec toute sa perfection? ou plutôt ne voit-on pas que la même vertu par laquelle il crée toutes les natures autres que l'homme, il l'apporte aussi dans la création de l'homme lui-même; qu'il ne la trouve ni ne la perd, et qu'ainsi, au même moment où il conçoit l'homme, il conçoit toutes choses avec lui, et ces choses et l'homme ensemble dans leur rapport avec ses propres attributs, avec sa puissance et sa sagesse, qui appellent l'existence mobile de la nature, et ne brillent de tout leur éclat que dans l'extrême diversité des créations et l'extrême unité qui les régit.

Ne parlons donc plus d'un premier dessein par lequel Dieu crée l'homme, d'un dessein ultérieur par lequel il crée les existences nécessaires à celle-là. Ne tenons plus des discours qui ne conviennent pas à la dignité de l'Etre que nous voulons honorer, et envisageons les choses plus largement, plus sainement. Lorsque vous croyez me donner l'homme seul, avec lui, du même coup, vous me donnez la nature entière : elle est là dans ce petit espace comme elle sera plus tard dans l'étendue. Pour inventer l'homme, il faut d'abord avoir inventé le monde, ou pour parler plus exactement, ils sont contemporains dans l'intelligence de Dieu, parties inséparables d'un même dessein, manifestations diverses, mais harmonieuses, de la sagesse qui unit en même temps qu'elle conçoit et qu'elle crée, parce qu'elle agit toujours tout entière, qu'elle ne varie point, et qu'elle ne s'ignore jamais. Non, l'observation l'atteste, le Créateur n'a pas prétendu agir en ami de l'homme, mais Dieu agir en Dieu. Or agir en Dieu, c'est procéder avec sagesse, c'est imprimer à son œuvre le double caractère de la simplicité et de la fécondité ; c'est aussi ne les borner pas arbitrairement, car elles ne valent que par leur opposition : la simplicité des voies ne ressort guère dans une création restreinte, se rehausse à mesure que le monde se peuple, et éclate dans la profusion infinie ; la multitude, si elle n'est engendrée par des voies simples, trahit dans son auteur une sagesse plus ou moins pauvre, et la profusion n'est plus que confusion.

Sans doute l'homme est centre, car il vit, mais le lion et la fourmi sont centres comme nous, car comme nous ils vivent ; et tout ce qui respire est centre, car il subsiste ; et on peut dire aussi de l'univers animé : « C'est une sphère infinie dont le centre est partout, la circonférence nulle part. » Mais si certains phénomènes et certains êtres nous servent, il faut avouer aussi que certains êtres et certains phénomêmes ne nous servent point. Alors d'où viennent-ils? Évidemment ils ne sont pas un jeu d'une nature trop puissante, ils sont produits par un ordre. Cet ordre nous regarde donc, mais en même temps il regarde ailleurs; il nous touche en passant, et poursuit par-dessus nos têtes; il était avant que nous fussions, il serait quand nous ne serions plus: il met ici l'homme, ailleurs l'éléphant et l'oiseau-mouche; il contente chaque créature, mais en même temps il contente la sagesse divine, qui veut toutes les créatures ensemble. Ainsi la Providence travaille pour chacun de nous, plantes et animaux, mais avant tout elle travaille pour elle-même, pour sa gloire: elle a ses proportions qui ne sont pas les nôtres.

Qui ne voit que de ces deux plans, l'un qui s'applique à notre seule destinée, l'autre qui embrasse une foule innombrable de destinées diverses, l'un est plus large que l'autre, le comprend et le dépasse, et qu'il est contre toute logique de subordonner le second au premier, d'enfermer le contenant dans le contenu? Dans les deux il y a ceci de commun, que l'humanité est amenée à sa fin; mais que les démarches sont différentes! Ici Dieu se propose ce seul but, et invente des moyens sûrs qu'il y adapte: opération peu merveilleuse; là il conçoit, il décrète l'existence de tous les êtres possibles, chacun avec sa destinée propre, il vise à des fins sans nombre; et telle est la sagesse de son dessein, que dans une complication si grande il règne un ordre irréprochable. Chaque être a son jour; quand ce jour arrive, c'est que tout est préparé pour le recevoir: il naît dans un monde ami, dont les hôtes se prêtent à ses nécessités et à ses plaisirs. Un peu plus tôt, un peu plus tard, un peu plus loin, ce séjour n'aurait pour lui que des rigueurs ; mais celui qui l'y a envoyé ne se trompe ni de date ni de latitude : il dispose tout en son temps et en son lieu. Ainsi nulle créature n'est fourvoyée dans l'univers : sa place y est arrêtée à l'avance, elle y trouve le vivre, et le nécessaire, et les douceurs de la vie. Mais il ne suffit pas que les êtres particuliers soient traités favorablement, il faut aussi que l'ensemble marche, que sur un terrain étroit les espèces ne se multiplient pas sans mesure ; Dieu y a pourvu : au milieu des phénomènes et des êtres amis, qui travaillent pour un seul, il a introduit l'ennemi, qui travaille pour la communauté. Ainsi, par une loi admirable, dans chacun des moments infinis de la création on rencontre un univers en petit, un tout complet, qui se suffit à lui-même ; chaque espèce a ses auxiliaires et son contrepoids.

Dites, si vous voulez, que parmi ces êtres qui peuplent le monde, il en est un supérieur aux autres par la hauteur de sa destinée, par la richesse de ses facultés, vous ne soutenez rien que de fort raisonnable : il est visible que toutes les créatures ne peuvent être de même rang. Dites encore que cette créature supérieure à toutes celles que vous connaissez est l'homme : cette proposition n'est pas seulement très-soutenable, elle est encore rigoureusement vraie. Quoi qu'en dise Voltaire, l'homme est roi du lion qui le déchire : roi par l'intelligence, roi par la force invincible que cette intelligence met entre ses mains, roi en dépit d'une surprise ; mais parce qu'il est roi, ce n'est point une raison pour le faire centre.

Si le Cid, si Esther revivaient pour se voir représentés par Corneille et Racine, en considérant le beau rôle qu'ils jouent, leur éclat dominant celui des autres personnages, la prédilection du poëte concentrée sur eux-mêmes, ils diraient sans doute que le poëte a eu l'intention d'élever un monument à leur gloire, qu'ils ont été l'unique but de son travail, qu'ils sont le centre de la pièce, que chaque personnage qui concourt à l'action n'est amené sur la scène que dans leur propre intérêt. A-t-il donc aussi voulu élever un monument à la gloire de Phèdre et d'Athalie! La vérité est que l'auteur tragique ne travaille pas pour tel ou tel des personnages qu'il représente : son but est de faire une belle œuvre, de réaliser le beau dont la vue l'enflamme, de traduire dans le langage des hommes l'invisible idéal. S'il ranime le Cid vengeant l'honneur de son père malgré son amour pour Chimène, Andromaque défendant son fils, Phèdre combattue entre le devoir et une passion insensée, c'est que ces luttes sont un spectacle sublime, c'est que les orages de l'âme, comme les orages de la nature, nous dévoilent l'infini. Les peindre vivement, avec vérité et grandeur, tel est l'unique dessein du poëte; les personnages ne sont que des instruments; ici ils se couvrent de gloire, ailleurs de mépris ou de honte, peu importe, pourvu que l'action soit imposante; tout est là. Les uns sont sur le premier plan, les autres en arrière, ceux-ci et ceux-là disposés également pour l'effet, en vue de l'ensemble; ils paraissent sur la scène tour à tour, puis s'en vont; et ce qui les amène et les chasse, c'est le besoin de l'action qui, à travers toutes ces démarches, fait son chemin.

N'est-ce pas une juste image de la création? Dans cette pièce immense l'homme joue, si l'on veut, le premier rôle; mais lorsque Dieu produit ce personnage, quel est son but? Cette conception lui plaît, soit ; mais encore pourquoi lui plaît-elle? qu'y trouve-t-il qui mérite cette complaisance? Ce n'est point un caprice : il n'en connaît pas ; c'est donc un acte raisonnable, et sa sagesse est ici intéressée. Il a créé parce que cette sagesse le portait à créer : le regard fixé sur la beauté absolue, seul objet digne de sa contemplation et de son amour, il a résolu de la répandre, et il a formé le monde, où elle resplendit même à nos faibles yeux à travers les ombres de la matière.

La création est un drame. Les corps inertes forment la scène, immense, magnifiquement décorée, d'une éternelle splendeur; nous tous, esprits, animaux et plantes, formes infiniment variées dans un même moment, incessamment renouvelées dans la succession, nous en sommes les personnages. Nous paraissons quand l'action nous réclame; après nous disparaissons, nous sommes au bout de notre rôle, et on n'a plus que faire de nous. Quel spectacle magnifique! Mais si un sujet si sérieux souffrait d'être égayé, quel amusant spectacle, quand on voit quelqu'un de ces acteurs qui a un mot à prononcer dans toute la pièce, s'imaginer que le théâtre a été fait pour lui, a été orné pour lui, qu'il est demeuré vide jusqu'à lui, qu'il sera détruit après lui, considère ses compagnons qui sont en scène avec lui, et se persuade qu'ils sont là pour lui, pour son divertissement, se donne l'attitude et les airs d'un spectateur, tient en singulier mépris ces pauvres acteurs destinés à ses plaisirs, se permet parfois de trouver qu'ils jouent mal, ou même de juger la pièce assez froide! Ah! cette pensée ne me récrée pas, elle me fait peur : il y a tant d'ironie dans l'invention de ce personnage, que je ne sais plus comment concilier un tel ridicule de son rôle imaginaire avec la gravité de son rôle réel, et que je me prends à craindre qu'il ne soit fait à son tour pour l'amusement d'un Dieu moqueur.

Si je ne me trompe, l'erreur qui séduit ainsi les hommes vient de deux causes : la vanité et l'illusion des sens.

La vanité. On fait l'humanité centre de la création, et on se fait centre de l'humanité. Il semble, à nous entendre, que Dieu ne doive avoir souci que de nous, et qu'il doive à chaque instant régler l'ordre du monde sur nos intérêts, sur nos humeurs. Poursuivons-nous quelque important projet, il faut qu'il marche devant nous pour écarter les obstacles et nous frayer la route ; formons-nous quelque partie de plaisir, il faut qu'il nous mesure le soleil et la fraîcheur ; au jeu, il ne saurait nous refuser la chance ; si quelqu'un de ces biens que nous réclamons vient à nous faire défaut, nous pensons que nous sommes frustrés, et pour peu que la fortune nous soit défavorable, nous nous imaginons que la Providence nous prend à partie, qu'elle nous a choisi entre tous pour objet de ses rigueurs, tant est vif et extrême le sentiment de notre importance ici-bas.

Comme si ce n'était pas assez de la vanité pour nous induire en erreur, l'illusion des sens conspire avec elle. Quand on jette les yeux sur le monde physique, la terre semble immobile au centre de la sphère céleste qui tourne : il est naturel d'en conclure son excellence entre les astres ; comme, d'un autre côté, l'excellence de l'humanité entre les races terrestres est visible, et qu'enfin on est porté à croire que l'inférieur est fait pour le supérieur, voici comment on raisonne : la terre est le centre de l'univers, et l'humanité est le centre de la terre, donc l'humanité est le centre de l'univers.

L'une de ces erreurs a disparu, chassée par les progrès de la science : le monde physique a été mieux observé, ses lois mieux reconnues, la terre dépossédée de son privilége, et déportée avec la foule dans un coin de l'espace. Les astronomes nous ont, il est vrai, ravi la place d'honneur; mais, grâce à eux, nous ne sommes plus à l'étroit dans l'univers : ses barrières sont abattues, et il révèle à nos regards confondus les innombrables sociétés des astres, leurs apparences variées, leur police prudente, et au centre de tous ses mouvements la loi unique qui les règle et organise cet immense concert. L'autre erreur vit encore; espérons qu'elle périra à son tour.

Ainsi donc, si les mots conservent leur valeur, si on appelle centre ce à quoi d'autres choses se rapportent, et centre de l'univers ce à quoi se rapporte l'univers, il y a en effet un centre de la création, c'est la beauté éternelle, la parfaite sagesse, c'est Dieu même.

Par une autre erreur, on prête au monde une beauté morte, au lieu de la beauté vivante, qui est la sienne; on en fait une statue immobile, au lieu d'une organisation qui croît. Le monde est parfait, dit-on, car il est achevé : j'ose penser le contraire : il est parfait parce qu'il n'est pas achevé. Voyez ce qui se passe sur la terre : ou bien la durée s'écoule, et par des atteintes insensibles elle mine la création existante, comblant les vides qui se font, renouvelant aujourd'hui une partie, demain une autre, si bien qu'à un moment toute une population étrangère tient la place de la population éteinte : ou bien quelque catastrophe soudaine engloutit tout, change le ciel et la terre; et ensuite, sur ce sol et sous ce ciel nouveaux surviennent des êtres nouveaux, qui naissent aux mêmes conditions que leurs prédécesseurs. Ainsi, comme à une époque déterminée les individus paraissent et disparaissent, pour que chacune des races et leur ensemble subsistent, de même à travers les siècles les races, tour à tour présentes et disparues, entretiennent la vie universelle, qui, comme toute vie, se nourrit de morts.

Voilà ce qui s'est passé sur la terre; qu'on décide maintenant si nous sommes privilégiés. Dieu agit-il dans l'enceinte de notre globe d'une façon spéciale, ou son action est-elle la même en tous lieux? Si elle est variable, il faut nous arrêter et borner nos prétentions à faire une science terrestre; si elle est uniforme et constante, il n'y a plus une science de la Terre et une science de Jupiter, de Saturne et de Sirius, mais une seule et même science universelle, comme il n'y a qu'une seule attraction universelle. La conduite de Dieu ici-bas nous élève donc à la connaissance de sa conduite générale : si sur notre globe il fait paraître successivement et à propos de nouvelles créatures, chaque fois que les circonstances physiques varient, il en est certainement de même sur tous les globes; et, comme ces globes sont sans nombre, et que par le mouvement perpétuel que les lois impriment, les circonstances physiques se renouvellent sans cesse, on est invinciblement amené à croire que l'univers se développe sans fin. Le monde que Dieu a fait n'est donc pas celui que j'ai sous les yeux : celui-ci attire mon regard, il ne l'arrête pas, il excite mon admiration sans l'épuiser; fragment d'un tout immense, il me révèle quelque chose de plus beau que lui-même, le monde divin où entrent à la fois, dans leur juste rapport, tous les êtres qui parurent, paraissent et paraîtront jamais, disséminés dans le temps, unis dans une même et éternelle pensée. Les créations successives s'ordonnent et se perdent dans la création, seule parfaite, seule sublime, seule digne de l'artiste suprême, seul temple qui ne l'emprisonne pas, et que ne brise pas cette force qui fait tomber toutes les murailles. Infiniment puissant, mais infiniment patient aussi, parce qu'il est éternel, il n'est pas comme les hommes, qui se pressent, et, suivant les conseils de l'immuable sagesse, qui distribue les choses sans confusion dans la durée et dans l'espace, il fait toute chose en son temps et en son lieu.

Vous semble-t-il que dans cette vue de l'univers qui s'amplifie d'âge en âge, la vertu de son auteur soit amoindrie? Ne s'en forme-t-on pas au contraire une plus haute et plus juste idée? Là elle paraît s'être dépensée en une fois dans la production d'un monde, énorme sans doute, mais limité; ici elle ne se fatigue jamais. En vain auriez-vous la vue assez perçante pour atteindre aux bornes du monde, et pour pénétrer les corps qu'il embrasse, ce spectacle gigantesque vous donnerait encore une fausse idée de la puissance de Dieu, car cet univers présent, plus vaste que l'univers ancien, n'est pas encore tout l'univers : il s'étend sous le regard, et la pensée, épuisée par cette course sans repos, retombe sur elle-même et s'abîme devant la grandeur de Dieu. Non, il ne faut pas que la parole divine, s'élevant tout à coup, après une éternité de silence, s'éteigne aussitôt comme la voix humaine; dès l'origine des temps, cette parole a retenti, et son écho, qui ne meurt pas et ne s'affaiblit pas, se prolongeant dans les siècles, éveille du néant les créatures, envahit l'immensité.

Comme le centre de la création n'est pas une créature ou une autre, mais l'ordre suprême qui les enferme toutes, de même sa beauté n'est pas tel ou de ses états, mais le mouvement qui la renouvelle sans cesse. Une statue est belle, l'homme est plus beau qu'une statue, parce qu'il vit. Et ainsi de l'univers.

CHAPITRE XII.

DE LA PRESCIENCE DIVINE ET DE LA LIBERTÉ HUMAINE.

L'homme est libre, et Dieu prévoit. Tenons ces deux vérités avec une égale force, et si la conciliation nous paraît impossible, accusons notre sagacité de n'avoir pu découvrir un lien qui n'existe pas moins, pour être invisible. Sans doute je suis libre, je ne puis le nier sans combattre l'évidence la plus claire, sans nier l'autorité irrécusable de la conscience; mais sans doute aussi Dieu ne saurait apprendre : s'il connaît plus dans un moment que dans un autre, il est perfectible, ce qui veut dire imparfait; et ce serait une bien pauvre science et bien peu divine, celle qui, renfermée dans les limites étroites du passé, sonderait l'avenir par des conjectures et des tâtonnements, et serait toujours corrigée par une expérience toujours insuffisante. Saint Augustin dit très-bien : « Pour faire l'homme libre, n'allons pas le faire impie [1]. »

D'abord prévision et liberté sont-elles dans le fait incompatibles ? Tous les jours, à toutes les heures, nous devinons comment agiront nos semblables, et

---

[1] Cité de Dieu, v. 9.

l'événement justifie notre prédiction; en sont-ils moins libres? Est-ce donc moi qui fais les actes que je prévois qu'ils feront? Et leur véritable auteur, celui qui en portera la peine ou la récompense, n'est-il pas toujours celui qui délibère s'il les accomplira ou non, avec la conscience qu'il peut s'abstenir ou prendre le parti contraire? Transportez en Dieu notre prescience : le spectacle sera le même, seulement il sera vu de plus haut.

Mais, dit-on, toute comparaison entre la prescience de Dieu et celle de l'homme pèche nécessairement, car, au contraire de la nôtre, elle est infaillible; nos prévisions incertaines laissent dans les décisions de nos semblables de l'indéterminé, mais Dieu prévoit sûrement ce qui arrivera et comme il arrivera, donc, pour que l'événement lui donne raison, il ne faut pas laisser de place à l'arbitraire, mais qu'une main toute-puissante conduise notre main. Cette objection, apparemment solide, et qui séduit un grand nombre d'esprits, en réalité n'est pas fondée et se dissipe à un mûr examen. D'abord vous dites : les événements arriveront, parce que Dieu les a prévus; pourquoi pas : Dieu prévoit les événements parce qu'ils arriveront? Ensuite, s'il prévoit infailliblement ce que je ferai, moi aussi je prévois infailliblement ce qu'il fera : qu'il prendra le meilleur parti, qu'il récompensera le bien et punira le mal. Cesse-t-il pour cela d'être libre?

Comment la prescience et la liberté se concilient-elles? Parlons d'abord de ce que nous savons le mieux, de notre prescience; si quelque chose peut nous expliquer la prescience de Dieu, c'est elle ou rien.

Il n'y a pour nous qu'une manière de connaître l'avenir : étant donnée une loi générale, qui a régi le passé, nous en tirons les faits à venir qu'elle renferme. Notre prévision n'est qu'une déduction.

Quelle est cette loi? J'affirme qu'un homme ne fuira pas devant l'ennemi, qu'un autre ne se prononcera pas sciemment pour la mauvaise cause, qu'un troisième ne se laissera séduire ni par l'or ni par les honneurs; sur quoi reposent ces affirmations? Si vous me demandez des preuves, je réponds : le premier est brave, le second juste, le troisième incorruptible; chacun de ces hommes, dans toute circonstance, a paru tel; le courage, la justice, l'honnêteté sont l'âme de leurs actions. Ces hommes ne sont-ils donc pas libres, et leurs actions, pour se ressembler, sont-elles donc enchaînées l'une à l'autre par un lien fatal? Qu'on examine attentivement l'ensemble des actes de chaque individu, on les verra se tenir entre eux, avoir un cachet uniforme, partir d'un même principe, comme ils partent d'un même être; l'un s'expliquera par l'autre, et ils s'expliqueront tous par une disposition constante de l'individu, qu'on appelle son caractère ou sa nature. Chacun de nous a son caractère propre, il s'agit seulement d'être un observateur assez habile pour le reconnaître; possédons-nous cette connaissance, tout dans la conduite d'un homme s'éclaircit à nos yeux, comme aussi, sans elle, toutes ses actions sont d'inexplicables énigmes. De même que nous ne tombons pas dans le néant à chacun des moments innombrables dans lesquels se divise notre vie, pour être créés derechef au moment qui suit, mais que notre existence est continue, ainsi, aux divers âges de la vie, enfance, adolescence, âge mûr, vieillesse, ce n'est point un autre être qui succède à un autre être, c'est un même homme qui les traverse et prend seulement de nouvelles formes; cet homme, c'est l'être particulier qui a une intelligence de tel ou tel ordre et avec une certaine aptitude, une sensibilité plus ou moins passionnée et avec une certaine passion qui domine, une volonté plus ou moins ferme. Tel qu'il est, exposez-le aux événements de la vie : ceux-ci le laissent indifférent, ceux-là font sur lui une impression plus ou moins forte; ils glissent sur lui ou le pénètrent, et à diverses profondeurs, selon sa nature et sa disposition présentes, comme un corps absorbe tous les rayons de lumière ou les renvoie tous, ou en reçoit une certaine espèce à l'exclusion des autres. A tout changement, c'est lui qui change : l'état nouveau dérive de celui qui précède. Et vraiment nous ne faisons que changer ainsi : à quelque moment de notre existence qu'on nous prenne, nous ne sommes jamais ni tout à fait l'homme ancien, ni seulement l'homme nouveau, mais un composé des deux ; et si nous voulons nous rendre compte de notre présente condition, devenir intelligibles pour nous-mêmes, il nous faut remonter la chaîne, dérouler tout le passé; souvent même au terme d'une longue carrière, quand certains mouvements nous étonnent, nous sommes forcés, pour les comprendre, de traverser notre vie entière jusqu'à l'autre extrémité, et de renouer nos derniers désirs et nos dernières pensées aux premières impressions de l'enfance, apparemment si légères et si fugitives. La nature morale est comme la nature physique : elle ne fait rien par bonds.

Si nous demeurons la même personne, il y a donc de l'unité dans notre vie : cette infinie multitude, cette surprenante diversité de nos actes peut être embrassée; le tout est de se placer au véritable point. La plupart des hommes ne le connaissent pas : les esprits bien faits s'y placent naturellement. Notre âme est un flux et un reflux perpétuel, mais sous une loi, comme les mouvements de l'Océan ; connaître cette loi, c'est connaître l'homme. La Bruyère le décrit, Molière le met en scène, et nous, le livre à la main ou assis au parterre, nous disons : c'est bien cela, cela est vrai, comme en lisant d'autres livres, et voyant d'autres pièces, nous disons : ce n'est pas cela, cela est faux. Il y a donc une nature humaine. L'observer exactement, la rendre trait pour trait, est l'œuvre des maîtres ; mais la plupart d'entre nous, peintres inhabiles, nous sommes juges compétents des tableaux qu'on nous en fait : nous ne l'avons guère qu'entrevue, mais dès qu'on nous en offre une copie ressemblante ou infidèle, la perfection ou les défauts de cette copie suscitent dans notre esprit, y dessinent avec plus de précision le modèle reproduit ou défiguré. Ainsi la nature humaine, présente dans tous les hommes, et le caractère particulier de chaque homme, qui n'est qu'un aspect de la nature humaine, donnent sa conduite. Par là s'explique la prescience, que nous cherchons à expliquer. C'est parce que je connais certainement la nature parfaite de Dieu, que je prévois certainement les décrets de sa justice, c'est parce que je connais quelquefois certainement la nature humaine et le caractère particulier d'un personnage, que je devine ses résolutions à venir ; de là des illuminations merveilleuses, comme la révolution française prédite à coup sûr par Voltaire et par Rousseau, et Mirabeau, en 1789, écrivant sur le roi et la reine ces mots prophétiques : « La populace battra leurs cadavres. » On voit pourquoi nous devinons juste, on comprend aussi pourquoi nous nous trompons. Nous ignorons la vérité d'un caractère, nous l'attribuons faussement à quelqu'un, nous ne devinons pas les contre-courants de pensées et de sentiments qui dans un caractère connu apportent des changements étranges, nous ne savons pas ce qui surviendra dans le corps d'un individu ou dans le monde pour changer ses volontés : la maladie, la folie, les excitations extérieures, bonnes ou mauvaises, ce spectacle, ce livre, ce chant, cette rencontre, enfin tout ce qui impressionne et meut l'âme. Quand on fait attention à tout ce qu'il faut savoir pour prévoir, on ne s'étonne plus que nous nous trompions souvent, mais que nous devinions quelquefois.

Goethe représente Faust tenant à la main la coupe empoisonnée ; sa résolution est arrêtée : il est dégoûté de la vie, et n'a pas peur de la mort. Je prévois qu'il boira le poison. Cependant les cloches annoncent la fête de Pâques, leur son l'arrache à ses sombres méditations, réveille et fait repasser dans son esprit les émotions de son enfance, lui rappelle ses jours d'ignorance, de foi et de bonheur ; il se reprend à la vie, et jette la coupe et le poison. D'où vient ici que je me suis trompé dans ma prévision ? C'est d'abord que je n'ai point songé à un événement physique, à cette coïncidence du son des cloches, un jour de fête, avec le dessein de Faust ; ensuite cet événement n'a par lui-même aucune portée certaine : bien des hommes auraient écouté ce bruit indifféremment ; quelques autres peut-être s'en seraient irrités, auraient été exaspérés par ce contraste, et l'idée de la joie publique n'aurait fait que rendre leur désespoir plus amer, et accélérer l'accomplissement de leur projet ; il y a donc en Faust quelque chose de particulier qui ne se trouve pas dans tous les hommes, il s'est opéré dans son âme un mouvement qui partait de son dernier fond préparé par la nature et par la vie. Voilà ce qu'il m'eût fallu connaître, et que je ne connaissais pas ; si je l'avais connu, j'aurais prédit à coup sûr.

Telle est notre manière de prévoir l'avenir : nous voyons les choses dans leurs causes ; il semble qu'il n'y a rien d'inconvenant à penser que Dieu voit ainsi. Ce qui ne lui convient pas, c'est de se tromper et de deviner. Or il ne se trompe pas, car il connaît toutes les causes, les effets des unes et des autres et leurs rencontres, puisqu'il les a faites ; et il ne devine pas, il n'a pas notre déduction paresseuse qui se traîne d'un principe à une conséquence ; il voit éternellement tous les effets dans leur principe : les phénomènes de la nature dans l'ordre nécessaire de la nature, les actes de l'âme libre dans l'ordre de la liberté. Nous avons honte de parler ainsi expressément de Dieu, comme si nous entrions dans son infinité : c'est le tort du langage humain.

CHAPITRE XIII.

DE LA PROVIDENCE ET DE LA LIBERTÉ HUMAINE.

On ne doit sacrifier ni Dieu à l'homme ni l'homme à Dieu : nous possédons deux vérités incontestables ; notre devoir est de les faire accorder. Que nous n'y parvenions pas, cela se conçoit, notre intelligence est faible, et dans des matières si vastes il est permis à l'observateur de ne pas tout embrasser d'un regard ;

mais, quel que soit le succès de nos efforts, nous ne devons pas croire que le problème est insoluble parce que nous ne l'aurons pas résolu, ni que le problème est résolu parce que nous aurons retranché un des termes qui y entrent. Il faut tout conserver, tout accorder, ou du moins croire que toutes les vérités s'accordent, non pas peut-être dans notre intelligence bornée, mais dans la raison souveraine où elles reposent et d'où elles émanent. Sacrifiera-t-on la Providence divine? Comment croire à un Dieu insouciant? Sacrifiera-t-on la liberté humaine? On l'a fait plus d'une fois, soit que Dieu l'entoure d'influences invincibles, soit qu'il aille directement à elle et la ploie sous sa volonté.

Ce n'est pas une médiocre résolution que de retrancher à un être un pouvoir tout entier, et à l'homme un pouvoir tel que le libre arbitre. On croit seulement le modifier par là, et on ne voit entre le premier état et le second que la différence de la santé à la maladie ; on se trompe : l'homme n'est pas malade, il est mort; il n'est pas blessé, il n'y a plus d'homme; c'est une autre création.

Pourquoi pas ? Est-il donné à la seule géologie, en fouillant l'intérieur du globe, de reconnaître les créations diverses qui s'y sont succédé? En scrutant de même les profondeurs de l'âme, on reconnaîtra la trace d'une création antérieure à celle-ci, d'une autre humanité, qui, après avoir possédé quelque temps cette terre, a été détruite et nous a cédé la place. Pourquoi n'en serait-il pas ainsi ? pourquoi l'esprit n'aurait-il pas ses âges comme la matière? Ces deux découvertes parallèles vont bien ensemble, se prêtent leur lumière et leur appui. Cela n'est pas ; le renouvellement des formes sur notre globe peut convenir à la perfection divine : les divers êtres qui l'ont peuplé tour à tour sont venus en leur temps, lorsque cette demeure était disposée pour les recevoir, et se sont retirés avec les circonstances qui les avaient amenés; il n'y a dans leur existence ou leur mort aucune contradiction; en outre, la puissance vitale animant des formes de plus en plus parfaites se préparait à produire l'homme; mais y a-t-il rien de semblable dans ces autres créations du monde de l'esprit ? D'où vient que l'humanité libre a disparu ? Elle était créée pour seconder un dessein de Dieu, mais elle a manqué à sa mission; Dieu s'est repenti, il a vu que la liberté était indomptable, qu'elle déconcerterait ses plans, fermerait les voies à sa providence, et il a brisé un instrument indocile. Cette conduite est-elle digne de la sagesse souveraine ? lui convient-il de faire des essais malheureux ? Et puis, quelle est cette nouvelle race plus soumise ? N'est-elle pas évidemment inférieure à la première, par conséquent l'univers incomplet et la création découronnée ?

On pourra insister : Dieu ne dispose-t-il pas de ses dons, et n'est-il pas libre de retirer ses faveurs? Pour répondre à cette question, il ne suffit pas de considérer sa puissance, il faut aussi tenir compte de sa sagesse. Cette sagesse se retrouve partout, dans la distribution des destinées diverses que possèdent les créatures, et dans l'ensemble des qualités qui constituent chacune d'elles. Or, s'il agit suivant quelques principes, ces principes créent pour lui une convenance morale, et pour les êtres, par contrecoup, des droits à l'égard de la sagesse suprême. Le tout est de bien entendre ces droits. Dieu ne doit pas traiter également tous les êtres : ne lui demandons pas pourquoi la pierre est privée de la vie que possède la plante, pourquoi la plante n'a pas l'instinct de l'animal, pourquoi l'animal est déshérité de cette raison supérieure qui nous distingue ; et si, par hypothèse, il y a encore des êtres entre l'homme et Dieu, pourquoi il a inégalement réparti ses dons, avare pour nous, prodigue pour ces êtres privilégiés. Eh! qu'importe à la brute cette vaste intelligence que, dans la sphère étroite de ses sensations, elle ne peut soupçonner? Qu'importe ma liberté à cet être dont la vie presque entière est absorbée par les repas et le sommeil? Que m'importe à moi-même, qui suis fait pour trouver le bonheur par la vertu, une félicité plus haute que je ne saurais comprendre? Je connais les combats intérieurs, les remords, mais je connais aussi les joies de l'âme ; ma liberté a ses faiblesses, mais elle a aussi sa grandeur. Dieu ne doit pas à tous les êtres la même destinée, il nous a appelés à des fonctions diverses : dans cette série immense de créatures, il a mis les unes plus haut, les autres plus bas, où donc est l'injustice, et quels droits apportons-nous du néant? Pour assigner à chacun des êtres sa place, avait-il autre chose à considérer que son dessein même et la beauté du monde? Mais une fois qu'il a achevé la répartition des destinées, libre dans le sens divin de ce mot, c'est-à-dire dans l'étendue de sa perfection, il ne fait rien contre elle : ses créatures qui viennent de recevoir l'existence ont reçu avec elle certains droits, et ces droits ne peuvent faire ombrage à sa puissance, puisqu'ils n'ont de fondement que dans sa sagesse, qui est lui encore. Ainsi il ne serait pas parfait, il se serait manqué à lui-même, s'il eût mis quelque part une destinée sans les facultés pour l'accomplir, une fin sans les moyens, s'il eût imposé une œuvre sans donner l'instrument.

Il devait à la plante la séve qui la fait vivre, à l'animal l'instinct et le mouvement qui le porte vers sa nourriture, à l'homme perfectible, créé pour être l'artisan de sa destinée, fait pour la science et la vertu, la puissance d'atteindre le vrai et d'accomplir le bien, la liberté.

Il ne sert de rien de dire : « Dieu est maître, et, quoi qu'il fasse de moi, il veut que je sois libre, » car il veut les choses avec leurs conditions, la liberté avec les conditions de la liberté; car si, en me décidant, je n'ai pas la pleine et réelle conscience que je pourrais me décider autrement, si j'agis par d'autres raisons que les miennes, ou sans raisons, si Dieu ploie et redresse ma volonté comme il lui plaît, comme on ploie et redresse un arbre ou un ressort, s'il fait mon action, ce n'est plus moi qui la fais.

Lorsque pour la première fois, la grande contradiction entre la Providence et la liberté a paru, il était naturel de la résoudre en supprimant un des termes; les premiers politiques n'ont pas, dans la querelle de la liberté et de l'autorité, procédé autrement. Pour faire notre volonté, ont-ils dit, faisons qu'elle soit seule, anéantissons la liberté publique. Et ceux des historiens qui essayèrent d'abord d'expliquer la marche de l'humanité, ne voyant du libre arbitre que son indocilité, n'étant touchés que de ses écarts, le courbèrent sous les brusques décrets d'en haut. Mais avec le temps l'expérience est venue : la politique intelligente, celle qui veut réussir pour longtemps, renonce à la routine du despotisme brutal, et loin de gouverner malgré la liberté, gouverne avec la liberté, coordonne les intérêts divergents, les opinions contraires, fait concourir toutes les forces vives, comme on dit, à ses fins. Celles qui favorisent le plan arrêté, elle les appelle ; celles qui le contrarient, elle les reçoit ; nécessaires les unes aux autres, ces forces se contre-pèsent : les unes tendent à précipiter, les autres à arrêter la marche, aucune ne réussit pour son compte, et toutes contribuent à imprimer à l'ensemble un mouvement lent et continu. Ainsi encore, à mesure que l'humanité a pris connaissance de son passé, et que s'est développé le sentiment historique, on s'est aperçu que le genre humain avait porté dans son sein des éléments vivant dans un continuel combat, et que l'ordre était sorti de ces combats mêmes.

Il n'est donc plus permis d'attribuer à Dieu une conduite qui mettrait sa politique au-dessous de notre politique, et que l'histoire dément ; il n'est plus permis, pour assurer la Providence, de nier la liberté.

Il reste à savoir comment, en faisant ce que nous voulons, nous faisons aussi ce que Dieu veut, comment par notre liberté nous réalisons le dessein de la Providence, par quel secret ce pouvoir indépendant, qui paraît ne suivre que ses propres inspirations, et devoir déconcerter tous les plans arrêtés par un autre être, devient un instrument docile entre les mains de Dieu, et, tout en gardant sa spontanéité, en demeurant affranchi de toute contrainte, sert cependant des projets déterminés et invariables ? C'est ici qu'éclate la sagesse de Dieu. La difficulté est digne de lui. Établir l'ordre dans le monde physique, diriger où il veut la course d'astres inertes est une chose aisée, mais conduire au but fixé un pouvoir libre et capricieux, se servir d'instruments qui cèdent ou résistent selon leur disposition du moment, et réaliser son projet à l'aide de cette soumission et de cette résistance alternatives, voilà ce qui est admirable et vraiment divin.

Nous demandons comment Dieu nous conduit? Ne sentons-nous pas que ce n'est pas nous qui faisons notre part en ce monde? Si d'un côté notre constitution et le milieu où nous sommes placés permettent de prévoir le rôle que nous jouerons ici-bas, si de l'autre il est au pouvoir de Dieu de nous donner cette constitution et de nous placer dans tel milieu qu'il lui plaît, tout en maintenant notre liberté, il nous mène. Et n'y a-t-il pas, en effet, une sorte d'élection? Les uns meurent avant d'avoir acquis la conscience d'eux-mêmes, d'autres commencent l'épreuve, mais cette épreuve commencée ne se prolonge pas pour tous également. Prenons que sa durée soit uniforme, concevons deux hommes qui aient vécu le même espace de temps, ont-ils été pareillement éprouvés? L'épreuve c'est la lutte, et il en est de plus ou moins rudes, il est des victoires plus ou moins difficiles à gagner. Quelle que soit la cause de la différence des natures que les hommes apportent au monde, qu'elle réside dans la constitution de l'âme ou dans la conformation du corps, ou dans les deux à la fois, cette différence est incontestable. Notre intelligence possède originellement certaines aptitudes et à certains degrés : la raison, la mémoire, le sens du beau, éminents chez des individus, sont ailleurs comme endormis, puis entre ces deux termes extrêmes il y a toutes les nuances de la médiocrité. A leur tour, ces facultés, raison, mémoire, sens du beau, s'ébranchent et se diversifient : nous ne naissons pas artistes, mais peintres, ou sculpteurs, ou poëtes, ou musiciens, etc.; de même nous ne naissons pas savants, mais naturalistes, mathématiciens ou philosophes, etc. Il en est de la sensibilité comme de l'intelligence : étudiez les passions, vous les verrez différemment réparties entre les hommes et différemment mesurées. Avant que nous ayons subi aucune influence, ou même sous des influences qui tendraient à nous donner une direction contraire, la nature parle en nous, notre caractère se révèle par des mouvements énergiques. Chaque individu a son tempérament physique et moral. Si nous devons développer notre esprit, nous n'avons donc pas tous le même travail à faire; si nous devons réprimer nos passions, nous n'avons donc pas tous les mêmes ennemis à combattre, et le triomphe est inégalement disputé. Que sera-ce, lorsque l'éducation aura laissé son empreinte sur nos âmes, cette éducation que nous recevons de nos parents et de nos maîtres, cette autre éducation qui se continue toute la vie, ces leçons que nous donnent la société qui nous entoure et les événements auxquels nous sommes mêlés ou dont nous sommes les témoins! Enfin, pourra-t-on passer sous silence l'action lente et insensible, mais soutenue et efficace du régime et du climat? Sous ces impressions, qu'on le veuille ou qu'on résiste, notre esprit et notre caractère se modifient inévitablement : des principes et des passions disparaissent, d'autres passions et d'autres principes naissent et se développent; et ainsi, par un travail caché mais réel, de jour en jour, d'heure en heure, nous nous renouvelons. Vienne maintenant le libre arbitre, toujours le même, il ne trouve plus le même homme, et pour établir son empire, il lui faut d'autres moyens et d'autres efforts. Qu'en outre on se représente l'infinie diversité des circonstances où la fortune nous place, des plaisirs et des douleurs qu'elle nous mesure, et on se fera une idée de l'infinie diversité des épreuves réservées aux différents membres de cette même famille, qui est l'humanité.

C'est là un fait évident et qui nous touche d'assez près pour éveiller notre attention. Saint Augustin, saint Paul, avant lui, l'ont observé et en ont cherché la cause. Que pouvaient-ils répondre, sinon que, pour nous placer dans une condition ou une autre, Dieu n'a pris conseil que de lui-même, qu'il ne saurait faire acception des personnes, alors que nous n'existons pas encore ; que nous sommes tous égaux dans le néant ? Ils sont allés plus loin : enfermés dans la tradition, qui seule enseigne à l'homme le péché originel, et seule circonscrit l'épreuve dans les limites de cette existence terrestre, ils ont eu à montrer que, malgré l'inégalité des épreuves, l'équité de Dieu est maintenue, et qu'il a le droit de rétribuer pareillement des travaux divers ou de rétribuer diversement de pareils travaux. A ne consulter que la lumière naturelle, on est forcé d'être plus réservé : elle nous enseigne seulement que nous devons subir l'épreuve et que l'épreuve n'est pas la même pour tous, elle ne nous dit rien de la faute primitive, qui donne à l'épreuve le caractère d'un supplice ; elle ne nous apprend pas non plus qu'au bout de notre existence terrestre la carrière est fermée et l'épreuve à sa fin. Le problème, aux yeux de la seule raison, n'est donc pas si déterminé, l'esprit a plus de latitude. Les uns s'abstiendront prudemment : redoutant de se perdre dans des questions si vastes et si obscures, ils se réfugieront dans la perfection de Dieu, n'osant ni disculper ni expliquer sa justice, et au sortir de ce monde, se remettront avec confiance entre ses mains. D'autres sont plus hardis, peut-être plus téméraires.

Ils veulent justifier Dieu, mais ils ne regardent pas la distribution des rôles ici-bas comme définitive : ce que quelques-uns prennent pour la vie tout entière n'est à leurs yeux qu'un épisode d'une plus longue action qui, commencée dans un certain temps et un certain lieu, se continue à d'autres moments de la durée infinie et sur d'autres points de l'immensité. Selon eux, la mort est un incident, non un dénoûment ; il n'a pas été donné au corps, substance grossière et périssable, d'entraîner dans sa chute sa compagne immortelle, d'abattre pour jamais l'essor sublime de l'âme, de condamner au repos une puissance essentiellement active ; il n'a pas été donné à la mort la vertu singulière de suspendre à son début notre pénible pèlerinage vers Dieu, de nous transporter subitement, en franchissant tous les intermédiaires, jusqu'en la présence de cet être infini, d'ouvrir en face de ce soleil des esprits nos yeux qui n'ont pu encore s'exercer à en supporter l'éclat, et n'ont pas saisi et reconnu dans le monde créé ses rayons et son image. C'est l'idée qui a frappé Pythagore, Platon et tant d'autres philosophes, et leur a fait admettre la doctrine de l'épreuve continuée à travers une série d'existences, doctrine fondamentale, indépendante des accessoires dont l'a enrichie leur imagination.

Selon ces philosophes, nous travaillons sans doute, mais sur un fonds qui nous est donné, et ce fonds, qui est tel pour moi, n'est plus le même pour mes voisins : ici du sable, là de l'argile ; d'un autre côté, les mains qui remuent l'instrument ne sont pas toutes aussi fortes : ceux-ci, heureusement doués de la nature et préparés par un bon régime, le soulèvent aisément, ceux-là, de constitution faible, allanguis par un régime énervant, le soulèvent à grand'peine et le laissent retomber aussitôt ; enfin, les uns n'ont qu'un instant, les autres ont la journée entière pour avancer leur tâche. De toutes parts s'élèvent des accusations, chacun se plaint d'être traité moins favorablement que ses compagnons, et taxe d'injustice le maître commun. Ne pourrait-il pas leur répondre : Où est en moi l'injustice ? Je juge chacun selon ses œuvres, et je n'estime pas les œuvres par la grandeur du résultat, mais par la bonne volonté qui les produit. Je mets au même rang l'enfant qui a déplacé un caillou et l'homme mûr qui a déplacé un bloc, car ils ont fait pareil effort. Quant à vous qui vous plaignez que le temps vous fait défaut, savez-vous ce que je vous réserve ? Ma conduite antérieure n'est-elle pas là pour garantir ma conduite future ? Laquelle de mes œuvres avez-vous vue qui soit incomplète et manque par quelque endroit ? Abusés par les apparences, vous croyez que le jour finit quand le soleil se couche ; oui, il finit pour vous, mais il se lève ailleurs ; la lumière est arrêtée quelquefois, elle ne s'éteint jamais.

Ainsi va l'homme, sous la direction de Dieu. Comment va le monde ? La tendance des historiens est de tout rapporter à un fait, religieux, s'ils sont religieux, politique, s'ils sont politiques, auquel le reste concourt, et, dans cette idée, ils nous montrent comment tout converge vers ce fait unique. L'histoire ainsi composée possède une parfaite unité : tout se lie, tout se coordonne, et le plan de la Providence paraît d'une merveilleuse simplicité. Cette idée est-elle entièrement fausse ? Je ne le crois pas. Puisqu'un certain fait s'est produit, il a ses racines dans le passé, et s'il est vrai que tous les événements soient liés, que leurs contre-coups se fassent ressentir à de grandes distances, on peut montrer avec raison que cet événement particulier, sur lequel on a les yeux, a été préparé de longue main, que le monde entier a été en travail pour le produire.

Cet événement est donc un terme réel où aboutissent les efforts de la nature et de l'humanité; mais la question est de savoir s'il en est le terme unique. Or l'expérience a été vingt fois répétée. Un historien préoccupé d'un événement y voit-il le but vers lequel ont tendu tous les événements antérieurs, d'autres historiens à leur tour rangent ce fait dans une suite plus vaste, et n'y voient qu'un moment d'un fait plus général, qui quelquefois le dévore. Nous disons : la Providence va jusqu'ici; elle nous laisse dire et passe au delà. Tous les événements ne sont que des intermédiaires et tendent vers un but définitif, ignoré peut-être, mais sans contredit plus éloigné et plus grand que chacun d'eux.

Ce n'est pas tout; à un moment donné, considérez les événements qui s'accomplissent, puis prenez-les successivement, et faites pour chacun d'eux le même travail, recherchez les causes qui l'ont produit : il vous faudra autant de fois développer l'ensemble des événements écoulés. Il n'y a donc pas une seule série de faits, mais une infinité; au lieu que le développement des causes et des effets s'opère suivant une ligne droite unique, il s'opère dans tous les sens; les événements ne forment pas une chaîne, mais une trame, et c'est dans cette trame que le grand artiste insère le dessin mystérieux de la création. On peut donc encore appliquer à l'univers des faits le mot que nous avons déjà appliqué à l'univers des créatures : « Le centre est partout, la circonférence nulle part; » ou plutôt il y a un seul centre auquel tout de toutes parts aboutit, l'idée divine, ici-bas en travail, le bien.

Demandez-vous comment il se fait que de tous ces événements le bien sorte plutôt que le mal? Leibnitz répond que Dieu, avant de créer, se représentant l'infinie variété des combinaisons des faits, a choisi la meilleure : le premier fait étant donné, le reste suit par principes et conséquences, comme dans une géométrie. Il n'est pas commode de disputer contre Leibnitz, et on ne le nommerait pas, si on pouvait le taire, mais vraiment cette réponse ne suffit point. Nous ne l'apprenons pas à ce grand homme ; il n'en est pas des faits comme de cailloux qu'on assemble dans l'ordre qu'on veut : des faits dérivent de lois générales ; ils se tiennent par là ; un seul donne les autres et avec eux la loi qui les produit tous. Dans cette théorie on n'explique ni la nature ni la liberté, ni la nature, dont on passe les lois sous silence, ni la liberté, que le torrent emporte.

Au commencement de cet Essai, en parlant de la Providence, visible dans l'ordre moral, nous avons indiqué la solution du problème qui nous occupe ici, nous avons observé comment le libre arbitre, sans rien perdre, introduit peu à peu dans ce monde une plus grande part d'intelligence et de justice, comment l'amour naturel de la vérité et du bien dans l'âme, et dans la vérité et le bien leur fécondité inépuisable agissant incessamment, à la fin l'erreur et le mal sont détruits. N'est-ce pas là en effet ce qui se passe? En outre, ne voit-on pas paraître manifestement dans l'histoire la grande loi de l'action et de la réaction, qui modère les sociétés humaines, comme la gravitation céleste modère les sociétés des astres. L'action est libre et suit sa fougue, mais, dès qu'elle

passe la mesure, la réaction l'arrête, pour être arrêtée
à son tour, si elle n'est pas plus sage. Ainsi va l'humanité, entre deux excès, éternellement rejetée de
l'un à l'autre, sans pouvoir jamais ni se reposer ni
franchir la borne, toujours passant le centre par son
impétuosité, et toujours contrainte d'y revenir par
une force indomptable, par la nature des choses, qui
se rit des violents. C'est cette loi souveraine qui défend l'âme humaine contre les entreprises des hommes, veille sur les forces morales, pour empêcher
qu'aucune ne périsse, et les sauve de leurs ennemis
et d'elles-mêmes. Puis, comment ne pas voir que ces
grands corps des nations sont, comme les corps des
individus, soumis à un ordre : que les éléments semblables de corps divers se rapprochent, et que les éléments divers d'un même corps se séparent, en dépit
des travaux des grands politiques et des grands capitaines ? C'est cette force qui dissout les monarchies
universelles de Cyrus, d'Alexandre, des Romains, de
Charlemagne, et au contraire, dans le chaos du moyen
âge, organise les nations modernes qui subsistent
aujourd'hui. Enfin, ce n'est pas une idée nouvelle
que l'humanité se développe à la façon des individus,
à travers différents âges, s'élevant peu à peu et s'émancipant d'autant, comme aussi qu'une nation se
développe selon son génie ou sa condition, qui entraînent ou paralysent les efforts particuliers. Ainsi nos
actes nous appartiennent, les conséquences de ces
actes ne nous appartiennent pas : aussitôt produits ils
tombent sous des lois nouvelles, ils se mêlent à
d'autres événements et concourent à former un tout
auquel nous n'avions pas songé, que peut-être nous
ne connaîtrons jamais. Je ne fais pas ce que je veux :
mes vertus sont, il est vrai, mes vertus, et mes crimes

mes crimes, mais, une fois mis au jour, ils m'échappent et emportent leur caractère par le monde, ils suivent leur destinée aussi fatalement que la pierre tombe et que le nuage vole; c'est là le destin. Il fait avec les violences monarchiques la liberté de Rome, avec les violences révolutionnaires la perte de cette liberté. Aveugles que nous sommes, nous pensons travailler pour notre compte, et nous travaillons pour le compte de Dieu. Nous ne pouvons rien contre l'ordre éternel qui nous enveloppe, rien que nous rendre coupables et ridicules en essayant de le combattre. Tentons-nous de la retarder, la grande machine nous emporte à son flanc, tentons-nous de lui barrer le passage, elle nous broie comme la pierre, dont elle fait la poussière et la boue des chemins. Nous ramons et Dieu gouverne. Le monde est comme un immense labyrinthe construit par une habileté souveraine. Jeté là, vous êtes libre d'avancer, de reculer, de prendre à droite ou à gauche, où vous voulez, mais sachez bien que toutes ces allées conduisent à un même point : vous avez beau faire, vous y viendrez. L'artisan est libre de fondre ou non le bronze et de le jeter ou non dans le moule, mais, qu'il le veuille ou non, le bronze une fois fondu et jeté dans le moule en prendra la forme, cela est certain. Ainsi, la création a la forme excellente, la beauté; ouvriers ignorants, nous y introduisons la matière variée de nos actions, les figurant et composant à notre idée, mais en y tombant elles se métamorphosent, et, après le premier chaos, elles prennent pour l'éternité la forme du moule mystérieux.

D'ici, nous pouvons combattre une double erreur, de ceux qui livrent le monde au hasard ou à la logique.

Quelques-uns en effet ne saisissent dans l'histoire aucun plan et ne sont frappés que de la bizarrerie des événements : tandis que d'énormes préparatifs avortent, les plus petites causes amènent les plus grands effets, et ainsi, de choc en choc, le monde va on ne sait où, à l'ébahissement des philosophes et à l'amusement des gens d'esprit.

Qu'est-ce donc que le hasard dont on parle tant ? Je lance une pierre dans une fronde, ce n'est pas par hasard : je l'ai voulu ; cette pierre vole, et, sa vitesse expirée, tombe dans l'eau ou sur un brin d'herbe, ce n'est pas par hasard : les lois physiques le veulent. Cette pierre va frapper quelqu'un, c'est un hasard cette fois, et, si celui qu'elle tue est un puissant personnage, le hasard paraît bien plus grand encore. Je ne voulais pas le tuer, il ne venait pas au-devant du coup ; et si cet événement cause une révolution, j'en suis innocent. Le hasard est ce que nous faisons sans le vouloir, la rencontre imprévue qui traverse nos desseins et d'où sortent des événements inespérés. Or la vie en est pleine. Ainsi ce n'est pas, il faut l'avouer, notre sagesse qui conduit le monde, mais la fortune. On demandait à un diplomate : « Comment cela finira-t-il. » Il répondit : « Par hasard ; » et c'était bien répondre. Soyons donc plus modestes, et reconnaissons-le ingénument, nous ne sommes pas maîtres des choses, elles vont sans nous ; le hasard donne l'issue à toutes nos entreprises : il tourne à mal notre prudence, couronne notre témérité ; nous ne sommes jamais certains ni d'être sages, ni d'être fous ; nous composons notre personnage, grave ou léger, mais la fantaisie du sort invente la pièce où il se joue, et rien n'est sûr de soi-même que la vertu.

Telle est la fortune à notre égard, mais à l'égard de Dieu tout change. Il a fait la nature et l'âme, les lois de l'une et de l'autre, il a vu dans ces lois les faits qu'elles produisent, et leurs rencontres et ce qui suit. Où serait pour lui l'imprévu ? Voulez-vous dire que ces rencontres prévues dérangent ses desseins ? Mais il les a comptées d'avance et les emploie, il gouverne avec elles, par elles, elles tombent sous les mêmes lois qui saisissent nos actes délibérés, et ainsi qu'on l'a dit ingénieusement, pour lui tout est moyen, même l'obstacle.

Non, il n'y a pas de hasard ; il faut bannir ce mot de la langue, ou plutôt il faut l'y garder en témoignage de notre impuissance. Le hasard n'est pas ; c'est l'ignorance de la sagesse de Dieu, c'est l'ombre qui se fait sur le monde quand la Providence se cache.

Voici l'autre erreur. Au lieu d'expliquer la logique par le hasard on explique le hasard par la logique ; ceux-là étaient toujours surpris, ceux-ci ne le sont jamais. Avec eux l'histoire est une géométrie, les faits des théorèmes, le second est une conséquence nécessaire du premier et engendre nécessairement le troisième. Ils disent : pour arriver à ce but, il fallait que Dieu passât par ici et par là ; voyez : il y a passé. Ils vous conduisent par la main à travers les temps, ils font les honneurs de la Providence.

Les historiens de cette école protestent, mais on a appelé leur système un fatalisme historique. Et justement. Car, si la Providence va ainsi en ligne droite, on ne sait plus ce que devient la liberté : les événements poussent les hommes sur cette ligne comme ferait un poids ou un ressort. Puis on ne se résoudra jamais à croire que si la vertu avait été moins mala droite, le vice moins habile, si la liberté, qui a fait tant de fautes, en avait fait moins, tout fût allé plus mal. Enfin la Providence semble gênée. Quoi ! si par aventure un de ces mille petits accidents dont un grand fait se compose eût tourné un peu autrement, la Providence était déroutée ! Quand on a de telles idées, on devrait, lorsqu'on sort de sa maison, méditer si on sortira par le pied droit ou par le pied gauche, de peur de déranger l'ordre du monde.

Qu'on se rassure, quoi qu'il arrive, la Providence trouvera toujours son chemin : elle va à même fin par toutes voies, tout lui est bon, la grande route toute droite, et le sentier et ses détours. Ce qui ne nous dispense pas de notre devoir, mais donne seulement un grand courage et une grande espérance à la bonne volonté, certaine qu'elle travaille avec Dieu, et que malgré les vents et les soleils contraires, un jour elle fleurira.

CHAPITRE XIV.

DU MAL.

Il ne suffit pas d'établir que Dieu est parfait, il faut encore défendre sa perfection contre des objections graves qui semblent la démentir : l'expérience en effet ne contrarie-t-elle pas la raison sur ce point ? et le mal, qui est visiblement enfermé dans ce monde, ne prouve-t-il pas contre le Créateur ? D'abord, si Dieu est souverainement sage, pourquoi laisse-t-il subsister d'évidents désordres ici-bas ? Comme on voit dans le monde des productions complètes, on y voit aussi des avortements, des êtres qui n'ont pas reçu tout ce qu'il fallait pour exister, des difformités qui semblent trahir l'action d'une force aveugle, qui ne sait ce qu'elle fait ; on voit des bouleversements où la nature, en lutte contre elle-même, détruit d'une main ce qu'elle produit de l'autre ; sans compter l'imperfection universelle des corps et des esprits les mieux faits, les uns qui meurent, les autres qui manquent leur fin, la vérité. Si Dieu est souverainement bon, pourquoi la douleur ? Si Dieu est souverainement juste, pourquoi permet-il que l'injustice, que le crime déparent son œuvre ? Un monde où la loi morale serait partout et toujours accomplie ne serait-il pas plus beau ?

Or ce n'est point notre monde. Qui n'a été partagé entre la passion et le devoir ? qui n'a été le théâtre de ces longs et fréquents combats où le désir cherche à entraîner la raison, et la raison, à son tour, cherche à dominer le désir ? Quel que soit le résultat, qu'on doive se prononcer ou non pour le bon parti, n'est-ce pas déjà une imperfection que d'avoir hésité ? Un être parfait porterait-il la division en lui-même ? Serait-il partagé entre deux puissances ennemies ? Ne vit-il pas dans une paix inaltérable, suivant spontanément et éternellement la raison ? Ces révoltes de la passion contre une domination légitime sont donc des témoignages de notre faiblesse et trahissent le vice de notre nature. Mais ce n'est pas tout : plus d'une fois dans cette lutte la raison est vaincue, le désordre l'emporte ; ce qui était fait pour obéir commande, et ce qui était fait pour commander obéit. C'est ici que notre imperfection éclate. Au moment même où nous violons la loi morale, son éternité resplendit et fait paraître pleinement la pauvreté de cette puissance humaine si chancelante et si fragile. Quelquefois, il est vrai, lorsque les désirs du corps se taisent, lorsque ce sont des instincts de l'être immatériel qui disputent entre eux, il est possible de se faire illusion : c'est l'esprit qui combat l'esprit: mais est-il possible de nous tromper nous-mêmes et d'ennoblir cette lutte, lorsqu'elle existe entre l'esprit et le corps, entre un principe évidemment supérieur par sa nature et par sa destinée et un principe grossier, aveugle et périssable? Combien de fois n'avons-nous pas senti que la vigueur de l'âme est amoindrie, paralysée par cette substance voisine! Combien de fois n'avons-nous pas senti cette chaîne, lorsque nous voulions nous élever au-dessus de ce monde, nous fixer à la terre! Être inerte, le corps s'attaque à une énergie indépendante, illimitée, il tente de la soumettre, et la soumet en effet; être d'un jour, qui a naguère commencé et va bientôt se dissoudre, il aspire à subjuguer un être qui a commencé, il est vrai, mais pour ne plus finir, et qui est destiné à conquérir par sa vertu une place dans la cité de Dieu. Cette prétention n'est-elle pas monstrueuse, et le succès n'est-il pas un renversement complet de la nature des choses? Que sommes-nous donc, nous qui laissons s'opérer en nous-mêmes de si étranges bouleversements, et qui ne savons pas défendre notre personnalité contre les envahissements de la matière; que sommes-nous, dis-je, sinon des êtres pleins de trouble et de misère? Il ne faut donc pas seulement vanter la liberté, nous glorifier de son omnipotence, il faut la voir à l'œuvre, pour bien la juger; or tous nous l'avons éprouvée à l'action, et, si courte qu'ait été l'expérience, si rares qu'aient été les luttes, qui peut se vanter d'en être sorti sans blessure? On le voit, c'est un fait de tous les jours, de toutes les heures, qui se passe dans tous les individus, un fait qu'il n'est pas besoin de science et de méditation pour découvrir, mais qui frappe nos yeux, et qui nous force même à les ouvrir lorsque nous tentons d'en fuir le spectacle ; le sentiment de notre faiblesse est donc aussi incontestable que notre existence, en date de notre premier effort. Et nous ne pouvons invoquer ici la triste excuse de l'ignorance ; nous faisons le mal en pleine conscience : tantôt nous nous décidons hardiment pour le mal et exécutons avec constance notre décision ; tantôt, frappés de la sainteté de la loi morale, nous nous déterminons à lui obéir, mais une fois que nous avons donné cette satisfaction à notre conscience, et que nous nous sommes prouvé à nous-mêmes notre puissance sur nos mauvais désirs, la fatigue nous prend, les instincts vicieux harcèlent notre volonté, la fléchissent et la détournent. C'est l'un et l'autre fait, mais surtout cette langueur du libre arbitre, qui a frappé tous les hommes qui réfléchissent, et que païens et chrétiens ont parfaitement vue et exprimée, chacun à leur manière ; Ovide :

> Video meliora proboque,
> Deteriora sequor.

« Je vois le bien, je l'approuve, et je fais le mal ; »

et saint Paul : « Je ne fais pas le bien que je veux, et je fais le mal que je hais. » Cette lutte entre le bien et le mal qui me déchire, déchire aussi le monde, et la fortune distribue étrangement ses faveurs.

Comment aussi compter tous les maux qui nous assiégent depuis notre naissance jusqu'à notre mort, qui est le dernier et pour la plupart le plus grand de tous? Notre corps est en proie aux maladies; dans la santé même il s'affaiblit et s'épuise par sa propre durée; tous les plaisirs qu'il ressent, il les achète au prix de la douleur, qui toujours les précède, souvent les accompagne ou les suit. Notre intelligence a aussi son mal : avide de connaître, inquiète et souffrante, tant qu'elle n'a pas trouvé son objet, elle le poursuit péniblement, et combien de fois elle le voit fuir devant elle! Enfin les affections, qui semblent nous avoir été données pour charmer notre vie, la remplissent de trouble et de deuil. Mais ce n'est pas tout : ni les plaisirs du corps, ni les jouissances plus élevées de l'intelligence, ni les émotions des passions ne peuvent nous satisfaire, nous sommes comme dévoués à cet inexorable ennui qui, selon Bossuet, fait le fond de la vie humaine. Où donc reconnaître ici la bienveillance et la tendresse d'un père? N'est-ce pas plutôt une puissance ingénieuse à faire le mal, et qui nous a ouverts de tous côtés à la douleur?

Bien des réponses ont été faites à ces objections. Les uns ont divisé le gouvernement de l'univers, ont reconnu deux dieux, l'un auteur du mal, l'autre du bien. Le bon principe a mis dans ce monde autant d'ordre qu'il lui a été permis; s'il eût agi tout seul, nul doute que toutes choses ici-bas ne fussent parfaitement réglées : il avait bonne volonté; mais, comme il partageait son éternité avec un principe mauvais, il a fallu qu'il partageât aussi avec lui sa puissance. Partout où il a mis le bien, cet autre principe a mis le mal : à côté de la lumière les ténèbres, à côté du plaisir la douleur, à côté de la vertu le crime; il a tout corrompu, tout empoisonné. Ainsi, s'il y a du mal ici-bas, Dieu doit être absous, il a fait le bien qu'il a pu, le mal vient d'ailleurs. Cette solution, comme on le voit, est celle des manichéens, proposée au IIIe siècle par Manès, dans l'Orient; elle reconnaît l'existence du mal, mais Dieu n'en est pas l'auteur, au contraire il en est l'ennemi.

Une autre explication a été présentée : le principe du mal, qui tout à l'heure était intelligent et distinct de la matière, comme le principe du bien, se confond avec la matière elle-même. La matière, éternelle comme Dieu, mais possédant des attributs directement contraires, limitée, aveugle, désordonnée, est un jour façonnée par lui. Dieu veut réaliser l'idéal qu'il pense et se réfléchir dans son œuvre, mais la matière lui résiste; il lutte contre elle, et cet univers, tel que nous le voyons, avec le bien et le mal qu'il renferme, provient de ce combat. Le mal n'est plus dans cette théorie, dans ce dualisme d'un bon nombre de philosophes grecs, ce qu'il était dans la théorie précédente, quelque chose d'étranger, mis dans le monde par une substance indépendante, qui l'y place à dessein; cette fois, il en est l'essence même, et c'est le bien qui est étranger. Au commencement le désordre possédait l'univers, il en a été chassé peu à peu par une force rivale, mais il n'a pas perdu tous ses droits, il n'a pas été complétement banni; il a abandonné une partie de son royaume, mais il en est une autre qu'il s'est réservée, et de là, de cette retraite où Dieu l'a relégué, il fait des incursions dans le domaine de son vainqueur. Ici donc le mal est encore quelque chose qui existe réellement : c'est ce qui est demeuré dans l'univers de son état primitif, après que l'être parfait y a exercé son influence.

D'autres admettent également que le mal existe, et nient également que Dieu en soit l'auteur; mais ils n'ont pas recours pour l'expliquer à un principe intelligent ou à un principe aveugle, tous les deux coéternels au principe du bien. Dans le monde, tel qu'il est sorti des mains de Dieu, il n'y avait ni mal moral, ni douleurs, ni difformités, toutes choses étaient dans l'ordre : l'homme vivait en paix avec Dieu, avec luimême et avec la nature ; c'était l'âge d'innocence, l'âge d'or. Veut-on voir la puissance et la sagesse divine à l'œuvre, c'est là qu'il faut se reporter, c'est dans cet univers primitif que l'une et l'autre sont manifestes. On ne saurait trop au contraire détourner les yeux du monde où nous vivons : il n'est pas tout entier l'ouvrage de Dieu ; une autre puissance, la volonté humaine, a passé par là, pour le corrompre et le désorganiser ; tout le désordre qui se remarque ici-bas, c'est à elle qu'il faut le rapporter, c'est à elle que revient ce triste honneur. Mais ne sommes-nous pas retombés dans le manichéisme ? Non, cette puissance qui a défiguré la création, est elle-même créée, et jusque dans ses plus grands écarts elle demeure dépendante de l'être suprême qui lui a donné sa force et peut la lui ravir. Mais encore une fois, si cette puissance n'est qu'une cause secondaire, il faut pour expliquer ses actes remonter jusqu'à la cause première. Non, répondent les partisans de la théorie : l'homme, il est vrai, n'existe et n'est cause que par un décret divin, mais une fois qu'il existe, s'il produit des actes mauvais, ces actes procèdent réellement et uniquement de lui, sa volonté a une véritable initiative, il est cause dans toute l'étendue de ce mot ; c'est donc lui seul qu'il faut accuser. Voilà pour le mal moral ; quant aux autres imperfections, elles sont la conséquence de celle-là, elles en sont le châtiment. Ce que la sagesse de Dieu lui défendait de faire, sa justice le lui demande ; et il agit toujours d'une manière digne de lui, soit qu'il fasse éclater sa bonté ou sa vengeance.

D'autres admettent en partie cette doctrine, mais ils se montrent plus difficiles. Tout en reconnaissant que la créature est en réalité seule cause du désordre qui gâte la bonté de ce monde, et que Dieu ne l'a pas fait, ils demandent pourquoi il l'a permis, et s'il ne valait pas mieux, s'il n'était pas plus convenable à sa perfection qu'il retranchât dès l'abord de son œuvre les éléments qui devaient plus tard la corrompre. Car enfin, disent-ils, lorsque Dieu forme l'univers, le mal n'y est pas à la vérité, mais le germe du mal s'y trouve, ce qui revient à peu près au même ; on conçoit donc un univers meilleur, celui où le désordre ne serait ni développé ni en germe ; on a sauvé la puissance de Dieu, mais aux dépens de sa sagesse ; la moitié seulement de la tâche est remplie, et le problème attend encore une solution. Voici celle qu'ils proposent. Dieu, en créant et en organisant le monde, l'a construit aussi excellent que possible : être souverainement parfait, il a voulu donner à son œuvre la perfection qui est en lui, mais il ne pouvait la lui donner entière sans en faire un autre Dieu, ce qui est impossible. Il n'en a donc donné qu'une certaine mesure ; aussi tous ses ouvrages participent d'un double caractère : ils renferment à la fois la grandeur et la petitesse, la beauté et la laideur, grandeur et beauté qu'ils tiennent de Dieu, laideur et petitesse qu'ils tiennent du néant.

Dans cette théorie on maintient à la fois la sagesse et la puissance de Dieu : sa sagesse, car il n'a voulu produire que le bien ; sa puissance, car nul obstacle ne lui fait échec : il n'est limité que par la raison, et ne s'arrête que devant l'absurde ; il dispose de tout, sauf de la nature éternelle des choses et de sa propre infinité, qui est telle qu'il ne saurait la donner sans la perdre.

Ainsi, le mal portant ombrage à la perfection divine, le voilà qui s'efface pour lui rendre son éclat. Il n'est plus que le défaut naturel des êtres qui ont commencé; il ne consiste pas dans ce qu'ils ont, mais dans ce qu'ils n'ont pas.

Développez cette proposition hardiment et sans mesure, vous arrivez à une autre théorie qui est très-célèbre, celle de Spinosa. Le bien seul est positif, le mal n'est rien, il n'est que l'absence, la négation du bien. Si nous obéissions à la loi de notre nature, nous remonterions vers Dieu : l'intelligence négligerait les phénomènes et les lois générales pour arriver jusqu'à l'universel, jusqu'à la substance qui demeure toujours sans changement; le cœur retirerait son amour des objets qui passent pour l'attacher à Dieu, et ainsi nous agrandirions notre être dans tous les sens. Acquérir de l'être ou faire le bien sont donc deux expressions identiques. Et qu'est-ce que faire le mal? Ne pas acquérir tout l'être qu'on pourrait posséder. Ainsi le mal n'est qu'une privation, une halte dans notre marche vers l'infini. Le mal est au bien ce qu'est au plaisir et à la douleur l'insensibilité, ce qu'est à la haine et à l'amour l'indifférence.

Telles sont, si je ne me trompe, toutes les solutions proposées au problème de l'origine du mal.

Chose remarquable! y a-t-il une autre question où soit plus sensible ce mouvement de l'esprit humain, qui, d'abord obsédé par les réalités palpables, se forme peu à peu à l'abstraction et substitue aux choses ses propres pensées?

Notre croyance en la bonté de Dieu est si générale

et si ferme que nous ne pouvons nous résigner à lui attribuer le mal. D'abord la raison grossière des hommes invente un être vivant en qui le mal est incarné, elle personnifie le désordre comme elle a personnifié l'ordre, et se donne l'attachant spectacle d'une lutte de géants. Mais la science s'épure, les idées d'infini et de perfection sont mieux connues, la réflexion apprend que l'infini ne saurait appartenir à plusieurs sans disparaître, et qu'il ne peut y avoir qu'un seul maître de l'univers; le mal cesse alors d'être une personne, il devient une chose : il dépouille l'intelligence et la volonté, et n'est plus qu'une substance passive, qui n'oppose à Dieu que sa seule inertie. Ce n'est pas assez; la réflexion marche toujours, cette lutte de Dieu contre une puissance, inférieure il est vrai, mais qui ne cède pas entièrement, lui paraît incompatible avec la majesté souveraine; il faut donc que le mal s'atténue : il perd sa substance, comme tout à l'heure sa substance a perdu l'intelligence, il se réduit à un simple accident. C'est trop encore; bientôt il ne paraîtra même plus un accident, mais une limite; n'a-t-il plus rien à perdre enfin? il n'est qu'une limite à vrai dire, mais essentielle, inévitable; il reprend à ce titre son importance première, et de nouveau s'élève en face de la Divinité. Comment donc faire? Pousser jusqu'au bout, avoir le courage de contredire les apparences et de sacrifier un préjugé. Oui, le mal est une limite, mais purement factice; il n'y a en réalité rien de borné dans cet univers, qui est le développement infini de la substance unique; enclins à croire que les choses se terminent là où notre vue s'arrête, nous plaçons les barrières du monde à notre horizon, mais tandis que je vois seulement jusque-là, un autre voit plus loin, l'horizon se déplace, ou plutôt il n'y a ni moi ni un autre, mais Dieu, qui par divers organes embrasse le tout.

A laquelle de ces théories faut-il nous arrêter?

Le manichéisme est jugé depuis longtemps : il ne peut exister qu'un seul Dieu, un seul premier principe, car il ne peut exister qu'un seul être infini; s'il en existe deux qui luttent ensemble et se limitent réciproquement, ils descendent au rang des êtres bornés, et il faut chercher au-dessus d'eux l'être infini.

La seconde solution est également vicieuse : la matière ne saurait être par soi et partager avec Dieu l'éternité. Composée de parties finies, qui ne peuvent jamais donner qu'une collection et non un tout immense, dénuée du mouvement spontané, privée de la conscience, par conséquent inférieure en tout point à l'homme, cause raisonnable et libre qui la dompte et la transforme, elle ne saurait exister et subsister par sa propre vertu. Il ne nous est pas permis de faire un être infini dans un sens et dans les autres borné. Quiconque est infini dans le temps l'est dans le reste, ne tient son existence que de lui-même, ne relève que de soi, est indépendant: quiconque au contraire est dépendant, imparfait, a nécessairement commencé un jour. Aussi l'esprit humain a abandonné cette conception fausse d'une matière éternelle et qui n'est pas Dieu, et le principe ordonnateur du monde en est devenu le créateur. Sans doute tous les philosophes qui ont attribué l'éternité à la matière ne l'ont pas conçue aussi grossièrement, tous n'ont pas donné ce nom à l'être solide et grossier que nous voyons et touchons; Platon et Aristote, loin de l'envisager ainsi, la regardaient comme complétement indéterminée, n'ayant par elle-même ni figure, ni couleur, etc., en un mot, aucune des qualités sous lesquelles nous nous représentons cette substance dont sont formés notre corps, la terre et le monde; mais si peu qu'elle existe, elle existe pourtant; elle n'a aucune détermination il est vrai, mais elle est pourtant le sujet, vide encore, des déterminations que plus tard elle pourra recevoir.

Sans insister davantage sur le manichéisme et le dualisme, disons quelques mots seulement sur la cinquième théorie, celle de Spinosa. Ne pouvant se résoudre à attribuer à Dieu nos vices, il a préféré les nier, et s'est montré vraiment religieux. Cette erreur toute seule suffirait pour attester la haute idée que ce philosophe avait conçue de la perfection divine; mais ce n'en est pas moins une erreur. Le mal n'est pas la négation du bien, pas plus que la douleur n'est la négation du plaisir, pas plus encore que la haine n'est la négation de l'amour; il en est le contraire. Cette distinction, opérée spontanément par la raison individuelle, et se retrouvant dans le sens commun, se traduisant dans la conscience par la satisfaction intérieure et le remords, et dans la société par nos institutions pénales, est irrécusable; et toute doctrine qui ne sera pas assez large pour la contenir est condamnée. Spinosa a donc supprimé le problème et ne l'a point résolu.

La troisième théorie, qui veut que le monde dans son état primitif, sortant des mains de Dieu, n'ait pas renfermé le mal, et qu'il n'y ait été introduit que par la volonté de l'homme, laisse encore à savoir pourquoi Dieu a permis qu'il en fût ainsi, et que son œuvre fût gâtée par une créature; elle ne se suffit donc pas, et en appelle une autre qui lui serve de fondement,

La quatrième théorie prétend répondre à cette question. Avouons-le d'abord, il est impossible à Dieu de donner à une créature sa propre perfection : par cela qu'elle vient du néant, toujours quelque chose en elle rappellera son origine, elle manquera par quelque côté, toutes ses qualités se termineront à un certain point qu'il ne leur sera pas permis de passer ; mais en deçà, pourquoi s'arrête-t-elle à un point plutôt qu'à un autre ; pourquoi telle nature et telle somme plutôt que telle somme et telle nature de défauts ? C'est là la question.

CHAPITRE XV.

DU MAL. — 1° DU DÉSORDRE.

On reproche premièrement à la sagesse de Dieu les désordres de la nature. Nous ne nions pas le fait, mais nous demandons d'où il vient. Ces désordres : avortements, difformités, bouleversements, sont évidemment le résultat de la lutte des agents physiques, c'est la rencontre et le choc des diverses lois qui régissent le monde. Fallait-il donc, parce que ces lois devaient à de longs intervalles et sur des points très-rares altérer ou détruire leurs effets réciproques, les supprimer ? pour supprimer les monstres, supprimer les lois physiologiques, qui font les beaux corps des animaux et des plantes ; pour supprimer les bouleversements, orages, inondations, incendies, supprimer le feu, l'air et l'eau, et toutes les forces qui s'agitent dans la création ? Ce que Dieu dans sa sagesse se propose, ce n'est pas l'ordre absolu, mais le meilleur ordre que comportent les choses créées. Si donc les lois excellentes de l'univers entraînent quelque désordre partiel, on l'acceptera comme une suite inévitable du bien total, et on absoudra la Providence.

CHAPITRE XVI.

DU MAL. — 2° DU VICE.

On reproche encore à la Providence l'existence du vice qui, dit-on, déshonore la création ; examinons ce reproche.

Il y a un être, un seul, absolument libre, et d'une liberté qui fait toujours le bien, Dieu. Cette sainteté éternelle étant une part de sa perfection, il ne pourrait la donner sans donner sa divinité même, ce qui est impossible. Si donc la liberté se rencontre dans une créature, elle y sera avec les conditions de la créature, c'est-à-dire faillible, capable du bien sans doute, mais aussi capable du mal, flottant entre les deux partis, et se portant tour à tour vers l'un ou l'autre, instrument à double tranchant. Voulez-vous qu'elle ne puisse mal faire, elle ne pourra bien faire non plus : elle est telle qu'elle est ou elle n'est pas. C'est à vous de voir si vous aimez mieux la supprimer ou l'accepter ainsi.

Or il est certain que la liberté avec ses défauts vaut mieux que l'esclavage. La plus vulgaire sagesse décide qu'un être libre est supérieur à un être inerte; nous nous sentons par là au-dessus des autres règnes de la nature, de la distance des personnes aux choses, et parmi nous nous estimons principalement les caractères fortement trempés, les hommes qui se sont créés par eux-mêmes, pour ainsi dire, par leur énergie, ceux qui doivent tout ce qu'ils sont à leur courage, ceux qui ont lutté contre les forces ennemies qui tendaient à les asservir ou les abrutir, se sont émancipés de la domination de la nature et ont résisté à la fortune ; enfin nous voulons trouver dans nos semblables cette personnalité qui est le signe et le fruit de notre libre arbitre.

S'il en est ainsi, si le libre arbitre en lui-même est une belle chose, il suit de là que le libre arbitre honore le monde où il se trouve, et particulièrement l'être qui le possède ; que nous devons louer la sagesse de Dieu, qui place cet ornement dans le monde, et sa bonté, qui nous a choisis parmi tant de créatures pour le porter. Et il ne nous l'a pas donné comme une arme de luxe, mais comme une arme de combat, pour combattre le mal au dedans et au dehors de nous, dans une longue et rude épreuve.

Que l'homme se mette donc à son rang et remercie la Providence qui le lui a donné si haut. La nature est réglée dans ses mouvements par une force invincible, les astres accomplissent, sans pouvoir en dévier, le cours qui leur est tracé ; des lois fatales font pousser la plante ; l'instinct gouverne l'animal ; l'homme seul est son maître, est le fils de ses œuvres : ignorant, il cherche et trouve la vérité, et crée en lui-même ce merveilleux instrument, l'esprit ; placé entre le vice et la vertu, il choisit ; s'il démérite, aussi il mérite ; s'il s'égare, aussi il va droit ; s'il tombe, c'est qu'il marche, et il marche vers la perfection. Or, après la perfection éternellement possédée, ce qu'il y a sans doute de plus beau, c'est la perfection librement acquise. Voilà ce que signifie dans l'homme la liberté. Il est vrai, il paraît plus grand quand il choisit bien, mais alors même qu'il choisit mal, il paraît grand encore, par ce libre choix que lui seul ici-bas peut faire ; il est toujours le divin animal, et son Dieu plus noble que le Dieu des pierres, des plantes et des bêtes.

CHAPITRE XVII.

DU MAL. — 3° DE LA DOULEUR.

Une fois le vice expliqué, il reste encore à expliquer l'existence de la douleur, car c'est aussi là un défaut de notre condition. Comment sous un Dieu bon la douleur peut-elle exister ? Cette objection est grave : le sentiment de nos propres souffrances ou la vue des souffrances de nos semblables la soulève à chaque instant, et si nous voulons calmer nos agitations, il ne faut pas nous contenter aisément, mais demander à l'expérience et à la raison sévèrement interrogées la solution d'une aussi pressante difficulté.

La douleur n'est pas essentielle à l'être, elle n'appartient qu'aux créatures, et encore à quelques créatures seulement : à l'homme et aux animaux. Au-dessous d'eux c'est l'insensibilité de la pierre, au-dessus la béatitude de Dieu. Pourquoi ne sommes-nous ni dans l'une ni dans l'autre de ces conditions ? Par quel déplorable privilége sommes-nous les seuls êtres misérables de l'univers ?

Le même être qui ne pèche point ne souffre point non plus. Et il faut que cela soit. Puisque le bonheur est la nature contentée, la perfection sentie, il n'y a qu'un seul être nécessairement et souverainement heureux, celui qui est la perfection éternelle. Il ne peut pas plus donner sa béatitude que sa perfection. Toute créature manque, elle est donc sujette à jouir et souffrir, à jouir par la conscience de la perfection présente, à souffrir par la conscience de la perfection absente. Tel est l'homme. Et puisqu'il ne peut pas plus être sensible sans souffrir qu'être libre sans faillir, il ne s'agit plus que de savoir s'il vaut mieux qu'il soit insensible ou exposé à la douleur.

Or il est évident que la sensibilité est en soi meilleure que l'apathie. Au-dessus de l'ordre mort nous mettons la vie, au-dessus de la vie le sentiment, comme au-dessus du sentiment la raison et la liberté. Oter de la création le sentiment, c'est l'appauvrir et la glacer. Nous nous regardons par là comme supérieurs à tous les êtres inanimés, et entre nous, nous ne comparons pas les natures apathiques à ces âmes si riches et si délicates, ouvertes à tous les sentiments humains. Le sentiment est donc une perfection dans l'univers et dans les créatures qui le possèdent, et un argument en faveur de la Providence, qui a doté ainsi ces créatures et l'univers.

Il n'est pas seulement une beauté, il a une fonction essentielle, il est dans les êtres qui se meuvent le principe de leur mouvement.

Comme il apporte aux plantes la nourriture et le soleil, Dieu pouvait traiter ainsi toute la nature, travaillant pour des créatures immobiles. Il ne l'a pas voulu ; il lui a paru mieux de se retirer et de les émanciper, déposant en elles un principe suffisant d'action. C'est le désir, d'où naissent le plaisir et la douleur. Les animaux et l'homme sont chargés de travailler pour eux-mêmes ; chaque animal a sa nature qui, pour se conserver et se perfectionner, demande certains actes; comme elle a une fin, elle appelle ce qui l'y conduit et fuit ce qui la traverse. Cette nature lui parle par le désir, et l'avertit encore par d'autres mouvements : satisfaite elle jouit, mécontente elle souffre.

Observons cet ordre dans l'homme. Il est fait pour se mouvoir, et le sentiment le meut. Mon corps doit réparer ses forces par l'exercice et le sommeil : il a faim, il a soif, il a sommeil; il mange, boit et dort, pour ne plus souffrir. Ainsi sa vigueur se répare; s'il ne désirait pas, s'il ne souffrait pas, s'il ne cherchait pas à se délivrer de cette souffrance, s'il n'était pas averti d'abord par le plaisir, puis ensuite par une nouvelle souffrance, le dégoût, s'il ne savait pas quand il faut agir et quand il faut cesser, il ne saurait ce qu'il doit faire et mourrait. En même temps périrait cette prodigieuse activité humaine qui se déploie contre la nature extérieure et en triomphe, car l'industrie n'est que l'effort de l'homme contre la douleur qui vient des éléments. Faites naître l'homme comme il naît, dans une pleine ignorance, ôtez-lui le désir de savoir, la douleur d'ignorer et le plaisir d'apprendre, vous ne le verrez plus interroger la nature, et la tourmentant par ses expériences, la forcer de lui dire son secret, puis repoussant les images dont elle le poursuit, développer la profonde mathématique qu'elle renferme; vous ne le verrez plus s'interroger lui-même, explorer le monde invisible qu'il porte en lui, et creusant jusqu'au fondement, appuyer la vie humaine, courte et misérable, sur Dieu, le devoir et l'immortalité. Ainsi, faute de la douleur, les arts et les sciences, qui sont une part de notre gloire, restent ensevelis, et l'intelligence humaine est stérile. Donnez-nous la capacité d'aimer, supprimez seulement le besoin inquiet, la tristesse de l'âme réduite à elle-même, où sera cette recherche avide de bonheur et d'affection, qui, portant les êtres les uns vers les autres, crée la grande société des âmes ? Otez l'amour du bien, la joie de la vertu, la douleur du vice, vous supprimez du même coup l'ardent travail de toutes les âmes, faibles sans doute et plus d'une fois coupables, mais qui ont pourtant le goût de la perfection morale, et y profitent malgré leur faiblesse et leurs chutes.

Ainsi c'est la douleur qui nous provoque à agir. L'homme n'est pas fait pour agir une fois et se reposer toujours : il doit agir sans cesse, car sa fin est à une distance immense. Aussi la douleur le meut sans repos. Il mange et il n'a plus faim, il boit et il n'a plus soif, il dort et il n'a plus sommeil; mais il cherche la vérité, et il a toujours faim de la vérité, il cherche la vertu, et toujours il a un plus grand désir de vertu. Faits pour le vrai, le beau et le bien, ni l'un ni l'autre ne se donnent complétement à nous, et nous n'en saisissons ici-bas que des fragments et des images grossières. A la vue des phénomènes merveilleux de ce monde, l'intelligence brûle d'en connaître le principe, et toujours en découvrant quelque chose, sans pouvoir jamais découvrir le tout, elle se consume dans cette poursuite. De même, à la vue des objets de l'univers, la raison conçoit l'idéal; mais rien ici-bas ne le réalise, et comme cette conception elle-même s'élève et s'épure toujours, elle fait ressortir plus manifestement le défaut de toutes les choses qui peuplent ce monde, où nous sommes enfermés. Les grands artistes, qui ont poursuivi l'idéal, le savent bien : leur regard trop perçant leur découvre dans la beauté le vice qui la flétrit, ils voient partout la perfection absente, et renoncent tristement à rencontrer ou à retracer jamais ce modèle qui les enchante à la fois et les désespère. Enfin le caractère de la vertu c'est d'être mécontente d'elle-même : elle conçoit toujours une vertu plus haute, où elle aspire sans relâche, dans une éternelle tristesse de n'y pas atteindre. Et savants et artistes et saints vont ainsi, jusqu'à ce que dans un autre séjour ils soient initiés aux grands mystères de l'art, de la science et de la vertu.

L'homme n'est pas fait seulement pour se mouvoir et toujours, mais pour se mouvoir en ordre, et la douleur nous invite à garder cet ordre nécessaire, où chaque élément de notre être a une place et la sienne. Essayons-nous la vie des bêtes ou la vie des anges, la vie exclusive de l'intelligence ou du cœur, toujours il s'élève du fond de nous-mêmes une réclamation contre cette tentative ; nous sommes inquiétés par les regrets, en proie au dégoût, et tourmentés par l'inévitable malaise où tombe toute créature qui a déserté son ordre naturel, jusqu'à ce que nous consentions à rétablir en nous-mêmes l'harmonie rompue. Quelquefois elle est plus que le regret, le dégoût et le malaise : elle est la douleur suprême du remords, quand nous avons violé l'ordre essentiel de l'âme, la justice ; elle est le châtiment.

Voilà ce que fait la douleur dans l'homme : principe de mouvement, de mouvement incessant et harmonieux. Poussé par elle, l'homme travaille ; mais il se trouve que ce travail même est une douleur. D'où vient cela? Quel homme ne connaît la fatigue qu'engendre le travail du corps, et cet autre travail, aussi pénible peut-être, de l'intelligence forcée de se concentrer sur un objet unique, et d'asservir sa liberté naturelle à des procédés inflexibles? Et fatigues du corps et fatigues de l'esprit ne sont rien auprès du rude travail de l'âme sur elle-même, pour se plier au devoir. Dieu pouvait-il nous épargner cette douleur? Sans doute, mais à quel prix? Au prix de notre destinée, au prix de l'épreuve. Libres, responsables de nous-mêmes, nous n'avons de mérite à faire le bien qu'autant qu'il nous coûte de le faire. Otez la douleur de l'effort, vous ôtez la vertu, qui est toute en courage. C'est là l'action de l'homme, c'est là qu'il se montre et se fait reconnaître pour ce qu'il est, c'est là l'épreuve, dans laquelle il croît s'il le veut, d'où il sort comme il lui plaît, avili ou relevé. L'obstacle est au dedans, il est aussi au dehors, et Dieu, qui a donné à l'homme la liberté pour combattre, n'a pas commis la faute de le placer dans un monde complaisant où tout prévînt ses désirs; il n'est pas fait pour désirer, mais pour vouloir. Montaigne dit bien : il faudrait qu'il demandât par aumône de l'empêchement. C'est donc là son théâtre, le théâtre qui convient à un pareil acteur.

Demandez-vous maintenant pourquoi telle somme de douleurs échoit à l'humanité et à chacun de nous, pourquoi, si l'épreuve est nécessaire, telle ou telle épreuve nous revient; concevez que l'espèce humaine n'est pas seule. Lorsque l'humanité a commencé d'être, elle est entrée dans un monde tout fait ; destinée à marquer une de ses époques, elle y a pris sa place, dès que ce séjour a été prêt à la recevoir, pour la rendre plus tard, si le mouvement qui modifie incessamment l'univers emporte un jour les conditions nécessaires à notre durée. Nous le savons, ce serait concevoir d'une façon trop étroite la Providence, de prétendre qu'elle a envisagé un être unique, qu'ainsi attachée à ce premier dessein, elle a accepté le reste de la création comme une conséquence. Dieu procède plus largement, et comme le dit Platon, « il a fait la » partie pour le tout, non le tout pour la partie; » il a donné au monde matériel des lois dignes de sa sagesse, il n'a pris conseil en cela que de sa propre perfection, il a voulu agir non pas seulement en ami de l'homme, mais en Dieu; il a mis l'épargne dans les moyens, dans les effets cette richesse qui nous surpasse. Supposez que l'épargne pouvait être plus grande et la richesse aussi, mais que dans l'intérêt d'une seule créature il a mieux aimé se restreindre, de ce moment le monde physique n'est plus digne de son auteur. Pourtant il est certain qu'il en est digne, qu'il a pour son compte toute la perfection qu'il peut avoir. Maintenant que l'homme paraisse, que l'âme, étant aussi tout ce qu'elle peut être, s'unisse à la matière, il lui faudra se résigner aux suites de ce commerce. Toutes les fois qu'elle serait tentée d'accuser la Providence, qu'elle reporte donc ses yeux sur la magnificence du monde, et elle n'osera demander à Dieu que pour lui épargner une douleur il mette dans la nature un défaut.

Telle est, à notre avis du moins, l'explication véritable de la douleur. D'abord elle tient à une qualité excellente, le sentiment, comme le vice tient à cette autre chose excellente, la liberté : à ce titre elle est déjà justifiée. De plus elle est le principe de l'action naturelle, comme la liberté est le principe de l'action morale : elle mène chaque créature vers sa fin, se proportionne à cette fin, passagère pour une fin passagère, éternelle pour une fin éternelle; simple douleur, quand l'harmonie a été rompue, remords, quand l'harmonie morale a été violée. Enfin, outre qu'elle est dans tout être le sentiment de sa destinée, dans l'être libre, créé pour la perfection, elle est la compagne inséparable, la condition de l'épreuve, car il n'y a pas de mérite sans courage, et de courage sans la fatigue de la marche et les ronces du chemin.

Nous expliquons la douleur, nous ne prétendons pas la nier ni l'affaiblir : elle reste, hélas! ce qu'elle est. Douleur du corps, presque incessante, quelquefois affreuse, de la naissance à la mort; occupant de droit les deux bouts de la vie, souvent prenant encore le milieu. Douleur de l'esprit, qui altéré de lumière se débat dans nos ombres. Douleur du cœur, qui avide d'aimer est trompé perpétuellement par le dégoût, les méprises, les orages, l'absence et la mort. Douleur de l'âme, créée pour le bien, et qui ne le trouve nulle part, soit que l'homme se considère lui-même, tout plein de secrets défauts, ou que considérant le monde, il voie en grand la misère des hommes, éternellement enfants, égoïstes, ingrats et féroces; de quel esprit ils se réjouissent, de quel goût ils sont charmés, les fantastiques préjugés par lesquels ils se conduisent et qu'ils appellent bon sens; des êtres raisonnables et libres, faits pour adorer la vérité et la vertu, adorant l'or, adorant le fer, baisant la main qui les frappe, les pieds des chevaux qui les foulent; ces créatures manquées, chacune enchantée d'elle-même, se préférant à tout le reste, changeant de vanité sans que rien les désabuse de la vanité; à travers cela, la marche interminable des idées et des affaires les plus simples; par-dessus cela, les jeux scandaleux de la fortune.

Je le répète, l'explication philosophique de la douleur ne supprime aucune de ces souffrances, mais elle nous apprend à les supporter avec résignation, comme la condition inévitable de l'ordre du monde et de notre destinée, qui est l'épreuve sous l'œil de Dieu. N'espérez pas la fuir, elle vous suivra partout; ne vous faites pas petit pour lui donner moins de prise : peu importe que l'espace soit petit ou grand, dès qu'elle le remplit. L'égoïsme ne vous sauvera pas; tout ce qu'il peut faire pour vous, c'est de vous donner un autre mal, le sentiment uniforme et insupportable du vide. Aimons donc de tout notre cœur ce que nous devons aimer, et après, que Dieu ait pitié de nous.

Quelque rudement que nous soyons éprouvés, nous ne sommes pas déshérités, nous n'avons rien à envier aux autres créatures : nous souffrons plus vivement sans doute, mais nous jouissons plus vivement; aussi, quand nous ne sommes pas égarés par la douleur, quand nous jugeons plus justement des choses, nous remercions la Providence de nous avoir donné cette part, nous n'échangerions pas nos joies si mêlées d'amertumes contre le terne bonheur des brutes, nous avons conscience que nous souffrons en hommes, et si nous avons quelque noble cause de notre deuil, si nous souffrons pour avoir aimé nos parents, nos amis, notre patrie et le bien, il y a dans ces tristesses et ces abattements un secret sentiment qui nous console et nous relève. Enfin nous pouvons combattre et affaiblir la douleur ou la détruire, soit que nous détournions sa force par d'autres pensées et d'autres sentiments, soit que nous l'attaquions de front par notre énergie, et nous redressions fièrement sous ses coups. Les animaux sont nus à la douleur, l'homme est armé; s'il n'use pas de ses armes, c'est qu'il ne le veut pas; et la Providence est justifiée.

Voilà ce que dit le raisonnement ; mais après qu'on a bien raisonné, il y a des coups qui vous renversent.

CHAPITRE XVIII.

DOUBLE CONCLUSION, CONTRE LA SUPERSTITION ET L'ATHÉISME.

Entre les mains de spiritualistes intempérants, que sont devenues la nature et l'âme?

Dieu, après s'être reposé une éternité, à un certain moment crée l'univers : dans le vide infini apparaît la succession de la durée et de l'étendue. Ainsi il est visible que le monde est sans racines dans le passé, et qu'il est un pur accident.

Ce n'est pas assez d'avoir borné son existence du côté de son origine, il faut encore qu'elle soit bornée dans l'avenir, sinon sa durée sans fin risquerait d'imiter l'éternité, et de faire ombrage à Dieu. Il mourra donc, et il mourra bientôt, en témoignage de sa misère, pour qu'il soit manifeste que Dieu seul est grand. Aussi l'époque où la doctrine de l'esprit a le plus séduit les hommes, lors de la naissance et des premiers progrès du christianisme, est l'époque où on croyait le plus fermement à la fin prochaine de l'univers. On vivait dans cette attente, et chacun sait de quelle frayeur la chrétienté fut saisie la veille du premier jour de l'an 1000, quel fut l'étonnement quand à l'heure fatale le sol ne s'ébranla pas, les étoiles ne se détachèrent pas du ciel, avec quel enthousiasme on salua ce soleil qu'on ne devait plus revoir. Telle est la condition faite au monde : né d'hier, il mourra demain.

Mais qu'importe? Sa naissance voisine et sa prochaîne destruction ne sont pas toujours présentes à la pensée; tel qu'il est, il peut encore nous séduire : la raison n'est pas toujours en éveil, et l'imagination est facile à entraîner. Quand élevant nos regards vers le ciel, nous venons à contempler les corps innombrables et éclatants qui s'y pressent, à suivre les prodigieux mouvements qui les emportent, ou qu'abaissant notre vue sur ce globe, nous considérons la variété des phénomènes qui s'y passent et des formes que la vie anime, nous sommes éblouis, et le prestige que le monde a perdu en perdant sa durée, il le retrouve par sa richesse. Le spiritualisme, qui se croit menacé, arrête cet enthousiasme; il fait de l'univers deux parts : d'un côté il met l'homme, de l'autre tout le reste de la création, et il décide que l'ensemble des corps célestes et la terre sur laquelle nous marchons n'ont par eux-mêmes aucune valeur, aucun sens, et que ce sont seulement des dépendances de l'humanité; que le soleil a été fait uniquement pour éclairer nos jours, la lune et les étoiles pour illuminer et décorer nos nuits, les animaux pour nous servir de spectacle ou de compagnons, de serviteurs ou de proie. Et voilà la création rétrécie.

Est-ce assez d'abaissement? Peut-être. Dans ce triste état la nature peut avoir encore quelque dignité; si elle se gouverne par des lois générales et constantes, si dans cette brève existence, dans ce rang subalterne, elle se développe avec harmonie, elle retrouvera sa considération perdue. Quand on ne loue pas dans un peuple le long âge, les vastes possessions, l'indépendance conservée, il peut encore, par son activité et la sagesse soutenue de sa conduite, forcer l'admiration. Le spiritualisme excessif l'a senti; il se tait sur les lois, ou s'il en parle, c'est quand elle sont violées, parce que cette violation atteste l'intervention d'une puissance maîtresse, qui se fait obéir comme il lui plaît. Or, du moment qu'on s'imagine donner à la Providence tout ce qu'on ôte à la nature, il n'est plus possible de s'arrêter en chemin : dans la préoccupation d'un esprit religieux, la Providence devra envahir tout l'univers, les lois uniformes disparaîtront, et la marche de la nature sera un miracle perpétuel.

Enfin cette dégradation est sans doute à son comble, car le monde n'a plus rien à perdre? Détrompons-nous : si misérable qu'il soit, il lui reste encore l'existence, et il la perdra, il ne sera plus qu'une vaine apparence, une pure illusion.

De tels excès appellent la répression ; elle arrive, et violente, par malheur, sous la forme de l'athéisme. En face de ceux qui sacrifient le monde à Dieu, d'autres sacrifient Dieu au monde, suivant la loi de l'esprit humain, qui va toujours aux extrémités, incapable de garder la mesure, surtout dans le combat. Vraiment ne semble-t-il pas qu'ils s'excluent, et que l'homme soit réduit à opter entre les deux? Quand l'un s'élève l'autre s'abaisse, quand l'un brille l'autre s'efface; on croirait voir deux rivaux impatients d'une autorité partagée, qui se disputent l'empire de l'espace. Ils se disputent pareillement le cœur humain. Comme il faut toujours qu'il se donne, on ne lui laisse que le choix. Se livre-t-il aux affections terrestres, un spiritualiste indiscret lui crie : que faites-vous? vous embrassez un fantôme; ces feux errants vous mènent aux abîmes; tout passe, sauf un seul être : à lui seul votre amour. Le naturalisme à son tour : c'est le monde qui est, c'est Dieu qui n'est pas ; après tout, mieux vaut un fantôme que le vide, et l'illusion que le néant; le plaisir senti est vrai, l'illusion qui ne s'en va qu'avec la vie vaut la réalité.

Tel est l'homme : ou bien il s'attache à la terre, et tout lui dérobe la vue du soleil : le brouillard, un nuage, la nuit, la maladie; s'il l'aperçoit encore, ce globe immense et tout de flamme n'est plus qu'un astre médiocre, tiède et décoloré; la terre tient d'elle-même son éclat et son mouvement; ou au contraire il s'élance droit vers le soleil, et de là, ébloui, il ne sait plus distinguer ni la terre ni les créatures qui s'y meuvent, ni leurs rencontres dans les ténèbres. Tantôt arrêté par la matière, il nie Dieu ou le dépouille de toute vertu, tantôt emporté par l'esprit, ardent pour l'invisible, il se plonge dans le sein de l'être infini, et perd la conscience des choses, de lui-même comme de l'univers.

On voit ce que la superstition a fait de la nature et de l'âme, dans quel état elle met notre raison et notre cœur, et comment elle a été punie. Pour nous, nous tiendrons fermement notre route entre la superstition et l'athéisme. Nous ne prétendons pas qu'on nous y suive, mais nous ne trouvons de sécurité que là. On ne corrige pas un excès par un autre excès, mais par la mesure : il n'y a de juste et de bon que la sagesse.

C'est pourtant là le procédé habituel des partis. Pour combattre une doctrine, on avilit sans mesure ce qu'elle exalte, et on exalte sans mesure ce qu'elle avilit : en haine de l'anarchie on a vanté le despotisme, contre les systèmes on a dressé le pouvoir exclusif de la tradition, devant l'art indiscret qui reproduit la réalité sans choix, on a prêché le culte d'un immobile idéal. Qu'a-t-on gagné par là? Louis XIV a-t-il détruit définitivement l'esprit de révolution et de secte? l'école impériale, la licence de l'art? Oui, après Louis XIV, le dix-huitième siècle, après la littérature de l'Empire, la littérature d'hier. Ils ont combattu vainement un adversaire plus fort que le génie même : la vérité; ils ont rencontré, sans les reconnaître, dans les partis la liberté, dans les sectes la raison, dans les excès de l'art la vie, puissances immortelles, qui toujours persécutées, réfugiées parfois dans les ruines, les réparent par leur vigueur, et les font inviolables comme elles. Sans doute il faut abattre ces ruines, mais pour leur disputer leurs hôtes divins; il faut que la liberté rentre dans les sociétés, la conscience dans la tradition, la vie dans l'art, que le mouvement de l'État, de la science et de l'art soit désormais le jeu de forces contraires et associées, comme le mouvement du corps humain, comme le mouvement du monde. Le secret de supprimer à la fin les révolutions, les sectes, les entreprises de la fantaisie sur la beauté immuable est là, il n'est que là. Aussi l'esprit public ne s'y trompe point : il poursuit uniquement ce problème, écoutant, mais jugeant toutes les doctrines qui ne suivent pas ce grand chemin.

Pareille lutte entre l'esprit religieux et l'athéisme, pareille réfutation entêtée et stérile, et dans le sens public pareille sagesse. L'athéisme est faux : on fait bien d'en mettre à nu la vanité; il n'a pas de fondement, il ne peut donc se tenir; il professe que le monde seul existe sans Dieu, vice irrémédiable; comment le réfuterez-vous? En humiliant ce monde qu'il relève? en prouvant que cette réalité si vantée n'est qu'une chimère? Soit; mais une fois votre disciple si bien prémuni contre les séductions du dehors, enfermez-le dans l'école, gardez que le jour n'y pénètre : un rayon de soleil ramène avec lui toute la nature, et elle rentre en maîtresse dans cette âme d'où vous aviez cru pour toujours l'exiler. L'athéisme étouffé par vos étreintes touche-terre et revit. Triste victoire en vérité! pauvre doctrine, toujours en danger de périr, que tout menace de mort : un brin d'herbe, un papillon, le souffle invisible de la vie universelle. Faites mieux, reconnaissez dans l'athéisme quelque chose qui n'est pas lui, et sans quoi il n'est pas, une vertu étrangère qui lui communique toute sa force, et en se retirant, le livrera à son incurable infirmité : le sentiment de la nature ; recueillez-le pieusement, rendez-le à sa véritable alliance, et qu'il prenne sa place dans le spiritualisme agrandi.

CHAPITRE XIX.

1° CONTRE LA SUPERSTITION DANS LA SCIENCE.

Si le spiritualisme religieux entend ses intérêts, il doit reconnaître à quels hommes il s'adresse, l'esprit du temps ; or il est impossible de nier qu'au sein de notre société se déclare un mouvement sérieux vers la nature. Le spiritualisme en tiendra-t-il compte? Le siècle reculera-t-il? telle est la question qui s'agite aujourd'hui, non dans les livres, où se débattent bien des questions frivoles, mais ce qui est autrement grave, dans la réalité.

L'industrie d'abord témoigne hautement du fait que nous citons. Au moyen âge on bâtit des cathédrales et des monastères, monuments à l'esprit invisible, asiles contre les sens, écoles où on enseigne le mépris de la matière, en face des hautes destinées de l'âme, le néant de la création devant l'Être infini. Plus tard on bâtit des palais. L'homme paraît ici : il ose déjà s'attribuer quelque grandeur, mais il la concentre d'abord dans la royauté, émanation de la majesté divine ; quelque éclat illumine les créatures, mais il ne fait que de naître, il ne frappe que les hauteurs. Quant à nous, nous construisons des canaux, des usines, des chemins de fer ; tout ce qui peut augmenter notre bien-être physique, procurer à nos sens quelque jouissance, est mis en œuvre avec une ardeur incroyable ; les intelligences se meuvent, les bras s'épuisent pour contenter les moindres désirs du moindre d'entre nous. En vérité, l'homme de notre temps ne se regarde plus comme un étranger, comme un passant sur la terre : il s'y établit décidément, il y élit son domicile, il s'en proclame citoyen.

Par la science, il va reconnaître le lieu de son établissement. Le développement immense des sciences naturelles à notre époque semblera-t-il un fait assez important pour que le spiritualisme le prenne en considération ? Qu'on nous dise si jamais elles ont brillé davantage, si jamais elles ont eu un plus grand crédit, si jamais plus d'esprits s'y sont portés avec plus d'entraînement. La chimie, à cette heure si riche en observations et en lois, date de soixante ans : Lavoisier écrivait dans les prisons de la Terreur. La physique s'essayait depuis deux siècles ; depuis combien d'années marche-t-elle sûrement ? De quelle époque date la sérieuse géologie ? Combien y a-t-il de temps que les animaux fossiles sont exactement connus ? Quand est-ce que l'anatomie comparée a trouvé la loi supérieure qui règle la corrélation des organes ? L'astronomie est ancienne ; elle n'est populaire que de nos jours. Avouons-le, si quelque science risque aujourd'hui de devenir exclusive et d'étouffer les autres, ce n'est ni la théologie ni la philosophie assurément.

Dans l'art, d'où vient notre enthousiasme nouveau pour les symphonies, sinon de ce que l'inspiration qui les fait naître, auparavant endormie en nous, s'est enfin réveillée? En effet la symphonie est la voix de la création, et nous impressionne vivement, soit qu'elle nous enchante par la variété de ses accents, ou que nous touchant par une action plus profonde, elle porte nos sentiments dans l'infini.

Jusque dans la philosophie, la puissance de la nature se fait reconnaître. Cette philosophie de l'Allemagne y fût-elle devenue populaire, si, renouvelée des doctrines de l'Orient, elle n'était comme elles, une tentative de réunir Dieu et le monde, au point de les confondre, et la plus forte preuve de la séduction magique que ce monde exerce sur les hommes, jusqu'à leur ôter le sentiment de leur évidente personnalité, et de l'immortalité, aussi personnelle, que leur promettent à la fois l'instinct et la raison? Dans ce système, la matière et l'esprit s'unissent intimement ; les différences s'effacent, les oppositions s'évanouissent devant la loi commune qui produit, détruit et renouvelle tous les êtres, pures formes, visibles ou invisibles, d'une existence impérissable; à la place des créatures diverses qui naissent, meurent et se bornent les unes aux autres, il ne reste plus que la grande et immortelle nature, d'où tout sort, où tout revient.

En dehors de ce vaste mouvement, comme dans son sein, indépendamment de toute doctrine métaphysique, et simplement pour couronner la science, il existe une philosophie de la nature. Diversement entendue par les divers savants, elle possède ce constant caractère de recueillir les éléments de la création épars, pour en former non une collection morte d'êtres et de phénomènes, voisins dans le temps ou l'espace, mais un tout organisé et vivant.

La nature vit donc; mais il reste à lui donner une âme : c'est de la poésie qu'elle la recevra.

Au dix-septième siècle je cherche en vain ce vif sentiment qu'elle nous inspire. Alors l'homme est tout : la tragédie en représente les passions fatales; la comédie et la satire les travers; l'épître et la fable s'adressent pareillement à lui, avec des langages divers, pour le corriger; les moralistes et les romanciers retracent les mouvements de son cœur. Chez les derniers, à la place des vrais fleuves qui roulent leurs eaux troublées avec une majesté imposante, c'est le fleuve transparent du Tendre et ses subtils détours. La philosophie, entraînée par l'étude de l'âme, oublie de plus en plus la matière, jusqu'à la nier. La théologie, encore toute-puissante, n'est point pour ramener les hommes vers les objets qui se voient et se touchent : les querelles de la grâce et du quiétisme se passent à une hauteur incalculable au-dessus de la terre, par delà la région des figures, du mouvement et du bruit. Pascal aime-t-il, hait-il la nature? Ni l'un ni l'autre. Au sein de ses merveilles, il est distrait par d'autres pensées, il médite sur l'esprit. Dans sa double infinité de grandeur et de petitesse, décrite si magnifiquement, ce qu'il cherche, c'est l'homme, l'espace que cet homme occupe, le rang qu'il tient; ce qu'il lui demande, ce n'est point le secret de ses démarches, le jeu de ses ressorts, toute cette connaissance qui satisfait le physicien et l'astronome; il veut qu'elle lui dise s'il existe ou non un Dieu; il se désespère de la trouver muette, et « le silence éternel de » ces espaces infinis l'effraye? » Muette pour Pascal elle parle à Bossuet : elle l'entretient de Dieu, de la grandeur, de la sagesse, de la bonté de cet être infini. Pensée éminemment vraie et salutaire ! Mais dans la constante préoccupation qui derrière toutes les apparences de ce grand corps lui découvre la main puissante qui les suscite et les dissipe, la création perd la vie, et n'est plus qu'une machine, merveilleuse sans doute, qu'on admire, mais qu'on ne peut aimer. Quand à Port-Royal se fut introduite l'opinion que les bêtes sont de purs automates, mus par les lois établies de Dieu, le sentiment religieux y trouvait peut-être son compte : on admirait dans les mouvements caressants d'un chien l'industrie supérieure qui les réglait, mais sans aucun doute on n'y voyait plus un ami. Fénelon se rencontre ici avec Bossuet, quoiqu'il soit moins sévère et se défende moins des séductions du monde. Il est vivement touché de sa grâce et de sa sublimité ; il lui emprunte les couleurs de son style, il l'aime comme il aime l'Énéide et l'Odyssée.

Au dix-huitième siècle, si ce goût existe quelque part, ce n'est pas chez les poëtes assurément, qui ne la fréquentent que pour y cueillir des bouquets, quand ils ne les cueillent pas dans les livres des autres poëtes. Jean-Jacques Rousseau éprouve, à sa vue, cette émotion tendre, grave ou accablante, que les hommes de tous les temps et de tous les lieux ont éprouvée devant des prairies, des ruisseaux, des collines gracieuses, au lever ou au coucher du soleil, devant la mer et les montagnes ; il a eu seulement par-dessus ces hommes le don de rendre leurs communes émotions.

Pour nous la nature est encore une machine, œuvre

savante d'un ouvrier que rien n'égale ; elle est le plus accompli de tous les poëmes ; elle nous remue profondément par la beauté de ses spectacles ; mais elle est quelque chose de plus : elle est un être vivant et animé ; disons tout, elle est une amie ; elle nous parle par ses couleurs, par ses formes, par ses sons, par ses mouvements ; elle a des sourires pour toutes nos joies, des soupirs pour toutes nos tristesses, des sympathies pour toutes nos aspirations. Beaucoup d'hommes entendent, et les poëtes traduisent à ceux qui ne l'entendent pas cette langue dont la richesse confond les langues humaines, tour à tour d'une sauvage énergie et d'une incomparable douceur. Est-il besoin de rappeler quels en ont été parmi nous les interprètes les plus fidèles et les plus harmonieux : Bernardin de Saint-Pierre, Châteaubriand, Lamartine, et cet autre grand poëte, George Sand ?

Quelques-uns ont brillé au premier rang, qui n'appartiennent pas à la famille. L'abondance des images, le luxe des couleurs sont de tous les temps : il n'y a de différence qu'à la richesse des génies ; il y faut des sens actifs pour recevoir les impressions extérieures, et une vive imagination pour les réfléchir, dons heureux de la jeunesse, partout et toujours la même. Mais la poésie originale du dix-neuvième siècle, celle où il s'est reconnu, celle qui a remué ses plus profonds instincts, ne pouvait naître que de notre temps. L'âme, aux premiers jours, emportée hors de soi par les passions qui s'éveillent, et toute répandue dans le monde, avide de bonheur, mais ignorant où il réside, se dissipe parmi mille objets divers. Un jour, elle rentre en elle-même, elle recueille ses désirs, les interroge, compte plus d'une blessure, et alors même que tous ont été satisfaits, elle rêve encore le bonheur ; elle se sent plus grande que chacun de ces objets où elle a trouvé du contentement, plus grande que tous ces objets ensemble. La puissance d'aimer qui s'agitait en elle sans se connaître, s'est essayée maintenant, et, dans cette épreuve, elle s'est reconnue comme l'aspiration invincible de notre être vers l'infini. Où est cet infini, son objet véritable? En Dieu, hors du monde des sens, dans le monde de l'immuable perfection? Il doit être là : c'est là en effet le dernier terme de nos désirs, le lieu de la parfaite félicité. L'âme tente cette entreprise nouvelle, elle rompt avec le monde extérieur, elle ne veut plus de commerce qu'avec l'esprit invisible. Sera-t-elle enfin heureuse? Non ; au milieu de ses élans sublimes, dans ce séjour de la paix inaltérable, elle se sent attristée et éprouve de vagues regrets. Que lui faut-il donc encore, et quelle est cette créature maladive que jamais rien ne contente? Hélas! nous ne sommes pas de purs esprits qui nous puissions appliquer sans intermédiaire au pur esprit, notre principe et notre fin. Nous sommes unis par des liens étroits à un corps, par le corps à tout l'univers ; et ces liens, noués par Dieu même, nous ne pouvons les tendre ou les briser sans douleur. Tout être a ses conditions d'existence, en dehors desquels il n'y a point pour lui de repos. L'âme va donc se rattacher à la terre, mais sans oublier l'infini, qui, une fois qu'on l'a goûté, ne s'oublie plus ; elle le retrouve dans la création, moins austère, plus accessible, plus sensible, plus proportionné à notre être et à notre faiblesse. Désormais il n'y a plus en face l'un de l'autre, un univers, vaste corps sans âme, et un Dieu retiré dans son absolue immobilité ; ils se rapprochent, ils se rencontrent, ils s'unissent dans la nature. Dieu vit en elle, et elle est pleine de lui ; idéal visible, matière pénétrée de l'idéal, elle n'a pas de l'un la grossièreté, de l'autre la hauteur effrayante; à la fois elle soulève l'âme humaine au-dessus de la terre, et, dirigeant son vol, l'empêche de s'égarer dans le pays des abstractions et des chimères.

Elle parlait vainement à Socrate, il ne l'entendait pas; nous avons son aveu : « Les arbres ne me disent rien. » Aussi il recommandait aux hommes de s'étudier eux-mêmes. Ils ont suivi son précepte, et chose étrange, que Socrate n'avait pas prévue! c'est justement alors que les arbres leur ont parlé. Une fois qu'ils eurent découvert par la réflexion les grands traits qui caractérisent l'âme humaine, dépendait-il d'eux de ne pas voir ces mêmes traits dans la création, de ne pas retrouver dans tels ou tels des êtres qu'elle renferme, tels ou tels caractères qui semblaient purement humains : l'orgueil, la bassesse, la fermeté, l'inconstance, la vulgarité, la distinction, l'intelligence et la force, etc. ? Un peu plus tard, le christianisme commande la réflexion de toutes les heures, non pas sur l'homme en général, mais sur soi-même, sur ses propres imperfections, sur les causes qui enflamment ou calment les passions, sur les mouvements qui nous agitent. Qui devra recevoir ces secrets ? Ce seront les hommes ou Dieu, non pas le monde dont les piéges sont signalés. Quant à nous, au siècle présent, nous avons gardé cette habitude de scruter notre cœur, longtemps imposée par une autorité supérieure, et elle a été confirmée par la philosophie moderne, qui vit de semblables études. On peut soutenir qu'à certaines époques l'analyse de l'âme a été plus profonde; jamais le goût de cette analyse n'a été plus répandu : nous sommes au siècle de René et des Méditations. Or, en même temps que la lumière a été portée dans l'âme, la nature s'est éclairée des mêmes clartés. Fille, comme l'homme, d'un être puissant, intelligent et aimant, elle porte comme lui, à sa façon, ces grands caractères ; comme lui encore elle les possède sous la condition du mouvement, régulier ou troublé, fiévreux ou languissant, bienfaisant ou funeste ; elle en a le bonheur et la souffrance, le repos, les inquiétudes et les orages. Absente pour l'animal, qui voit les objets sans se voir lui-même, et pour l'homme grossier ou emporté dans les occupations extérieures, cette grande âme, ainsi que l'âme de nos semblables, ne se révèle à nous que dans la mesure où nous connaissons notre propre âme, depuis le vague sentiment jusqu'à la pleine conscience, depuis les instincts brutaux jusqu'à la plus délicate sensibilité. Aussi riche que nous, elle n'est point, heureusement, une copie de nous-mêmes, changeant lorsque nous changeons, imitant tous nos mouvements, répétant toutes nos paroles avec une fidélité désespérante : malgré sa ressemblance avec nous, elle reste elle-même, tantôt agitée dans nos troubles ou souriante dans notre paix, tantôt bouleversée dans notre calme ou sereine dans nos déchirements, et, par le concours de deux impressions pareilles, ou le contraste de deux impressions contraires, exaltant notre émotion, doublant notre existence. C'est une amie intelligente et fière, qui, à la différence des autres amitiés de ce monde, ne nous abandonne jamais.

Nous avons observé tour à tour les divers symptômes de cette faveur nouvelle que la création physique obtient dans notre siècle. Nous avons vu l'homme s'y fixer, puis l'étudier avec enthousiasme, aux dépens du monde invisible ; la philosophie elle-même, comme enivrée, perdre la sagesse; la philosophie de la science donner à cette réalité si manifestement avouée la vie qui lui manquait encore; et enfin la poésie communiquer à cet être vivant une âme, pour entrer avec l'homme dans un commerce intime et mystérieux. Je suis certes bien loin de dire que dans cette révolution tout soit également respectable : où est, en effet, je vous prie, la révolution sans excès? Mais il y a en deçà des extrémités un fait incontestable, c'est le rapprochement de l'homme et de la nature. Le spiritualisme se perdra, s'il veut le nier ou le combattre; plus éclairé et plus sage, il en dictera les durables conditions.

Nous pouvons le dire, car nous ne sommes pas suspect de lui vouloir du mal : il n'est ni éclairé ni sage, quand il représente la création comme une sorte de scène fantastique, jouée par des ombres sur un théâtre d'un jour. On a beau dire, nous croirons toujours que nous marchons sur une vraie terre, et que nous sommes éclairés par un vrai soleil; on a beau dire aussi, nous sentons qu'ici-bas se joue une grande partie entre le bien et le mal, et que pour la terminer ce n'est pas assez de vingt-quatre heures; on a beau dire enfin sur cet ordre instable du monde, les savants continueront d'en chercher les lois et de les trouver; le paysan continuera de semer, certain que le blé germera l'hiver, et que l'été sera la moisson; le matelot continuera de se fier aux étoiles; et nous tous, chaque soir, nous nous endormirons avec des projets pour le lendemain, comptant bien que le même soleil éclairera le même ordre du monde.

Mais puisque c'est ici le fort de la superstition, arrêtons-nous un peu. Quoi! diront certainement les défenseurs de la superstition, vous prétendez limiter la puissance de Dieu ! Qui vous a appris que cette puissance va jusqu'à un certain point, qu'il vous plaît de marquer, et ne saurait s'étendre au delà ? Quand vous étudiez l'univers, à chaque instant vous êtes déconcerté par quelque merveille ; votre imagination, avec toute sa richesse, n'a rien soupçonné qui approchât de cette grandeur ou de cette délicatesse ; toute découverte vous confond ; le nombre des questions que vous sondez en vain est incalculable, comme aussi le nombre des questions que vous n'avez pas devinées ; et c'est vous qui vous permettez de circonscrire le pouvoir de Dieu, de lui faire sa part ! Après ce raisonnement, viennent les faits avec les preuves à l'appui ; et l'incrédule est humilié et convaincu.

A cela on répond. Exaltez tant qu'il vous plaira la puissance de Dieu, nous n'avons garde de vous contredire : cette force infinie est au-dessus des discussions ; mais quand vous vous serez étendu à votre gré sur cette vérité incontestable, vous n'aurez rien gagné sur nous. De ce que Dieu peut tout faire, il ne s'ensuit pas qu'il fasse en effet tout ce que votre imagination en travail invente ; il ne manifeste pas sa vertu en produisant indifféremment les contraires : il choisit, il exclut, suivant le dessein que sa sagesse conçoit. Lors donc que, pour prouver un fait, on a dit que Dieu est tout-puissant, on n'a rien dit encore ; il reste à prouver qu'il lui a convenu d'appliquer sa puissance à cet usage particulier ; et ici les plus beaux raisonnements sur l'omnipotence sont sans force. Il faut considérer si la conduite qu'on prête à Dieu n'est pas en opposition directe avec sa sagesse souveraine, puis de ces hauteurs descendre à l'humble examen des faits. Or cet examen n'est pas arbitraire, il est soumis à des règles sévères, aux règles de la critique historique ; et si on veut voir des exemples de merveilles faussement accréditées, qu'on lise seulement le *Traité de la superstition*, du théologien Thiers, et l'*Histoire des superstitions*, de l'oratorien le Brun, c'est-à-dire d'hommes savants et religieux, on reconnaîtra combien de piéges sont tendus à la bonne foi, et même, sans recourir à la supercherie, combien d'erreurs s'implantent d'elles-mêmes dans des esprits prévenus.

Certes, si la rigueur de la critique est légitime, est commandée, c'est ici ou jamais. Un homme a-t-il commis ou non une faute qu'on lui attribue? je m'en assurerai par une confrontation équitable des témoignages. Si je me trompe, si je l'accuse faussement, quoique cette méprise soit fâcheuse, après tout, qu'ai-je fait, que déclarer que cet homme faillible a failli? Mais ici il ne s'agit pas d'un homme : c'est la cause même de Dieu qui se plaide ; vous avez à prononcer sur sa conduite, et vous décideriez témérairement! Songez-y : vous avez cru honorer Dieu, vous l'avez peut-être calomnié.

Propagez la superstition, vous tuez la science. La science est la connaissance des lois du monde ; or, si elles sont perpétuellement violées, à quoi bon tant travailler pour découvrir une règle sans vigueur?

Il est certain que l'ignorance a tout à gagner au triomphe de la superstition ; mais le sentiment religieux n'y trouve-t-il pas son avantage? Ce qui a introduit cette opinion parmi nous, c'est la vue du dix-huitième siècle, où la connaissance physique a fait d'immenses progrès, et qu'on nous représente comme un siècle athée. Athée, il ne l'était pas, et ce nom convient seulement à quelques hommes. Mais admettons que tous les savants aient eu ce triste caractère, la cause de Dieu est-elle en péril ? Chose remarquable, témoignage frappant de la sagesse qui a établi le monde ! pendant que toute une génération travaille à déposséder le Dieu antique et à couronner la nature, elle conspire, sans le savoir, pour ce même Dieu. Elle observe la matière, elle en pénètre les lois, elle découvre l'harmonie de l'univers, puis elle propose un si bel ordre à l'admiration des hommes ; ceux-ci l'admirent en effet, et si bien qu'il leur paraît impossible que tant d'art ne procède pas d'une cause intelligente, que la justesse, l'accord de ces règles ne dérive pas d'un prudent législateur. Ainsi, en croyant combattre Dieu, ils l'ont servi, et leur exemple même doit apprendre aux générations qui suivent qu'on ne gagne jamais contre la Providence.

Qu'a fait le spiritualisme renaissant ? La science avait paru s'allier à l'athéisme, il a repoussé la science. Autre folie, et celle-là bien dangereuse. Prouver l'existence et reconnaître les attributs de Dieu par l'autorité de la tradition ou par les raisons de la métaphysique est chose excellente, il est beau aussi de voir des âmes transportées par l'amour habiter les régions supérieures ; mais quelquefois l'autorité languit, la spéculation soulève des problèmes qu'elle ne résout pas toujours, la vue tendue constamment vers le même objet se fatigue et se trouble, enfin l'âme aimante a ses *sécheresses*, états douloureux où endurcie et stérile elle attend en vain un Dieu absent ; d'ailleurs nous risquons de nous égarer dans ces finesses de la métaphysique et ces délicatesses du sentiment, et de nous faire suivant nos besoins et nos humeurs un autre Dieu que le véritable. Il faut donc qu'un témoignage grossier, si l'on veut, mais irrécusable, soit perpétuellement devant nous, pour nous enseigner que Dieu est et comment il agit. Or ce témoignage de la Divinité, c'est la nature, ce sont ses lois.

Mettons fin à ce funeste divorce de la science et de la religion. La science qui prétend rapporter à la matière l'ordre de ses parties est une fausse science, comme la religion qui nie ou néglige cet ordre est une fausse religion ou mutilée. Si un savant soutenait que la terre est obscure, aurait-il raison? et si un autre soutenait, à son tour, que la terre possède en propre sa lumière, serait-il davantage dans le vrai? Leurs erreurs seraient contraires, elles seraient deux erreurs. Où donc est la vérité? Dans l'opinion qui admet à la fois que la terre est éclairée et qu'elle tient sa lumière du soleil. La nature n'est pas une rivale pour Dieu, mais un témoin, comme la statue d'un héros n'est pas ce héros lui-même, mais perpétue sa mémoire. Parce que des hommes faibles ou égarés auront adoré cette statue et non le héros qu'elle représente, faut-il la briser ou la défigurer? Ne sera-t-on pas plus sage si, rassemblant autour d'elle un peuple oublieux, excitant par cette image son esprit que l'invisible rebute, on interroge ce marbre et on le fait parler d'éclatantes vertus? La nature est ce simulacre matériel de Dieu : elle parle de lui, le tout est d'entendre sa langue. La plupart de nous nous n'en savons que quelques mots; mais il y a une famille privilégiée qui la comprend et qui a pour mission de la traduire à la foule. Quand un de ses membres meurt, un autre le remplace; et ce ministère se perpétue à travers les âges, amenant à son heure quelque grand interprète, maintenant Aristote, une autre fois Copernic, Képler, Galilée ou Newton.

Qui de nous, spiritualistes avec mesure, ou spiritualistes exagérés, est le plus religieux ? Pour vous Dieu n'est visible que dans un point de l'éternité : un peu avant, un peu après, il ne paraît plus. Puis vous isolez un point dans l'immensité, celui où tient l'homme, et là seulement vous découvrez la sagesse suprême; vous avez devant les yeux le chef-d'œuvre parlant du maître, et vous allez chercher s'il n'a pas écrit son nom dans quelque coin du tableau. Pour vous la nature est muette dans sa sérénité, elle ne confesse Dieu que dans les tortures. Quoi plus ! elle s'évanouit : au lieu de cette réalité où on s'appuie pour s'élever jusqu'à la cause première, vous ne trouvez plus que des simulacres. La cause sacrée dont vous vous portez défenseurs est-elle assez compromise ? Pour nous, dans quelque point que nous nous placions du temps et de l'espace, nous y trouvons Dieu présent, agissant; toute créature, tout phénomène du monde visible et invisible nous parle également de lui; et au lieu d'exténuer la création, nous lui laissons prudemment son corps palpable, ce corps qui révèle manifestement une âme, principe de sa vie, et en traduit fidèlement les volontés et les pensées.

CHAPITRE XX.

2° CONTRE LA SUPERSTITION DANS LA PRATIQUE.

On a montré l'influence puissante et salutaire du sentiment religieux, et le lien étroit qui le rattache aux croyances métaphysiques. Que ce sentiment prenne dans les âmes son légitime empire, tel est notre vœu le plus cher; tel est aussi celui des spiritualistes exagérés; mais unis dans ce dessein, bientôt nous nous séparons; nous n'entendons pas de la même manière qu'eux cet empire que nous voulons fonder; leurs principes les entraînent à des conséquences que nous combattons énergiquement.

D'abord, comme ils ont méprisé dans la spéculation les lois qui gouvernent le monde de la matière et le monde de l'esprit, arrivés à la pratique, il les négligent, et recourant immédiatement à Dieu, demandent incessamment à son intervention particulière la perfection et le bonheur. M. de Maistre absout ces superstitieux, et même il les loue; son apologie mérite d'être rapportée ici : « La superstition [1] n'est ni
» *l'erreur* ni le fanatisme, ni aucun monstre de ce
» genre portant un autre nom. Je le répète, qu'est-ce
» donc que la superstition? *Super* ne veut-il pas dire
» *par delà?* Ce sera donc quelque chose qui est *par
» delà* la croyance légitime. En vérité, il n'y a pas de
» quoi crier *haro*. J'ai souvent observé dans ce monde
» que *ce qui suffit ne suffit pas;* n'allez pas prendre
» ceci pour un jeu de mots : celui qui veut faire pré-
» cisément tout ce qui est permis, fera bientôt ce qui
» ne l'est pas. Jamais nous ne sommes sûrs de nos
» qualités morales que lorsque nous avons su leur
» donner un peu d'exaltation... J'imagine, mes bons
» amis, que l'honneur ne vous déplaît pas? Cepen-
» dant, qu'est-ce que l'honneur? C'est la *superstition
» de la vertu*, ou ce n'est rien. » Et ailleurs : « Je
» suis porté à croire que les clameurs contre *les excès
» de la chose* partent des ennemis *de la chose*.

» Ecoutez ce petit conte, je vous en prie; peut-être
» c'est une histoire. Deux sœurs ont leur père à la

---

[1] *Soirées de Saint-Pétersbourg*, 10ᵉ entretien.

» guerre : elles couchent dans la même chambre ; il
» fait froid, et le temps est mauvais ; elles s'entre-
» tiennent des peines et des dangers qui environnent
» leur père. *Peut-être,* dit l'une, *il bivaque dans ce*
» *moment, peut-être il est couché sur la terre, sans*
» *feu ni couverture; qui sait si ce n'est pas le moment*
» *que l'ennemi a choisi... Ah!...*

» Elle s'élance hors de son lit, court en chemise à
» son bureau, en tire le portrait de son père, vient le
» placer sous son chevet, et jette sa tête sur ce bijou
» chéri. — *Bon papa! je te garderai.* — *Mais, ma*
» *pauvre sœur,* dit l'autre, *je crois que la tête vous*
» *tourne. Croyez-vous donc qu'en vous enrhumant*
» *vous sauverez notre père, et qu'il soit beaucoup plus*
» *en sûreté parce que votre tête s'appuie sur son por-*
» *trait? Prenez garde de le casser, et croyez-moi,*
» *dormez.*

» Certainement, celle-ci a raison, et tout ce qu'elle
» dit est vrai ; mais si vous deviez épouser l'une ou
» l'autre de ces deux sœurs, dites-moi, graves philo-
» sophes, choisiriez-vous la logicienne ou la *supersti-*
» *tieuse?*

» Pour revenir, je crois que la superstition est un
» *ouvrage avancé* de la religion qu'il ne faut pas dé-
» truire, car il n'est pas bon qu'on puisse venir sans
» obstacle jusqu'au pied du mur en mesurer la hau-
» teur, et planter les échelles. »

Il serait un peu difficile de reconnaître à ces éloges,
à ce charmant portrait, cette superstition « qui du
» haut du ciel montre aux mortels sa tête horrible,
» et les glace d'effroi : »

Humana [1] ante oculos fœde cum vita jaceret,

---

[1] Lucrèce, *De natura rerum,* l. I.

> In terris oppressa gravi sub relligione,
> Quæ caput e cœli regionibus ostendebat,
> Horribili super aspectu mortalibus instans.

De Lucrèce à M. de Maistre, le monstre s'est bien adouci, et la métamorphose est complète,

Avouons-le, si, pour résoudre définitivement les questions, c'était assez de l'esprit et de l'audace, M. de Maistre, qui a tout touché et tout tranché, nous eût assuré un long repos. Par malheur, il y faut d'autres qualités, moins brillantes peut-être, mais plus solides. La superstition est-elle toujours en effet un excès d'amour? Quelquefois il est vrai ; ainsi des âmes trop aimantes se sont imaginé que par certaines opérations elles obtenaient la vue de Dieu, ou que sa Providence produisait en elles et dans leurs corps des choses merveilleuses; elles prenaient ainsi pour des miracles des phénomènes naturels ou une illusion de leur imagination excitée. Plotin, au rapport de Porphyre, a été visité trois fois par l'Être suprême; pour lui, il a joui une seule fois de cette faveur; les Orientaux ont réduit en art le secret de faire descendre en eux l'âme universelle; sainte Thérèse rapporte dans *sa Vie*, que l'extase la soulevait et lui faisait perdre terre; madame Guyon sentait la grâce remplir son corps et le distendre jusqu'à le rompre. Voilà, parmi une foule, quelques exemples où la superstition est l'amour divin exagéré; c'est la part de la faiblesse humaine; mais à côté de cette faiblesse, voyez quelle vigueur contre le mal, quelle surveillance sur ses passions, parfois quelle dureté impitoyable pour soi-même, quel attachement au devoir! Certes, quand un peu de superstition se trouve mêlé à tant de vertu, il faudrait un triste courage pour la reprendre avec aigreur. Mais, pour une de ces natures généreuses, combien doit-on compter de ces âmes intéressées qui traitent en commerçants l'affaire du salut!

Suivant le cours naturel des choses, l'artisan qui veut faire fortune se confie à ses bras, il travaille avec ardeur et avec suite ; le savant que tourmente le désir de la vérité la demande à une méditation opiniâtre ; celui qui tient à conserver sa santé, à accroître sa force physique, se rend sobre et actif, puis, lorsque vient la maladie, il appelle le remède, et provoque de lui-même une douleur salutaire ; celui que tentent la renommée, les hautes positions, s'y prépare de loin, par l'étude solitaire, ou en exposant ses jours ; enfin celui qui aspire au bonheur éternel étudie ses défauts, entreprend de les détruire, et s'exerce à la vertu, rapportant ses pensées et ses actes à la perfection. Ainsi, pour obtenir les biens de l'esprit et du corps, nous avons la connaissance des moyens constants par lesquels ils se gagnent, et, pour appliquer ces moyens, la volonté.

C'est de cette manière qu'on se fait homme ; mais la plupart d'entre nous, si nous sommes pleins de désirs, nous sommes aussi impatients et lâches : fortune, science, santé, force, honneurs, félicité sans fin, nous voudrions tout posséder sur l'heure et sans effort. Si on pouvait abandonner ce grand chemin tout droit et à perte de vue ! S'il existait quelque sentier de traverse qui nous menât tout d'un coup au but ! A ce moment la superstition se présente avec son cortége de procédés merveilleux. Pour préserver notre vie et notre bonheur sur terre, elle dérobe et emprisonne l'influence des astres dans un talisman ; elle chasse les maladies par des sortiléges ; elle évoque les puissances invisibles, et en attend la révélation mystérieuse qui lui ouvre la nature et ses trésors.

Bon nombre de ces extravagances n'existent plus, il est vrai; notre défaut n'est point de croire aux esprits, et nous confions plus aisément notre santé aux médecins qu'aux sorciers; mais par un effet déplorable, à mesure que les démons étaient dépouillés de leur vertu, au lieu qu'elle se dissipât, les puissances célestes en héritaient, et ainsi toute la force de la superstition se réfugiait et se concentrait dans la religion.

C'est un beau spectacle de voir un esprit attaché par sa condition à la terre, se soulever par l'amour vers Dieu, dans cette union ineffable avec l'être parfait, épurer ses instincts, assurer son courage, forcer à la prière un corps frémissant de désir; et telle est la vertu de la religion; mais supposez qu'à un certain moment le sentiment s'évanouisse, et que la pratique demeure, la religion sera-t-elle encore entière? n'aura-t-elle pas perdu la meilleure part d'elle-même? Quand, la prière ainsi réduite à être un acte tout extérieur et comme mécanique, prière des lèvres et non du cœur, corps sans âme, fantôme de la prière, on lui conservera son efficace, qui est de nous conduire au bien et au bonheur suprême, qu'on lui demandera en outre de réformer la nature, qui la distinguera alors des formules magiques? et qui distinguera Dieu des esprits inférieurs, quand l'homme possède un *signe* tout-puissant pour l'évoquer, au gré de ses caprices et de ses passions?

Qu'il est triste de voir le Dieu qui sanctifie détrôné, et l'homme établir à son propre bénéfice un Dieu dispensateur des jouissances? Mais pourquoi s'attrister? N'y a-t-il pas un grand concours vers les choses divines, et la religion n'est-elle pas dans un état prospère? Il ne suffit pas que vous vous approchiez de Dieu; qu'allez-vous lui demander? et comment le lui demanderez-vous? Voilà ce qui importe réellement. Faites briller aux yeux des hommes les joies de la vie future, et, quand vous les aurez enflammés par ce spectacle, annoncez qu'elles sont réservées à la sainteté, beaucoup reculeront; mais enseignez qu'il existe des procédés pour arriver là sûrement et sans tant de fatigue, des pratiques faciles auxquelles Dieu ne résiste pas, vous les verrez accourir. Toute puissance a ses courtisans; et Dieu, qui ne meurt pas, comme les rois de la terre, qui donne davantage et sans s'appauvrir, Dieu n'aurait pas les siens! Il en aura sans doute, tant que les hommes seront passionnés pour le bien-être et impatients du travail, tant que les louanges, les complaisances et la discipline sous l'étiquette leur sembleront plus commodes que les services réels et la discipline sous le devoir; c'est dire que souvent l'intrigue religieuse remplacera la religion. De là ces conciliations étranges, plus rares encore chez nous, mais ordinaires en Italie et en Espagne, d'une piété minutieuse et de mœurs sans frein; l'absence du bien, la sécurité dans le mal. Ah! si l'esprit humain est condamné fatalement à payer un tribut de folie, rendez-nous les sciences occultes, et respectez, n'altérez pas un sentiment qui est le foyer de la vie.

On le reconnaîtra, la superstition n'est pas toujours, comme le prétend M. de Maistre, l'excès, mais plutôt le défaut de l'amour divin. Mais supposons qu'il ait dit vrai; une fois que cette passion est allumée, quelle en sera la mesure? Ce qui suffit ne suffit pas, dites-vous, soit; encore faudra-t-il s'arrêter. Ce n'est pas assez de créer en nous une force nouvelle, il faut aussi en définir l'emploi; il n'y a rien dans la nature d'absolument bon: le même air qui, paisible, vivifie les animaux et les plantes, déchaîne les tempêtes ; le soleil qui, par une douce chaleur, féconde la terre, peut aussi l'embraser ; la pluie la ranime ou l'inonde. Ce n'est pas assez de frapper les montagnes pour faire jaillir les sources, il faut au fleuve naissant creuser son lit ; et plus une force a d'énergie, plus aussi il importe de la régler. Quant à M. de Maistre, il joue avec le sentiment religieux, et ne voit pas que l'amour divin est gros du fanatisme, que la même ardeur qui amollit les âmes de Gerson et de Fénelon, exaspère Ravaillac et Torquémada. Quand une doctrine arrive là, quand des guerres révoltantes, comme les guerres de religion, sortent de son sein, elle est condamnée ; de là toutes les accusations de Lucrèce, de Plutarque, du dix-huitième siècle, frappent juste ; honte à celui qui s'associerait à cette cause flétrie par le bon sens et par l'humanité !

Distinguons soigneusement les temps où abondent les miracles. Paul terrassé se relève chrétien ; Antoine est renouvelé par une illumination soudaine ; Augustin, abattu la face contre terre, l'âme déchirée par un suprême et redoutable combat, entend une voix inconnue, un avertissement mystérieux, qui termine ses doutes et le pousse dans le christianisme ; sont-ce là ou non des miracles ? je ne songe pas à l'examiner : tout entier à mon émotion, frappé par la grandeur de ces changements, j'admire la force de cette religion naissante qui frappe de tels coups, dompte les esprits et tourne les cœurs avec un tel empire ; l'illusion elle-même fréquente et opiniâtre attesterait la réelle vigueur de cette doctrine. Malheur à ceux qu'un tel spectacle ne touche pas ! Ils n'ont pas compris quel événement c'est dans la vie des hommes qu'une croyance inespérée qui relève les courages languissants. Ils veulent quand ils sont heureux que le jour brille de tout son éclat, que la nature revête sa plus belle parure, que le jour se voile et que la nature prenne le deuil dans leurs tristesses, que toujours quelque changement dans l'univers suive les changements de leur humeur; mais si des peuples, subitement ressuscités par l'apparition de doctrines généreuses, croient qu'un si heureux événement ne s'est pas passé sans quelque secours particulier de Dieu, croient sentir cette main puissante qui les retire des ténèbres, et que la terre s'émeut quand la Providence, pour guider l'humanité, allume un nouveau soleil, ils demeurent glacés : l'enthousiasme peut compromettre la raison et en déranger l'équilibre !

Il est une autre époque où reparaissent les miracles, non plus dans la jeunesse des doctrines, mais lors de leur caducité ; elles meurent comme elles sont nées, au milieu des prodiges. Voyez, quand le paganisme s'éteint, les innombrables superstitions populaires; son grand défenseur, Julien, donnant dans la théurgie ; la philosophie grecque, au moment de sa ruine, luttant de miracles avec les chrétiens; plus près de nous, cette noble secte du jansénisme, qui avait attiré à elle tant de si grands esprits, finissant dans les convulsions de Saint-Médard. Quand les doctrines ont l'invincible sentiment de leur faiblesse, quand le monde leur échappe, quand les voies naturelles qui introduisent dans l'âme leur sont fermées, alors, ou elles tentent sciemment des surprises, ou, comme un orateur jeté hors de lui par la froideur et l'improbation de l'auditoire, elles s'échauffent avec excès, et ainsi exaltées perdent le sens de la réalité ; ou enfin, comme ces savants du moyen âge qui, n'attendant plus rien de l'étude, se lancent dans un monde fantastique et se remettent aux mains des esprits invisibles, désespérées elles évoquent Dieu, le chargent d'accomplir leur œuvre : recours fatal des puissances qui s'abandonnent elles-mêmes.

C'est donc un avertissement sévère pour le spiritualisme. Il défend la cause de Dieu : c'est là sa vérité et sa grandeur, par là il est protecteur de la vertu sur terre, et le seul garant de la solide félicité; mais si, dans un indiscret emportement, il méconnaît la condition humaine, l'ordre providentiel qui y réside, s'il veut la fin sans les moyens naturels qui y conduisent, s'il veut le bonheur sans la vertu, la vertu sans le combat, si, au lieu que l'homme soit le serviteur de Dieu, il fait de Dieu le serviteur de l'homme, alors il n'y a plus ici-bas que le mensonge de la moralité.

Par une autre erreur des plus graves, on a mal compris la nature du sentiment religieux. Comme on a eu tort de faire de Dieu un Dieu jaloux, que toute existence étrangère offusque, on a eu tort aussi de faire un sentiment religieux exclusif, ennemi de tout ce qui n'est pas lui-même. Non, le sentiment religieux n'absorbe pas les autres : il se mêle à toutes nos pensées, à tous nos amours honnêtes, pour y ajouter quelque chose d'exquis ; il n'est pas une vertu particulière, il est le parfum de toutes les vertus. C'est ce que n'ont pas compris ces belles âmes du jansénisme, et plus généralement les mystiques. Ecoutez-les : Dieu est jaloux, il veut régner sans rival ; voici des liens qui vous attachent aux créatures, coupez-les ; tant qu'il en subsistera un seul, aussi faible soit-il, vous ne serez pas parfait, et si vous-même vous tenez quelque place dans une autre âme, travaillez à la retrancher. Pascal a bien dit : « Il est injuste qu'on » s'attache à moi. » Eh bien ! je chasserai de mon cœur toutes les créatures, et Dieu le possédera sans partage ; mais je suis curieux de science, j'ai du goût pour les beaux-arts, je les cultiverai. « Non [1], ense- » velissez ces talents ; ils ne vous serviront de rien » pour votre salut. »

Voilà assurément de cruels sacrifices ; mais je l'avoue, on en est plus d'une fois largement récompensé, car l'amour de Dieu suffit à combler une âme ; je ne conteste donc pas que par cette route on n'arrive au bonheur. Ce qui m'inquiète, c'est de savoir si elle mène à la perfection. Parle-t-on de placer l'intérêt de Dieu au-dessus de tous les autres ; veut-on que, si nous avons à choisir entre la vie du monde et la vie parfaite, nous renoncions au monde, et travaillions hardiment à nous faire meilleurs, on a raison : le martyre vaut mieux que l'apostasie, et il vaut mieux professer le vrai Dieu dans la misère que de le renier sur le trône. Le savant qui s'arrache à de douces affections pour courir après la vérité, la femme qui renonce à toutes les joies de la société et de la famille pour se dévouer aux pauvres et aux malades, sont assurément de nobles exemples : il y a dans la société des postes durs à tenir, il y faut de fermes courages ; Dieu fait un appel aux âmes, et quelques-unes répondent, pour leur honneur et pour le bonheur de l'humanité ; à ceux-là le Juge suprême ne demandera pas compte de quelques talents qu'il leur avait donnés, et qui sont morts dans le germe : il leur saura gré d'avoir dédaigné le sourire du monde pour panser ses blessures ; ce qu'ils avaient en eux d'amour, de puissance, a été dépensé pour de bons usages, et a porté de beaux fruits.

---

[1] La mère Angélique. Voyez *Jacqueline Pascal*, par M. Cousin.

Mais voici un homme qui croit marcher à la perfection, et demande à Dieu ses récompenses, sa bienheureuse éternité. « Mon Dieu, lui dit-il, je vous ai
» aimé uniquement. Vous aviez mis en moi des pas-
» sions contraires à celle-là, je m'en suis dépouillé ;
» j'ai oublié que j'avais une famille sur terre, pour
» ne songer qu'à vous, mon créateur ; j'ai regardé
» comme ma seule patrie votre céleste royaume ; j'ai
» été tenté de pénétrer les secrets du monde, mais
» j'ai étouffé une curiosité indiscrète, je n'ai plus
» voulu converser avec ces objets qui ne me parlaient
» pas de vous, j'ai fait taire les vaines pensées, pour
» ne songer qu'à vous ; j'ai été séduit par les dou-
» ceurs des arts : je décorais la toile et le marbre, et
» négligeais d'orner mon âme ; j'entassais des pierres,
» je combinais des couleurs, des lettres et des sons,
» pour traduire un idéal imaginaire des choses qui
» passent, et pendant tout ce temps je vous perdais
» de vue, vous qui êtes l'exemplaire vivant et immor-
» tel des éternelles vertus, et je ne m'efforçais pas
» d'exprimer par mes actions votre beauté suprême.
» Enfin je suis revenu de mon erreur, je n'ai plus
» contemplé que vous et passerai en face de vous seul
» le reste de mes jours, jusqu'au moment fortuné où
» délivré du corps je vous verrai sans ombres. »

J'imagine qu'un père jaloux que son fils se forme l'envoie à l'armée au début de quelque grande campagne. Cependant le fils ne peut supporter cette séparation et lui écrit : « On s'est battu ; pour moi, pour-
» suivi par votre souvenir, je me suis retiré à l'écart,
» et j'ai rêvé à vous ; nous avons traversé des pays
» magnifiques, dit-on, les chefs-d'œuvre des arts
» rivalisent avec la beauté de la nature, et l'industrie
» y fait des miracles ; au milieu de ces merveilles je

» n'ai rien vu, je n'ai eu devant les yeux que votre
» image. Les hommes qui m'entourent me sont étran-
» gers : je ne me soucie point de connaître ce qu'ils
» font, ce qu'ils disent, ce qu'ils pensent ; retiré en
» moi-même je vous parle, je vous entretiens de mon
» amour, je vous supplie d'abréger le temps d'un exil
» qui me tue. » Que le père soit touché d'un sentiment si fort et si durable, on peut le croire ; mais on
peut croire aussi que, s'il est sage, s'il ne cède pas à
une fausse tendresse, il réprimandera vivement son
fils, il lui dira par exemple : « J'aurais été bien plus
» touché de votre affection si, quand on s'est battu,
» au lieu de vous mettre à l'écart pour songer à moi,
» cette même affection vous eût attaché à votre poste ;
» si ma pensée réveillant en vous le sentiment du de-
» voir, l'amour de la patrie et de la gloire, eût élevé
» votre cœur et soutenu votre bras. Au lieu de les
» mépriser, il fallait contempler ces merveilles qui
» étaient sur votre route, il fallait laisser pénétrer en
» vous les nobles passions que les arts et la nature
» inspirent, et j'étais heureux si mon souvenir ne
» s'effaçait pas devant ces pures et puissantes émo-
» tions, si je me présentais alors à vous pour dire que
» je vous approuve, et que je vous aime ainsi. Vous
» avez négligé d'étudier les hommes, et vous avez
» mal fait : vous perdez l'occasion d'apprendre la sa-
» gesse. Prenez-y garde, vous ne savez pas m'aimer.
» Je n'ai que faire d'un amour stérile, je veux qu'il
» soit agissant ; je refuse un cœur que j'habiterais seul,
» et ne tiens point à honneur de régner sur le vide ;
» ma pensée ne doit pas absorber votre énergie,
» mais la susciter et la régler, présider à tous vos
» mouvements vers le bien. Vous espérez en vain que
» je vous rappellerai : j'ai résolu votre éloignement

» pour votre profit; tant que vous n'aurez pas profité,
» ne comptez pas qu'il cesse; je vous ai renvoyé en-
» fant, vous ne me reverrez que quand vous serez
» un homme. » L'analogie est-elle assez frappante ?
Dieu n'a pas créé son soleil pour luire sur des dé-
serts ; il a voulu qu'il fît fleurir la terre, qu'il la péné-
trât, non pour la dévorer, mais pour la féconder,
pour exciter les semences qu'elle renferme ; une fois
parues, pour agiter leur séve et les mûrir par sa vivi-
fiante chaleur ; enfin pour que sa lumière fît briller
les couleurs et éclater la beauté. Oh ! la malheureuse
idée de croire qu'on ressemble à Dieu parce qu'on
n'a plus rien de l'homme, et que l'on court à la perfection quand on recule jusqu'au néant ?

Mais enfin, quelque déplorable que soit cette illusion, c'est l'illusion de l'amour, et par là elle se relève ; on tente de s'unir à l'être absolu, et la hardiesse
de cette entreprise en couvre l'imprudence : dans une
volonté pareille il y a du héros. Je vois ailleurs d'autres
hommes qui partisans aussi d'un spiritualisme excessif, mais d'un esprit moins emporté, renoncent à cette
chevalerie du spiritualisme, travaillent, non plus à
s'unir à Dieu dès cette vie, mais à gagner ses faveurs,
et pensent y parvenir en abdiquant leur intelligence
et leur liberté. Voyez comme l'humanité est toujours
la même. Dans les temps barbares, les peuples, pour
se rendre leurs divinités favorables, choisissent dans
leurs troupeaux les taureaux les plus puissants, les
plus grasses génisses, et les immolent ; ils donnent
ainsi au souverain maître ce qu'ils possèdent de plus
précieux, quand encore, par une logique terrible, ils
n'immolent pas des victimes humaines. Laissez-les se
civiliser ; la vie du corps cède de plus en plus devant
la vie de l'esprit, et par suite les biens du corps per-

dent de leur valeur, qui passe aux choses invisibles. Alors, si on veut être agréable à Dieu, on ne lui sacrifiera plus de la matière : on prendra ce qu'on a de plus cher, sa propre âme, et on la mutilera. Celui que la prudence ou un reste d'attachement à lui-même arrête se retranchera seulement quelque bien, quelque passion trop chère ; mais celui qui ne compte pas avec Dieu sacrifiera d'un coup tout son être : les passions qui font l'attrait du monde, la raison si exigeante et qui abonde dans son sens, la liberté ombrageuse et indocile, tout sera immolé ; ce qui peut s'éteindre de l'âme sera éteint, et ce qui persiste à vivre sera réduit en servitude, passera sous un joug étranger.

Eh quoi ! la faveur de Dieu est-elle à ce prix ? et ne tenons-nous de lui nos facultés sublimes que pour nous en dépouiller ? Dites que les passions ont des torts, que tout exercice de l'intelligence n'est pas louable, tout emploi de la volonté heureux, que par conséquent les passions et la volonté doivent être soumises à une règle inflexible, à la raison, et que la raison elle-même doit faire plier ses entêtements sous l'autorité infaillible du sens commun : cela c'est de la pure sagesse, et quiconque agit ainsi mérite devant Dieu, parce qu'il se conforme à l'ordre manifestement établi ; il suit la grande route de la vertu. Mais que demande la vertu ? Il faut y songer aussi. Il y a une certaine perfection de chaque espèce : pour le minéral, l'immobile consistance de ses parties ; pour les êtres vivants le continuel développement ; pour les corps animés, le meilleur état des organes, une vue perçante, une ouïe fine, un tact délicat, des muscles fermes et souples ; pour l'âme, le dévouement, le génie, le courage indomptable. Et enfin comment concevons-nous Dieu, dans sa perfection solitaire, sinon comme la plénitude absolue de toutes les puissances qui sur la terre manquent toujours par quelque endroit.

Par quel déplorable aveuglement a-t-on renversé ce bel ordre divin, pour en substituer un d'invention humaine? Tandis que Dieu nous commande d'étendre notre être, on nous commande de le diminuer; tandis que Dieu a pris soin de séparer les espèces par d'infranchissables limites, tandis qu'il a ordonné à chaque être de chaque espèce de marcher à la perfection qui convient à cette espèce même; quand la nature nous porte irrésistiblement vers ce but, quand la raison nous enjoint d'y tendre, quand la sérieuse et profonde jouissance de toute âme qui se déploie lui témoigne qu'elle est dans le vrai, on vient nous dire: Prenez en vous ce qui est de l'homme et brisez-le; qu'il n'en reste rien. Mais quand il n'en restera plus rien, serai-je donc un homme encore? ne serai-je pas descendu dans les espèces inférieures, dégradé de l'humanité? Tout à l'heure du moins, quand l'homme s'attachait de toutes ses puissances exclusivement à Dieu, il restait de lui une vive flamme qui tendait en haut vers les pures régions, mais ici qu'en reste-t-il qu'une machine clouée à la terre, jouant tristement la vie?

Le sentiment religieux n'est pas un feu qui dévore tout ce qui touche, c'est le feu plus doux qui circule dans toutes les parties de l'être, portant partout avec lui la chaleur et la vie. Presque toujours on comprend d'étrange manière la philosophie et la religion; pourtant c'est là le tout de l'homme. La philosophie n'est pas un éblouissement, elle est une situation élevée de l'esprit, qui de là rapporte les objets à leur ordre et à leur principe : elle est le monde vu d'en haut. Et la religion, qui est la philosophie de la vie, la religion n'est point la stupeur, mais un haut état de l'âme, qui, rattachant l'existence présente à son origine et à sa fin, n'estime les choses que par cet endroit, et ne se laisse toucher par elles que du côté de Dieu et de l'éternité.

Un mot maintenant sur cette malheureuse idée que M. de Maistre a eue de défendre la superstition. Nous vivons dans un triste temps où tout a été réhabilité, au profit de telle ou telle cause, au dommage assurément de la justesse de l'esprit, et de la rectitude de l'action. Pascal avait dit : « Soutenir la piété jusqu'à la super- » stition, c'est la détruire; » les grands évêques du dix-septième siècle la repoussaient; des hommes religieux l'ont poursuivie dans des livres autorisés; il fallait arriver jusqu'à nous pour en entendre l'éloge, pour entendre dire qu'en son absence il manque quelque chose à la piété, que la piété trouve en elle sa défense naturelle et son plus grand charme. Nous sommes la proie du paradoxe. Au lieu de mettre son honneur à saisir la vérité simple, et à rendre naïvement l'impression solide qu'elle fait sur les âmes, il ne s'agit plus que de surprendre par des tours de force merveilleux le lecteur déconcerté, qui n'ose plus dire où est la vérité ni où elle n'est pas, sans respect pour ce pays, qui fut autrefois le pays du bon sens, sans respect pour cette langue qui était la langue des idées justes. Le paradoxe est haïssable partout, mais quel terrible jeu de jouer avec un sentiment aussi redoutable que le sentiment religieux, et de le déchaîner sur le monde, comme s'il devait, à notre volonté, rentrer dans ses limites! Vous qui surexcitez ainsi une des puissances de l'âme, avez-vous bien affermi la raison? Êtes-vous sûrs que ces agitations violentes ne feront pas vaciller sa lumière, qu'elles ne l'éteindront pas? La sagesse d'un roi excellent, de saint Louis, en a été troublée : il a pu dire que, lorsqu'on rencontre un hérétique, il faut lui passer son épée au travers du corps; et quand un saint a chancelé dans une telle épreuve, vous la répétez hardiment sur des esprits incultes et des cœurs sauvages! Vous frappez du pied la terre, et des sources vives jaillissent; j'admire votre puissance! mais ces sources se réunissent, elles forment un torrent, et vous n'avez pas creusé son lit; à ce coup j'admire votre folie, si c'es de la folie encore!

CHAPITRE XXI.

CONTRE L'ATHÉISME.

Il y a chez certaines personnes une illusion qui leur fait voir des athées partout. Elles raisonnent ainsi : il n'y a qu'un seul Dieu qui soit le vrai, c'est le nôtre, et quiconque ne le reconnaît pas ne connaît pas Dieu, est un athée; tous les païens, tout ce qu'il existe maintenant d'hommes en dehors de cette religion, athées encore; tous ceux qui dans son sein se font des opinions particulières, différentes de la règle, athées tout de nouveau. Et, pour rencontrer de pareils jugements, il n'est pas besoin de tomber jusqu'au père Hardouin, *le plus paradoxal des hommes*, qui rangeait bravement parmi les athées Descartes, Malebranche, Nicole, Jansénius, Pascal, etc., on rencontre de ces assertions chez des hommes plus sages, comme Mersenne et Nicole. Nicole y voyait désormais la grande hérésie du monde, et Mersenne comptait cinquante mille athées à Paris. Le danger de pareilles allégations est immense; comment ne le voit-on pas? Si en effet la meilleure partie du genre humain est athée, la religion est une hérésie; la nature ne nous mène pas invinciblement vers Dieu; son existence n'est pas une de ces vérités constantes par l'assentiment universel, sur lesquelles on n'ose porter la main, et on cherche en vain dans les âmes cette idée de l'être parfait, de la cause première, que Descartes appelait si justement la marque de l'ouvrier. Si on voulait faire des athées, il ne faudrait pas s'y prendre autrement. Quoi! c'est le même de ne pas connaître Dieu tel qu'il est, ou de ne pas le connaître du tout! Il n'y a aucune croyance, aucun sentiment qui tînt contre une telle manière de raisonner. Cet enfant qui aime de toutes ses forces sa mère sait-il donc par quels liens il tient à elle, comment elle l'a porté dans son sein, comment il a vécu de sa vie, par quel art s'exerce cette providence qui l'enveloppe dans tous ses mouvements, où elle le conduit, si même elle le conduit quelque part, quel est le sens profond de ses préceptes, le secret de ses démarches? Il ignore tout cela, mais il connaît qu'un être plus grand que lui, plus fort que lui, veille sur son bonheur, et en retour il l'aime. Oserez-vous comparer cet enfant à celui qui, élevé à l'aventure, n'a rien vu ni rien senti de tel; et le cœur de l'un vous paraît-il aussi vide que celui de l'autre? Ce serait insupportable. Dites, si vous voulez, que l'amour filial n'est pas fait pour demeurer dans ces rudiments, et qu'il ne s'achève en nous que le jour où nous comprenons parfaitement tout ce qu'il y a de profond, d'intime, de sacré dans ces rapports qui nous unissent à celle qui nous a faits ce que nous sommes, ce sera la vérité; mais c'est la vérité aussi que cet amour achevé était renfermé dans le premier sourire.

Ainsi l'idéal de la raison humaine est de connaître Dieu dans la plénitude de son être et de ses attributs; en deçà de ce point elle est imparfaite, et encore il n'y a de culte entièrement digne de lui que celui qui consacre ses perfections infinies; on doit donc tendre là sans relâche, et n'estimer rien que cela sans réserve; toutefois, s'il est d'une extrême difficulté de reproduire ce modèle, si la plupart des doctrines religieuses paraissent bien pauvres, comparées à ce pur exemplaire, comment prétendre qu'elles n'en offrent pas quelques traits, et qu'elles ne sont pas de la même famille? La perfection, la formation du monde par Dieu, l'action providentielle par laquelle il conserve l'univers et dirige les esprits et les cœurs des hommes, n'est pas dans toutes entendue de la même façon, mais, quelles que soient leurs dissidences, elles ont un fonds commun, il est des vérités où elles se réunissent : toutes elles reconnaissent une perfection qui confond notre faiblesse, un maître du monde, un premier Etre sans lequel rien n'existerait, ou rien qui méritât d'exister; toutes elles reconnaissent que cet Etre est Providence, qu'il ordonne tout sagement, qu'il mène et la matière et l'homme à leur fin, par une prudence infinie; que cette même Providence, d'un si grand pouvoir, d'une si haute sagesse, est en même temps une amie pour nous; et qu'enfin notre mal est de nous éloigner d'elle en la perdant de vue, comme notre bien est de nous en approcher sans cesse par la vertu, jusqu'à l'absolu retour.

Sont-ce là des dogmes tellement méprisables? et, quand il est défendu de calomnier les hommes, est-il permis de calomnier les doctrines et les institutions ? D'ailleurs, n'est-ce pas calomnier l'humanité elle-même de soutenir que des nations peuvent pendant des siècles ne se repaître que de chimères? Triste moyen pour honorer l'homme que de mépriser l'enfant! Honorez dans l'enfant l'homme futur. Pour estimer les choses avec équité et avec douceur, qui ne conçoit et n'aime rien de mieux que ce qui est a l'esprit athée et le cœur athée; qui conçoit et aime quelque chose de mieux que ce qui est a l'esprit religieux, le cœur religieux. Ne pas croire à Dieu est un grand malheur, l'exploiter est horrible, et le véritable athée n'est pas don Juan, c'est Tartuffe. Pour la doctrine, l'athéisme formel nie Dieu, cause de l'ordre de l'univers.

Ses causes sont diverses. On dit souvent qu'il est un vice de cœur. Sans contredit, certains athées nient Dieu parce qu'ils ont intérêt à ce qu'il n'existe pas. Lorsqu'on désire qu'une opinion soit vraie, on est bien près de le croire. Voyez combien aisément on s'accommode d'une politique qui sert nos intérêts privés. Dans les lettres et les arts, on construit des théories qui s'adaptent précisément à ses propres œuvres. En fait de religion, suivant celle où on se trouve, on exalte ou on prend en pitié le même raisonnement. Dans la philosophie, on émet des principes qui ont quelque conséquence compromettante, et pour éviter cette conséquence, on les tord; ou bien on a avancé une erreur qu'on reconnaît, mais, plutôt que de la rétracter, on la défend, et on finit par y revenir : l'esprit, aiguillonné par l'amour-propre, déploie des ressources nouvelles, déguise le faible de la doctrine, en met les avantages dans leur jour, s'éblouit lui-même, et insensiblement se rengage dans son ancienne opinion. Chaque jour on crée une justice nouvelle à son usage : on forme un mauvais désir, on le contente, et après on se démontre péremptoirement qu'on a agit suivant la morale et le droit. Est-il donc étonnant, quand on accommode ainsi la morale à ses convenances particulières, qu'avec une nature plus portée au mal, et qui repousse toute discipline, on arrive à croire qu'il n'y a ni vice ni vertu, et que la loi de la conscience est une pure illusion ? Comme enfin, dans une vie pareille, Dieu nous inquiète avec sa surveillance, ses récompenses et ses punitions, on désire de toutes ses forces qu'il n'existe pas, on travaille de toutes ses forces à le croire, et un jour cette application constante porte son fruit. Rien de plus vrai que la maxime : « L'esprit est souvent la dupe du » cœur. »

Mais si l'athéisme vient quelquefois de la corruption de l'âme, il n'en vient pas toujours. On est trop dur pour les hommes qui ont eu le malheur de tomber dans de faux systèmes; on ne connaît pas les séductions de la vie intellectuelle et les pentes de l'esprit. Dans le monde, nous vivons assez peu préoccupés des problèmes philosophiques, et, s'ils se présentent à nous quelquefois, nous raisonnons sous la surveillance les uns des autres, surveillance salutaire qui raffermit en nous les sentiments communs et prévient les écarts de la pensée. Ce n'est pas ainsi que s'enfantent les systèmes. Malebranche ne s'enfonce pas tout d'un coup dans l'idéalisme ; d'abord il s'isole complétement, il ferme avec soin sa fenêtre et ses rideaux, puis il se laisse entraîner dans de longues méditations à une hauteur où les bruits de la terre ne sauraient parvenir. Spinosa ne se précipite point du premier bond dans cette négation étrange du bien et du mal moral, de la liberté, de lui-même ; lui aussi il s'isole, il vit dans une sorte de désert. Qui nous peindra ce qui se passait alors en eux ? Qui nous peindra ce qui se passait en Socrate, alors que pendant des heures entières il demeurait debout, immobile, ne voyant rien, n'entendant rien, insensible à la chaleur et au froid, perdu dans ses méditations ? On sait comment surviennent les rêves. Un sens se ferme, puis un autre, puis un autre encore ; d'incohérentes images passent devant nos yeux, et si quelque bruit les chasse, elles reviennent bientôt préluder aux songes, qui par leurs spectacles imitent la réalité. Le sommeil c'est l'exercice de l'imagination affranchie de la raison et de la volonté, l'action d'une faculté isolée des autres, l'âme n'opérant qu'avec une partie d'elle-même ? La folie n'est pas loin : elle n'est qu'un rêve éveillé. Et qu'est-ce que la méditation à son tour ? L'abstraction va devant, fermant les organes du corps ; d'abord, n'étant plus attirée au dehors de la matière, la pensée se concentre et prend de la force ; mais qu'arriverait-il si l'abstraction fermait aussi quelqu'un des organes de l'âme, si elle interceptait par exemple l'expérience, pour ne laisser agir que le raisonnement ; si la conscience s'assoupissait peu à peu, puis de temps à autre excitée, se taisait enfin ; si la logique, maîtresse de l'entendement, en recevant toute la vigueur, mue par une volonté inflexible, se donnait libre carrière, courait des principes aux conséquences, des conséquences aux principes, ne prenant conseil que d'elle-même et de sa violence ? Ce qui arriverait ? on l'a éprouvé bien souvent. Tantôt jaillirait la lumière la plus vive et la plus pénétrante, quelque profonde vérité, tantôt des lueurs douteuses ou décevantes, de tristes erreurs, en tout une représentation attrayante, fantastique; que si quelques traits rappellent la vérité, elle y figure comme figurent dans nos songes les bruits ou les sensations que nos organes nous transmettent encore : c'est simplement la matière de la fantaisie.

Ainsi est né l'athéisme : c'est un rêve de l'esprit, rêve funeste qu'il faut chasser. Mais s'il est odieux, son origine n'est pas moins respectable; il est sorti d'où sort le théisme, d'où sortent toutes les doctrines salutaires : de la libre réflexion, mère des erreurs et mère des vérités.

Il y a peu d'athées : tout homme croit à Dieu en de certains moments; quelques-uns le nient dans la plus grande partie de leur existence; un grand nombre ne l'entrevoient qu'à travers d'épais nuages; une foule immense le laissent au ciel, tandis qu'ils font leurs affaires sur terre, et vivent sans songer à lui.

Toujours est-il que l'athéisme existe, et qu'il faut savoir ce qu'on doit en penser. Il a pris selon les temps diverses formes, dans chaque temps celle qui séduisait davantage. Dans l'antiquité, il est l'athéisme élémentaire, celui qui met la simplicité à la place de la complication : pour expliquer l'immense variété de l'univers, passé, présent et futur, il ne demande que le vide et des atomes; et vraiment on ne peut se passer à moins de cela. Du reste nul souci de la diversité essentielle des choses : esprit et corps, fatalité et liberté, aveuglement et intelligence, appétit physique et pur sentiment; s'il fait peu de frais d'explication, il fait aussi peu de frais d'observation. C'est la philosophie à bon marché. Aussi il est resté l'idéal de tous les esprits superficiels et vaniteux qui veulent avoir mine de philosophe sans en faire la dépense. Au dix-huitième siècle, d'Holbach le remet en scène et se moque bien de ceux qui distinguent encore dans les choses d'autres différences que nombre, poids et grandeur, un monde physique et un monde moral. Je ne sais quel mauvais ange veille aux portes du système et n'y laisse rien entrer de généreux, un ange exterminateur qui tue tout ce qui vit; on étouffe faute d'air et d'espace, on est glacé dans ce monde sans soleil; quand on lit son triste livre, il semble qu'on parcourt des landes à travers le brouillard; c'est sec, terne, glacé, immobile, désolé, sans autre bruit qu'un cliquetis d'atomes et un grincement de rouages.

Cependant l'athéisme sérieux et intelligent se transforme et se fait autre pour d'autres esprits; il fait alliance avec la grande science de la nature, avec l'anatomie comparée et la physiologie, se rajeunit par là, et s'il ne s'occupe pas du monde de l'âme pour l'expliquer, il ne s'en occupe pas non plus pour le nier : il va son grand chemin à travers les corps, il abat cette poussière d'atomes, et à la place fait paraître la nature avec la force, la vie et le progrès. Voyez-le se constituer.

D'abord il accueille avec empressement l'idée de la *génération spontanée* ou hétérogène. Depuis qu'au moyen du microscope on a pu apercevoir des êtres auparavant invisibles, non-seulement on a découvert tout un monde d'animaux qu'on n'avait pas soupçonné, mais on a cru voir encore que la matière inorganique s'organisait d'elle-même dans certaines conditions, que la vie naissait de la mort. C'était là une découverte précieuse pour le naturalisme, car si la matière nous montre tous les jours cette propriété en exercice, pourquoi recourir alors à un être étranger, à un Dieu qui la fait passer d'un règne à l'autre.

Ce Dieu est une hypothèse gratuite, parfaitement inutile, que la rigueur de la science ne supporte point.

Quoi ! cette terre que je foule du pied va devenir un homme ! On se révolte à cette idée : il y a si loin d'un terme à l'autre dans ce changement, que la raison se refuse à franchir une si effrayante distance. Pas si effrayante, reprend le naturalisme. Au premier abord, on voit un abîme entre un homme et un serpent, entre une baleine et un rossignol, mais la science comble cet abîme : sous son regard tous les êtres se rapprochent, les barrières prétendues infranchissables qui séparent une famille d'une famille, une classe d'une classe, s'abattent ; partout des formes intermédiaires se présentent, qui déconcertent les préjugés : des poissons qui touchent les reptiles, des oiseaux qui touchent les poissons, des mammifères qui touchent les oiseaux, enfin, jusqu'à des créatures mixtes, moitié animaux, moitié plantes. Au lieu de ces brusques contrastes qui paraissaient tout à l'heure, c'est une gradation insensible, une *chaîne continue*, qui nous conduit sans effort de l'être le plus élémentaire à l'être le plus compliqué. La nature ne fait rien par bonds, *natura nihil operatur per saltus*. Ainsi parcourue, nulle distance n'épouvante : qu'on accorde à la matière le pouvoir de former l'animal le plus simple, il serait difficile de lui refuser le pouvoir de produire l'animal qui est immédiatement au-dessus, et peu à peu on arriverait jusqu'à l'homme.

D'ailleurs, il ne serait pas nécessaire que l'homme naquît sous sa forme même. On ne sait pas quels changements peut apporter chez les êtres l'*influence des milieux* où ils se trouvent, l'opération incessante des agents physiques, et, par conséquent il ne serait pas nécessaire que la nature fît un si grand effort pour engendrer tout d'un coup un individu d'une espèce supérieure ; elle y pourrait suppléer par un autre travail, qui modifierait des espèces inférieures une fois engendrées, pour les élever.

Enfin toutes les classes d'êtres vivants sont liées par un rapport beaucoup plus étroit. Des savants, s'appliquant à l'embryogénie, ont cru trouver que l'œuf d'où doit sortir plus tard un homme ne contient pas dans les premiers temps un homme en petit ; qu'en ouvrant cet œuf à différentes époques, on y voit d'abord une simple monade, puis un ver, puis, à un certain intervalle et après d'autres formes, un poisson, et ensuite un reptile, bientôt un oiseau, enfin un homme, dont la figure persistera. Si ces observations sont vraies, il n'y a pas entre les classes d'êtres vivants cette différence si tranchée qu'on suppose d'ordinaire : en réalité, on reconnaît là une *unité de plan*. Il n'existe qu'un seul type, avec des esquisses plus ou moins légères ; la nature travaille sur un seul modèle, et, comme tout artiste, elle ébauche son œuvre avant de l'achever ; elle l'ébauche d'abord grossièrement, au point que l'œil le plus exercé ne reconnaîtrait pas son dessein : c'est une masse où l'on ne discerne rien, sans nulle beauté ; mais laissez faire l'artiste, cette masse, tout à l'heure informe, se distingue, les parties se détachent, les détails s'accusent ; laissez-le faire encore, il y met la dernière main, et vous admirerez un chef-d'œuvre. Ainsi, la forme la plus imparfaite de la vie, la monade, est liée à la forme la plus parfaite, du moins selon notre connaissance, qui est l'homme ; c'est le grand chemin de la nature, et toutes autres formes sont purement des intermédiaires qui marquent les temps d'arrêt de la force plastique.

Génération spontanée, chaîne continue des êtres, influence des milieux, unité de plan, voilà les grandes vues que le nouvel athéisme emprunte à l'anatomie comparée et à la physiologie ; s'il n'est pas encore une science de l'âme, au moins il est une science physique respectable, à la hauteur des connaissances modernes, même au delà.

Mais, quel qu'il soit, il est insuffisant; on étudie, on explique les forme matérielles et leur progrès, mais que dit-on des idées et des sentiments invisibles et de leur progrès? L'humanité aussi marche, l'humanité aussi se transforme, et l'athéisme qui la néglige n'embrasse que la moitié des choses. Il va s'élargir pour tout embrasser. Il existe une force infinie : souverainement indéterminée, elle est capable de toutes les déterminations. Ce n'est pas une simple capacité inerte: elle tend, par un effort éternel et invincible, à se mouvoir, à développer les richesses infinies qu'elle renferme. Ni aveugle ni intelligente, ni esclave ni libre, elle paraît inorganisée dans le minéral, vit dans la plante, sent, pense et veut dans l'homme. Par un secret merveilleux, elle garde son unité sous ces apparences diverses : ce qu'elle fait comme matière, elle le pense comme esprit; ce qu'elle pense comme esprit, elle le fait comme matière. Elle ne cesse pas un certain jour d'agir, il n'y a pas un certain moment où elle se repose dans son développement complet : sans relâche, par un appétit insatiable, elle tend à traverser des formes nouvelles, à vivre et à comprendre de plus en plus, à se pénétrer de plus en plus de cette grande vérité, que ce qui vit et ce qui comprend, que la nature et l'humanité sont au fond identiques et se résolvent dans l'être primordial infini. Cette connaissance est la religion. Avant qu'elle soit née, la religion n'existe pas. Que dis-je, la religion ? Dieu lui-même n'existe pas ; car il ne suffit point, pour avoir ce titre, d'être une substance sans bornes, il faut encore le savoir. Ainsi Dieu naît un certain jour dans la pensée d'un certain homme et grandit avec la réflexion, ou plutôt, pour mieux parler, cet homme et ceux qui après lui auront la vive intelligence du rapport qui lie l'esprit et la nature, seront Dieu lui-même, prenant à des moments divers conscience de soi. La substance est éternellement, Dieu devient.

Comme on le voit, ce système séduit la raison par son extrême simplicité, et par son respect pour les grands dogmes de l'esprit, de la liberté ; même il nous donne l'illusion de Dieu, non plus la majesté de l'éternel repos, la plénitude constante et absolue de l'être, mais la puissance invincible du mouvement, la richesse d'un développement sans bornes ; non plus la conscience toujours entière, toujours égale de sa propre perfection vis-à-vis des natures limitées, mais la conscience envahissante qui, nulle ou faible dans les commencements, peu à peu absorbe toute individualité à son profit.

Les partisans de cette doctrine se fâchent quand on l'appelle athéisme, et ils ont raison, si on les confond avec les philosophes vulgaires qui nient absolument la perfection. Rendons-leur au contraire cette justice : ils entendent la perfection autrement que nous, mais ils y croient : cette idée pénètre et soutient tout leur système. Parce qu'ils conçoivent la perfection mobile, tandis que nous la concevons immuable, est-ce assez pour leur donner un nom fâcheux, porté ordinairement par le matérialisme, et discrédité par toutes sortes d'excès en ce genre? Nous nous disons cela à nous-même, et tout ce qui peut représenter sous un meilleur jour une doctrine qui n'est point méprisable assurément, une doctrine qui a de quoi de tromper les meilleurs esprits et les cœurs les plus honnêtes; mais enfin, malgré eux, malgré leur désir louable, ce Dieu qui d'abord s'ignore, se cherche longtemps en vain, puis s'apparait un jour à luimême pour la première fois dans la conscience d'un homme religieux, se perd et se retrouve et court sans fin après lui-même, n'est pas celui que reconnaît la raison : ce qui se perfectionne n'est pas parfait; un Dieu qui devient n'est pas.

Je prends ensemble les trois systèmes qui viennent d'être exposés, divers par la forme, unis par ce caractère que dans aucun d'eux le monde n'est l'exécution d'un dessein prémédité, l'œuvre d'une Providence. Je n'ai point de raison nouvelle à apporter contre eux. Dans le cours de ce livre, il m'a paru assez manifestement qu'on ne peut se passer de la Providence pour expliquer l'ordre de la nature et satisfaire à l'ordre moral, que cet ordre de la nature saute aux yeux, que cet ordre moral est nécessaire comme les vérités mathématiques elles-mêmes. Après cela, je ne trouve plus rien à dire, et il n'y a pas d'arguments pour convaincre ceux que cet argument ne convaincrait pas. Pascal a dit profondément : « Athéisme, » marque de force d'esprit, mais jusqu'à un certain » degré seulement. »

J'ajoute une réflexion. L'existence de Dieu, pour nous, n'est pas seulement une vérité, c'est une vérité première, et celui qui la conteste conteste toute la raison. Or, qu'on veille bien y penser, si on traite cette croyance à Dieu de croyance spéculative, métaphysique, et qu'à ce titre on y renonce volontiers, on n'a plus le droit de défendre d'autres croyances auxquelles on tient peut-être davantage, la liberté et la justice, qui portent sur la même autorité. Et non-seulement on renoncera à les défendre, mais on devra les nier d'abord. Ce qu'on nomme vérités naturelles sont des illusions naturelles : la civilisation consiste à les user, l'une maintenant, plus tard une autre, toutes à la fin. Le temps les ronge, comme il ronge le marbre et le fer, plus lentement. Des milliers d'années de travail sur l'idée de Dieu l'ont déjà entamée ; des milliers d'années passeront encore sur elle, et insensiblement la mineront, jusqu'à ce qu'elles en détachent la dernière femme qui y mettait son dernier bonheur. Puis viendra le tour de la liberté, puis viendra le tour de la justice : elles dureront longtemps sans doute, mais, en durant, elles vieilliront, et succomberont défaites par l'âge. Ainsi toutes ces grandes erreurs se dissipant, l'humanité, un matin, se réveillera raisonnable, sachant qu'il n'y a de Dieu qu'elle, de liberté et de morale que le destin. La philosophie prend les devants. Qu'elle achève donc. Comme le cœur humain a aussi ses illusions naturelles, il faut savoir qu'elles périront avec le reste, que l'amour de la patrie, l'amitié, les affections de famille iront un jour où sont allées la foi à la Providence, au libre arbitre et au bien, dans ce gouffre sans fond où s'engloutit à jamais tout ce que le monde a cru et aimé dans sa jeunesse. Qui a ce courage les suive ; pour moi je ne l'ai pas.

Il semble que, depuis quelques années, il se soit levé un mauvais vent sur la France : son esprit, si net d'ordinaire, s'est troublé. De nouveaux Apologistes, qui traitent le sens commun d'absurdité, des *condottieri* de la plume, lancés contre tout ce qui est honnête, profanant ce qu'ils attaquent et déshonorant ce qu'ils défendent, tous les méchants actes et tous les méchants hommes réhabilités, en revanche Voltaire et Molière insultés, des habiles qui rusent avec la justice, des violents qui l'exagèrent et la font haïr, l'exaltation et la peur qui altèrent les proportions des choses, les surprises devenues un régime, et tout légitimé, un matérialisme commercial et industriel qui tient pour chimère ce qui ne se vend pas et ne s'exploite pas, les révolutions multipliées troublant la vue simple du bien et du mal et produisant l'indifférence publique, une philosophie malfaisante, venue d'Allemagne et perfectionnée chez nous, qui prêche le néant au peuple, endurcissant sa raison par les paradoxes et son oreille par les gros mots, philosophie fantastique qui traite comme mortes toutes les choses vivantes et les cloue dans le cercueil à grand bruit; voilà les maîtres et les leçons qui forment la France. Il est temps de la leur arracher. Qui a voulu a parlé, il faut que la raison ait son tour; il faut que la nation, dont le naturel se gâte, rendue à elle-même, rapprenne la vérité et la mesure, rapprenne le bon sens. Que ceux qui ont autorité réclament donc, et que celui qui n'a que sa bonne volonté ne croie pas devoir se taire. Je suis de ceux-ci, et je dispute obstinément à tous les sophismes, à toutes les violences, les vérités sans lesquelles il n'y a de dignité ni dans la vie intérieure ni dans la vie politique : Dieu, le devoir, la liberté, l'immortalité et le droit.

PHILOSOPHES

DU XVIIIᴱ SIÈCLE.

PHILOSOPHES
DU
XVIIIᵉ SIÈCLE [1].

VOLTAIRE.

La raison finira par avoir raison.

On ne tente pas ici, à propos de Voltaire, une de ces réhabilitations paradoxales pour lesquelles on n'a aucun goût. Quelque chose de lui a péri, et personne ne le ressuscitera; ce qui survit se gardera soi-même. Voltaire n'a pas besoin de nous; d'ailleurs, il y a quelqu'un qui fait plus pour le remettre en honneur que tout ce que nous pourrions faire : le fanatisme; en ce moment il y travaille assez bien. On n'ignore pas combien ce nom de Voltaire est désagréable à beaucoup d'oreilles; mais il serait digne

---

[1] Je ne prends dans nos philosophes français du xviiiᵉ siècle que Voltaire, Rousseau et Diderot. Les deux premiers ont combattu le matérialisme du temps; le dernier l'a métamorphosé. J'ai rencontré ce matérialisme dans mon *Étude générale sur le xviiiᵉ siècle*, et n'y reviens pas ici. Du reste, la philosophie de cette époque appartient à M. Cousin, qui l'a exposée en son entier et jugée; M. Damiron a fait aussi sur les philosophes français d'alors une suite de monographies on ne peut plus consciencieuses, et d'une grande élévation religieuse et morale. (Note de 1863.)

des esprits honnêtes de lui rendre justice malgré leur ressentiment. Quant aux autres, on n'y doit pas prendre garde : ils ne font pas qu'on le loue ici, ils n'empêchent pas de le louer. Il est des exigences qui, par trop de ménagements, deviennent intraitables, et qu'on modère quand on le veut bien.

I

Les philosophes du dix-huitième siècle, Voltaire avec eux, prétendent que toutes nos idées viennent de l'expérience. Comme cette formule est celle de l'empirisme, on les prend volontiers pour empiristes, et comme l'empirisme nie l'âme, Dieu, la justice et la liberté, on leur impose la nécessité de nier l'âme, Dieu, la justice et la liberté. Or ils ont justement défendu la liberté politique et la justice sociale ; l'inconséquence serait donc flagrante, et les hommes de ce siècle, disciples de ces philosophes, seraient aussi inconséquents que leurs maîtres.

Qu'un philosophe démente ses maximes dans la pratique, il n'y a là rien de bien étonnant ; mais toute une génération ? Qu'un homme pense d'une façon et agisse de l'autre, cela se voit chaque jour ; mais qu'un peuple en fasse autant, qu'il pense selon certains principes et agisse selon les principes diamétralement contraires, qu'il soit matérialiste, athée, égoïste, fataliste fervent, et qu'avec cette même ferveur il se porte aux institutions généreuses qui combattent de front le matérialisme, l'athéisme, l'égoïsme et le fatalisme, cela ne se comprendra jamais.

La contradiction qu'on signale n'existe pas. Il faut entendre la formule citée : elle a deux significations.

Voici la première. Les sens sont l'unique source de nos idées; il n'y a dans notre entendement que ce que les sens y ont apporté; notre esprit peut opérer sur les données de l'expérience, composer, décomposer, comparer, généraliser, classer, induire et raisonner, mais il n'ajoute rien du sien, pas le moindre élément nouveau, il ne crée rien de nouveau que l'ordre où il met ces éléments; il est stérile.

Voici la seconde signification. Si l'expérience n'agissait pas, l'esprit n'agirait pas non plus. Si nous ne connaissions d'abord par les sens et la conscience le monde extérieur et le monde intérieur, nous n'arriverions pas à connaître Dieu; si nous ne connaissions d'abord par les sens et la conscience des sentiments et des actions humaines, nous n'arriverions pas à connaître le bien et le mal.

Or il y a entre ces deux interprétations de la même formule une différence énorme, la différence de l'erreur à la vérité. Il est très-faux que l'expérience soit *l'origine* de toutes nos idées, il est très-vrai que l'expérience est *à l'origine* de toutes nos idées. Il est très-faux que l'esprit soit stérile, qu'il ne produise rien de son fonds, et qu'il se borne à arranger les données de l'expérience; mais il est très-vrai que si l'expérience n'entrait pas d'abord en jeu, l'esprit n'entrerait pas en jeu à son tour, et que, pour qu'il produise, il faut qu'il soit provoqué. Par malheur, la formule célèbre « toutes nos idées viennent des sens » veut dire l'une et l'autre chose, et deux personnes qui la répètent ensemble peuvent fort bien ne pas s'entendre et même se combattre. Il reste donc à demander aux philosophes du dix-huitième siècle de s'expliquer.

On les voit tous s'évertuer contre la doctrine des idées innées, qu'ils attribuent à Descartes. Descartes, reconnaissant qu'il y a dans l'esprit humain des vérités nécessaires, éternelles et immuables, avait dit qu'elles ne nous viennent pas du dehors, qu'elles sortent du fond de notre nature, se forment au dedans de nous, dans notre raison, par une opération mystérieuse ; pour marquer sa pensée par un mot énergique, il les nommait *idées innées*. Le mot étouffa la chose. Locke lui prête l'opinion bizarre que nous naissons avec des idées toutes faites, le relève là-dessus comme il convient, et lui fait la leçon, un peu longue, qu'on trouve dans ses *Essais*. Il détruit de fond en comble la théorie des *idées innées*, réfutation bien précieuse, si jamais quelque philosophe s'avise de cette absurdité. Nos philosophes français du dix-huitième siècle, Voltaire comme les autres, n'ont connu Descartes qu'à travers Locke. Voltaire lui emprunte donc sa lourde machine de guerre ; mais en la recevant il l'allége, et en fait un trait perçant :

> Le cartésien prit la parole[1] et dit : « L'âme est un esprit pur qui a reçu dans le ventre de sa mère toutes les idées métaphysiques, et qui, en sortant de là, est obligée d'aller à l'école, et d'apprendre tout de nouveau ce qu'elle a si bien su et qu'elle ne saura plus. — Ce n'était donc pas la peine, répondit l'animal de huit heures, que ton âme fût si savante dans le ventre de ta mère, pour être si ignorante quand tu aurais de la barbe au menton. »
>
> ... Un petit partisan de Locke était là tout auprès ; et quand on lui eut enfin adressé la parole : « Je ne sais pas, dit-il, comment je pense, mais je sais que je n'ai jamais pensé qu'à l'occasion de mes sens... » L'animal de Sirius sourit : il ne trouva pas celui-là le moins sage, et le nain de Saturne aurait embrassé le sectateur de Locke sans l'extrême disproportion.

Voyons donc ce que Voltaire pense à l'occasion de

---

[1] *Micromégas*, ch. vii.

ses sens. Il règle toute sa philosophie sur deux maximes, la croyance au sens commun et les nécessités de la pratique : « Je ramène[1] toujours, autant que je peux, ma métaphysique à la morale. » Et conformément à ces règles, il admet Dieu, le devoir, la liberté, l'instinct, le désintéressement, même, en plus d'un endroit, la vie future.

Il ne varie point sur l'existence de Dieu. Il a constamment et en mille endroits soutenu avec énergie l'existence d'un Dieu qui a fait et gouverne le monde, il a combattu avec toute sa verve la génération spontanée, sur laquelle les athées prétendaient s'appuyer; il est revenu avec une insistance infatigable sur le principe des causes finales, pour le prouver et l'appliquer, avec la conviction, la clarté, la force et la grâce de Fénelon et de Socrate. On connaît le vers célèbre de l'épître à l'auteur athée des *Trois imposteurs*. Il avait le droit de le dire : « Il y a eu[2] des gens qui m'ont appelé athée, c'est appeler Quesnel moliniste. »

Le voici d'abord établissant la vérité d'une loi morale nécessaire, absolue, éternelle, universelle, contre les empiristes, contre Locke lui-même, qu'il appelle si souvent son maître :

Kou. — La secte[3] de Laokium dit qu'il n'y a ni juste ni injuste, ni vice ni vertu.

Cu-Su. — La secte de Laokium dit-elle qu'il n'y a ni santé ni maladie ?

Plus j'ai vu[4] des hommes différents par le climat, les mœurs, le langage, les lois, le culte, et par la mesure de leur intelligence, et plus j'ai remarqué qu'ils ont tous le même fonds de morale.

---

[1] Corr. avec Fréderic, 1737-1738. — [2] Lettre a M. Contant d'Orville, 1766. — [3] *Cu-Su et Kou.* — [4] *Le Philosophe ignorant.*

La notion de quelque chose de juste me semble si naturelle, si universellement acquise par tous les hommes, qu'elle est indépendante de toute loi, de tout pacte, de toute religion.

Je mets en fait qu'il n'y a aucun peuple chez lequel il soit juste, beau, convenable, honnête, de refuser la nourriture à son père et à sa mère quand on peut leur en donner; que nulle peuplade n'a jamais pu regarder la calomnie comme une bonne action, non pas même une compagnie de bigots fanatiques.

Les plus grands crimes qui affligent la société humaine sont commis sous un faux prétexte de justice.

Les limites du juste et de l'injuste sont très-difficiles à poser; comme l'état mitoyen entre la santé et la maladie, entre ce qui est convenable et la disconvenance des choses, entre le faux et le vrai, est difficile à marquer. Ce sont des nuances qui se mêlent, mais les couleurs tranchantes frappent tous les yeux. — Il y a mille différences dans les interprétations de la loi morale, en mille circonstances; mais le fond subsiste toujours le même, et ce fond est l'idée du juste et de l'injuste. »

Ainsi le disciple se sépare du maître; il adresse à Hobbes ces fermes paroles :

C'est en vain que tu étonnes tes lecteurs en réussissant presque à leur prouver qu'il n'y aucunes lois dans le monde, que des lois de convention; qu'il n'y a de juste et d'injuste que ce qu'on est convenu d'appeler tel dans un pays. Si tu t'étais trouvé seul avec Cromwel dans une île déserte, et que Cromwel eût voulu te tuer pour avoir pris le parti de ton roi dans l'île d'Angleterre, cet attentat ne t'aurait-il pas paru aussi injuste dans ta nouvelle île qu'il te l'aurait paru dans ta patrie? — Penses-tu que le pouvoir donne le droit, et qu'un fils robuste n'ait rien à se reprocher pour avoir assassiné son père languissant et décrépit? Quiconque étudie la morale doit commencer à réfuter ton livre dans son cœur.

Avec cette ferme notion du juste et de l'injuste, on est loin des empiristes, loin de Locke, qui recueille à plaisir les jugements divers des hommes sur ces objets.

. Quant à la liberté, elle a embarrassé plus d'une fois notre philosophe ; il se rappelle avec complaisance le mot de Locke avouant qu'il était là comme le diable de Milton, pataugeant dans le chaos ; mais même dans ses plus mauvais moments, loin de la nier, il devenait affirmatif pour la défendre. Sa polémique contre Frédéric, est un chef-d'œuvre ; sa discussion est juste, puissante, spirituelle, éloquente, touchante même.

Après avoir discuté, il s'échappe :

> Daignez, au nom[1] de l'humanité, penser que nous avons quelque liberté ; car si vous croyez que nous sommes de pures machines, que deviendra l'amitié dont vous faites vos délices ? De quel prix seront les grandes actions que vous ferez ? Quelle reconnaissance vous devra-t-on des soins que votre Altesse Royale prendra de rendre les hommes plus heureux et meilleurs ? Comment, enfin, regarderez-vous l'attachement qu'on a pour vous, les services qu'on vous rendra, le sang qu'on versera pour vous ? Quoi ! le plus généreux, le plus tendre, le plus sage des hommes verrait tout ce qu'on fait pour lui plaire du même œil dont on voit des roues de moulin tourner sur le courant de l'eau, et se briser à force de servir ! Non, monseigneur, votre âme est trop noble pour se priver ainsi de son plus beau partage.

Sur l'instinct, quoi de mieux que ceci ?

> Que ceux[2] qui n'ont pas eu le temps et la commodité d'observer la conduite des animaux, lisent l'excellent article *Instinct*, dans l'*Encyclopédie*, ils seront convaincus de l'existence de cette faculté, qui est la raison des bêtes ; raison aussi inférieure à la nôtre qu'un tourne-broche l'est à l'horloge de Strasbourg ; raison bornée, mais réelle ; intelligence

---

[1] Corresp avec Fréd., 1737-1738 — [2] Dialogue XXIX ; *Les Adorateurs ou les louanges de Dieu*.

grossière, mais intelligence dépendante des sens comme la nôtre ; faible et incorruptible ruisseau de cette intelligence immense et incompréhensible qui a présidé à tout en tout temps.

Sur la doctrine de l'intérêt, il se prononce pour le bon parti, et reproche directement à Helvétius d'avoir mis l'amitié parmi les vilaines passions.

Il n'est pas très-ferme sur l'immortalité de l'âme : il mêlait trop l'esprit avec le corps, et, dans la décomposition des organes, il avait peine à le retrouver ; mais, sauf quelques propos assez légers sur cette matière, dans les discussions sérieuses qui reviennent souvent, il ne se permet point qu'on supprime ce dogme : selon lui, affirmer est téméraire, nier l'est plus encore. Il a été téméraire, à son honneur : rapportant toutes ses croyances à la pratique, et sentant bien que la crainte des châtiments futurs est nécessaire pour contenir le crime, que, sans les punitions de l'autre vie, la morale dans la vie présente n'a plus de sanction, il a plaidé l'immortalité de l'âme et a été éloquent. Que de doutes devront lui être pardonnés pour cette noble protestation contre le fatalisme du roi de Prusse !

Vous [1] m'épouvantez ; j'ai bien peur pour le genre humain et pour moi que vous n'ayez tristement raison. Il serait affreux pourtant qu'on ne pût pas se tirer de là. Tâchez, sire, de n'avoir pas tant raison ; car encore faut-il bien, quand vous faites de Potsdam un paradis terrestre, que ce monde-ci ne soit pas absolument un enfer. Un peu d'illusion, je vous en conjure. Daignez m'aider à me tromper honnêtement... Je me doute bien que l'article des remords est un peu problématique, mais encore vaut-il mieux dire avec Cicéron, Platon, Marc-Aurèle, etc., que la nature nous donne des remords, que de dire avec la Mettrie qu'il n'en faut point avoir.

[1] Corr. avec Frédéric, 1752.

Voilà les grandes vérités reconnues ; reste à expliquer comment elles sont produites dans notre esprit. Kant, Reid, et la philosophie française n'avaient pas encore passé sur cette question. A leur défaut, n'est-ce pas une chose bien remarquable que la justesse et la précision avec lesquelles Voltaire caractérise l'opération de la raison humaine. Lui, l'ennemi des idées innées, il vient à l'innéité de la raison.

A. — Qu'est-ce que [1] la loi naturelle ?
B. — L'instinct qui nous fait sentir la justice.

Comment l'Egyptien [2], qui élevait des pyramides et des obélisques, et le Scythe errant qui ne connaissait pas même les cabanes, auraient-ils eu les mêmes notions fondamentales du juste et de l'injuste, si Dieu n'avait donné de tout temps à l'un et à l'autre cette raison qui, en se développant, leur fait apercevoir les mêmes principes nécessaires, ainsi qu'il leur a donné des organes qui, lorsqu'ils ont atteint le degré de leur énergie, perpétuent nécessairement et de la même façon la race du Scythe et la race de l'Egyptien.

Quand votre raison [3] vous apprend-elle qu'il y a vice et vertu ? Quand elle nous apprend que deux et deux font quatre. Il n'y a point de connaissance innée, par la raison qu'il n'y a point d'arbre qui porte des feuilles et des fruits en sortant de la terre. Rien n'est ce qu'on appelle inné, c'est-à-dire né développé ; mais, répétons-le encore, Dieu nous fait naître avec des organes qui, à mesure qu'ils croissent, nous font sentir tout ce que notre espèce doit sentir pour la conservation de cette espèce.

Singulier disciple de Locke ! Il fait mieux : il combat son maître en le nommant. Le *philosophe ignorant*, qui ignore tant de choses, ce philosophe si peu dogmatique, qui n'affirme que lorsqu'il parle des bornes étroites de notre intelligence, des découvertes impossibles, du désespoir fondé, de la faiblesse des hom-

---

[1] *Dict. phil.*, *Loi naturelle*, dialogue. — [2] *Le Philosophe ignorant.*
[3] *Dict. phil*, *du Juste et de l'Injuste*

mes, ce philosophe annonce, en tête de deux chapitres, qu'il va combattre Locke. Ce maître si écouté a, par malheur, prétendu que la justice est arbitraire, et l'idée que nous en avons une idée accidentelle; son disciple le corrige sévèrement. La loi morale peut être plus d'une fois mal appliquée dans les détails mais elle-même est universelle et nécessaire :

> Dieu nous a donné une raison qui se fortifie avec l'âge, et qui nous apprend à tous, quand nous sommes attentifs, sans préjugés, qu'il y a un Dieu et qu'il faut être juste... En abandonnant Locke en ce point, je dis, avec le grand Newton : *Natura est semper sibi consona*, la nature est toujours semblable à elle-même. La loi de la gravitation qui agit sur un astre agit sur tous les astres, sur toute la matière; ainsi la loi fondamentale de la morale agit également sur toutes les nations bien connues. Il y a mille différences dans les interprétations de cette loi en mille circonstances; mais le fond subsiste toujours le même, et ce fond est l'idée du juste et de l'injuste. On commet prodigieusement d'injustices dans les fureurs de ses passions, comme on perd sa raison dans l'ivresse; mais quand l'ivresse est passée, la raison revient. La société n'est fondée que sur ces notions qu'on n'arrachera jamais de notre cœur. Quel est l'âge où nous connaissons le juste et l'injuste ? l'âge où nous connaissons que deux et deux font quatre.

Est-ce Voltaire, est-ce Descartes qui parle ainsi ? Et ce n'est pas chez lui une saillie, il y revient partout avec une décision et une vigueur qui ne se démentent point. L'homme qui croit à Dieu, à la liberté, à la justice, n'est pas un empiriste assurément. Un véritable empiriste, c'est d'Holbach, et Voltaire écrivait en tête d'un exemplaire du *Bon Sens* de cet auteur : « Il prend [1] quelquefois ses cinq sens pour du bon sens. »

Il paraît constant, comme on l'avait annoncé, que

---

[1] Lettre à d'Al., 1775.

Voltaire a reconnu Dieu, la morale, la liberté, l'instinct, le désintéressement, la nécessité de l'immortalité de l'âme, et on vient de voir qu'il a expliqué avec une sagacité merveilleuse le jeu de la raison produisant ces vérités. En métaphysique, il est moins hardi et plus faible : il paye la rançon de ses qualités. Comme il croit fermement au sens commun, aussi il ne croit volontiers qu'au sens commun; comme il ramène sa métaphysique à la morale, il ne prend guère pour vrai que ce qui est absolument utile à la morale, et se passe du reste, professant que si une vérité était nécessaire pour bien vivre, Dieu ne l'aurait pas cachée.

Qu'on soit juste, il suffit, le reste est arbitraire

Comme son instinct le porte quelquefois au delà, s'il lui arrive d'y céder, il se ménage discrètement une retraite : « Je tremble, car je vais dire quelque chose qui ressemble à un système. »

Il a tort de regarder comme question de métaphysique la question de la nature de l'âme. C'est bien lui qui écrit : « Je suis en peine [1], monsieur, de toute âme et de la mienne. » Il prie [2] l'honnête homme qui fera *Matière* (dans l'Encyclopédie) de bien prouver que le je ne sais quoi qu'on nomme *matière* peut aussi bien penser que le je ne sais quoi qu'on appelle *esprit*. Il soutient sans faiblir une fois, d'accord avec Locke, que Dieu peut donner la pensée à la matière. Qu'est-ce, au juste, que cette opinion? Voltaire et Locke font des difficultés à plaisir. J'ai conscience de ma pensée et de moi-même qui pense; j'ai conscience, non de plusieurs êtres, mais d'un seul; je suis donc

[1] Lettre à l'abbé Spallanzani, 1776. — [2] Lettre à d'Al , 1757.

un, simple, un esprit. La connaissance de l'immatérialité de l'âme n'est pas plus cachée que cela. Puis nos deux philosophes vont cherchant *s'ils ont une âme*, c'est-à-dire ils se cherchent eux-mêmes, et ne se rencontrent pas, ce qui est infaillible. Mais sont-ils matérialistes?

Parlons franchement, cessons, comme disait Descartes, de nous battre dans des caves. On n'est pas matérialiste pour prétendre que la matière peut penser, ni spiritualiste pour prétendre qu'elle en est incapable; plusieurs docteurs de la primitive Eglise, qui font l'âme corporelle, ne sont pas matérialistes assurément, et, quand on rencontre de certaines propositions de d'Holbach et de la Mettrie, on ne croit pas nécessaire, pour savoir ce qu'ils sont, de les interroger sur le composé et le simple.

Entre le spiritualisme et le matérialisme l'éternelle question n'est pas, en dépit des apparences, de savoir s'il n'y a qu'une seule nature d'êtres ou s'il y en a deux, seulement de l'étendue, seulement de l'esprit, ou ensemble de l'esprit et de l'étendue, mais si dans l'homme il n'y a qu'une seule vie, qu'une seule destinée, la vie physique, la destinée physique. Admettez-vous qu'en nous tout tende vers un but unique, la perfection du corps, le bon état et le bien-être de cette machine qui digère, respire, change de place; que nous devions n'avoir qu'une seule préoccupation : respirer à notre aise, digérer sans peine, nous mouvoir librement, donner à nos sens le plus possible de jouissances, en écarter avec le plus grand soin la douleur, nous établir dans ce monde en telles conditions de fortune, de puissance, qui nous rendent cette tâche facile; cultiver notre esprit dans la mesure que réclame cet art du bien vivre; rapporter tout à ce centre, sans autre pensée, sans autre souci, vous êtes matérialiste. Si, au contraire, la destinée physique vous semble étroite, la pensée trop noble pour se mettre tout entière au service du corps; si le cœur humain vous semble renfermer d'autres désirs que ceux qui ont le corps pour objet; si au-dessus de la perfection des organes vous concevez une autre perfection de tout autre nature; si vous rêvez de science infinie, de dévouement, si vous vous sentez soulevé de terre vers un monde supérieur, peuplé de grandes pensées, de sentiments généreux; si vous comprenez qu'on doit sacrifier le bien-être et même la vie du corps pour vivre de cette autre vie, vous êtes spiritualiste. Cet être qui pense et cet être qui respire sont-ils de même nature? Dussé-je toujours l'ignorer, ce que je sais de science certaine, c'est qu'il y a en moi un double mouvement, une double destinée : l'une de conserver, de perfectionner en moi l'animal qui est né il y a quelques jours, et dans quelques jours va mourir; l'autre, de conserver et perfectionner en moi l'être intelligent, sensible et moral, avec ses aspirations infinies; ce que je sais de science certaine, c'est que la première de ces destinées est subordonnée à la seconde, comme la raison l'atteste, comme la loi morale le veut; et ainsi je suis un être immortel, de passage dans un corps mortel.

Voltaire a tort de croire que la matière peut penser, que l'âme a la nature du corps; mais pour être matérialiste, il faut qu'il ajoute que l'âme dépend entièrement du corps. Ne le dit-il pas en effet? « La disposition [1] des organes fait tout... La manière dont on digère décide presque toujours de notre manière de

---

[1] Lettre à Mme du Deffand, 1772.

penser. » Voici encore un mot qui plairait à la Mettrie : « On a [1] une fluxion sur l'âme comme sur les dents. » Mais ce n'est pas son dernier mot : « C'est une plaisante [2] chose que la pensée dépende absolument de l'estomac, et que malgré cela les meilleurs estomacs ne soient pas les meilleurs penseurs. » La Mettrie regarderait à deux fois avant de signer cette pensée, et il ne signerait certes pas celle-ci : « On fait aller son corps comme l'on veut. Lorsque l'âme dit : Marche, il obéit. » S'il est douteux sur la question de l'essence de l'esprit, il a horreur d'une doctrine qui ne voit dans l'homme que l'animal ; il maintient inflexiblement l'âme supérieure au corps, en prix et en puissance, la vie intellectuelle et morale supérieure, dans chacun de nous, à la vie matérielle, et, dans le monde, la justice supérieure au plaisir. Au fond, il regarde l'âme comme un atome, une particule matérielle sans doute, mais d'une extrême ténuité et indivisible. On trouvera souvent cette idée dans ses ouvrages philosophiques, et la lettre suivante au comte de Tressan exprime bien ses plus secrètes sympathies. « Vous me paraissez tenir pour ce feu élémentaire que Newton se garda bien toujours d'appeler corporel. Ce principe peut mener loin ; et si Dieu, par hasard, avait accordé la pensée à quelques monades de ce feu élémentaire, les docteurs n'auraient rien à dire ; on aurait seulement à leur dire que leur feu n'est pas bien lumineux, et que leur monade est un peu impertinente. » Un pas de plus, et la monade de feu élémentaire se tournait en pur esprit ; Voltaire ne l'a pas fait. Mais il est entièrement des nôtres quand

---

[1] Lettre à d'Al, 1757. — [2] Lettre à d'Al, 1770. — [3] Corr. avec Fréd.

il accorde à l'âme la liberté, la connaissance de la loi morale qu'elle doit accomplir, et de Dieu sur qui la vertu s'appuie. Son instinct est moins matérialiste encore que sa raison. « Il faut donner [1] à son âme toutes les formes possibles. C'est un feu que Dieu nous a confié, nous devons le nourrir de tout ce que nous trouvons de plus précieux. Il faut faire entrer dans notre être tous les modes imaginables, ouvrir toutes les portes de son âme à toutes les sciences et à tous les sentiments; pourvu que tout cela n'y entre pas pêle-mêle, il y a place pour tout le monde. »

Il faudrait, ce me semble, renoncer à voir dans Voltaire le disciple de Locke. Il souffre de l'avoir trop vanté. Au fond, il n'a de commun avec lui que l'aversion de la métaphysique, aversion qui se trouve également chez Rousseau, et qui est moins le fait des hommes que du siècle ; et aussi l'opinion que la matière peut penser par un don de Dieu. Pour le reste, qui a bien son importance, il se met très à l'aise avec ce maître si respecté. L'homme qui reconnaît, au-dessus de l'expérience et de la réflexion, une raison, organe infaillible de vérités nécessaires, qui place la liberté dans la résolution invisible, et la soumet à une règle morale invariable et universelle, cet homme n'est pas sans doute un pur disciple de Locke. Il pense comme Rousseau, le Rousseau de la *profession de foi*, qui força son admiration. Les mots diffèrent chez eux, le fond est identique. L'un appelle sentiment ce que l'autre appelle raison universelle; tous les deux relèvent du même maître et prêchent les mêmes enseignements.

On voit quelles vérités philosophiques Voltaire re-

[1] Lettre à Cideville, 1738.

çoit ; on voit comment il entend la science elle-même, et quelle direction il lui a donnée.

En général, l'homme peut, à l'égard de la vérité, prendre quatre partis différents :

I. On croit simplement, sans s'interroger ; c'est l'état où sont la plupart des hommes, qui admettent en même temps Dieu et le monde, le corps et l'âme, etc., et n'y voient aucune difficulté.

II. Les difficultés se présentent, et, quelque fortes qu'elles paraissent, on n'a pas le courage de sacrifier une vérité. On ne sait comment accorder Dieu et le monde, le corps et l'âme, la liberté et les lois naturelles, la liberté et la prescience et la providence divine, le bien et le mal, la mort et l'immortalité ; pourtant on croit à toutes ces choses, en dépit des oppositions.

III. On se décide, on prend parti pour une vérité contre une autre, la contradiction semble insupportable, et on aime encore mieux se faire violence en rejetant telle ou telle proposition particulière, que de mécontenter absolument la raison, qui ne se paye point de contradictions. Ensuite on choisit selon son inclination : les uns le visible, les autres l'invisible ; les uns l'humain, les autres le divin ; on absorbe la création dans le créateur ou le créateur dans la création ; on confond le corps avec l'âme ou l'âme avec le corps ; on nie la liberté ou la chaîne des causes physiques, la liberté humaine ou la prescience et la providence de Dieu, le plan parfait du monde ou ses imperfections, la vie présente ou la vie future. Ainsi la science ramène l'unité dans nos croyances.

IV. Mais cette unité est fausse, achetée au prix de la vérité ; les croyances détruites revivent, et plus d'une fois inquiètent l'esprit ; on ne pouvait les admettre, on ne peut non plus les rejeter. Que faire ? Les forcer de vivre ensemble, en les accordant ; montrer que la contradiction est seulement apparente, et qu'au fond toutes ces vérités bien entendues vont ensemble ; qu'il en est de l'ordre de la raison comme de l'ordre des phénomènes célestes, où deux forces opposées, celle qui éloigne du centre et celle qui y ramène, produisent par leur combat ce beau système que nous voyons ; enfin, que la vraie unité n'est pas confusion, mais harmonie. En conséquence, on concilie toutes les vérités. Voltaire essaie tour à tour chacun de ces partis, et flotte entre tous, sans pouvoir se tenir à aucun. Trop philosophe pour se contenter d'abord du pur sens commun, il voit la difficulté d'en accorder les principes, et dans une foule de passages il la montre à nu. Puis il cherche à s'en tirer, et alors il a ses bons et ses mauvais jours. Dans les mauvais jours, l'âme est une fonction du corps et meurt avec lui, comme le son avec l'instrument, la liberté s'évanouit dans la série des causes naturelles, et le monde est la proie du mal. Dans les meilleurs jours, ou bien « après avoir cassé son fil, » il en revient à la croyance des simples, « aux arguments de bonne femme, » ou, plus hardi, il concilie le libre arbitre avec l'ordre général, avec la prescience et la providence divine, il admet le mal condition du bien dans l'univers, et la vie future complément nécessaire de la vie présente, pour effrayer les méchants. Et il faut avouer qu'il a été souvent hardi jusque-là. Pour ne citer que les plus grands de ses traités philosophiques, toute sa correspondance avec Frédéric sur la liberté, les *sept Discours en vers sur l'Homme*, le *Poëme sur la Loi naturelle* et l'*Histoire de Jenni*, sont dans cet esprit.

Voilà quelle est la philosophie de Voltaire et quel est l'esprit qui l'a produite. C'est simplement le bon sens, qui, indépendant de tous les systèmes, repousse l'exagération et l'erreur, de quelque côté qu'elles viennent, de l'idéalisme ou de l'empirisme.

Voltaire, en effet, n'est content ni de Descartes ni de Locke, et se borne à rétablir une à une les vérités du sens commun sur la foi de l'évidence naturelle, chacune portant avec elle sa lumière, se justifiant par elle-même, isolée et indépendante. Même il essaie de les montrer ensemble, formant un concert ; mais là il faiblit, et, malgré d'heureuses rencontres et de beaux mouvements, il n'atteint pas Rousseau, la belle profession de foi du *Vicaire savoyard*.

Il n'en a pas moins une place distinguée dans l'histoire de la philosophie moderne : il l'arrête sur la pente où l'idéalisme et l'empirisme la précipitent, et la remet dans le bon chemin ; il retient obstinément, avec l'opiniâtreté du bon sens, toutes les vérités premières que la réflexion emportée prétend lui arracher, et il réduit les systèmes à enfermer, à lier, à développer ces vérités premières.

II

Comment Voltaire envisage-t-il le monde ? Croyait-il que tout est mal, par une injure envers la Providence, ou pensait-il mieux ? Il ne se cache pas la difficulté du problème. « Des deux tonneaux [1] de Jupiter, le plus gros est celui du mal ; or, pourquoi Jupiter a-t-il

[1] Lettre à Mme du Deffand, 1756.

fait ce tonneau aussi énorme que celui de Citeaux ? ou comment ce tonneau s'est-il fait tout seul ? » Il n'est pas ennemi de l'optimisme, mais de l'optimisme de Leibnitz. Lorsque Leibnitz prétend que ce monde est le meilleur des mondes possibles, Voltaire est d'accord avec lui et avec tous ceux qui croient que Dieu existe. Evidemment, si Dieu a conçu un monde plus parfait, s'il pouvait le créer et ne l'a point créé, il a choisi le mauvais parti, il est imparfait, il n'est plus Dieu. C'est un raisonnement tout simple et tout géométrique, que Voltaire, en maint endroit, reconnaît excellent. Mais quand on a dit cela, tout n'est pas dit encore ; on est optimiste comme le premier venu et non comme Leibnitz. Dans cette grande religion du genre humain il y a des sectes, et voici les questions d'où elles naissent. Ce monde, le meilleur par comparaison avec ceux qui pouvaient être, qu'est-il en lui-même ? A-t-il ou non des défauts ? S'il en a, sont-ils légers ou graves ? Est-il bon pour l'ensemble des créatures ou spécialement pour l'humanité, ou plus spécialement encore, pour chaque homme ? Est-il bon par l'heureux arrangement des événements particuliers, ou par la beauté des lois générales, ou par le dessein que ces lois exécutent ? Parle-t-on enfin de la vie présente uniquement, ou de la vie future avec elle ? L'optimisme est aussi divers que les réponses à ces problèmes. Voici celui de Leibnitz. Le monde, collection de toutes les existences passées, présentes et futures, enfermant la vie présente et la vie à venir, est, dans l'ensemble, le meilleur que Dieu pût créer. Les mondes possibles étaient en nombre infini, car les événements possibles et leurs combinaisons sont innombrables ; parmi ces combinaisons, Dieu a choisi celle qui recevait le plus de bien. Elle admet le mal sans doute, mais comme condition inévitable d'un bien qui le surpasse ; *tout compté, tout rabattu*, c'est encore là qu'il s'en rencontre le moins. De là, en toute circonstance, la nécessité pour Leibnitz d'atténuer le mal, d'exagérer le bien, parfois des efforts désespérés pour faire rendre au mal le bien qu'il doit contenir ; et aussi, lorsqu'il rencontrera quelque dogme où la bonté de Dieu semble compromise, il ne s'effrayera pas, et se montrera facile à l'admettre, sauf à se rejeter sur les conséquences heureuses. Ne les voit-il pas, il est sûr qu'elles existent, et le voilà en repos. La faute heureuse d'Adam nous a valu le Rédempteur, *felix culpa;* les châtiments éternels et le petit nombre des élus l'inquiètent d'abord ; mais il se rassure en songeant que ces événements entrent, de toute nécessité, dans le plan du meilleur des mondes. Arrivé là, on est tout près de les trouver conformes à la raison et à la justice ; aussi il découvre des principes philosophiques qui justifient l'éternité des peines.

Tel est le danger de l'optimisme : après avoir trouvé ce beau principe, l'esprit cesse d'agir, ou s'il agit encore, il se met à l'aise, et perd ces scrupules qui sauvent la vérité ; après ce brillant éclair, la raison épuisée ne jette plus qu'une lumière incertaine ou trompeuse. Ajoutez qu'une fois notre parti si bien pris de tout ce qui peut survenir, les misères de ce monde nous trouvent très-calmes ; les excès des partis, le renversement de la justice, au lieu de nous frapper douloureusement, de nous irriter, de nous armer, nous laissent le cœur froid, la volonté inerte, et n'ont de contre-coup que dans notre raison inaltérable. L'optimisme de Leibnitz risque donc d'engourdir et l'intelligence et la sensibilité. Il ne produit ces effets ni toujours ni partout entièrement ; ils en sont une conséquence extrême, mais naturelle, et il est naturel aussi qu'on tente de les prévenir. Enfermé dans l'optimisme qui l'enchante, Leibnitz n'entend pas les gémissements de l'humanité, ni cette plainte partie de l'Orient : « L'homme né de la femme vit peu de jours, tout pleins de misères; » ni ce soupir mélancolique de la riante Grèce : « Le mieux pour l'homme est de ne pas naître, et quand il est né, c'est de mourir; » ni enfin, tout près de lui, Bossuet qui remercie Dieu d'avoir mêlé une goutte de joie à la vie humaine pour en tempérer l'amertume infinie. Il oublie les maladies de l'intelligence et de la liberté, tant d'erreurs, tant de doutes, la volonté se débattant entre l'ivresse des passions et l'impuissance. Et pourtant, c'est là l'homme éternellement.

Ce que Leibnitz n'entend pas et ne voit pas, Voltaire le voit et l'entend ; de là *Candide*. En un sens, c'est un livre diabolique; il semble voir l'Esprit du mal lui-même qui enveloppe les hommes dans un réseau inextricable de folies et de misères, et se rit de leur peine. La fin adoucit cette impression : après tant d'infortunes, les héros, ou si l'on veut, les victimes, trouvent un bonheur estimable dans la solitude et la médiocrité, cultivant en paix leur jardin.

C'est bien l'opinion constante de Voltaire sur la vie humaine (sa correspondance entière en fait foi), et l'impression qu'il a emportée de son long voyage dans le monde : « Après avoir bien réfléchi [1] à soixante ans de sottises que j'ai vues et que j'ai faites, j'ai cru m'apercevoir que le monde n'est que le théâtre d'une petite guerre continuelle, ou cruelle, ou ridicule, et un ramas de vanité à faire mal au

[1] Lettre à Mme du Deffand, 1761

cœur... Les hommes sont tous Jean qui pleure et qui rit[1] ; mais combien y en a-t-il malheureusement qui sont Jean qui mord, Jean qui vole, Jean qui calomnie, Jean qui tue !... Il y a[2] des aspects sous lesquels la nature humaine est la nature infernale. On sécherait d'horreur si on la regardait toujours par ces côtés. » Il peint[3] d'abord le genre humain de profil dans la première édition de l'*Histoire générale;* dans une autre, de trois-quarts ; *Candide* le peint de face et en raccourci. C'est l'Enfer de Dante remonté sur la terre, *Tartarus hic nobis est.* Son expérience personnelle est là. Insulté par un grand seigneur, puis battu par ses valets, et contraint de dévorer cet affront ; emprisonné à la Bastille pour des couplets qu'il n'avait pas faits ; forcé d'abandonner la France ; privé par la mort d'une ancienne et douce affection ; éprouvant trois années auprès du roi de Prusse, et toute sa vie avec le duc de Richelieu et ses pareils l'amitié difficile des grands ; dupé par des fourbes, trahi par de lâches amis, calomnié et poursuivi sans cesse, il ne trouve le repos que sur la fin de ses jours à la campagne, parmi ses bœufs[4], qui lui font des mines. Disciple de Pythagore, dans[5] la tempête, il adore l'écho. « Vive[6] la campagne, ma chère nièce ; vivent les terres, et surtout les terres libres, où l'on est chez soi maître absolu, et où l'on n'a point de vingtièmes à payer ! C'est beaucoup d'être indépendant ; mais d'avoir trouvé le secret de l'être en France, cela vaut mieux que d'avoir fait *la Henriade.* »
« Le monde[7] est un grand naufrage ; la devise des

---

[1] Lettre à Mme du Deffand, 1771. — [2] Lettre à M. Pinto, 1762. — [3] Lettre à d'Al, 1763 ; — à d'Arg, 1761. — [4] Lettre à d'Arg, 1761. — [5] Lettre à d'Al, 1774. — [6] Lettre à Mme de Fontaine, 1761. — [7] Lettre au chev. de R.. x, 1760, et *passim.*

hommes est : *Sauve qui peut!* » C'est bien là son dernier mot sur le monde, et le résumé de la sagesse humaine. Mais, une fois sauvé, que faire? Se réjouir, sans nul souci des malheureux que battent les vents contraires, et laisser aller le monde comme il va, content d'échapper à la fortune? Voltaire le dira : « J'en reviens [1] toujours à Candide : il faut finir par cultiver son jardin ; tout le reste, excepté l'amitié, est bien peu de chose; et encore, cultiver son jardin n'est pas grand'chose. » Ailleurs, c'est mieux encore : « Mon Dieu, que si j'ai [2] de bon foin cette année, je serai heureux ! » Ne croyez pas ses paroles, et croyez sa vie. Quoi qu'il en dise, la destinée de l'homme n'est pas de cultiver son jardin : il ne l'a jamais cru. La liberté l'a visité [3] déjà vieux, mais non désarmé : *Libertas quæ sera tamen respexit, sed non inermem.* Pourquoi donc ces armes ? Ce n'est déjà plus là Candide. Est-ce Candide encore qui envoie [4] du pied des Alpes à Paris des fusées volantes qui crèvent sur la tête des sots ? A quelle époque de sa vie Voltaire a-t-il été plus actif, plus audacieux, a-t-il remué plus fortement le monde qu'il avait déserté ? Mais, pour le remuer, il ne faut pas proclamer qu'on le remue, et le doux Candide ne sera jamais soupçonné.

L'étrange roman dont il est le personnage, est bien un portrait réduit de l'humanité, comme la voyait Voltaire ; mais qu'on ne l'oublie pas, c'est aussi un livre de polémique, armé en guerre contre l'optimisme de Leibnitz, de Pope, de Shaftesbury et de Bolingbroke, principalement contre Leibnitz, le premier et le plus grand, avec qui Voltaire avait bien d'autres querelles.

---

[1] Lettre à d'Arg., 1763. — [2] Lettre à d'Arg., 1760 — [3] Lettre à Algarotti, 1760. — [4] Lettre à Mme du Deffand, 1760.

Dans plus d'un écrit, il combat l'optimisme par la raison, dans son poëme sur *le Désastre de Lisbonne*, par le sentiment, ici par le ridicule. Il pensait que le ridicule [1] vient à bout de tout ; que le ton [2] de la plaisanterie est, de toutes les clefs de la musique française, celle qui se chante le plus aisément ; qu'on doit être sûr du succès quand on se moque gaîment de son prochain. Sa prière à Dieu est originale : O Dieu [3] des bons esprits ! Dieu des esprits justes, Dieu des esprits aimables, répands ta miséricorde sur tous nos frères, continue à confondre les sots, les hypocrites et les fanatiques ! Plus nos frères feront de bons ouvrages, en quelque genre que ce puisse être, plus la gloire de ton saint nom sera étendue. Fais toujours réussir les sages, fais siffler les impertinents. » « Je ne me [4] souviens plus, dit-il quelque part, quel était l'honnête homme qui priait Dieu tous les matins que ses ennemis fissent des sottises. » Il le connaissait pourtant bien.

Il avait la puissance de cette arme du ridicule, il l'avait assez essayée ; il la mit au service de ce qui lui semblait être le vrai. Il porta des coups terribles sans doute ; mais quand on se bat, il ne faut pas se battre mollement. La modération louable qui dans un duel entre hommes s'arrête au premier sang, n'est pas de mise dans un duel entre doctrines ennemies ; des engagements qui se reprennent toujours, qui ne décident jamais rien, sont funestes à la vérité. Platon n'a pas craint de blesser la sophistique, ni Pascal le jésuitisme. Dans de telles luttes, l'ironie tempérée n'est qu'impuissance.

---

[1] Lettre à d'Al., 1766. — [2] Lettre à Mme du Deffand, 1766, lettre à Helvétius, 1763. — [3] Lettre à M. Saurin, 1761, lettre à Damí, 1767. — [4] Lettre à d'Al., 1765.

Comme on reconnaît bien dans *Candide* la main qui a fait la *Diatribe du docteur Akakia*, cette raillerie cruelle qui exila le Franc de Pompignan dans sa province, empoisonna le reste des jours de Maupertuis, fit huer Fréron par le public de tout un théâtre, et l'accable encore aujourd'hui. C'est le secret, formidable en France, d'attacher à un système, à un personnage, un mot qui désormais fait corps avec lui. Parle-t-on devant quelqu'un des cantiques sacrés de le Franc de Pompignan : Ah ! oui, répond-il aussitôt :

> Sacrés ils sont, car personne n'y touche.

Se présente-t-il à la cour, le Dauphin lui-même répète le vers :

> Et l'ami Pompignan pense être quelque chose

Les laquais fredonnent le refrain :

> Vive le Roi et Simon le Franc,
> Son favori.

Si on n'a lu l'*Akakia*, on ne se fait pas une idée de ce que peut la malice humaine. C'est toujours, il est vrai, le même ridicule qui revient, toujours la malheureuse entreprise de disséquer des cervelles de Patagons pour reconnaître la nature de l'âme; de creuser un trou jusqu'au centre de la terre pour connaître ce qu'y s'y passe; la pensée étrange que la mort n'est que la maturité des animaux, et que pour empêcher un homme de mûrir, il faut l'enduire de résine; mais cette même plaisanterie est toujours nouvelle par le lieu où elle est placée, par la fable qui l'introduit. Comme ces motifs de musique qui reviennent les mêmes par des chutes diverses, elle s'empare de l'oreille et s'imprime dans l'esprit. Dans

Candide aussi ce n'est qu'un mot, qui reparaît à chaque page, à chaque infortune nouvelle : « tout est pour le mieux dans le meilleur des mondes possibles. » Du roman il a passé dans le monde, dans la conversation, on l'a répété sans en connaître l'origine, il est devenu populaire ; et l'optimisme, qui avait tenu contre des arguments énormes, a été tué par ce petit mot.

Est-ce à dire que Voltaire est pessimiste ? Non ; il répétait après Leibnitz que Dieu a choisi le meilleur monde, c'est-à-dire le plus sage, mais il ne pensait pas pour cela que nous vivons dans l'ordre et le bonheur. « La fin [1] de la vie est triste, le commencement doit être compté pour rien, et le milieu est presque toujours un orage. » La condition de l'homme ici-bas lui paraissait tout simplement passable. En butte à mille maux, la frivolité [2], la gaieté, le travail l'empêchent de se pendre. Le secret contre le suicide est d'avoir toujours quelque chose à faire. Creech, commentateur de [3] Lucrèce, mit sur son manuscrit : « *N. B. Qu'il faudra que je me pende quand j'aurai fini mon commentaire.* » Il se tint parole. S'il avait entrepris un commentaire sur Ovide, il aurait vécu plus longtemps. Grâce à ces remèdes peu héroïques, il est vrai, mais efficaces, Voltaire s'accommode de son sort. Malade toute sa vie, il ne se regarde pas comme la plus heureuse de toutes les créatures, mais [4] il n'y a point de malade plus heureux que lui. Il passe [5] son temps à faire des gambades sur le bord de son tombeau, et c'est, en vérité, ce que font tous les hommes.

---

[1] Lettre à d'Arg., 1768. — [2] Lettre à Mme du Deffand, 1760, lettre à d'Arg., 1767. — [3] Dictionn phil art. *de Caton et du suicide*. — [4] Lettre à Fréd., 1738. — [5] Lettre à Mme du Deffand, 1771.

Il faut [1] jouer avec la vie jusqu'au dernier moment....
C'est un enfant qu'il faut bercer jusqu'à ce qu'il s'endorme.

Pauvre idée, usage médiocre de la vie, assurément ; mais il y a dans Voltaire une conception plus haute et plus équitable de notre destinée. Il l'a dit : « Je ferais grâce [2] à cet optimisme, pourvu que ceux qui soutiennent ce système ajoutassent qu'ils croient que Dieu, dans une autre vie, nous donnera, selon sa miséricorde, le bien dont il nous prive en ce monde selon sa justice. C'est l'éternité à venir qui fait l'optimisme, et non le moment présent. » Ailleurs :

> *Un jour* [3] *tout sera bien,* voilà notre espérance ;
> *Tout est bien aujourd'hui,* voilà l'illusion.

Et plus loin :

> Un calife autrefois, à son heure dernière,
> Au Dieu qu'il adorait dit pour toute prière :
> Je t'apporte, ô seul roi ! seul être illimité !
> Tout ce que tu n'as pas dans ton immensité,
> Les défauts, les regrets, les maux et l'ignorance.
> Mais il pouvait encore ajouter l'*espérance*

Par-dessus toutes les fables que nous ont laissées les Grecs, il aimait la fable de Pandore. A cette doctrine consolante répondait une maxime de pratique hardie et salutaire : que tout soit bien ou mal, tâchons que tout soit mieux.

Telle est l'opinion de Voltaire sur le monde. Il croit que cet univers est le meilleur qui pût être, mais, pour être le meilleur de tous, il ne le trouve pas irréprochable, et en exagère les défauts ; il ne conçoit pas

---

[1] Lettre à Mme du Deffand, 1761 ; lettre à Mme du Deffand, 1761. — [2] Lettre à M. Vernes, 1758. — [3] Poeme sur le desastre de Lisbonne, ou examen de cet axiome : « Tout est bien »

pourquoi le mal existe, et pense volontiers que Dieu n'a pu mieux faire ; il espère que tout sera bien un jour, et voit le progrès s'accomplir sous ses yeux, mais sans se pénétrer de la beauté de cet ordre qui tire le bien du mal ; la vérité est dans sa main, il n'ose la saisir. Le sentiment des problèmes, à ce degré-là, n'est plus une qualité, c'est une maladie : « La sagesse doute où il faut douter, et affirme où il faut affirmer. »

Il n'y a que deux grandes doctrines sur la perfection de ce monde, et il n'est pas si difficile de choisir. Suivant l'une, Dieu conçoit le plan magnifique de l'univers et l'exécute lui-même, il n'appelle l'homme que comme spectateur : vois et admire, garde-toi de critiquer. Ces ombres qui te déplaisent arrivent le jour ; ce personnage difforme qui te choque fait ressortir la beauté qui t'enchante ; chaque couleur, chaque trait est pour l'ensemble ; pris à part, il peut être blâmé, rapporté au tout, il est irréprochable. Convaincu de cette vérité, contemple ce chef-d'œuvre en silence, et prends garde d'y rien mettre du tien. Suivant l'autre doctrine, Dieu encore conçoit le plan du monde avec sa sagesse infinie ; il achève lui-même l'univers physique, impose à la matière les lois d'où dériveront fatalement tous ses mouvements et leur harmonie ; quant au monde des esprits, il lui fixe sa destinée, il veut qu'un jour la vérité et la justice y résident, mais il ne les y place pas lui-même et il donne à l'homme cette mission. Que parle-t-on de Prométhée qui, dérobant le feu du ciel, encourt la colère de Jupiter et un châtiment terrible ! Dieu, quand il a formé l'homme, a gravé dans notre raison l'idéal d'un monde parfait où règnent sans ennemis la vérité et la justice ; il nous a communiqué le plan conçu par sa souveraine sagesse; il a fait plus, il a mis dans notre cœur l'amour de cet idéal, l'enthousiasme de cette perfection, une portion de ce feu divin qui crée, qui anime les formes mortes de l'intelligence. Cette ardeur secrète, sans cesse renaissante, qui nous dévore, est notre gloire, elle n'est point notre châtiment. Poursuivi par le rêve de l'idéal, l'homme s'agite et ne peut goûter le repos; les yeux fixés sur cet exemplaire immortel, il tente de le traduire; mécontent de ses ébauches, il efface, il corrige, souvent, dans son impatience, remplaçant une erreur par une erreur, une injustice par une injustice, qui sera emportée à son tour, quelquefois par une vérité solide, par une pratique équitable, qui ne périront point. Ainsi, à travers ces tentatives avortées et reprises, l'œuvre avance, la science s'accroît, les institutions s'améliorent, la cité de Dieu se dessine dans la nuit. Quel spectacle! et qu'il est vraiment divin! Dieu pouvait d'un coup achever le monde, il ne l'a pas voulu, il s'est adjoint l'homme, et c'est une créature ignorante et vicieuse qui enfante la vérité et la justice. Nous ne sommes donc pas à Dieu des rivaux mais des associés, car il est exempt d'envie. Le père qui a formé l'âme de son fils, lorsque ce fils fait une bonne action, n'en est point jaloux. Qui pourrait à ce moment lire dans son cœur, y verrait le contentement sévère de la sagesse qui a porté ses fruits et la douceur de la tendresse paternelle avec ses ineffables complaisances. Or qu'est-ce que Dieu, sinon un père, sans nos aveuglements et nos lâchetés?

Cette doctrine est-elle donc si abstraite, si compliquée, qu'elle doive effaroucher une raison amie de la clarté et de la simplicité? Non sans doute; mais encore faut-il oser croire ce que l'œil ne voit pas, ce que la main ne touche pas. Voltaire croit à Dieu, à la liberté, à la vertu : c'est fort bien, ce n'est pas assez. Où tend ce travail si dur de l'homme sur lui-même? Pourquoi tant de fatigues, de privations, de sacrifices? Si tout finit avec le corps, qu'importe que je tombe un peu plus ou un peu moins parfait dans le néant? Quoi! Dieu nous donne une part de sa raison et de sa liberté, il fait briller devant nous l'idéal éclatant de la vertu, il descend lui-même dans la conscience avec ses douceurs et ses terreurs; et nous n'avous que quelques pas à faire entre deux abîmes! quelle contradiction! et quel danger encore pour la société, si les méchants ont l'impunité assurée! Voltaire le sentait bien, il comprenait que la destinée humaine est incomplète ici-bas, et qu'elle se dénoue dans l'invisible, mais pour la suivre jusque-là, il fallait consentir à perdre terre, et son esprit n'avait pas ce courage. Il accable la Sorbonne qui damne Trajan et Marc-Aurèle; mais lui, que fait-il de ces âmes généreuses? il veut des peines pour les méchants, et sauverait l'enfer pour y loger Fréron, mais il n'ouvre pas le ciel aux héros; il ressent une profonde aversion pour le dogme de la vie future, telle que le catholicisme l'entend : sa raison rejette ces récits intrépides d'un monde d'où personne n'est revenu, et sa compassion s'émeut pour des misères innombrables et infinies; devant un tel monde il goûte le néant; mais le néant à son tour le repousse, et il reste suspendu dans le vide, trop craintif pour se faire une doctrine suivant ses instincts, et garder la vie future en la consolant. Et pourtant, si on veut juger de l'excellence ou des défauts de la création, c'est de là, c'est de cette région invisible qu'il faut l'observer. Attaché au globe, on est emporté par son mouvement, on ne voit que le commencement et le milieu des choses, sans la fin qui les achève, et on s'agite tristement, comme Voltaire, dans un monde mutilé.

III

Ce que nous venons de voir, ce sont les opinions de Voltaire, ce n'est pas Voltaire lui-même. Son génie est la raison, sa passion, la passion de la raison. Il n'avait pas de quoi se contenter : ni la société ni la philosophie de son temps ne pouvaient lui plaire. Nulle liberté politique, un despotisme faible et mesquin, des tyrannies de seconde main sans nombre et intolérables ; la liberté de conscience, la liberté sainte par excellence. violée, passant tour à tour « de la griffe des renards à la dent des loups ; » la liberté de la presse nulle, les livres censurés, mutilés, arrêtés à la frontière ou brûlés ; le secret des lettres méprisé ; nulle sécurité personnelle sous le régime des lettres de cachet ; la justice aveugle ou fanatique et cruelle. Voilà le tableau que Voltaire avait sous les yeux. Il entendait aussi parler d'hérétiques brûlés la veille en Espagne, et sa mémoire frappée lui rappelait dans tous les siècles et dans tous les pays de semblables désordres : partout des persécutions religieuses, les dragonnades, la Saint-Barthélemy, les Albigeois, les martyrs, Hypathie et Socrate, partout la pensée humaine opprimée, partout des guerres avec leur cortége d'injustices et de barbaries, partout les individus malheureux et méchants. Sans doute, il ne voyait pas l'humanité en beau, il était en France un mécontent ; mais dix ans après sa mort éclatait la révolution française, et ceux qui la firent étaient aussi des mécontents. Il en faut pour remettre sur pied la justice renversée; révolutions politiques, scientifiques, religieuses, qui font marcher le monde, naissent du mécontentement.

En l'absence de l'équité, la vérité a de quoi consoler une âme. Oui, mais Voltaire la cherchait en vain autour de lui. La philosophie dominante devait lui inspirer une médiocre estime. Descartes avait bien recommandé de ne croire qu'à l'évidence, mais il avait déserté sa maxime; emporté par l'esprit de système, il avait entraîné avec lui Malebranche, Spinoza, Leibnitz, pour ne citer que les plus grands d'entre ses disciples. Jamais école n'afficha tant de scrupules, et ne fournit tant d'hypothèses. Voltaire assistait à sa décadence. Les systèmes du moyen âge et de l'antiquité, les religions non plus n'étaient pas faites pour le séduire. L'érudition qui les exposait n'était pas assez forte, ni au service d'une critique philosophique assez profonde et assez équitable : elle ne montrait que contradictions entre les doctrines, et dans chacune d'elles des extravagances. Ainsi, désordre réel ou apparent partout, dans les institutions et les idées.

Que la raison vienne donc rétablir l'ordre. Mais quoi ! n'est-elle pas déjà venue? Bossuet n'a-t-il pas institué en France la royauté du bon sens? Alors que reste-t-il qu'à commenter sa pensée et la mettre en vigueur? Et voilà le rôle de Voltaire tout tracé, s'il possède vraiment ce bon sens que lui accorde l'opinion universelle. C'est toute une question; mais il est inutile de l'examiner, si on n'y doit pas apporter une entière bonne foi. Oui, le bon sens de Bossuet est exquis, mais celui de Voltaire n'est pas méprisable; et pourtant leurs pensées sont ennemies. Est-ce donc que le bon sens se combat lui-même? ou n'est-ce pas plutôt que le bon sens de Voltaire n'est pas celui de Bossuet? Et en effet, l'un de ces hommes est le théologien qui organise une doctrine reçue, et met une raison admirable au service d'un principe qui la surpasse; l'autre est le philosophe qui pousse droit aux principes, et ne reçoit rien que sur la foi de l'évidence. Ce sont en présence la discipline et la lumière. Arrêtons-nous un moment devant ce contraste. Aussi bien je ne crains pas d'associer ici les noms de ces deux grands personnages qui, contraires par la vie, la doctrine et l'instinct, mais pareils par le génie, ont régné chacun sur tout un siècle avec une égale puissance, et conduit l'esprit humain.

D'abord Bossuet. Le bon sens, chez lui, est cette sagesse qui, placée au cœur d'une doctrine, pénétrée de son essence, admet ce qu'elle appelle, rejette ce qu'elle repousse, en conserve l'unité, et à la fois pénétrée de ses intérêts, retient tous les principes dans la mesure, les tempère les uns par les autres, et les empêche de se dévorer; comme la vie, recevant les éléments amis et excluant les éléments ennemis, animant chaque organe, et maintenant le tout en équilibre, conserve la forme du corps, son organisation, sa santé et sa puissance. Croyez-l'en lui-même, il n'aime pas ces hommes plus capables de pousser les choses à l'extrémité que de tenir le raisonnement sur le penchant, et plus propres à commettre ensemble les vérités chrétiennes qu'à les réduire à leur unité naturelle. Supprimez, dans le catholicisme, l'intermédiaire universel entre Dieu et l'homme, Jésus-Christ et son Église, et vous supprimez le catholicisme lui-même; or, le quiétisme tend là: il porte l'âme jusqu'en présence de Dieu par la seule vertu de l'amour; Bossuet le voit : « Il y va, dit-il, du tout pour la religion; » et il accable Fénelon par ce mot d'une énergie sublime : « Il marche comme à tâtons sur Jésus-Christ. » Sans les miracles, le catholicisme n'est plus; il naît d'un miracle, et s'établit par des miracles, il suppose constamment l'action particulière de la Providence dans la nature et dans l'âme humaine; l'idée que la création est conduite par des lois générales, immuables, le ruine donc entièrement. Malebranche, dans son traité *de la Nature et de la Grâce*, établit fortement cette constance des lois universelles, puis il tente d'expliquer la providence particulière par un tour forcé et inintelligible. Il faut voir comme Bossuet reprend ce système, avec quelle assurance il repousse [1] et le principe si dangereux des lois uniformes, et les explications naturelles des miracles, condamnant ainsi par avance dans un seul homme toute cette école de théologiens qui devait, un siècle plus tard, ôter aux miracles le miraculeux, et les ranger dans la physique. Il remonte plus haut : reconnaissant dans le disciple son maître Descartes, et dans le principe de l'école distinguant ce qu'il renfermait secrètement encore et que le temps devait en faire sortir, il prophétise le grand combat qui se prépare contre l'Eglise. La perfection sévère de la vie chrétienne s'accommode mal des émotions du théâtre, de tous ces plaisirs qui excitent les passions de feu; aussi il condamne sans pitié les tendresses de Racine, les accents passionnés de Lulli, et lance contre Molière expirant la sentence terrible : malheur à ceux qui rient ! Dans la politique, il croit au droit divin de César. Dans l'histoire, il ne voit que le peuple juif dépositaire de la

---

[1] Lettre à un disciple du P. Malebranche. Lettre 139.

tradition. Enfin, pour sauver l'unité de la foi compromise par les dissidents, il « pousse [1] au plus loin la doctrine des contraintes. »

Que de génie dépensé pour soutenir ces maximes! Quelle merveilleuse pénétration, qui devine dans les effets l'action secrète des causes, et dans les causes elles-mêmes les effets qu'elles retiennent encore! Quelle science de l'homme, science impitoyable, qui démêle au fond de notre esprit et de notre cœur tous les mouvements opposés à sa doctrine, les pensées, les instincts ennemis, inconnus à celui qui les porte, et les traîne au grand jour pour en faire justice! Et pourtant, qui de nous, à cette heure, oserait conseiller ou justifier la contrainte envers les dissidents? La génération qui a élevé un monument à Molière ne souscrira pas sans doute à l'anathème si cruel que Bossuet lance contre lui; elle se met avec Racine auteur de *Bérénice* contre Racine repentant, avec Lulli contre celui qui proscrit la musique passionnée; elle absout tous les grands artistes de tous les temps, les applaudit et les honore; elle sait qu'il est dangereux d'agiter les passions, elle le défend à l'immoralité, mais elle le permet à l'art, qui purifie ce qu'il touche, et n'éveille les passions que pour les élever. L'auteur de l'*Histoire universelle* n'a jamais trouvé plus d'admirateurs, moins de disciples. Le principe d'où procède la politique entière de Bossuet, le droit divin de la royauté, a été ruiné par toutes les révolutions ; la liberté de penser, qu'il contenait sévèrement, s'étend de nos jours à tout ; l'autorité suprême, dans ce siècle, est l'évidence. Voilà ce que nous pensons à cette heure, et le génie de Vol-

---

[1] Lettre à M. de Basville. Lettre 237.

taire est de l'avoir pensé comme nous, cent ans avant nous.

La raison de Bossuet est l'interprète de la tradition catholique ; au-dessus de cette raison, aussi haute qu'elle soit, est celle qui, ne s'arrêtant que devant l'évidence des axiomes, est l'interprète de la tradition universelle du genre humain.

Voltaire s'assoit au centre du sens commun, comme Bossuet au centre de l'Eglise ; de là l'un et l'autre foudroient l'ennemi. Des deux côtés pareille ardeur, pareille puissance, pareil scrupule à ne rien admettre contre la tradition que l'on conserve, à n'avancer rien qu'elle n'appuie manifestement, mépris du sens particulier, amour du grand et du solide, dégoût des subtilités, peur des ténèbres. Mais, tandis que l'une de ces traditions est achevée, l'autre se développe sans fin, et donne aux plus hardis d'entre ses disciples la gloire d'inventeurs et de réformateurs. Ce fut la gloire de Voltaire.

Liberté de conscience, liberté d'écrire, liberté personnelle, impôt pesant sur tous, abolition du droit d'aînesse, la vénalité des charges flétrie, et aussi la torture et la confiscation des biens, nécessité d'un code uniforme et plus doux pour des mœurs plus douces, des dépositions publiques des témoins et des arrêts motivés, toutes vérités fondées sur l'immuable raison, trop longtemps méconnues, trouvent en lui leur protecteur. Du même fonds de bon sens il défend la civilisation et les spectacles contre Rousseau, Dieu contre d'Holbach, la morale contre Locke, l'immortalité de l'âme contre la Mettrie, la liberté contre Frédéric, le désintéressement contre Helvétius, la pitié contre un optimisme inexorable, les vertus des sages antiques contre la Sorbonne, Newton contre

Descartes, l'inoculation contre la routine, le bon contre le mauvais goût.

La sagesse a vaincu, et à cette heure nous vivons sous le régime plus équitable qu'il nous a préparé, nous avons de la peine à comprendre la grandeur de son rôle, mais il y a des temps malheureux où les vérités éternelles sont des nouveautés et le sens commun du génie.

Il est tout raison. Il est amoureux, et si on le peut dire, fanatique d'évidence. L'obscur et le faux lui sont ennemis. Ce n'est plus ici la raison de Luther, de Rabelais, de Montaigne, de Bayle, de Rousseau : la raison révoltée pour le choix des mystères, enveloppée de folie, capricieuse, sceptique, paradoxale; c'est la raison. Elle n'est elle-même qu'ici, pure de toute alliance compromettante, pure de ces complaisances pour les opinions singulières, d'où naissent les hypothèses et les utopies; elle parle seule, elle parle à tous, entendue de tous. La langue universelle est trouvée : rêve de fous et d'esprits sublimes, qui ne devaient pas la rencontrer, pour l'avoir cherchée où elle n'est pas, dans une combinaison artificielle de signes convenus, et n'avoir pas compris que si nous avons chacun notre langue, à notre image, empreinte de notre raison particulière, la seule langue universelle est la langue de la raison universelle. Ouvrez cette encyclopédie en quatre-vingts volumes, où toutes les questions sont remuées, vous n'y trouverez pas une seule hypothèse. Fénelon rêve une aristocratie sentimentale, Bossuet un despotisme paternel, Pascal une humanité sans passions humaines, d'Holbach une société d'athées vertueux, Rousseau la perfection de l'homme sauvage, etc., etc.; Voltaire n'a point de ces enfants infirmes et chéris. « Je m'en rapporte[1] toujours à la nature qui en sait plus que nous, et je me défie de tous les systèmes. Je ne vois que des gens qui se mettent sans façon à la place de Dieu, qui veulent créer un monde avec la parole. Qu'ils disent donc[2] comme lui : *Fiat lux.* »

Les erreurs ne sont que ridicules, et Voltaire en rit à son aise : mais quand il rencontre les injustices, il les ressent avec une énergie singulière : « Malheur[3] aux cœurs durs ! s'écrie-t-il; Dieu bénira les âmes tendres. Il y a je ne sais quoi de réprouvé à être insensible ; aussi sainte Thérèse définissait-elle le diable, le malheureux qui ne sait point aimer. » Et ce n'est pas chez lui une saillie. Profondément touché des maux gratuits qu'ajoutent à notre misère naturelle toutes les oppressions, il n'en prit jamais son parti. Cet homme qui soutenait sa vie par la gaieté[4], et la regardait comme le remède universel ; cet homme à qui prenait un jour une envie de rire qui ne le quittait plus pendant six mois, quand il songeait à Calas, à Sirven et à la Barre, écrivait, dans l'amertume de son cœur : « Je crains[5] que Protagoras (d'Alembert) ne soit trop gai au milieu des horreurs qui nous environnent. Le rôle de Démocrite est fort bon quand il ne s'agit que des folies humaines ; mais les barbaries font des Héraclites. Je ne crois pas que je puisse rire de longtemps. » Et ce qu'il écrit à son vieil ami d'Argental, est-ce une déclamation ou l'explosion éloquente du sentiment ? « Et c'est là[6] ce peuple si doux, si léger et si gai ! Arlequins anthropophages ! je ne veux plus entendre parler de vous ! Courez du bûcher au bal, et de la

---

[1] Lettre à M. de la Sauvagère, 1776. — [2] Lettre à Condorcet, 1772. — [3] Lettre à Fréd., 1739. — [4] Lettre à d'Arg., 1760. — [5] Lettre à Dami., 1766. — [6] Lettre à d'Arg., 1766.

Grève à l'Opéra-Comique ! rouez Calas, pendez Sirven, brûlez cinq pauvres jeunes gens qu'il fallait, comme disent mes anges, mettre six mois à Saint-Lazare ; je ne veux pas respirer le même air que vous... L'inquisition est fade en comparaison de vos jansénistes de grand'chambre et de tournelle ! » Enfin, ce terrible lutteur, debout et en armes depuis cinquante années, fut abattu un moment : « J'avoue [1] que la tempête qui a fait périr ce jeune fou de chevalier de la Barre m'a fait plier la tête. » Ce n'était pas le spectacle qui le touchait : il pleurait le sang répandu deux siècles avant lui, et la Saint-Barthélemy [2] lui faisait autant de peine que si elle était arrivée la veille. Il déteste du plus profond de son âme l'intolérance ; il assure [3] que s'il faisait une religion, il la mettrait au rang des sept péchés mortels. « Puissent [4] tous vos confrères, » écrit-il à un ministre protestant, « perpétuer cette heureuse paix, cette humanité, cette tolérance qui console le genre humain de tous les maux auxquels il est condamné. Qu'ils détestent le meurtre abominable de Servet, et les mœurs atroces qui ont conduit à ce meurtre, comme le parlement de Paris doit détester l'assassinat infâme dont on fit périr Anne Dubourg, et comme les Hollandais doivent pleurer sur la cendre des Barnevelt et de Witt. Chaque nation a des horreurs à expier, et la pénitence qu'on en doit faire est d'être humain et tolérant. » Voilà de belles paroles, mais quelle amertume dans celles-ci. Dans une lettre au marquis d'Argence, évaluant le nombre des victimes de la Saint-Barthélemy à 90,000, égorgées pour l'amour

---

[1] Lettre au duc de Richelieu, 1766. — [2] Lettre à d'Arg., 1767. — [3] Lettre au comte de Schomberg, 1769. — [4] Lettre à M. Vernes, 1757.

de Dieu, il ajoute : « Il est bon [1] pourtant, mon cher ami, que de si grands exemples de charité n'arrivent pas trop souvent. Il est beau de venger la religion ; mais, pour peu qu'on lui fît de tels sacrifices deux ou trois fois chaque siècle, il ne resterait enfin personne sur la terre pour servir la messe. »

Un tel homme dans un tel temps ne pouvait être que ce qu'il fut, l'apôtre de la raison et de la tolérance.

Pour sauver la raison d'abord, il n'y avait qu'un parti à prendre : la dégager des questions obscures et controversées, et ramasser toute sa vigueur dans certaines vérités manifestes, comme un jardinier habile, quand un arbre se meurt, élague les branches, et le réduisant au tronc, y concentre la sève. Voltaire abattit de bonnes branches avec les mauvaises, mais ce n'était pas le moment des scrupules : à l'extrême péril il faut des secours héroïques ; l'exacte justice eût tout perdu. Autrefois, dans la Grèce, Socrate, trouvant la philosophie compromise par les philosophes, tente pareillement de la réduire : il lui interdit les hautes spéculations, et y ramène, avec les vérités éternelles du sens commun, la salutaire défiance qui les protége. Lui aussi, il combat toute sa vie pour établir l'existence de Dieu, de la Providence, de la beauté et de la justice. Plus timide encore, et de beaucoup, il s'interdit toute explication, toute conciliation, il ne veut pas s'aventurer, et ne tente jamais quelqu'une de ces excursions dans la métaphysique, d'où Voltaire a rapporté, quoiqu'il s'en défende, de bonnes vérités. Il faut condamner l'un avec l'autre, ou les absoudre tous les deux. Voltaire, retrempant la

---

[1] Lettre au marquis d'Argens, 1768.

philosophie dans le sens commun, et arrêtant l'esprit de système, est l'héritier non dégénéré de Socrate. Leur devise est la même ; le philosophe grec répète qu'il ne sait rien, sinon cela même qu'il ne sait rien ; le philosophe français écrit à madame du Deffand : « Si vous voulez [1] m'apprendre à ignorer, je suis votre homme. » Ils avaient tort peut-être, mais dans le temps où ils vivaient, avoir tort ainsi, c'était avoir raison.

Avec la métaphysique, l'intolérance tombe ; si on persécute ses semblables, ce n'est point pour les forcer d'admettre l'existence de Dieu ou de la Providence, ou de la liberté, ou de la morale, mais la Trinité, le péché originel ou la grâce, en un mot des dogmes métaphysiques. Si donc on parvenait à les dégoûter de ces dogmes et de la métaphysique qui les enfante, les armes tomberaient de leurs mains, et on n'aurait plus à craindre le retour de pareilles fureurs : l'indifférence tue l'intolérance. Il s'agissait de mettre dans tout leur ridicule les choses [2] pour lesquelles on ne se tolérait pas, et Voltaire se jeta tout entier dans cette œuvre. « Les opinions [3] ont causé plus de maux sur ce petit globe que la peste ou les tremblements de terre. Et vous ne voulez pas qu'on attaque, à forces réunies, ces opinions !...... J'espère [4] que dans sept ou huit cents ans les hommes ne se persécuteront plus pour savoir : *Utrum chimera bombinans in vacuo possit comedere secundas intentiones.* » Ailleurs il rapproche ce terme un peu éloigné : « Dans vingt ans, Dieu [5] aura beau jeu...... On verra [6] bientôt en

---

[1] Lettre à M.ᵐᵉ du Deffand, 1770. — [2] Lettre à M. Allamand, 1770; lettre à d'Arg., 1764 — [3] Lettre à M***, 1759. — [4] Lettre à M. de Pomaret, 1774. — [5] Lettre à d'Al., 1758 — [6] Lettre à l'abbé Duvernet, 1765.

France, en Espagne, en Portugal, une génération d'hommes très-instruits, qui sentiront vivement combien il est affreux de se tourmenter pour des subtilités métaphysiques, et de faire un enfer anticipé de ce monde, qui ne devrait être, pendant le peu d'instants que nous nous y arrêtons, que le séjour des plaisirs et de la vertu. » Il vit, pour sa récompense, cette génération ; il vit la liberté de conscience envahir le monde, et il put, avant sa mort, humilier la Sorbonne, sa vieille ennemie. « La Sorbonne [1] n'a raison que dans deux mille cinq cents pieds carrés qui composent la belle salle où elle donne ses beaux décrets. Certainement le genre humain l'emportera à la fin sur la Sorbonne. »

Mais aussi quel combattant fut jamais mieux préparé à un tel combat. Il y apporte une audace indomptable. Elle croît avec l'âge ; il trouve, lui [2] aussi, qu'il n'appartient qu'aux gens de quatre-vingts ans de conspirer, et vers la fin de sa carrière, il écrit ces énergiques paroles : « Comme [3] je n'ai pas longtemps à ramper sur ce globe, je me suis mis à être plus naïf que jamais : je n'ai écouté que mon cœur ; et si on trouvait mauvais que je suivisse ses leçons, j'irais mourir à Astracan, plutôt que de me gêner, dans mes derniers jours, chez les Welches. J'aime passionnément à dire des vérités que d'autres n'osent pas dire, et à remplir des devoirs que d'autres n'osent pas remplir. Mon âme s'est fortifiée à mesure que mon pauvre corps s'est affaibli. » Il inspire sa hardiesse à ses amis. « Il faut [4] savoir oser ; la philosophie mérite bien qu'on ait du courage : il serait honteux qu'un

---

[1] Lettre à M. de Chabanon, 1768. — [2] Lettre à d'Arg , 1764. — [3] Lettre au duc de Richelieu, 1771. — [4] Lettre à Helv , 1760.

philosophe n'en eût point, quand les enfants de nos manœuvres vont à la mort pour quatre sous par jour. » Et si Damilaville fléchit, il le relève par ce beau mot : « Votre ami, monsieur, prétend [1] qu'il n'y a qu'à vouloir, que les hommes ne veulent pas assez, que les petites considérations sont le tombeau des grandes choses. »

L'audace n'est pas tout dans les affaires de ce monde. Avec elle seule on triomphe quelquefois en des temps extraordinaires ; mais souvent on se perd, et avec soi la cause qu'on défend. Cette mâle vertu est aveugle, et a besoin d'une autre vertu qui la dirige, la modère et la couvre, je veux dire de la prudence. Le rigide d'Alembert ne consent pas à plier un moment devant un régime odieux, même pour le renverser ; déplorant tant d'arbitraire, il se renferme avec dignité dans sa conscience ; résolution honorable et stérile ! Voici une fière profession de foi : « Quant [2] à moi, qui par bonheur ou par malheur (comme il vous plaira) n'ai pas la plus petite obligation à aucun de ceux qui gouvernent aujourd'hui, et à qui ils n'ont fait proprement ni bien ni mal, j'ai pris pour devise, à leur égard, ce beau passage de Tacite : *Mihi Galba, Otho, Vitellius, nec beneficio nec injuria cogniti..... sed incorruptam fidem professis nec amore quisquam, et sine odio dicendus est.* Je [3] n'aime les grands que quand ils le sont comme vous, c'est-à-dire par eux-mêmes, et qu'on peut vraiment se tenir pour honoré de leur amitié et de leur estime ; pour les autres, je les salue de loin, je les respecte comme je dois et les estime comme je peux. »

---

[1] Lettre à Dami., 1766. — [2] Lettre de d'Al. a Voltaire, 1762. — [3] Lettre de d'Al , 1763.

Voltaire lui écrit à son tour : « Mon cher [1] philosophe, vous vous déclarez l'ennemi des grands et de leurs flatteurs, et vous avez raison ; mais ces grands protégent dans l'occasion ; ils peuvent faire du bien ;.... ils ne persécuteront jamais les philosophes, pour peu que les philosophes daignent s'humaniser avec eux. »
Il fait mieux que de le prêcher, il lui montre les fruits de sa politique. Les hardiesses de l'*Ingénu* avaient été bien reçues ; il rappelle à d'Alembert avec complaisance le petit-fils [2] de l'abbé Gordon, un fin courtisan, qui a appris à ses semblables qu'avec un petit mot d'éloge on fait passer bien de la contrebande. C'est que, selon Voltaire, on peut [3] accoutumer les hommes à tout ; il n'y a que manière de s'y prendre. Il ne disait point comme Fontenelle : Si j'avais la main pleine de vérités, je ne l'ouvrirais pas ; mais il pensait qu'il ne fallait pas l'ouvrir tout d'un coup, que les vérités [4] sont des fruits qui ne doivent être cueillis que bien mûrs. C'était Socrate, mais décidé à ne pas boire la ciguë, trouvant, comme d'Alembert [5], que la crainte des fagots est très-rafraîchissante, et, au lieu de se présenter comme novateur, affichant cette maxime qui éloigne le soupçon : « Je tâcherai [6] de me conduire de façon que je ne sois point le martyr de ces vérités dont la plupart des hommes sont fort indignes. Ce serait vouloir attacher des ailes au dos des ânes, qui me donneraient des coups de pied pour récompense. »

Tel était son plan, que lui traçaient les circonstances et le sentiment de son génie : par ministres et gens puissants avoir quelque liberté ; à la faveur de

---

[1] Lettre à d'Al , 1761.— [2] Lettre à d'Al., 1767.— [3] Lettre à Fréd., 1749. — [4] Lettre à la comt. Bassaritz, 1761. — [5] Lettre à Voltaire, 1762. — [6] Lettre à Fréd., 1740.

cette liberté faire passer en France les hardiesses de la philosophie; par cette philosophie corrompre les juges, et se donner pour disciples les rois, que sa poésie lui avait donnés pour admirateurs; s'appuyer enfin sur les rois pour soulever le monde. Le projet était gigantesque, mais non au-dessus de ses forces.

Pour gagner les puissants, il fallait d'abord la richesse, c'est-à-dire l'indépendance, et un bel établissement dans ce monde, avec la clientèle que donne une large hospitalité; il fallait saisir dans chaque personnage la passion maîtresse, et pénétrer par là dans son cœur, distribuer avec art l'éloge à la fois intrépide et délicat, et relever sa faveur par le don de l'épigramme mortelle; savoir, dans l'occasion, ne point voir, ne point entendre, savoir même oublier, ou du moins le paraître; il fallait une activité, une habileté, une audace prodigieuse, et des trésors d'esprit, en un mot, tout ce qu'avait Voltaire.

Quant à la France, elle sera à lui, car il la connaît. C'est « une [1] drôle de nation, *quæ sola constans in levitate sua est*. Elle ressemble à l'Euripe, qui a plusieurs flux et reflux, sans qu'on ait jamais pu en assigner la cause. Les Parisiens[2] passent leur temps à élever des statues et à les briser; ils se divertissent à siffler et à battre des mains.— Nous[3] autres Français, nous valons mieux que les Turcs; nous disons prodigieusement de sottises, nous en faisons beaucoup, mais tout cela passe bien vite; on ne s'en souvient plus au bout de huit jours. La gaîté de la nation semble inaltérable. On apprend à Paris le tremblement de terre qui a bouleversé trente lieues de pays à

---

[1] Lettre a M. de Belloi, 1772. — [2] Lettre à d'Arg., 1758.— [3] Lettre à Catherine de Russie, 1770.

Saint-Domingue ; on dit : C'est dommage ; et on va à l'Opéra. » Que ceci est toujours vrai chez nous, et que c'est bien le train des choses ! Le public [1] s'amusera, disputera, s'échauffera ; dans un mois tout finira, dans cinq semaines tout s'oubliera. » Auprès de ce peuple ne réussit pas qui veut : « Il faut [2] plaire en France ; dans le reste du monde, il faut instruire. — Il est bon [3] de n'être pas toujours sur le ton sérieux, qui est fort ennuyeux à la longue dans notre chère nation. Il faut des intermèdes. Heureux les philosophes qui peuvent rire et même faire rire ? Dire [4] la vérité sans déplaire aux gens de mauvaise humeur, c'est la pierre philosophale. »

De là cette forme légère et charmante de la philosophie voltairienne, la perpétuelle clarté, la variété perpétuelle, la grâce provoquante, parfois trop libre pour nous, mais au goût d'une société elle-même très-libre. L'art tout entier passe au service de la raison : romans, contes, poésie épique, poésie légère. Ses tragédies, pour une bonne part, sont des thèses, quelques-unes même, de son aveu [5], ne sont faites que pour les notes. Dans le livret d'un opéra [6], il trouve le moyen de traiter de l'origine du mal. En outre, il est le chef d'un parti nombreux et actif qu'il faut tour à tour contenir et exciter ; le voilà donc changeant de tactique suivant les circonstances, en-

---

[1] Lettre à M. Tabareau, 1771. — [2] Lettre à d'Arg., 1754. — [3] Lettre à M. Gaillard, 1769. — [4] Lettre à d'Arg, 1763.

[5] *Lois de Minos, Olympie*, etc. Lettre à d'Al., 1762. — J'ai choisi ce sujet (Olympie), moins pour faire une tragédie que pour faire un livre de notes à la fin de la pièce, notes sur les mystères, sur la conformité des expiations anciennes et des nôtres, sur les devoirs des prêtres, sur l'unité de Dieu prêchée dans tous les mystères .... Cela m'a paru curieux et susceptible d'une hardiesse honnête.

[6] *Pandore*, lettre à M. de Laborde, 1765.

treprenant quand autour de lui on est timide, se repliant sur lui-même si la cause est compromise par quelque témérité, cachant et reniant [1] son nom pour les coups les plus hardis, lançant une tragédie en même temps qu'un pamphlet, pour prouver son *alibi;* couvrant des hardiesses plus tempérées et aussi plus irritantes par quelque pseudonyme transparent pour tous les lecteurs, où Omer de Fleury seul n'a pas le droit de le reconnaître; enfin, signant en plein soleil ces manifestes qui représentent un parti sous ses traits les plus favorables, sans ses misères et ses excès, et en deviennent l'expression officielle, toujours faux et toujours opposés avec avantage au parti ennemi.

Voilà de quelle puissance il se servit pour convertir le monde à sa morale. Elle est en deux mots : tolérance et humanité. Ces deux mots renferment toute la morale humaine : s'abstenir et agir, ne pas violer la liberté, aider la liberté; et reviennent à l'ancienne maxime qu'ils achèvent : ne faites pas à autrui ce que vous ne voudriez pas qui vous fût fait. Seulement cette maxime est transportée de la vie privée dans la vie commune, et, par une grande entreprise, on ne se propose plus de réformer les membres du corps social, mais le corps même.

Voltaire eut l'honneur de vouloir cela et de l'accomplir. Mais il combattit soixante ans nuit et jour, soutenant par l'énergie de son âme un corps mourant, le forçant de vivre et de se tenir debout. L'histoire ne rapporte pas une lutte plus longue, plus inexorable

---

[1] Lettre à Dami, 1768. — « Dès qu'il paraît un ouvrage, ils crient tous : *C'est de lui, c'est de lui!* Ils devraient crier au contraire : *Ce n'est pas de lui, ce n'est pas de lui!* » — Voyez lettre de Frédéric à Voltaire, 1770.

d'un homme pour une cause ; et la cause était ici celle du genre humain. Dans quelque pays, dans quelque siècle que fût un droit opprimé, il le relevait ; il vengeait de la même plume les victimes de la barbarie de tous les temps, les familles innocentes réfugiées dans sa maison et les protestants égorgés, il y avait deux siècles, dans la nuit de la Saint-Barthélemy. Il n'obtint pas toujours justice, mais il la demanda toujours et l'obtint souvent. Il fit ce qu'eût fait tout homme généreux : il servit les innocents de sa fortune et de son influence ; il fit ce que lui seul pouvait faire en leur faveur, il souleva l'Europe.

Rappelons les plus célèbres de ses clients :

D'abord le malheureux et innocent amiral Bing, sacrifié par la politique de Pitt.

Puis la famille Calas. Calas est un vieillard de soixante-huit ans, négociant protestant de Toulouse. Un de ses fils se convertit, un autre se pend dans la maison paternelle. L'opinion fanatisée accuse Jean Calas d'avoir tué son fils, pour empêcher son abjuration prochaine, et de s'être fait aider par un troisième fils, Pierre. On voit même dans cet événement le prélude d'un massacre général des catholiques. Le capitoul David procède contre les accusés, qui sont mis aux fers. Les juges, à la majorité de huit voix contre cinq, prononcent. Le parlement confirme le jugement. On bannit Pierre, on enlève les filles à leur mère, et leur père, condamné à la roue, meurt en protestant de son innocence (1762). La mère vient à Paris, des avocats s'émeuvent en sa faveur ; Voltaire prend en main cette cause et passionne l'opinion publique. Le Conseil d'Etat appelle à lui l'affaire ; deux ans après, casse l'arrêt de Toulouse (1765), revise le procès, réhabilite à l'unanimité la mémoire de Jean

Calas, écrit en corps au roi, qui répare la ruine de la famille. Le capitoul David meurt fou. Voltaire a donné à cette affaire trois ans de sa vie, et il disait, au rapport de Condorcet : « Durant tout ce temps, il ne m'est pas échappé un sourire que je ne me le sois reproché comme un crime. » Voilà un bel acte et un beau mot.

Les Sirven. Une jeune servante protestante, de la même province, enlevée à ses parents, enfermée dans un couvent, s'échappe et se jette dans un puits. Sirven, son père, accusé, condamné à mort par contumace, se réfugie avec sa femme à Ferney. Sa femme meurt en route de fatigue et de douleur; Voltaire le décide à comparaître à Toulouse, et, par son éloquence, par son influence, le fait absoudre.

Une famille de pauvres gentilshommes dépouillée par les jésuites. Voltaire les fait rentrer dans leur bien.

Le comte de Lally. Il est condamné à Paris (1766) pour sa conduite dans l'Inde ; l'arrêt de mort ne cite aucun crime déterminé, annonce un simple soupçon, et s'appuie sur le témoignage d'ennemis déclarés. Voltaire plaide douze ans, et, pour sa récompense, il apprend, au moment de mourir, que l'arrêt injuste est cassé. On connaît les derniers mots que sa main ait écrits; ils sont adressés au fils de la victime : « Je meurs content : je vois que le roi aime la justice. »

Le chevalier de la Barre. En 1765, trois jeunes gens d'Abbeville, dont le plus âgé a dix-neuf ans, sont accusés d'avoir gardé la tête couverte quand, à vingt-cinq pas, une procession passait ; d'avoir chanté des chansons de corps de garde, moitié impies, moitié licencieuses, et, en conséquence, *véhémentement soupçonnés* d'avoir brisé un crucifix de place publique. L'évêque d'Amiens lance des monitoires ; un lieutenant du tribunal de l'*élection*, Duval de Saucourt, conduit une enquête, et les juges d'Abbeville condamnent le jeune de la Barre à une question ordinaire et extraordinaire, à être décapité et brûlé, le jeune d'Etallonde à avoir la langue et le poing coupés, et être brûlé à petit feu (1766). Le parlement de Paris confirme la sentence. La Barre est exécuté ; d'Etallonde s'enfuit près de Voltaire, puis, à sa recommandation, près du roi de Prusse, qui le fait officier dans son armée. Voltaire ne cessa d'écrire et de s'agiter pour rendre odieux le supplice de la Barre et obtenir la grâce de d'Etallonde. Son premier vœu fut accompli, le second ne devait pas l'être.

Et Martin (1768), et Montbailli (1770), exécutés pour des crimes que les vrais coupables avouèrent plus tard ; leurs biens confisqués, leur famille dispersée! « Il ne s'agit que d'une famille obscure et pauvre de Saint-Omer ; mais le plus vil citoyen, massacré sans raison avec le glaive de la loi est précieux à la nation et au roi qui la gouverne. » (*Méprise d'Arras.*)

Enfin, les serfs du mont Jura. Les chanoines de Saint-Claude, en Franche-Comté, avaient des serfs ; douze mille habitants étaient esclaves de vingt moines, et soumis, dans toute son étendue, au droit sauvage de mainmorte. Voltaire devait protester contre la servitude, quelque part qu'elle fût ; il le fit avec énergie, avec opiniâtreté. Il ne réussit pas pour le moment : il eut seulement la joie de voir le roi abolir la servitude dans ses domaines ; la révolution de 1789, pénétrée de son esprit, décréta la liberté de tous les serfs dans toute la France.

Pour mieux dire, Voltaire n'a jamais eu qu'un seul client, la raison. Pour le servir, il a été infatigable. « On dit que je me répète, écrivait-il ; eh bien, je me répéterai jusqu'à ce qu'on se corrige. »

Au nom de la raison, il réclame avant tout la tolérance, c'est-à-dire la liberté de conscience, la première des libertés, contre le fanatisme, qu'il appelait « la rage des âmes, » contre l'inquisition, ministre de ce fanatisme.

En politique, il voulait le gouvernement anglais, « qui conserve tout ce que la monarchie a d'utile, et tout ce qu'une république a de nécessaire; » des lois uniformes, l'économie dans les finances, la suppression de la vénalité des charges.

En fait de justice, une réforme hardie sur cette maxime : « Punissez, mais ne punissez pas aveuglément ; punissez, mais utilement. Si on a peint la justice avec un bandeau sur les yeux, il faut que la raison soit son guide. » — Une législation scrupuleuse sur la nature et la force des preuves : « La loi est devenue un poignard à deux tranchants, qui égorge également l'innocent et le coupable. » — Un conseil, un avocat toujours permis à l'accusé. Le code criminel dirigé pour la sauvegarde des citoyens, comme en Angleterre, non pour leur perte, comme en France. — Point de procédures secrètes. « Est-ce à la justice à être secrète ? il n'appartient qu'au crime de se cacher. » — Suppression de la torture, « invention excellente pour sauver le coupable robuste, et pour perdre l'innocent faible de corps et d'esprit. » — Tous les arrêts motivés. — Prévenir les délits autant qu'il est possible, avant de penser à les punir; prévenir le vol en essayant de détruire la misère, qui y mène; prévenir l'infanticide, par la création d'hospices pour les accouchements secrets. — Proportionner les peines aux délits; ne point punir les petites fautes comme de grands crimes. — Supprimer des crimes qui ne doivent pas l'être aux yeux de la société : l'hérésie, le sacrilége, le suicide, les mariages des dissidents entre eux ou avec les catholiques. Ne point punir les dissensions d'école : « En fait de livres, il ne faut s'adresser aux tribunaux et aux souverains de l'Etat que lorsque l'Etat est compromis. » — Supprimer des peines : la peine de mort « sauf dans le cas où il n'y aurait pas d'autre moyen de sauver la vie du plus grand nombre, le cas où l'on tue un chien enragé. Dans toute autre occurrence, condamnez le criminel à vivre pour être utile; qu'il travaille continuellement pour son pays, parce qu'il a nui à son pays. Il faut réparer le dommage; la mort ne répare rien. » — Supprimer les supplices recherchés : « Aucun supplice n'est permis au delà de la simple mort; » joindre la pitié à la justice. — Supprimer la confiscation : les enfants ne doivent pas mourir de faim pour les fautes de leur père. — En somme, diminuer le nombre des délits en rendant les châtiments plus honteux et moins cruels. « L'amour de l'honneur et la crainte de la honte sont de meilleurs moralistes que les bourreaux. » — Enfin, selon Voltaire, la justice naturelle est au-dessus de la loi, et il faut désobéir à l'ordre injuste d'un pouvoir légitime. « Un crime est toujours crime, soit qu'il ait été commandé par un prince dans l'aveuglement de sa colère, soit qu'il ait été revêtu de patentes scellées de sang-froid avec toutes les formalités possibles [1]. »

---

[1] Voir *Voyage de la Raison; — Prix de la justice et de l'humanité; — Commentaire sur l'esprit des lois*, etc.

Voilà, avec beaucoup d'autres réformes dérivées de celles-là, ce que Voltaire entendait par civilisation, et désirait pour son pays. Il préparait ainsi la grande révolution de 1789.

Il réussit, il changea la France et l'Europe. Voltaire a été le plus grand, le plus puissant des ancêtres de la Révolution française. D'autres, à leur tête, Rousseau et Montesquieu, contribuèrent à fonder l'empire de la raison universelle, à donner aux Français la conviction de leurs droits ; mais qu'importe, si chaque citoyen est en même temps convaincu de son isolement et de son impuissance ! Là où une province ignore une autre province, et ne sent pas avec elle, il y a, si on veut, une administration unique, il n'y a pas de nation ; la royauté peut tout oser impunément ; on s'émeut dans les Cévennes des dragonnades des Cévennes ; l'intendance du Limousin bénit son intendant, et trouve le royaume suffisamment heureux. Mais voici qu'il arrive qu'à l'extrémité de ce royaume un innocent est condamné ; une voix proteste, le bruit se répand de province en province, et un jour, des Pyrénées et des Alpes jusqu'à l'Océan, tous les esprits sont soulevés ; ce jour il y a dans le monde une nation de plus, la France, son cœur commence de battre et sa conscience s'éveille : noble nation, dont la première pensée est une pensée de justice, le premier sentiment la blessure de l'iniquité. Or, qui suscita cette croisade contre l'arbitraire et la violence ? Ce ne fut ni Montesquieu, ni Rousseau, ce fut Voltaire ; j'ose le dire, c'est à son âme que la France s'anima.

Tel nous semble être Voltaire. Nous ne faisons pas de lui un mystique, parce que d'autres en ont fait un athée, ni un Vincent de Paule, parce que d'autres lui ont refusé du cœur ; nous reconnaissons en lui un esprit altéré de lumière, qui affirme, quand elle inonde les yeux, doute, dès qu'elle s'obscurcit, assuré sur trois ou quatre points, flottant sur le reste ; un esprit droit, qui a trouvé à peu près toutes les principales vérités, et n'a failli qu'en ne leur donnant pas leur nom ; un chef de parti habile qui, pour rétablir la philosophie discréditée par les systèmes, a rejeté les systèmes et réintégré le sens commun ; un esprit sage qui a réglé ses croyances sur la nécessité de la morale ; une âme éprise de la raison et de la justice, qui n'est que la raison appliquée, courageuse et infatigable pour les défendre, un apôtre de l'humanité.

Et il a été certainement un grand cœur. Je sais que l'amour du juste n'est pas le cœur humain tout entier et surtout n'en est pas le fond. La passion de Voltaire est la raison émue, c'est toujours la raison, ce n'est que la raison ; elle n'entend que les gémissements causés par l'injustice, et ne plaint que les maux qu'elle peut guérir : chaleur inaltérable et inépuisable que la lumière verse d'en haut, moins aimable toujours que la mobile chaleur de la vie, avec son foyer dans les entrailles. La charité n'est pas si étroite et si logique : elle souffre de toutes les souffrances ; ce qui la touche dans la douleur, c'est la douleur, séparée de sa cause, méritée ou imméritée, guérissable ou sans espoir ; elle pleure de voir pleurer, et console ; elle recueille l'enfant abandonné et le vieillard redevenu enfant, l'idiot et le fou, et cherche à exciter en eux l'intelligence affaiblie ou absente, relève les créatures tombées, aide l'ouvrier, veille les malades ; elle dit avec Térence : *Je suis homme et rien d'humain ne m'est étranger ;* elle n'est pas la démonstration des écoles, mais ce cri de l'âme poussé par le christianisme, ce cri qui troublera toujours le bonheur égoïste et nous réveille dans les nuits d'hiver, ce cri que Gerson a entendu, qui a percé le cœur de Vincent de Paule, et met à cette heure sur pied toute une armée d'hommes et de femmes pour panser les blessés de la vie. Cela est beau. Il est des âmes moins tendres aux douleurs individuelles, passionnées pour la raison, sensibles à ses maux, blessées de ses blessures : elles ne sont émues que de ces grands intérêts, l'ordre, la justice, la dignité de l'espèce humaine, par une sensibilité plus haute, plus vaste et plus mâle. L'esprit humain plongé dans l'ignorance ou se débattant dans l'erreur, la liberté de conscience étouffée, la liberté personnelle enchaînée, des populations frémissant ou végétant sous le despotisme, la justice muette ou instrument d'iniquité, les consciences perverties, l'honnêteté opprimée, le droit terrassé par la force : voilà les misères qui les touchent ; est-ce donc que ce ne sont pas des misères aussi ? Voltaire les voit et les sent avec une énergie incomparable, et avec une énergie incomparable aussi il les combat. C'est son honneur immortel et l'honneur de la France de représenter la réclamation éternelle et universelle de l'esprit indigné, de l'âme émue contre l'odieux et l'absurde de ce monde. Notre génération affaiblie ne comprend plus cette humanité-là, mais elle est belle ; personne ne souhaitera à Voltaire une autre vertu devant les criantes injustices dont elle a triomphé ; et, tant qu'il y aura de l'oppression ici-bas, on devra écouter avec recueillement cette énergique protestation de la conscience indignée contre le mal.

Pourtant malgré cet éloge si volontiers donné à

Voltaire, s'il revenait tel qu'il a été autrefois, nous ne serions pas en tout des siens ; sa raison, sûre et excellente, est trop timide : instrument merveilleux, qui ploie dès qu'il enfonce. Il faut le garder et le retremper. Voltaire est théiste parce que l'athéisme est absurde : Dieu est plutôt pour lui une vérité qu'un être ; il en comprend la nécessité, il ne semble pas en sentir la présence ; on ne trouve pas chez lui ces élans religieux si touchants dans Rousseau, son rival, ici son maître. — Il est spiritualiste, assez pour n'être pas matérialiste. Mais on n'est pas spiritualiste à demi. C'est une doctrine jalouse qui ne souffre rien d'ennemi, rien d'étranger ; c'est mieux qu'une doctrine, car les doctrines sont multiples, c'est l'esprit unique qui réside dans toutes, les pénètre et les crée : le respect de l'âme habitante et maîtresse du corps, la passion de l'invisible, l'aspiration hardie vers l'idéal, l'enthousiasme de la vérité, de la beauté, de la liberté et de la vertu, essence éternelle de Dieu et avenir de l'homme. — Le temps de la polémique passionnée contre les religions est passé. La philosophie, plus sûre d'elle-même, n'a plus ces violentes haines ; dégagée des préventions de parti, les oppositions la choquent moins, et elle sait reconnaître et respecter dans des doctrines étrangères les dogmes généreux qui seuls et partout soumettent les esprits. Voltaire est injuste pour le christianisme. Jaloux des droits de la raison, il suspecte ce qui la dépasse et combat ce qui la choque ; mais il n'a pas aperçu ce qui est le fond du christianisme éternel : Dieu au-dessus du monde, l'âme au-dessus du corps, le devoir au-dessus du plaisir, l'humilité devant Dieu, la sévérité pour soi, la douceur pour les autres, l'effort au dedans et au dehors contre le mal, pour préparer le règne de

Dieu, c'est-à-dire le règne du bien sur terre. A quoi donc travaillait-il lui-même? — Par haine du christianisme, nous ne nous croyons plus obligés de détester les Juifs, de vanter Julien, de diviniser Confucius, et d'admirer l'Ezour-Vedam, cet antique monument de la sagesse indienne, fabriqué par des jésuites. — La tradition de la philosophie, calomniée dans un temps de révolution, de nos jours scrupuleusement étudiée, consacre les grandes croyances du rationalisme nouveau. — L'histoire ne nous paraît plus, comme à Voltaire, le récit des folies et des atrocités du genre humain; confiants dans une science plus vraie, plus équitable, et dans la providence directrice du monde, nous croyons au progrès accompli à travers les désordres, et à la perfection, étoile de l'humanité. — La tactique de Voltaire, admirable dans son temps, n'est plus à notre usage. La ruse a été bonne pour conquérir la liberté ; une fois conquise, elle se garde par d'autres secours. Nous ne sommes ni des esclaves ni des affranchis à qui on fait grâce de la servitude, nous sommes des hommes libres par droit de nature et rentrés dans leur droit; agissons donc en hommes libres. Prêchez-vous l'audace? contre qui? N'êtes-vous pas à vous? L'astuce? quelle surprise méditez-vous donc? S'agit-il d'une intrigue de palais? La vérité est reine des esprits; qu'elle se présente en reine, on la reconnaîtra. Maintenant tout se passe en plein jour, les partis se connaissent, ils se sont éprouvés mille fois, toutes les mines sont éventées, la vieille diplomatie s'affaisse, la puissance qui fait vaincre, c'est la raison.

Notre profession de foi est très-simple. Si on appelle voltairien un homme épris de la raison et de la justice, nous sommes voltairien, et à peine osons-nous nous vanter de l'être ; si on entend par là un spiritualiste plus que modéré, un théiste moins le sentiment religieux, un ennemi du christianisme, nous ne sommes pas voltairien assurément ; et c'est chez nous une conviction profonde que, pour faire aujourd'hui l'œuvre de Voltaire, avant toutes choses, il ne faut point être voltairien.

Il y a d'autres causes qui empêchent ou qu'on ne le lise, ou qu'il n'ait toute l'influence qu'il pourrait avoir.

D'abord une assez grande liberté de propos. On discute si la société présente est plus sévère dans ses mœurs que la société du XVIIe et du XVIIIe siècles, certainement elle est plus réservée dans son langage. Il est des ouvrages de talent, même de génie, dont nous n'avouons plus la lecture, disons mieux, que nous ne lisons plus ; l'imagination à qui il est tant pardonné, cette fois ne trouve point de pardon : Voltaire l'a éprouvé. Cette pointe de verve trop libre est un défaut français, et on se prend tous les jours à regretter que ces trésors de bon sens, d'esprit, de toutes sortes d'excellentes choses, contenus dans nos anciens auteurs, dans Rabelais, dans Montaigne, dans Voltaire, etc., soient ainsi fermés aux femmes et à la jeunesse. Les temps sont changés : autrefois les idées sérieuses avaient, en France, besoin de ce voile ou de cet assaisonnement ; aujourd'hui elles peuvent se présenter sans crainte et se soutenir par leur poids, ou, si les grâces les accompagnent, nous les voulons décentes, *gratiæ decentes*. Voltaire écrivant à cette heure, avec son tact exquis, sa profonde connaissance du public, se ferait autre pour d'autres lecteurs.

J'avoue encore que la variété des opinions de Voltaire déconcerte ; mais aussi il faut savoir lire. A parcourir les quatre-vingts volumes de ses œuvres, rien de plus mobile que l'apparence, mais une lecture assidue familiarise avec l'auteur et donne le mot de bien des contradictions.

D'abord il faut faire la part de la tactique dans le chef de parti, deviner les notes diplomatiques sous l'apparente candeur d'une dissertation, reconnaître pour ainsi dire l'état du ciel à l'heure de sa naissance.

Puis, parmi les variations de cette pensée, il en est de naïves que la politique n'explique pas. C'est ici un esprit altéré de lumière, qui dans chaque question voit les difficultés par une sorte de délicatesse maladive, inébranlable sur trois ou quatre points, errant dans les autres recherches, et après ces aventures, revenant bonnement au sens commun, aux simples croyances où la pensée et l'action trouvent le repos et la règle [1]. Ces erreurs mêmes et ces retours donnent aux ouvrages de Voltaire l'intérêt d'une confession : c'est la pensée humaine avec ses alternatives de vigueur et de défaillance, sa sécurité aisément troublée, ses scrupules qui, d'un moment à l'autre, l'effrayent et lui font pitié, l'heureux instinct qui, après un vol superbe, la ramène. Quand on est sûr de revenir avec lui, on peut tenter fortune en voyage ; le sentiment des problèmes n'est pas une médiocre part de l'esprit philosophique.

Enfin Voltaire était poëte en même temps que philosophe, esprit irritable tout ouvert aux impressions du dehors. Il entre tant d'humeur dans cette raison qu'on est perpétuellement désorienté ; il glisse entre les mains, et on renoncerait sérieusement à le pour-

[1] Nous avons recueilli dans notre *Philosophie de Voltaire* ce qu'il a écrit de meilleur sur Dieu, la liberté et la morale.

suivre, s'il ne vous fascinait toujours par quelque prestige nouveau. Avez-vous entendu un homme d'esprit et d'imagination causer tour à tour sur le même sujet avec des personnes différentes? il semble changer aussi souvent d'opinion que d'auditeur : si son avis n'est pas partagé, la froideur de son adversaire tantôt le gagne, tantôt l'anime par réaction ; tantôt, gardant sa conviction à l'intérieur, il fait, pour la forme, une retraite polie et se raille lui-même. Son opinion est-elle admise par un homme considérable, cette approbation l'enflamme: un sot la lui prend, il s'en dégoûte, un indiscret l'exagère, il la combat. Comment donc saisir dans ces fluctuations la véritable pensée ? Cet art ne s'enseigne point; mais, pour qui a vécu avec cet homme et l'a longtemps pratiqué, il y a du sérieux dans le rire et du rire dans le sérieux, de la froideur dans l'enthousiasme, et quelque chose d'ardent sous la froideur du dehors, où il ne se trompe pas.

Voltaire vaut bien la peine qu'on le fréquente un peu avant de le juger ; et proposer cela à quelqu'un, lui proposer de faire connaissance avec notre philosophe, dans les mille ouvrages qui sont sortis de sa main et dans son inimitable Correspondance, c'est l'inviter à un des plus sensibles plaisirs qui se puissent goûter. Longtemps encore l'esprit et la raison en France s'appelleront de son nom. Oui, je l'avoue, j'admire Voltaire, j'admire ce qu'il a, à chaque page, d'esprit naturel, charmant, inépuisable, cette raison lucide, cette passion toute française de la clarté, cette foi ardente en la justice, ce grand combat de la tolérance, soutenu jour et nuit durant soixante années, enfin cette vigueur de l'âme qui pousse un corps toujours mourant et le force de vivre.

Mais quoi ! l'homme qu'on loue ici n'est-il pas celui qui a toute sa vie combattu les religions? Assurément il a attaqué la révélation, ce que nombre d'hommes considèrent comme une source de vérité: mais qu'en veut-on conclure? Qu'il faut désormais taire son nom, ou ne le citer que pour le flétrir? Mais il est une autre source de vérité, respectable sans doute, et respectée d'une bonne partie du genre humain, la raison. Assez de Pères de l'Église l'ont attaquée; l'auteur des *Pensées* a engagé sa vie dans cette lutte; on a argumenté contre elle, on l'a raillée, comme saint Jérôme argumente, comme Pascal raille; eh bien! chez nous, serviteurs de la raison, ne parle-t-on de ces terribles ennemis qu'à voix basse, ou ne les nomme-t-on qu'avec colère? Qu'on nous dise où ils sont plus honorés. Le beau jour pour le genre humain, celui où, partisans de la raison et partisans de la révélation réunis pour une paix durable, conviendraient de supprimer une bonne fois tout ce qui a jamais entretenu la guerre, et se livreraient des échanges! On donnerait Bossuet contre Spinoza, Pascal contre Voltaire, Strauss contre Joseph de Maistre; une page de Bayle rachèterait la page voisine, l'*Esquisse d'une philosophie*, l'*Essai sur l'indifférence*. Et alors nous jouirions des douceurs de la paix.

Parlons sérieusement de choses sérieuses. Nous ne recueillons pas tout l'héritage de Voltaire, nous lui empruntons ce qu'il a de solide philosophie; mais nous voulons la philosophie plus spiritualiste et plus hardie. Locke n'a jamais suffi à la France. Il a pu être bon à un moment de resserrer la science; mais c'était un moment de combat; il est bon maintenant qu'elle revienne à elle-même. Un grand nombre d'intelligences vont vers elle et lui demandent la solution de certains problèmes d'un éternel intérêt. Si elle se tait, par peur des interprétations perfides, si elle ne bouge pas, crainte des méchants bruits, et se dilate dans le lieu commun, alors elle fait défaut à l'humanité et se trahit elle-même : ces goûts simples et paisibles ne sont point des vertus de gouvernement. Elle est autre chose, ou Platon, Aristote, Descartes, Malebranche, Leibnitz sont des aventuriers. On cherche la philosophie sur les chemins de la vérité, on la voit dévorée d'ambition, rendant d'héroïques combats pour des conquêtes lointaines. Avec une destinée si haute et une telle vertu, on n'est point pour demeurer chez soi, et surveiller l'ordre public dans la république des lettres. Il n'y a que deux moyens de passer dans ce monde, se faire petit ou se faire grand. Vous pouvez vous faire petit, mais si par hasard on vous écrase, personne ne le saura, personne ne s'émouvra. Êtes-vous grand, on vous suit, et le jour où un ennemi porte la main sur vous, il s'élève entre vous et lui tout un peuple. Que la philosophie soit donc grande, qu'elle se présente hardiment avec son autorité antique, son cortége de vérités certaines, son ardeur et ses espérances pour de nouvelles vérités ; en un mot, si elle veut être quelque chose dans le monde, qu'elle ose être ce qu'elle est.

J.-J. ROUSSEAU.

Rousseau est l'aspiration indomptable vers l'idéal. Il rêve, dans le mensonge des paroles et des actes, la vérité des sentiments ; dans la diversité des dogmes religieux, la religion universelle ; dans le combat des volontés particulières et des priviléges des castes, l'unité de la volonté générale, la liberté et l'égalité républicaines ; dans le monde, Dieu ; dans la vie présente, la vie future ; dans les pauvretés d'une éducation artificielle, l'éducation qui apprend aux enfants le difficile métier d'homme. Il a fait le *Discours sur l'inégalité*, la *Nouvelle Héloise*, le *Contrat social*, l'*Émile*, la *Profession de foi du vicaire savoyard*, les *Rêveries*. Tant que l'âme humaine se souviendra de sa dignité, de son origine, de sa destinée, tant qu'elle s'estimera au-dessus du corps, tant qu'elle gardera le goût de la perfection, le sentiment de l'idéal, Rousseau vivra. Il aura pour disciples, non point le petit nombre qui jurera sur sa parole ,et embrassera ses paradoxes, mais tous ceux que la terre et la réalité ne contenteront point, tous ceux qu'agitera jamais, jusqu'au sein du bonheur présent, l'inquiète espérance.

I

Les astronomes, pour connaître la terre, l'abandonnent ; ils s'élèvent en idée au-dessus d'elle, et de là ils la voient telle qu'elle est, roulant sur elle-même et emportée avec la foule des astres dans l'espace ; de là, sans nul souci que de la science, ils confondent les illusions des sens et de l'amour-propre des hommes, qui veulent leur globe immobile par privilége, et centre du monde, pour l'honneur de les porter. Les philosophes aussi jusqu'à Rousseau (j'excepte toujours Platon), pour mieux se connaître, commencent par s'élever au-dessus d'eux-mêmes, en garde contre les mensonges de la conscience et de la vanité. Selon eux, la raison dit vrai et le sentiment nous trompe. L'homme se targue de liberté : il lui est doux de penser que seul il vainc la fatalité universelle, et qu'il est plus fort que toute la nature. Sur ce fondement, il croit qu'il est libre. Qu'il le croie à son aise, mais il faut au philosophe des preuves moins légères : l'orgueil lui est suspect. — L'idée d'une origine divine nous sourit. Comment ne serions-nous pas flattés de descendre d'un Dieu et de porter ses traits ? Juste motif de l'affirmer, dites-vous. Au contraire, reprend le philosophe, juste motif de douter ; car de décider si le monde et l'ordre qui y règne est ou non éternel, c'est l'affaire du raisonnement ; et comment s'assurer que le raisonnement est droit, quand le cœur conspire pour le fléchir ? — Les hommes se bercent encore de la pensée que leur âme, indépendante du corps, lui survivra. Comme cette pensée a des charmes ! Comme nous voilà tout d'un coup distingués des bêtes et tirés hors de pair ! Comme cette existence continuée imite l'éternité ! Trêve de ces désirs qui nous séduisent, et que la logique parle ; qu'elle seule nous apprenne si la vie présente a ou non besoin d'un supplément.

C'est le cri unanime et perpétuel de la philosophie : il faut faire taire le sentiment et n'écouter que la raison. Si nous tenons à savoir la vérité sur notre être, il faut nous désintéresser de nous-mêmes, traiter de nous comme nous traiterions d'un étranger, d'une abstraction, nous interroger froidement sur l'existence de notre âme, de notre liberté, de notre Dieu, de notre immortalité, comme nous nous demandons si les plantes ont une âme, si les animaux sont libres, si la matière s'est organisée elle-même, si elle durera éternellement.

Une fois l'homme devenu insensible, nos philosophes opèrent sur lui à leur aise ; ils lui enlèvent, au nom de la raison, un membre, puis un autre ; tout y passe : libre arbitre, spiritualité, immortalité, idée du beau absolu et de l'absolue justice, notre personnalité même.

Les écoles diverses des philosophes s'accordent en ce point. Les deux doctrines contraires que Rousseau trouve devant lui, le spiritualisme du XVII° siècle et l'empirisme du XVIII°, rivalisent de zèle pour dépouiller l'homme, l'un au profit de Dieu, l'autre au profit de la matière.

La grande école spiritualiste de Descartes, travaillée de ce vice profond, se perd dans de pareils excès. Le pouvoir que je m'attribue de mouvoir mon corps est une illusion : je veux le remuer, et Dieu le remue. Ma liberté n'est pas ce que je crois, une puissance maîtresse, active, toujours dans ma main ; elle se confond avec le désir, qui naît sans moi ou malgré moi et meurt de même. Mais quoi ! mon désir aussi m'échappe. L'amour du bien, père de toute vertu, n'est plus que l'amour infini de Dieu pour la justice communiqué à l'homme, un ruisseau de cet océan immense. Enfin ma raison m'abandonne pour retourner à Dieu et se rejoindre à son foyer. Je possède bien une sorte de raison, celle qui ignore, doute et se trompe ; mais la raison qui voit la vérité, la raison universelle n'est qu'à Dieu seul, ou plutôt elle est Dieu même. Vienne maintenant un philosophe qui renonce à toutes les timidités de l'école et qui livre bravement un suprême combat au sentiment. Le voici ; c'est Spinoza, et voici ce qu'il proclame au nom de la logique contre l'instinct : Dieu seul existe ; le reste des êtres n'est qu'apparence, mensonge décevant.

Tel est l'état où le spiritualisme du XVIIe siècle a réduit l'homme. L'empirisme, né pour le combattre, substitue le monde à Dieu, mais il ne rend à l'homme rien de ce qu'il a perdu, ni la liberté, ni la raison, ni l'immortalité. Notre être est une des combinaisons infinies de la matière ; notre volonté, la matière agissant par les instruments qu'elle a formés ; notre intelligence, l'écho des bruits du monde ; notre instinct le plus bas et le plus élevé, un accident de l'attraction universelle.

Que l'homme se réveille donc, qu'il reprenne le sentiment : et si on touche imprudemment à sa personne, le sentiment l'avertira, la nature confondra les philosophes. Que ceci est fort contre les sophismes qui nient la liberté de l'âme agissante dans le corps humain :

Vous me [1] demanderez comment je sais donc qu'il y a des mouvements spontanés ; je vous dirai que je le sais parce que je le sens. Je veux mouvoir mon bras et je le meus sans que ce mouvement ait d'autres cause immédiate que ma volonté. C'est en vain qu'on voudrait raisonner pour détruire en moi ce sentiment, il est plus fort que toute évidence ; autant vaudrait me prouver que je n'existe pas.

Que le matérialisme, au nom de ce qu'il appelle la raison, avilisse l'homme et abolisse Dieu, je ne crains rien de lui ; tous ses arguments échoueront contre le sentiment profond et exalté de ma dignité et de la bonté divine :

Qu'on me [2] montre un autre animal sur la terre qui sache faire usage du feu, et qui sache admirer le soleil. Quoi ! je puis observer, connaître les êtres et leurs rapports ; je puis sentir ce que c'est qu'ordre, beauté, vertu ; je puis contempler l'univers, m'élever à la main qui le gouverne ; je puis aimer le bien, le faire ; et je me comparerais aux bêtes !... Content de la place où Dieu m'a mis, je ne vois rien, après lui, de meilleur que mon espèce ; et si j'avais à choisir ma place dans l'ordre des êtres, que pourrais-je choisir de plus que d'être homme ? Cette réflexion m'enorgueillit moins qu'elle ne me touche ; car cet état n'est pas de mon choix, et il n'était pas dû au mérite d'un être qui n'existait pas encore. Puis-je me voir ainsi distingué sans me féliciter de remplir ce poste honorable, et sans bénir la main qui m'y a placé ? De mon premier retour sur moi naît dans mon cœur un sentiment de reconnaissance et de bénédiction pour l'auteur de mon espèce, et de ce sentiment mon premier hommage à la Divinité bienfaisante. J'adore la puissance suprême, et je m'attendris sur ses bienfaits.

Je laisse de pauvres gens, qui se croient plus savants que la nature, combattre l'immortelle distinction du bien et du mal, du beau et du laid ; le cœur humain m'est moins suspect que leur sagesse :

---

[1] *Profession de foi*, etc. — [2] *Ibid.*

Quel spectacle nous flatte le plus, celui des tourments ou du bonheur d'autrui? Qu'est-ce qui nous est le plus doux à faire, et nous laisse une impression plus agréable après l'avoir fait, d'un acte de bienfaisance ou d'un acte de méchanceté? Pour qui vous intéressez-vous sur vos théâtres? Est-ce aux forfaits que vous prenez plaisir? Est-ce à leurs auteurs punis que vous donnez des larmes? Tout nous est indifférent, disent-ils, hors notre intérêt; et, tout au contraire, les douceurs de l'amitié, de l'humanité, nous consolent dans nos peines; et, même dans nos plaisirs, nous serions trop seuls, trop misérables, si nous n'avions avec qui les partager. S'il n'y a rien de moral dans le cœur de l'homme, d'où lui viennent donc ces transports d'admiration pour les actions héroïques, ces ravissements d'amour pour les grandes âmes? Cet enthousiasme de la vertu, quel rapport a-t-il avec notre intérêt privé? Pourquoi voudrais-je être Caton qui déchire ses entrailles, plutôt que César triomphant? Otez de nos cœurs cet amour du beau, vous ôtez tout le charme de la vie. Celui dont les viles passions ont étouffé dans son âme étroite ces sentiments délicieux; celui qui, à force de se concentrer au dedans de lui, vient à bout de n'aimer que lui-même, n'a plus de transports : son cœur glacé ne palpite plus de joie, un doux attendrissement n'humecte jamais ses yeux, il ne jouit plus de rien; le malheureux ne sent plus, il ne vit plus; il est déjà mort.

Il faut relire enfin, il faut transcrire avec respect ces lignes impérissables où respire le sentiment le plus énergique de la dignité humaine :

Conscience! conscience! instinct divin, immortelle et céleste voix; guide assuré d'un être ignorant et borné, mais intelligent et libre; juge infaillible du bien et du mal, qui rends l'homme semblable à Dieu! c'est toi qui fais l'excellence de sa nature et la moralité de ses actions; sans toi je ne sens rien en moi qui m'élève au-dessus des bêtes, que le triste privilége de m'égarer d'erreurs en erreurs à l'aide d'un entendement sans règle et d'une raison sans principe.

Dans la célèbre *Profession de foi*, comme dans la

belle lettre à un matérialiste qui l'interrogeait[1], il n'y a pas un dogme nouveau, pas un que ne renferme le sens commun, la raison vulgaire est à cette hauteur ; mais ces dogmes anciens y reçoivent une confirmation nouvelle et puissante. Rousseau appelle à leur secours des témoins inattendus : l'admiration, l'estime, le mépris, le remords, la satisfaction morale, l'amitié, la pitié, l'espérance et les larmes ; voilà le cœur qui conspire avec la raison, tout l'homme jeté dans le parti de la vérité éternelle. L'unité, la constance, l'éloquence de ces témoins défient désormais tous les aveuglements de la logique, toutes les audaces des systèmes.

C'est déjà beaucoup ; mais l'originalité de la philosophie de Rousseau est ailleurs. Dans la raison vulgaire se trouvent toutes les vérités qu'admet Rousseau ; elles y sont éparses : la liberté est un ressort de l'âme ; Dieu, l'être infini au-dessus du monde ; la beauté et la justice, des caractères attachés aux objets et aux actes ; la vie future, un point du temps. Dans la pensée de Rousseau, toutes ces vérités se pénètrent par une sympathie puissante, s'ancrent au plus profond de notre âme, se transforment en notre propre être : le libre arbitre est mon honneur ; Dieu mon père, mon modèle, mon appui ; la morale mon guide ; la vie future mon espérance ; ces croyances sont ma fortune, mon avenir. On ne peut en toucher une seule sans que tout en moi se révolte ; on ne peut me l'arracher sans me déchirer, et m'en séparer sans me séparer de moi-même.

Lisez cette belle profession de foi du vicaire savoyard ; placez-la dans la scène où Rousseau l'a pla-

---

[1] 15 janvier 1769. A M. de ***.

cée, sur les hautes collines que baigne un fleuve aux rives fertiles ; dans l'éloignement, l'immense chaîne des Alpes ; à l'horizon, le soleil levant. C'est bien là le lieu qu'il fallait choisir : les magnificences de la nature répondant aux magnificences de la pensée. Tandis que le soleil des corps se lève sur le monde visible, se lève sur le monde invisible le soleil des esprits. « Salut, sainte lumière ! »

Le spiritualisme de Rousseau n'est pas le spiritualisme des écoles, c'est celui de l'humanité. Les discussions sur l'âme ont leur prix ; les savants qui combattent le matérialisme font œuvre utile ; mais, grâce à Dieu, pour connaître qu'on a une âme, disons mieux, qu'on est une âme, il ne faut pas tant de science, il suffit de se sentir vivre. La plus simple conscience en dit plus que la plus haute raison Quoi ! je serais purement un corps ! Mais ce plaisir de l'amitié et de la vertu, cette douleur de la haine et du crime, est-ce un plaisir et une douleur du corps? Et cette passion pour la vérité et la justice, cette ardente poursuite des biens invisibles ; et cette imagination qui, au milieu du monde réel, en dépit des sens, crée un monde à sa guise ; ce sacrifice de la vie à l'honneur ; cette puissance des pensées, des passions immatérielles qui abattent le corps ou le relèvent ; cette force de la volonté qui le dompte, réprime ses violences et ranime ses langueurs ; enfin cette chaîne invisible des sentiments qui unit les âmes malgré le temps, l'absence et la mort ! Une bonne pensée, un sentiment désintéressé, le moindre soupir vers le ciel, si on y prend garde, en apprennent plus sur l'âme que tous les raisonnements. En vain vous la niez ; je réponds, avec la foi de Galilée : « Et pourtant elle se meut. » En vain Lucrèce dépense une magnifique imagination à la combattre; ce travail même de son imagination se tourne contre lui, et le convainc de l'existence d'un être « qui souffre quand le corps jouit, qui jouit quand il souffre, et veille quand il dort. » Restez en vous-mêmes et surtout restez maîtres de vous-mêmes, vous serez spiritualistes. Milton croyait à l'esprit quand il chantait la lumière intérieure, plus brillante encore dans la nuit des sens. Rousseau y croyait comme lui : il avait tant éprouvé, par l'expérience de toute sa vie, combien est vrai le mot du poëte : « L'esprit est son propre lieu, et il peut, au dedans de lui-même, faire de l'enfer le ciel ou du ciel l'enfer! »

Il sert de peu qu'on habite le monde de l'âme si on n'y trouve Dieu. Le spiritualisme de Rousseau, on le sait, va jusque-là. Notre philosophe est profondément religieux; mais il l'est à sa façon, et reste original jusque dans cette croyance où se rencontrent tous les hommes qui ont une conscience pour se voir penser, et des yeux pour contempler l'ordre admirable de l'univers.

Les savants dans la science de Dieu cherchent de son existence des démonstrations plus élégantes, disposent ses attributs dans un ordre plus flatteur, ils dissèquent patiemment l'idée d'infini, comme le mathématicien l'idée d'une figure mathématique. Dans toute cette science divine, il ne manque qu'une seule chose, Dieu. On croit voir un géomètre à genoux devant un triangle. Voltaire, moins métaphysicien, observe le monde, machine industrieuse, et conclut à un ouvrier industrieux, comme, à la vue d'un édifice, on conclut à un architecte. L'œuvre est présente, l'ouvrier absent. Ce qu'on voit est quelque chose de lui; ce n'est pas lui assurément. Même quelquefois il demeure un problème. Je lis et j'admire l'Iliade, mais j'en ignore l'auteur, incertain s'il faut l'attribuer à un ou à plusieurs esprits, à la foule des rapsodes ou au vieillard aveugle de Chio. Heureusement pour nous, il y a dans notre âme une puissance plus forte que cette induction ; l'univers fait mieux que nous démontrer son auteur, il nous le montre, et s'efface pour nous le révéler. Devant la nature, plongé dans une muette extase, je perds de vue le spectacle qui m'y a jeté, et je me sens soulevé vers un monde plus beau encore, le monde désert de couleurs et de formes qu'habitent, au sein de l'éternelle lumière, la sagesse, la puissance, l'amour infini.

Le mysticisme de Rousseau n'est plus ce mouvement d'une âme qui, repoussant la création, s'envole vers le ciel pour se perdre dans les abîmes de la substance, au sein du Dieu caché. La scholastique morte a emporté avec elle son Dieu mort. Les mystiques modernes ont beau faire, ils sont de leur temps. C'est toujours dans Rousseau l'impatience du mouvement, le dédain de la matière, l'aspiration sublime ; mais le Dieu vers lequel il tend n'est plus l'être abstrait, renfermé dans son infinité, et retenant la puissance d'où jailliront les mondes ; c'est le Dieu vivant, source éternelle et inépuisable de la vie. Il parcourt l'espace sur l'aile des vents, agite sous l'écorce de la terre les germes ensevelis, il respire dans les agitations et les apaisements de la mer, il est la majesté de la lumière qui envahit ou abandonne le monde, le mystère des ténèbres, l'art magique dans le voile des nuits étoilées, la grâce irrésistible dans la fleur, l'amour sur les lèvres qui prient, la force qui renverse les puissances, le génie des grandes pensées, l'inspiration qui souffle l'héroïsme, la douceur dans le contentement moral, l'aiguillon dans le remords, l'étonnement de Newton devant l'attraction universelle.

> Je me levais [1] tous les matins avant le soleil. Je montais par un verger voisin dans un très-joli chemin qui était au-dessus de la vigne, et suivait la côte jusqu'à Chambéry. Là, tout en me promenant, je faisais ma prière, qui ne consistait pas en un vain balbutiement de lèvres, mais dans une sincère élévation de cœur à l'auteur de cette aimable nature dont les beautés étaient sous mes yeux. Je n'ai jamais aimé à prier dans la chambre ; il me semble que les murs et tous ces petits ouvrages des hommes s'interposent entre Dieu et moi. J'aime à le contempler dans ses œuvres tandis que mon cœur s'élève à lui. Mes prières étaient pures, je puis le dire, et dignes par là d'être exaucées. Je ne demandais pour moi et pour celle dont mes vœux ne me séparaient jamais qu'une vie innocente et tranquille, exempte du vice, de la douleur, des pénibles besoins, la mort des justes, et leur sort dans l'avenir. Du reste, cet acte se passait plus en admiration et en contemplation qu'en demandes, et je savais qu'auprès du dispensateur des vrais biens, le meilleur moyen d'obtenir ceux qui nous sont nécessaires est moins de les demander que de les mériter. Je revenais en me promenant par un assez grand tour, occupé à considérer avec intérêt et volupté les objets champêtres dont j'étais environné, les seuls dont l'œil et le cœur ne se lassent jamais.

Le divorce entre le sentiment religieux et le sentiment de la nature a cessé. Séparés ailleurs ou ennemis, ils s'allient dans la grande âme de Rousseau. Il était assurément religieux, l'auteur de la *Profession de foi* et des dernières lettres de la *Nouvelle Héloïse* ; mais il aimait aussi et savait goûter la nature, celui qui, entre tant d'autres pages, a écrit la page suivante :

> Quand le soir approchait [2], je descendais des cimes de l'île, et j'allais volontiers m'asseoir au bord du lac, sur la grève,

---

[1] *Confessions*, l. VI. — [2] *Rêveries*, cinquième promenade.

dans quelque asile caché ; là, le bruit des vagues et l'agitation de l'eau fixant mes sens et chassant de mon âme toute autre agitation, la plongeaient dans une rêverie délicieuse, où la nuit me surprenait souvent sans que je m'en fusse aperçu. Le flux et le reflux de cette eau, son bruit continu, mais renflé par intervalles, frappant sans relâche mon oreille et mes yeux, suppléaient aux mouvements internes que la rêverie éteignait en moi, et suffisaient pour me faire sentir avec plaisir mon existence, sans prendre la peine de penser. De temps à autre naissait quelque faible et courte réflexion sur l'instabilité des choses de ce monde, dont la surface des eaux m'offrait l'image ; mais bientôt ces impresssions légères s'effaçaient dans l'uniformité du mouvement continu qui me berçait, et qui, sans aucun secours actif de mon âme, ne laissait pas de m'attacher au point qu'appelé par l'heure et par le signal convenu, je ne pouvais m'arracher de là sans efforts.

Bonheur d'entendre les grondements de la mer se brisant sur les rochers, le murmure du vent dans les grands arbres ! Bonheur de suivre du regard le cours de l'eau sans penser, ou livrant au courant des pensées comme lui fugitives ! Enchantement des courses errantes ! Transports des beautés soudaines ; attendrissement où plonge l'âme la fixité des spectacles ! Enivrement d'une simple mélodie, passion inexplicable pour une fleur sauvage, douceur d'exister sans soutenir le poids de l'existence, endormi aux bras de la nature ; plaisir de vivre de la vie des plantes pour des êtres que Dieu fit réfléchissants, ou de vivre dans un corps de la vie des esprits, alors que l'âme s'échappe de sa prison sur l'aile de la fantaisie ! Que le monde vous ignore, qu'il vous raille, il ne vous ôte point votre prix. Vous vous cachez de lui, et vous visitez les humbles amants de la rêverie et de la solitude, ceux qu'a touchés l'invisible poésie.

Aimable nature, tu nous consoles des folies et des atrocités des hommes, et tu rends meilleur celui qui t'approche, soit que suspendu à ton sein, mollement pénétré par la vie universelle, il dépose les fatigues de la méditation, les tristesses du cœur, le dégoût du monde, les efforts de la volonté, le mécontentement de lui-même, et retrouve les heures innocentes de l'enfance ; soit qu'il admire l'ordre constant de l'univers, et apprenne la sagesse à l'école de celui qui met l'extrême grandeur dans les desseins, dans les moyens la simplicité extrême ; soit enfin que contemplant une tempête, agité par ses bruits et ses mouvements, au contact de ces puissances révoltées, l'esprit se reconnaisse comme une des formes de la création, un des éléments du monde, seul indompté encore, leur maître à tous.

II

Voilà la philosophie de Rousseau ; connaissons l'homme, et avec lui une des formes les plus curieuses de l'esprit humain.

Il était né avec un cœur sensible ; son père passa des nuits à lui lire des romans. Cela dura jusqu'à sept ans. « Je n'avais, dit-il, aucune [1] idée des choses, que tous les sentiments m'étaient déjà connus. Je n'avais rien conçu, j'avais tout senti. » Il quitta les romans pour Plutarque : mauvaise nourriture pour une âme telle que la sienne. Dans ce livre les hommes sont plus hauts que nature. Plutarque a choisi les plus grands et les a grandis encore, élaguant de leur vie tous les détails vulgaires, recueillant seulement les actes illustres, que son art embellit. Celui qui s'est pénétré d'une telle lecture mesure ses contem-

---

[1] Confessions, l. 1.

porains à la taille de ces géants et les trouve hideusement petits; il demande à tout guerrier le courage désintéressé de Philopémen, à tout père l'énergie de Brutus, à toute femme la fermeté de Porcia, à tout homme d'État la simplicité incorruptible de Caton. Devant ces gens-là l'humanité est pauvre à faire pitié et on la méprise. Insensiblement on prend les idées et les passions de ces grands morts : on ne rêve qu'actions éclatantes, sublimes renoncements, sacrifices terribles. Mais le mouvement de la vie commune n'est pas si violent; elle est tout unie, elle veut une activité tranquille et continue, suffisant aux mille petits devoirs de la société et de la famille. Voilà donc toute cette belle provision de force devenue vaine. Elle était pour s'employer tout d'un coup tout entière, pour faire explosion, au lieu de se dissiper misérablement dans des chocs insensibles. Alors on la retire au dedans de soi, on se renferme dans la contemplation de ce trésor; lorsque la race humaine est pauvre et pauvre aussi la vie humaine, il n'y a de grand que l'âme qui mesure et dédaigne l'une et l'autre; elle seule est digne d'elle-même, et si elle veut se sauver, elle doit se retirer du contact des choses vulgaires, habiter en soi, s'entretenant de pensées supérieures et de magnifiques sentiments.

Près de sa tante, il prenait la passion de la musique, un art de sentiment, qui n'était pas pour corriger les impressions premières, mais pour les exalter. Mis en apprentissage et maltraité par son maître, pour échapper aux ennuis de sa condition, il prit le parti que son imagination lui suggéra :

Ce fut[1] de se nourrir des situations qui m'avaient le plus

---

[1] Confessions, l. I.

intéressé dans mes lectures, de les rappeler, de les varier, de
les combiner, de me les approprier tellement que je devinsse
un des personnages que j'imaginais, que je me visse toujours
dans les positions les plus agréables selon mon goût, enfin
que l'état fictif où je venais à bout de me mettre me fît oublier mon état réel dont j'étais si mécontent. Cet amour des
objets imaginaires et cette facilité de m'en occuper achevè-
rent de me dégoûter de tout ce qui m'entourait, et détermi-
nèrent ce goût pour la solitude qui m'est toujours resté depuis ce temps-là. J'atteignis ainsi ma seizième année, inquiet,
mécontent de tout et de moi, sans goût de mon état, sans
plaisirs de mon âge, dévoré de désirs dont j'ignorais l'objet,
pleurant sans sujet de larmes, soupirant sans savoir de quoi ;
enfin caressant tendrement mes chimères, faute de rien voir
autour de moi qui les valût.

Il écrivait encore plus tard :

C'est une chose bien singulière [1] que mon imagination ne
se monte jamais plus agréablement que quand mon état est
le moins agréable, et qu'au contraire elle est moins riante
lorsque tout rit autour de moi. Ma mauvaise tête ne peut
s'assujettir aux choses : elle ne saurait embellir, elle veut
créer. Les objets réels s'y peignent tout au plus tels qu'ils
sont ; elle ne sait parer que les objets imaginaires. Si je veux
peindre le printemps, il faut que je sois en hiver ; si je veux
décrire un beau paysage, il faut que je sois dans des murs ;
et j'ai dit cent fois que si jamais j'étais mis à la Bastille, j'y
ferais le tableau de la liberté.

Le premier amour le jeta dans la première extase
où se pressèrent en quelques instants des années d'un
bonheur ineffable. Charmé par la beauté de la nature, ému par le son des cloches, sensible au chant
des oiseaux, protecteur des hirondelles qui se réfu-
giaient chez lui, goûtant les plaisirs innocents de la
vie rustique, aimant la marche en plein air qui avi-
vait ses idées, il fuyait la société ; il n'avait pas le

---

[1] Confessions, l. IV.

mouvement rapide qu'elle demande, il n'avait d'esprit qu'au bas de l'escalier, se sentant capable de faire une fort jolie conversation¹ par la poste, comme on dit que les Espagnols jouent aux échecs ; lent à rendre les idées, il les recevait même difficilement : la société ne lui donnait aucune impression nette, il ne saisissait que le signe extérieur, et il fallait qu'il fût rendu à lui-même pour l'interpréter, pour deviner par les actes, les pensées.

Il n'estimait pas non plus le monde : « Dans les états les plus élevés², les sentiments de la nature sont étouffés absolument, et, sous le masque du sentiment, il n'y a jamais que l'intérêt et la vanité qui parlent. » N'ayant ni l'assurance, ni la sagesse du monde, il résolut de se mettre au-dessus de lui, en s'affranchissant de la politesse et de l'opinion. Sur le premier point, il a fait un aveu qui devrait lui valoir quelque indulgence :

Jeté malgré moi dans le monde, sans en avoir le ton, sans être en état de le prendre et de m'y pouvoir assujettir, je m'avisai d'en prendre un à moi qui m'en dispensât. Ma sotte et maussade timidité, que je ne pouvais vaincre, ayant pour principe la crainte de manquer aux bienséances, je pris, pour m'enhardir, le parti de les fouler aux pieds. Je me fis cynique et caustique par honte ; j'essayai de mépriser la politesse que je ne savais pas pratiquer. Il est vrai que cette âpreté, conforme à mes nouveaux principes, s'ennoblissait dans mon âme, y prenait l'intrépidité de la vertu ; et c'est, je l'ose dire, sur cette auguste base qu'elle s'est soutenue mieux et plus longtemps qu'on n'aurait dû l'attendre d'un effort si contraire à mon naturel.

En même temps, c'était vers 1750, il brisait les fers de l'opinion, et se préparait ainsi aux maximes sin-

---

¹ Confessions, l. III — ² l. IV.

gulières qu'il devait bientôt soutenir, avec les chances d'un semblable parti, attaquant ensemble l'opinion du jour et l'opinion de tous les siècles, rencontrant quelquefois des paradoxes contre le bon sens, quelquefois des vérités naturelles étouffées par la mode. Il était tout prêt pour le discours sur les sciences et les arts, et le discours sur l'origine de l'inégalité. Dans le premier, il était romain, il était Fabricius, dans le second, il remonta plus haut.

Tout le reste du jour enfoncé dans la forêt, j'y cherchais, j'y trouvais l'image des premiers temps, dont je traçais fièrement l'histoire ; je faisais main basse sur les petits mensonges des hommes ; j'osais dévoiler à nu leur nature, suivre les progrès du temps et des choses qui l'ont défigurée, et comparant l'homme de l'homme avec l'homme naturel, leur montrer dans son perfectionnement prétendu la véritable source de ses misères. Mon âme, exaltée par ces contemplations sublimes, s'élevait auprès de la Divinité ; et voyant de là mes semblables suivre, dans l'aveugle route de leurs préjugés, celle de leurs erreurs, de leurs malheurs, de leurs crimes, je leur criais, d'une faible voix qu'ils ne pouvaient entendre : Insensés qui vous plaignez sans cesse de la nature, apprenez que tous vos maux viennent de vous.

Le succès de cette attaque et l'indignation des spectacles que lui offrait la vie de Paris montèrent son imagination. Il ne vit partout qu'oppression et vices dans l'ordre social, et se crut fait pour dissiper tous ces prestiges.

Jusque-là, dit-il, j'avais été bon, dès lors je devins vertueux, ou du moins enivré de la vertu. Cette ivresse avait commencé dans ma tête, mais elle avait passé dans mon cœur. Le plus noble orgueil y germa sur les débris de la vanité déracinée.

Ainsi, du caractère tendre et fier qu'il s'était formé,

---

[1] *Confessions*, l. IX.

la fierté était contentée, mais la tendresse ne l'était pas. C'était au printemps de 1756, il avait plus de quarante ans :

> Dévoré[1] du besoin d'aimer, sans jamais l'avoir pu bien satisfaire, je me voyais atteindre aux portes de la vieillesse, et mourant sans avoir vécu. Que fis-je en cette occasion? Déjà mon lecteur l'a deviné, pour peu qu'il m'ait suivi jusqu'ici. L'impossibilité d'atteindre aux êtres réels me jeta dans le pays des chimères, et ne voyant rien d'existant qui fût digne de mon délire, je le nourris dans un monde idéal, que mon imagination créatrice eût bientôt peuplé d'êtres selon mon cœur. Jamais cette ressource ne vint plus à propos et ne se trouva si féconde. Dans mes continuelles extases, je m'enivrais à torrents des plus délicieux sentiments qui jamais soient entrés dans un cœur d'homme. Oubliant tout à fait la race humaine, je me fis des sociétés de créatures parfaites, aussi célestes par leurs vertus que par leurs beautés, d'amis sûrs, tendres, fidèles, tels que je n'en trouvai jamais ici-bas. Je pris un tel goût à planer ainsi dans l'empyrée, au milieu des objets charmants dont je m'étais entouré, que j'y passais les heures, les jours, sans compter, et perdant le souvenir de toute autre chose, à peine avais-je mangé un morceau à la hâte, que je brûlais de m'échapper pour courir retrouver mes bosquets. Quand, prêt à partir pour le monde enchanté, je voyais arriver les malheureux mortels qui venaient me retenir sur la terre, je ne pouvais modérer ni cacher mon dépit; et n'étant plus maître de moi, je leur faisais un accueil si brusque, qu'il pouvait porter le nom de brutal.

Il cherchait une dryade, Mᵐᵉ d'Houdetot survint qui donna un corps à ses rêves ; il s'enivra près d'elle. « C'était de l'amour cette fois, et l'amour dans toute son énergie et dans toutes ses fureurs. » Il en résulta la *Nouvelle Héloïse*. Un critique impitoyable a réduit ainsi le roman de Rousseau, à cette partie de sa vie.

---

[1] Confessions, l. ix.

Mme d'Houdetot [1], pleine de son amour pour Saint-Lambert, en parlait volontiers à tout le monde ; elle en a parlé à Rousseau, qu'elle a pris pour confident. Le confident a voulu devenir un amant, et il a commencé à prêcher à Mme d'Houdetot de renoncer à Saint-Lambert au nom de la vertu. Mme d'Houdetot a résisté ; peu à peu le moraliste s'est changé en amoureux passionné, et même il a avoué son amour : c'est à peine si Mme d'Houdetot s'en est aperçue. Ce n'est qu'à la fin qu'elle a compris que Rousseau l'aimait ; sans se fâcher, elle a tâché de le guérir de cet amour, elle n'en a même point parlé à Saint-Lambert par discrétion ou par insouciance.

Rousseau s'est bien connu, il n'a ignoré que son nom ; il était un mystique. Il se trompait fort quand il écrivait : « Je ne suis fait [2] comme aucun de ceux que j'ai vus ; j'ose croire n'être fait comme aucun de ceux qui existent. Si je ne vaux pas mieux, au moins je suis autre. Si la nature a bien ou mal fait de briser le moule dans lequel elle m'a jeté, c'est ce dont on ne peut juger qu'après m'avoir lu. » Il faut qu'il en prenne son parti, avant lui plusieurs ont été jetés dans ce moule, et après lui plusieurs y seront jetés encore ; il est vrai seulement qu'il est une des épreuves les plus nettes qui soient sorties de là. Aussi les *Confessions*, les *Rêveries*, et plusieurs lettres qui s'y rattachent, sont des études bien précieuses sur cette nature d'esprit. Elles nous révèlent quelque chose de mieux, l'homme tel qu'il a été et tel qu'il sera toujours, vivant d'une double vie, de la vie de la terre et de la vie de l'âme, sollicité par l'idéal et par la réalité, et bien empêché pour les accorder, lui aussi toujours trop haut ou trop bas, surtout dans la jeunesse, qui est le temps des crises.

---

[1] M. Saint-Marc Girardin, *J. J. Rousseau*, etc.; *Revue des Deux Mondes*, à partir du 1er janvier 1852. — [2] Confessions, l. I. Lettre à Moultou, 15 juin 1762.

Voilà Rousseau, homme de sentiment et d'imagination, là de premier ordre, mais point habitant de ce monde, et le moins propre à y vivre.

Voyez quel intérieur il se fait : il épouse Thérèse, une fille bornée, il dit même stupide, qui ne sut jamais bien lire, ni distinguer les heures sur un cadran; il prit avec elle sa mère, la vieille Levasseur, une commère cupide.

Je croyais autrefois que Rousseau poëte poétisait cette femme, et ne la voyait que transfigurée par son imagination; j'admirais ces jeux d'une faculté puissante capable de tels miracles; je me trompais. Il la connut du premier coup d'œil et la choisit. Je croyais aussi qu'il ne s'était séparé de ses enfants que forcé par une insurmontable misère; je me trompais encore. Rousseau n'était point fait pour goûter le bonheur égal de la vie domestique, pour enchaîner ses pensées et ses affections dans le cercle de la famille; une société où il faut mettre en commun ses pensées, ses sentiments, tout son être, chacun dévouant à l'autre son temps, son affection, son génie et sa force, et se consacrant, pour sa part, à l'humble éducation des enfants, n'était point pour lui convenir. Il garda pour lui son esprit et son cœur, et céda en échange le soin de la vie matérielle, non pas à une compagne, mais à une gouvernante ou à une gouverneuse, comme souvent il l'appelait. On connaît le sort des cinq enfants qui survinrent : il les mit tous à l'hôpital.

Il assure qu'il s'est amèrement reproché ce crime. Je le crois; mais je crois aussi qu'il l'aurait recommencé toute sa vie. Il l'explique plus d'une fois, et chaque fois c'est une raison nouvelle, en l'absence de bonnes raisons. Un jour, c'est l'influence d'une société perverse, de conversations attrayantes, sur le thème perpétuel de filles séduites, d'enfants abandonnés ; un autre jour, la crainte pour ses enfants d'une destinée mille fois pire et presque inévitable par toute autre voie. Hors d'état de les élever lui-même, il aurait fallu, dans sa situation, les laisser élever par leur mère, qui les aurait gâtés, et par sa famille, qui en aurait fait des monstres. Enfin, une autre fois, c'est le résultat d'une délibération philosophique. En livrant ses enfants à l'éducation publique, faute de pouvoir les élever lui-même, en les destinant à devenir ouvriers et paysans, plutôt qu'aventuriers et coureurs de fortunes, il crut faire un acte de citoyen et de père. « Je me regardai [1], dit-il, comme un membre de la république de Platon. » Indifférence, terreur, patriotisme, explications imaginaires d'un crime très-réel ! La vraie cause est la cause de toutes ses fautes dans le monde : l'inaptitude qu'il eut toujours pour la vie positive et dont il fait ainsi l'aveu. « Vingt ans [2] de méditations profondes, à part moi, m'auraient moins coûté que six mois d'une vie active, au milieu des hommes et des affaires, et certain d'y mal réussir. » Celui qui fut une année précepteur et précepteur détestable, ne voulut pas s'astreindre à être précepteur vingt ans : le premier des hommes pour comprendre les devoirs de cette charge, le dernier pour les remplir. Il mit ses enfants à l'hôpital, et fit *Emile*. Citoyen du monde des esprits, étranger sur la terre, il ne voulut jamais y jeter des racines, et, par malheur, une femme et des enfants sont des racines bien profondes. Quel personnage pour élever une famille, que celui qui a écrit ces lignes adorables. « J'aime [3] à m'occuper à

---

[1] Confessions, l. VIII. — [2] l. XII. — [3] *Ibid.*

faire des riens, à commencer cent choses et n'en achever aucune, à aller et venir comme la tête me chante, à changer à chaque instant de projet, à suivre une mouche dans toutes ses allures, à vouloir déraciner un rocher pour voir ce qui est dessous, à entreprendre avec ardeur un travail de dix ans, et à l'abandonner sans regrets au bout de dix minutes, à muser enfin toute la journée sans ordre et sans suite, et à ne suivre en toute chose que le caprice du moment. »

Voyez-le aussi près de ses protecteurs et de ses amis ; il se brouille avec tous. Pour ses protecteurs, il ne réfléchit pas qu'il payerait leur hospitalité de sa liberté, il le sentit à l'épreuve ; de là des efforts maladroits pour rompre sa chaîne et se délivrer de la reconnaissance en même temps. Pour ses amis, il ne pouvait guère les garder, comme il était et comme il s'est découvert à nous, ne connaissant pas de milieu entre tout et rien, demandant tout, parce qu'il donnait tout, mettant son bonheur dans une affection, et craignant, en la perdant, de tout perdre, jaloux et difficile, joignant à cela cette habitude que nous avons vue, d'interpréter après coup les paroles et les actes ; de refaire, de tête, dans la solitude, dans l'insomnie, les scènes dont il avait été témoin ; il fatigua les meilleures amitiés par ses brouilleries et ses raccommodements, jusqu'à la rupture finale.

Hume, qui l'a pratiqué, écrivait de lui : « Dans toute sa vie [1] il n'a fait que sentir, et, à cet égard, sa sensibilité va au delà de tout ce que j'ai jamais vu ; mais elle lui donne un sentiment plus vif de la peine

---

[1] Hume, Lettre à Blair, 27 mars 1766. *The Life* of D. Hume, II, 312.

que du plaisir. Il est comme un homme dépouillé non-seulement de ses habits, mais aussi de sa peau, et, dans cet état, exposé à la violence des éléments qui se disputent perpétuellement ce bas-monde. »

La vie de Rousseau est absurde; et pourtant quel orgueil il affiche. Comment aussi n'en pas être tenté quand on s'isole du commun des hommes, quand, leur laissant les soins vulgaires de la vie matérielle, les mesquines rivalités, les douleurs puériles et les médiocres plaisirs, on se pose sur les hauteurs de l'esprit, recueilli dans le sentiment superbe de sa grandeur? C'est le piége de la vertu et le dernier écueil des sages : écueil en effet redoutable, si on n'est bien convaincu par avance que nous n'avons rien de nous-mêmes, que toute notre intelligence et notre force viennent de Dieu, de Dieu qui leur a ménagé les événements favorables ou contraires, comme il ménage aux plantes l'air et les tempêtes, et tient dans sa main la santé de notre raison et l'efficace de notre liberté. Fier de ses bons sentiments qu'il n'oubliait [1] jamais, de ses pensées généreuses, d'une passion sans relâche pour la vertu, oubliant, dans sa vie, la faiblesse des œuvres qu'il comptait pour rien, il osa écrire en tête du livre qui est son plaidoyer devant la postérité : « Que la trompette [2] du jugement dernier sonne quand elle voudra, je viendrai, ce livre à la main, devant le souverain juge. Je dirai hautement : Voilà ce que j'ai fait, ce que j'ai pensé, ce que je fus... J'ai dévoilé mon intérieur tel que tu l'as vu toi-même, Être éternel. Rassemble autour de moi l'innombrable foule de mes semblables; qu'ils écoutent mes confessions, qu'ils gémissent de mes indignités, qu'ils

---

[1] Confessions, l. VII. — [2] l. 1

rougissent de mes misères. Que chacun d'eux découvre à son tour son cœur au pied de ton trône avec la même sincérité, et puis qu'un seul te dise, s'il l'ose : *Je fus meilleur que cet homme-là.* »

Rousseau étant cela, que devait-il arriver de lui ? Ce qui arriva et que l'on connaît, ce qui arrivera à tous ceux qui auront la même nature. Il semble qu'il y ait dans les profondeurs de l'âme un chaos endormi de sentiments et de pensées. Un rayon de lumière tombe-t-il sur l'un de ces germes, aussitôt ce germe se meut, fermente, grandit pour tout envahir : apparitions charmantes quelquefois, quelquefois apparitions terribles, fantômes toujours et ombres vaines dont l'esprit est le père et le jouet. C'est pour ces ombres que leur cœur bat d'espérance et de crainte ; c'est par elles qu'il bat de plaisir et de douleur. Ils sont là épiant leur venue, les évoquant, les conjurant, épuisant leurs forces dans leur commerce avec des chimères ; ils mettent leur science à les compter, à en déterminer l'ordre ; ils mettent leur vertu à les produire et à les détruire. Cependant la vraie science, qui s'exerce sur des objets réels leur échappe, et aussi leur échappe la vraie vertu, qui est tout agissante et exercée contre les maux réels de ce monde et ses iniquités. La vie méditative et la vie pratique vont ainsi se séparant. L'une se décolore, l'autre s'illumine ; l'une se peuple de visions émouvantes, l'autre demeure avec la triste réalité ; le divorce éclate, le dégoût du mouvement devient intolérable, tout paraît fade auprès de ce poison qui excite et qui énerve, qui fait vivre et qui tue ; on résout d'en finir avec le monde, de lui enlever tout d'un coup le bien qu'on lui a jusque-là disputé, et on se précipite tête baissée dans l'abîme des songes éternels.

Et si on est Rousseau, si, forcé d'habiter ce monde, on y a fait des fautes et on s'y est fait des ennemis, si on a voulu le réformer et qu'il ait résisté, si on a irrité contre soi des intérêts, des principes et des puissances, si on a un orgueil pareil à son génie, à la folie charmante se joint une sombre manie, celle de Rousseau encore. Il se vit l'objet d'une conjuration fabuleuse, seul contre le genre humain, contre la destinée, contre Dieu même, et se crut assez fort pour résister à la terre et au ciel. Enfermé en lui-même, dans la jouissance des plaisirs passés, dans l'évocation d'un bonheur factice, il défia ses ennemis. Le monde imaginaire lui était un asile inviolable, mais c'était aussi son tombeau. Désormais il n'appartenait plus à la terre; il était habitant du monde fantastique que peuplent les vaines pensées et les rêves insensés.

Nous n'inventons rien, nous n'exagérons rien. Rousseau, dans ses *Confessions,* a décrit, sans les nommer, plusieurs extases; plus tard, Dusaulx, qui le vit assez longtemps [1] de près, fut témoin de scènes pareilles, et Hume l'a vu rester quelquefois [2] des heures entières immobile, en extase, sans s'apercevoir du froid, qui pour les autres était intolérable.

Par malheur, quand il vieillit, l'imagination se refroidissant, les extases devinrent plus rares, il ne s'envolait plus si aisément dans son monde enchanté, et l'humeur noire l'envahissait de plus en plus. Les deux folies se succèdent dans les *Confessions* et se mêlent brusquement dans les *Rêveries.* Au début des *Confessions,* ce n'est que lumière, fraîcheur, ravissements; comme lui, on marche légèrement dans la

---

[1] *De mes rapports avec J. J. Rousseau.* — [2] Lettre à Blair, 28 décembre 1765 *The Life,* etc.; II, 298-301.

vie ; mais les nuages créés par sa noire humeur s'élèvent, s'amoncèlent, et nous enveloppent de fantastiques ténèbres où le cœur se serre et la raison s'égare. Dans ses *Rêveries,* le pauvre homme écrivait de la même plume cette *cinquième promenade,* du charme le plus pénétrant, la septième encore, et les tristes pages qui font mal à voir.

Etrange destinée d'un homme qui erra toute sa vie à la recherche du repos qu'il ne devait point trouver. La mort même ne le lui donna pas, et son cadavre voyagea d'Ermenonville au Panthéon. Il ne fallait pas l'emprisonner dans une cave froide et sombre, dans le tumulte d'une grande ville ; il fallait le laisser dans sa solitude chérie, au sein de la nature, parmi les fleurs qu'il aima, bercé par le bruit des ouragans de l'hiver ou le bourdonnement des insectes d'été.

Pour être équitable envers Rousseau, on devrait faire attention à quelque chose qu'on oublie. S'il paraît partout absolu, c'est qu'il va partout en idée au plus loin, et on pourrait se rappeler ce qu'il a dit de l'*Émile :* « Je montre le but qu'il faut qu'on se propose, je ne dis pas qu'on puisse y arriver ; mais je dis que celui qui en approchera davantage aura le mieux réussi. » — Il n'est pas assez simple, assez désintéressé de l'effet, et force souvent son expression ; il aime mieux le mot fort que le mot juste, à son péril, si le mot est mal sonnant. — Il est artiste, il n'est pas toujours maître de lui : comme dit Voltaire, la roue tourne et emporte son homme. — Il écrivait dans la solitude, presque toujours la nuit ou dans les bois, et ceux qui ont composé ainsi savent combien ces inspirations sont perfides. — Il aimait la polémique, où il semble qu'on saisit la certitude, et qui applique tout l'homme, plaisir dangereux qui ôte la juste mesure de la vérité. — Il se plaît à aborder son lecteur brutalement, il commence par prendre sa plus grosse voix, il vous choque et l'on se hérisse ; beaucoup commencent ses livres qui ne veulent pas continuer, et le jugent, c'est sa faute, comme s'ils avaient lu. Mais vraiment il ne faudrait pas le prendre au mot, et alors on trouverait mieux que ce qu'on attendait. Il écrit, dans la préface de sa *Nouvelle Héloïse* : « Celle qui en osera lire une seule page est une fille perdue, » au début de ses *Confessions*, sa propre apothéose que l'on sait ; on lit la *Nouvelle Héloïse*, et on trouve qu'il a surfait le danger ; on lit les *Confessions*, et on trouve en définitive un jugement sévère sur lui-même. Combien d'hommes modestes diraient d'eux ce qu'il a dit de lui dans ses *Dialogues* ?

Il y a peu de suite [1] dans ses actions, parce que ses mouvements naturels et ses projets réfléchis ne le menant jamais sur la même ligne, les premiers le détournent à chaque instant de la route qu'il s'est tracée, et qu'en agissant beaucoup il n'avance point. Il n'y a rien de grand, de beau, de généreux dont par élans il ne soit capable ; mais il se lasse bien vite, et retombe aussitôt dans son inertie : c'est en vain que les actions nobles et belles sont quelques instants dans son courage ; la paresse et la timidité qui succèdent bientôt le retiennent, l'anéantissent ; et voilà comment, avec des sentiments quelquefois élevés et grands, il fut toujours petit et nul par sa conduite.

Pour ses ouvrages mêmes, il a l'air bien assuré, bien fier, mais dans l'intimité, il faisait d'étranges aveux : « Quand [2] j'ai imprimé mes livres, je ne puis jamais les rouvrir, ni en lire une page sans dégoût. » Et celui-ci qui est plus grave, car il ne marque pas

---

[1] *Dialogues*, II, Rousseau, juge de Jean-Jacques. — [2] Lettre de Hume à Blair, 25 mars 1766. *The Life*, etc., II, 315-316.

un scrupule d'artiste et porte sur l'essentiel : « Je crains toujours de pécher par le fond, et que tous mes systèmes ne [1] soient que des extravagances. » Pourquoi n'avoir pas pitié de lui ? On aurait pitié d'un autre. Sa conduite et son orgueil sont déplorables ; mais enfin il était bon, il était sensible, il était désintéressé et fier ; et ses défauts tenaient à une qualité excessive, à la puissance d'imagination et de sentiment. C'était un de ces grands malades à la façon de Pascal, où la Providence se plaît à montrer dans toute sa force, sans mesure, sans contrepoids, quelqu'un des éléments qu'elle associe et tempère dans la constitution de l'âme humaine. Il ne faut point les imiter : on les imite mal, et on souffre comme eux, qui n'ont pas connu la paix ; mais il faut les considérer curieusement comme des prodiges qui ne paraissent qu'à de grands intervalles, étudier dans ces êtres solitaires l'énergie naturelle dont ils sont faits, et respecter leur folie mystérieuse. On consent à admirer ceux qui marchent avec assurance sur cette terre, qui, sachant à fond les hommes et les choses, les traitent comme il convient, et acquièrent fortune, grands établissements et considération qu'ils cherchent ; mais enfin il y a toujours eu quelques hommes qui aiment ailleurs, qui construisent pour eux dans les nuages un monde où ils placent ces choses ailleurs inutiles, la poésie, la liberté, l'amitié et l'amour. Si Rousseau est leur maître, qu'il leur soit aussi un avertissement. Il leur est permis de mépriser les biens positifs de ce monde, ils ont le droit de renoncer à tout, sauf au devoir. Dieu nous a donné l'imagination, non pour nous dégoûter de la vie, mais

---

[1] Lettre de Hume à Blair, 25 mars 1776 *The Life*, etc., ii, 315, 316.

pour l'embellir ; il nous a donné le sentiment, non pour absorber, mais pour mouvoir notre volonté. La vive flamme du foyer intérieur doit pénétrer tout notre être, se répandre en force et en courage ; si par malheur nous la retenons captive, elle nous dévore, et c'est fait de nous.

III

Je n'ai pas l'intention d'examiner tous les ouvrages de Rousseau : car ce n'est pas moins que la critique de la société, et, sur un plan nouveau, la politique, l'éducation et la vie. M. Saint-Marc Girardin fait cela, et on n'est pas tenté de le refaire après lui. Je ne dirai donc, à propos de chacune de ces choses, qu'un mot sur le fond.

Le *Discours sur les sciences et les arts*, le *Discours sur l'origine de l'inégalité*, la *Lettre à d'Alembert sur les spectacles*, sont en l'honneur de l'homme de la nature. On reconnaît aisément ce que c'est. Ce que Rousseau appelle l'homme de la nature est l'homme sauvage, qui n'a que le tort de n'avoir jamais existé, et promet moins que jamais d'exister un jour. L'homme primitif, le seul dont il faut parler, est celui que la nature fait, non celui qu'elle veut ; s'il n'est pas civilisé, il devra l'être, et, quand il sera aussi civilisé qu'il faut l'être, il sera vraiment l'homme de la nature, comme l'arbre de la nature est l'arbre qui a poussé. L'homme primitif n'était pas littérateur, savant, artiste, politique, mais il portait en lui le germe des lettres, des sciences, des arts et de la société ; il l'a développé, et n'a pas eu tort.

Mais il n'était pas si utile que la corruption de

l'esprit, des mœurs et des institutions vînt à la suite. Rousseau ne fit pas à demi : il supprima le bon avec le mauvais, et contre l'homme corrompu il inventa l'homme sauvage.

Il ne put pas tout inventer. Dans cette solitude et ces forêts de son imagination il plaça un être qui, en définitive, était un homme, qui avait une intelligence et une âme, seulement une intelligence plus droite et une âme plus innocente que la nôtre, et une liberté encore entière, qui portait fraîchement empreints les grands traits de sa race perdus depuis. Rousseau, amoureux de la simplicité primitive, par haine de la corruption qu'il voyait, plaça dans un temps et dans un lieu chimériques l'idéal qu'il avait conçu, l'idéal qu'il fallait au temps et au lieu où il vivait.

Le *Discours sur l'origine et les fondements de l'inégalité parmi les hommes* a prêté à une étrange méprise. On a fait de Rousseau un cœur évangélique, embrasé de l'amour de l'humanité, insensible à ses propres souffrances, saignant des maux de ses semblables, maudissant une société qui a déshérité les plus jeunes de ses enfants, et les condamne à un travail sans repos, à une misère sans terme, Vincent de Paule entrant dans la politique, proclamant la communauté des biens par charité. N'a-t-il pas, en effet, écrit : « Le premier [1] qui, ayant enclos un terrain, s'avisa de dire : Ceci est à moi, et trouva des gens assez simples pour le croire, fut le vrai fondateur de la société civile. Que de crimes, de guerres, de meurtres, que de misères et d'horreurs n'eût point épargnés au genre humain celui qui, arrachant les pieux ou comblant le fossé, eût crié à ses semblables : Gar-

---

[1] Discours sur l'origine de l'inégalité, etc., 2ᵉ part.

dez-vous d'écouter cet imposteur; vous êtes perdus si vous oubliez que les fruits sont à tous et que la terre n'est à personne ! »

C'est le malheur des grands hommes de n'être ni blâmés de leurs vices ni loués de leurs vertus. Nous transportons aux hommes du passé nos sentiments et nos pensées avec leurs nuances infinies, travail délicat du temps et des événements. Pascal devient ainsi une première incarnation de René; on range Rousseau dans le communisme, la Boétie à l'extrême gauche; on voit dans le sentiment sombre d'un janséniste ennemi de la raison la mélancolie moderne, dans des exercices de collége des actes d'opposition, dans la boutade d'un misanthrope monté au ton académique la charité dévorante qui étreint dans ses embrassements la grande famille humaine, proscrit l'inégalité de frère à frère et la misère avec la propriété. Si on prend au sérieux ces saillies d'une plume oratoire, pourquoi donc les vrais ennemis des lumières ne divinisent-ils pas l'auteur des plaidoyers *contre les sciences, les lettres et les spectacles?* Mais non, ils ne s'y trompent point; ils ne prennent point pour un des leurs ce puissant ouvrier de la civilisation : ils le laissent se déchaîner contre les raffinements de l'esprit dans un langage étudié, tout propre à envenimer ce goût, et le voient se délassant de son combat contre les théâtres à une représentation de son cher *Devin.*

Ceux qui s'obstinent à trouver dans la phrase célèbre Rousseau tout entier et la prophétie du socialisme présent, feront bien de fermer un moment le *Discours sur l'inégalité* pour lire l'*Émile* et le *Contrat social.* Si des traités spéciaux sur l'éducation et la politique, des livres où Rousseau vieilli a mis tout le sérieux de sa pensée, tout ce que la méditation lui a fourni de principes élevés, tout ce que l'expérience lui a suggéré d'observations pratiques ; si des discours adressés à l'Europe attentive leur paraissent de moindre autorité qu'une déclamation brillante couronnée en séance solennelle de l'Académie de Dijon, fantaisie d'un esprit qui essaye ses ailes, on n'a plus rien à leur dire : ils sont libres de chercher Racine dans les *Frères ennemis*. S'ils pensent comme tout le monde, et trouvent la perfection de l'homme dans sa maturité, qu'ils observent donc le précepteur d'Émile enseignant à son élève, par une leçon frappante, le respect de la propriété, droit du premier occupant consacré par le travail, et le législateur du *Contrat social* plaçant la propriété encore à la base de la société qu'il fonde.

Rousseau a de l'humeur contre la propriété, parce qu'il a de l'humeur contre la société, et qu'il les reconnaît inséparables. Il maudit le premier qui, ayant enclos un terrain, s'avisa de dire : *Ceci est à moi*, parce qu'il voit en lui le vrai fondateur de la société civile ; parce que cet enclos est la limite fatale entre la vie innocente qui disparaît et la vie civilisée qui commence ; parce qu'il voit déjà s'agiter autour de cet enclos les malheureux mortels dans un terrible travail contre leurs semblables et contre eux-mêmes, à la poursuite du bonheur ; parce qu'il voit enfin, sur les débris de la vraie sagesse, s'élever cette bienséance extérieure « qui a l'apparence de toutes les vertus sans en avoir aucune. » Et on lui prête l'idée étrange que l'existence de la propriété n'est pas essentiellement liée à l'existence de la société ! Il supprimerait, s'il pouvait, l'une avec l'autre ; mais même il sait qu'il ne le peut pas, et que la double institution est une nécessité fatale. Il la maudit en s'inclinant.

C'est l'honneur de notre temps que cette préoccupation universelle du sort des classes pauvres, comme ce sera le crime des hommes qui ont tenu le pouvoir de s'être enfermés dans la jouissance de ce pouvoir même, au lieu de le mettre au service du bien, provoquant la pensée de toute une nation à ce terrible problème du travail, éclairant les méditations particulières, concentrant les efforts isolés, communiquant au peuple et la résignation aux maux présents par la confiance dans ses chefs, et l'espérance d'un meilleur avenir. Mais est-ce donc aussi servir le peuple et avancer la question d'où son sort dépend, que de creuser les défiances, d'aigrir les haines et d'irriter les douleurs? Autant notre sympathie est profonde pour les idées libérales, autant notre antipathie est décidée contre les doctrines dangereuses qui, corrompant le vrai par le faux, outrant la justice, font douter de la justice même et en dégoûtent.

Qu'on nous pardonne notre vivacité. Mais vraiment, on rougit de voir Rousseau sur l'autel du communisme, comme on rougissait de voir Fénelon sur les autels d'une Église avortée : ces grands hommes, arrachés de la région sereine des sages, *sapientum templa serena*, dépaysés et fourvoyés parmi nos petitesses et nos folies. Délivrons-les : qu'ils remontent au séjour de paix et de lumière ; qu'ils regagnent les hauteurs, pour éclairer la grande famille ; enlevons-les aux sectes, et rendons-les à l'humanité.

IV

Les hardiesses du *Contrat social* n'ont rien qui nous scandalise; mais quel étonnement devaient produire, en pleine royauté de Louis XV, des maximes comme celles que renferment le *Contrat social*, l'*Émile* et les *Lettres de la montagne*. « L'homme [1] est né libre et partout il est dans les fers. » « Renoncer [2] à sa liberté, c'est renoncer à sa qualité d'homme, aux droits de l'humanité, même à ses devoirs. Il n'y a nul dédommagement possible pour quiconque renonce à tout. »

Quel est donc le fondement du pouvoir qui pèse ainsi sur les hommes? Selon les publicistes, c'est le droit du plus fort, le droit divin ou le droit paternel.

Est-ce, en effet, le droit du plus fort? « La force [3] est une puissance physique; je ne vois point quelle moralité peut résulter de ses effets. Sitôt qu'on peut désobéir impunément, on le peut légitimement; et, puisque le plus fort a toujours raison, il ne s'agit que de faire en sorte qu'on soit le plus fort. »

Le droit divin? « Toute puissance [4] vient de Dieu, je l'avoue; mais toute maladie en vient aussi : est-ce à dire qu'il soit défendu d'appeler le médecin? Qu'un brigand me surprenne au coin d'un bois, non-seulement il faut par force donner la bourse; mais quand je pourrais la soustraire, suis-je en conscience obligé de la donner? Car enfin le pistolet qu'il tient est aussi une puissance. »

Le droit paternel? « Cette autorité [5] n'a d'autre

---

[1] Contrat social, l. 1, chap. 1. — [2] l. 1, chap. 5. — [3] l. 1, chap. 3. — [4] l. 1, chap. 3. — [5] Émile, l. v.

raison que l'utilité de l'enfant, sa faiblesse. Si donc la faiblesse de l'enfant vient à cesser, et sa raison à mûrir, il devient seul juge naturel de ce qui convient à sa conservation. »

En l'absence du droit de la force, du droit divin et du droit paternel, où trouver le fondement de la société, sinon dans un contrat exprès ou tacite par lequel les hommes cèdent une portion de leur liberté pour sauver le reste? Ce qu'on appelle un corps politique est « une forme d'association qui défend et protége de toute la force commune [1] la personne et les biens de chaque associé, et par laquelle chacun, s'unissant à tous, n'obéit pourtant qu'à lui-même et reste aussi libre qu'auparavant. »

Le seul souverain est le peuple; à lui seul il appartient de faire les lois; la souveraineté est inaliénable, indivisible, absolue, sacrée, indestructible, inviolable. En ce sens « tout [2] gouvernement légitime est républicain; » les chefs du peuple, « sous quelque nom [3] qu'ils soient élus, ne peuvent jamais être autre chose que les officiers du peuple. » Il est bien entendu que cette souveraineté ne se délègue point : « Toute loi [4] que le peuple en personne n'a pas ratifiée est nulle. Le peuple anglais pense être libre, il se trompe fort; il ne l'est que pendant l'élection des membres du parlement; sitôt qu'ils sont élus, il est esclave, il n'est rien. » Voilà donc la forme représentative exclue, et la souveraineté assez difficile à exercer.

Quel sera le gouvernement, le pouvoir exécutif? La monarchie?

---

[1] Contrat social, l. I, chap. 6. — [2] l. II, chap. 6. — [3] Émile, l. V — [4] Contrat social, l. III, chap. 15, 16.

[1] S'il n'y a point de gouvernement qui ait plus de vigueur, il n'y en a point où la volonté particulière ait plus d'empire et domine plus aisément les autres; tout marche au même but [1], il est vrai, mais ce but n'est point celui de la félicité publique, et la force même de l'administration tourne au préjudice de l'État. Un défaut essentiel et inévitable, qui mettra toujours le gouvernement monarchique au-dessous du républicain, est que dans celui-ci la voix publique n'élève presque jamais aux premières places que des hommes éclairés et capables, qui les remplissent avec honneur; au lieu que ceux qui parviennent dans les monarchies ne sont le plus souvent que de petits brouillons, de petits fripons, de petits intrigants, à qui les petits talents, qui font dans les cours parvenir aux grandes places, ne servent qu'à montrer au public leur ineptie aussitôt qu'ils y sont parvenus. — C'est bien vouloir s'abuser que de confondre le gouvernement royal avec celui d'un bon roi. Pour voir ce qu'est ce gouvernement en lui-même, il faut le considérer sous des princes bornés ou méchants; car ils arriveront tels au trône, ou le trône les rendra tels.

Choisira-t-on le gouvernement démocratique?

Il n'est pas bon [2] que celui qui fait les lois les exécute; on ne peut imaginer que le peuple reste incessamment assemblé pour vaquer aux affaires publiques. — Il est contre l'ordre naturel que le grand nombre gouverne et que le petit soit gouverné. — Aucun gouvernement ne demande plus de vigilance et de courage pour être maintenu dans sa forme. — S'il y avait un peuple de dieux, il se gouvernerait démocratiquement. Un gouvernement si parfait ne convient pas à des hommes.

Reste le gouvernement aristocratique :

Il y a [3] trois sortes d'aristocratie : naturelle, élective, héréditaire. La première ne convient qu'à des peuples simples, la troisième est la pire de tous les gouvernements. La deuxième est la meilleure; c'est l'aristocratie proprement dite.

---

[1] Contrat social, l. III, chap. 6. — [2] l. III, chap. 4. — [3] l. III, chap. 5.

Il faudra donc choisir ce gouvernement. Mais Rousseau dit ailleurs : « La monarchie[1] ne convient qu'aux nations opulentes ; l'aristocratie aux États médiocres en richesse ainsi qu'en grandeur ; la démocratie aux États petits et pauvres. » Voilà donc, pour la France, cette forme exclue par cette raison, tandis que les autres le sont par d'autres. Et il ne reste rien.

Jusqu'où va, selon Rousseau, le pouvoir du contrat, de la loi, du souverain ? Il dit bien, dans ses *Lettres de la montagne*, que le contrat doit convenir à des hommes, qu'il ne doit avoir rien de contraire aux lois naturelles, « car il n'est pas plus permis d'enfreindre les lois naturelles par le contrat social, qu'il n'est permis d'enfreindre les lois positives par le contrat des particuliers. » Il dit bien encore « que le pouvoir souverain[3] ne peut passer les bornes des conventions générales ; » mais dans l'établissement du contrat primitif on craint de trouver une abdication trop entière de chacun en faveur de tous, et que la liberté naturelle ne revienne plus à chacun que comme une concession d'en haut :

> Ces clauses bien entendues[4], se réduisent toutes à une seule, savoir l'aliénation totale de chaque associé avec tous ses droits à toute la communauté. — Si du pacte social on écarte ce qui n'est pas de son essence, on trouvera qu'il se réduit aux termes suivants : chacun de nous met en commun sa personne et toute sa puissance sous la suprême direction de la volonté générale.

C'est cela même qui n'est pas rassurant ; encore ce passage : « Le droit[5] que le pacte social donne aux souverains sur les sujets ne passe point les bornes de

---

[1] Contrat social, l. III, chap. 8. — [2] Lettres de la montagne, t. 6. — [3] Contrat social, l. II, ch. 5. — [4] l. I, chap. 6. — [5] l. IV, chap. 3.

l'utilité publique. » Avec cette maxime on va loin. Il dit, et dit vrai, en un sens, que c'est [1] par la volonté générale qu'on est citoyen et libre, et que les Gênois ont raison d'écrire au-devant des prisons et sur les fers des galériens le mot *libertas*; ajoutons, à condition que ces prisons renferment des voleurs, que ces fers enchaînent des assassins et non d'honnêtes gens qui, sous la tyrannie de la majorité, maintiennent leur conscience libre.

En somme, Rousseau, quoiqu'il semble admettre que la volonté générale, qui va naturellement au bien de tous, peut être égarée et se tromper, n'est pas assez catégorique sur ce point : il est trop séduit par le nombre, ne donne pas d'assez fermes garanties au droit, à la liberté contre le nombre; or, à quoi servent les gouvernements s'ils ne servent pas à cela? On attendait d'un philosophe spiritualiste, comme Rousseau, une autre politique, et on n'attendait pas une déclaration comme celle-ci :

Toute chose [2] d'ailleurs égale, le gouvernement sous lequel, sans moyens étrangers, sans naturalisations, sans colonies, les citoyens peuplent et multiplient davantage, est infailliblement le meilleur. Celui sous lequel le peuple diminue et dépérit est le pire. Calculateurs, c'est maintenant votre affaire; comptez, mesurez, comparez.

Autrefois, du temps qu'il méditait des *institutions politiques*, cherchant le meilleur gouvernement possible, il pensait mieux; il cherchait « quelle est la nature du gouvernement propre à former le peuple le plus vertueux, le plus éclairé, le plus sage, le meilleur enfin, à prendre ce mot dans son plus grand sens [3]. »

---

[1] Contrat social, l. IV, chap. 2. — [2] l. III, chap. 9. — [3] Confessions, l. 9.

Au surplus, pour savoir quel cas il fait de la liberté naturelle, il suffit d'aller jusqu'à la fin de son livre :

> Il y a [1] une profession de foi purement civile dont il appartient au souverain de fixer les articles, non pas précisément comme dogmes de religion, mais comme sentiments de sociabilité sans lesquels il est impossible d'être bon citoyen ni sujet fidèle. Les dogmes de la religion civile doivent être simples, en petit nombre, énoncés avec précision, sans explication ni commentaire. L'existence de la Divinité puissante, intelligente, bienfaisante, prévoyante et pourvoyante, la vie à venir, le bonheur des justes, le châtiment des méchants, la sainteté du contrat social et des lois. — Sans pouvoir obliger personne à les croire, il peut bannir de l'État quiconque ne les croit pas; il peut le bannir, non comme impie, mais comme insociable, comme incapable d'aimer sincèrement les lois, la justice, et d'immoler au besoin sa vie à son devoir. Que si quelqu'un, après avoir reconnu publiquement ces mêmes dogmes, se conduit comme ne les croyant pas, qu'il soit puni de mort; il a commis le plus grand des crimes, il a menti devant les lois.

Certainement, il y a peu de plus grandes absurdités. Et c'est lui encore qui, dans sa réponse à l'archevêque de Paris, écrit ces propres paroles :

> Je ne crois pas qu'on puisse légitimement introduire dans un pays des religions étrangères sans la permission du souverain; car si ce n'est pas directement désobéir à Dieu, c'est désobéir aux lois, et qui désobéit aux lois désobéit à Dieu.

Il dit cela, sauf à se tirer d'affaire [2] par des subtilités bizarres, quand on le lui reproche, pour retrouver la liberté.

Le mérite de Rousseau est d'avoir posé deux questions : quelle est l'origine de la société civile, et où réside la souveraineté; c'est aussi d'avoir fondé la

---

[1] Contrat social, l. IV, chap. 8. — [2] Lettre à M. A. A., 5 juin 1763.

société civile sur un contrat, quoiqu'il dût le représenter davantage comme naturel et tacite, et le rédiger autrement ; c'est enfin d'avoir placé la souveraineté dans la nation, quoiqu'il fallût discuter plus à fond la question du nombre et borner plus fermement sa puissance. Quant au reste de sa politique, il y a beaucoup à dire. Il est très-français par son amour de l'absolu, de la logique, de l'unité, de l'égalité, très-français par son médiocre sentiment de la liberté, de la réalité et de la pratique. A prendre le *Contrat social* comme manuel politique, on devait être bien embarrassé. L'assemblée constituante fut nommée sous une influence autre que la sienne, et par d'autres principes que les siens : les citoyens ne crurent pas que, du moment qu'on est représenté, on est esclave ; ils déléguèrent leurs pouvoirs à une assemblée, et créèrent ainsi cette aristocratie mobile, qui, tirée du néant par la volonté du peuple, rentre par la volonté du peuple dans le néant, et ne peut porter ombrage à une puissance dont elle est la pensée et de laquelle elle tient tout son être. Mais peu à peu l'esprit de Rousseau l'emporta : le peuple voulut légiférer par lui-même, et essaya, dans les clubs et dans les sections, le gouvernement démocratique. « Vous serez comme des dieux » est le mot éternel de la tentation ; la France y succomba. La première assemblée avait reconnu et défini avec luxe les droits de l'homme ; dans les assemblées suivantes, la doctrine de l'utilité publique aux temps de crise, la doctrine du salut public prévalut de plus en plus. On sait ce qui en est sorti.

On pourra oublier plus d'une page du *Contrat social,* mais on fera bien de ne pas oublier celle-ci, des *Considérations sur le gouvernement de Pologne :*

« La liberté est un aliment de bon suc, mais de forte digestion ; il faut des estomacs bien sains pour la supporter. Je ris de ces peuples avilis qui, se laissant ameuter par des ligueurs, osent parler de liberté sans même en avoir l'idée, et, le cœur plein de tous les vices des esclaves, s'imaginent que, pour être libres, il suffit d'être mutins. Fière et sainte liberté ! Si ces pauvres gens pouvaient te connaître, s'ils savaient à quel prix on t'acquiert et te conserve, s'ils sentaient combien tes lois sont plus austères que n'est dur le joug des tyrans, leurs faibles âmes, esclaves de passions qu'il faudrait étouffer, te craindraient plus cent fois que la servitude ; ils te fuiraient avec effroi comme un fardeau prêt à les écraser.

V.

L'*Émile* est trop généralement jugé par quelques propositions étranges qu'il renferme ; avec de l'attention, on trouve des idées très-solides, et d'abord l'idée principale, sur le but de l'éducation. Port-Royal, qui est le grand siècle enseignant, a dit sur ce point toute la vérité :

« La principale application [1] qu'on devrait avoir serait de former son jugement et de le rendre aussi exact qu'il peut l'être, et c'est à quoi devrait tendre la plus grande partie de nos études. On se sert de la raison comme d'un instrument pour acquérir les sciences, et on devrait se servir, au contraire, des sciences comme d'un instrument pour perfectionner sa raison. — L'esprit des hommes est trop grand ; leur vie trop courte, leur temps trop précieux pour s'occuper de si petits objets : mais ils sont obligés d'être justes, équitables, judicieux dans tous leurs discours, dans toutes leurs actions et dans toutes les affaires qu'ils manient ; et c'est à quoi ils doivent particulièrement s'exercer et se former.

---

[1] *Logique*, préface.

Admirable page que tout instituteur doit garder perpétuellement sous les yeux. Rousseau a eu le bonheur de la comprendre, et c'est là, au milieu des paradoxes inévitables, le sens profond, la portée et la vertu de l'*Émile*. Port-Royal se serait reconnu dans cette vive sentence contre une éducation toute mécanique. « Pour armer [1] l'enfant de quelques vains instruments dont il ne fera peut-être jamais d'usage, vous lui ôtez l'instrument le plus universel de l'homme, qui est le bon sens. » Le même sentiment de la grandeur de l'âme humaine a dicté la préface de la *Logique* et les lignes suivantes de l'*Émile* :

Émile [2] a un esprit universel, non par les lumières, mais par la faculté d'en acquérir; un esprit ouvert, intelligent, prêt à tout, et, comme dit Montaigne, sinon instruit, du moins instruisable. Il me suffit qu'il sache trouver l'*à quoi bon* sur tout ce qu'il fait et le *pourquoi* sur tout ce qu'il croit. Car, encore une fois, mon objet n'est point de lui donner la science, mais de lui apprendre à l'acquérir au besoin, de la lui faire estimer exactement ce qu'elle vaut, et de lui faire aimer la vérité par-dessus tout.

Le but de l'éducation, c'est ouvrir et nourrir l'esprit, élever et assurer l'âme; c'est donner le goût d'apprendre et de bien faire, en apprenant et en faisant bien. S'il fallait choisir, je choisirais comme Rousseau et Montaigne; j'aimerais mieux pour un jeune homme un esprit plus ouvert que nourri. Ce qu'il sait est peu de chose, ce qu'il y a à savoir est infini; il faut que cet enfant le sente, qu'il ait grande ambition et grand courage, et qu'il voie dans l'achèvement de ses études classiques, non pas le repos, mais la liberté d'étudier selon son goût, de poursuivre toutes les connaissances ou de se donner à une seule.

[1] Émile, l. III. — [2] l. III.

L'éducation est un mouvement. Nos pères du XVIIIe siècle avaient cette passion de s'instruire : ils lisaient, ils écrivaient prodigieusement ; les derniers hommes de ce temps que nous avons vus étudiaient encore.

Une idée contestable de Rousseau est qu'il ne faille pas parler de Dieu aux jeunes gens avant l'âge où ils arriveraient par eux-mêmes à le connaître, âge que Rousseau recule jusqu'après quinze ans. D'abord, ce n'est pas assez que vous ne lui en parliez pas, il faut que rien de vous ne lui en parle : que penserait-il, s'il vous voyait prier ? Et, comme ce principe doit naturellement s'étendre à toutes les opinions et à tous les sentiments, il mène loin : il faudra que vous vous absteniez de toute parole, de tout geste qui trahirait en vous ce que votre élève ne doit pas connaître encore, de peur de lui donner un préjugé ; il faudra que vous soyez muet et immobile. Enfin, comme les préjugés viennent de tous côtés et que l'exemple de quelques personnes ou de tout le monde pourrait l'influencer, il sera bon de créer à votre élève un monde artificiel où il ne verra rien que ce qu'il trouve en lui-même, un monde qui sera assez complaisant, qui se surveillera d'assez près, qui aura assez d'empire sur soi pour ne jamais laisser paraître une pensée ou une passion que notre enfant n'eût pas encore, Quand il ne connaît pas encore la justice, l'affection de la patrie et de l'humanité, un mot, une attitude, un cri perdraient tout. Rousseau cherche l'éducation naturelle ; est-ce là l'éducation naturelle ?

L'éducation ne consiste pas à philosopher avec l'enfant, mais à déposer dans son âme le germe des principes, qui ensuite grandit. Elle commence donc de très-bonne heure ; et le devoir des parents qui veulent leurs enfants honnêtes et heureux est d'introduire par toutes les voies, dans le cœur de ces enfants, par enseignement formel, par pénétration insensible, par autorité, par exemple surtout, les principes qui, médités plus tard, développés par la raison et par l'expérience, conduiront toute leur vie. Je sais qu'ils ne devraient choisir dans leurs idées que ce qu'il y a de plus solide, dans leurs sentiments que ce qu'il y a de plus excellent; je sais qu'ils mêlent souvent à cette part essentielle leurs préjugés; mais je sais aussi qu'après l'éducation de la famille, il y en a une autre; que l'esprit d'examen, éveillé par les années et par la société où l'on entre, révise les croyances reçues; que la pratique de la vie les réforme perpétuellement. Les générations se suivent et ne se ressemblent pas : les pères voient leurs fils changer sous leurs yeux, et les suivent, par affection, dans un nouveau monde que leur raison repoussait.

VI.

Voici la *Nouvelle Héloïse*, voici enfin un roman où il n'y a d'autres personnages que le cœur humain, ni d'autres accidents que les accidents de la passion, ses élans, ses apaisements et ses retours. Ce n'est pas moins qu'une révolution. Il me semble que le grand siècle soit impassible : nous ne le voyons que « dans sa haute et pleine majesté. » Dans les romans qu'il nous a laissés, la passion la plus tendre est encore une affaire d'esprit. Aimer n'est plus chose simple et naturelle : il en a fait un art au-dessus du vulgaire, il l'a réduit en science subtile et aiguë à l'usage des beaux esprits; et ce serait à croire que nul n'a aimé dans ce siècle, si, à travers ce groupe sévère des grands génies et cette foule bruyante des précieux, on ne voyait passer les ombres attristées de Molière et de la Vallière, les tourments de l'amour coupable et les ennuis de l'amour méconnu. Viennent ensuite les romans licencieux de Crébillon et de la Clos. La passion a enfin son tour : *la Nouvelle Héloïse* et *Manon Lescaut* succèdent à l'*Astrée* et au *Sopha*. Notre roman, au XIXe siècle, sort de la même veine. Nous nous plaisons aux surprises de la mise en scène, aux combinaisons ingénieuses des événements; mais sur ce théâtre habilement préparé, nous cherchons l'homme, toujours l'homme, la nature et la vérité.

Rousseau donne à l'amour un beau rôle, il le représente comme inspirant la vertu. L'amour inspire-t-il, en effet, la vertu? Oui, le véritable amour, et une vertu que personne ne lui conteste, le dévouement à l'égard de l'objet aimé, dévouement jusqu'aux plus grands sacrifices et à la mort même. De plus, celui qui porte un grand sentiment de cette sorte le respecte, craint de faire quelque chose qui en soit indigne. Quand une partie de notre corps prend une attitude, le reste se situe de même; ainsi de l'âme : il y a une conspiration naturelle de mouvements qui fait que tout notre être à la fois s'élève ou s'abaisse, se retient ou s'abandonne; l'émotion que produisent en nous les merveilles de la nature, de l'art, de la liberté humaine, nous redresse : devant ces spectacles, la bassesse nous fait horreur, et rien alors n'est trop haut pour nous; il y a des douleurs qui nous grandissent : celui qui vient de perdre un des siens qu'il aimait est incapable de commettre une infamie. Nous avons vu cela en nous-mêmes, et quel est notre étonnement quand nous ne le retrouvons pas autour de nous! Un magistrat sans mœurs nous étonne, et quoique l'usage de la vie nous habitue à croire bien des choses possibles, il y en a qui n'entrent pas dans notre esprit. Nous comprenons qu'un homme vulgaire se vende, il ne vend que lui-même; mais qu'un homme d'élite se vende comme celui-là, qu'on soit un grand savant ou un grand artiste et qu'on se vende, comme si on ne portait pas en soi une chose sans prix! que ce ministère de la science et de l'art ne contraigne pas celui qui en est revêtu à se respecter! qu'il les vende avec sa personne, pour un peu d'or ou de dignités! que le feu céleste lui-même, descendant dans une âme, ne soit pas assez puissant pour la purifier, qu'on soit un génie et un misérable, cela est scandaleux. Nous sommes de faibles créatures, mais du fond de notre nature inconnue, il sort parfois des forces admirables qui nous soulèvent au-dessus de nous-mêmes : une de ces forces est l'amour. L'homme qui croit aimer et ne sent pas en lui quelque chose de respectable, qu'il faut honorer par les sentiments et les actions conformes, n'aime pas. Où l'amour est vrai, il est une ambition infinie de paraître sans défauts devant l'objet qu'on aime, et un singulier effort pour atteindre à toute perfection, il donne aux deux l'esprit, la délicatesse, l'honneur, la générosité, ici toutes les grâces, là tous les courages. Tel est l'amour du Cid et de Chimène, de Sévère et de Pauline, l'amour que Corneille n'a pas inventé, mais trouvé dans les meilleures parties de l'âme humaine en ses meilleurs jours, à part de la fièvre des sens et du délire du cœur, non point une faiblesse, mais une force, et cette force qui fait les héros. Les Grecs l'entendaient ainsi, ils l'appelaient le grand initiateur, le maître de vertu. Lorsque, dominant le devoir, il est la passion, il exalte chaque nature jusqu'à l'idéal, la femme jusqu'au dévouement d'Héloïse, l'homme jusqu'à la grandeur de Pétrarque et de Dante, qui s'immortalisent pour être dignes de celle qu'ils aiment.

Il y a de cela dans le roman de Rousseau, mais gâté par une invention malheureuse : il fallait laisser parler l'amour et il fait prêcher Julie ; il fallait laisser la pudeur à ses discours ; il est permis aussi, sans fausse subtilité, de demander un sentiment plus délicat que celui qui est ici. On a justement signalé la parenté de Julie avec madame de Warens : « Il y a, dit M. Saint-Marc Girardin, dans tous les amours de Rousseau, soit les siens, soit ceux de ses héros, un coin d'histoire naturelle qui me rebute. » Enfin il n'est pas bien sûr que ce soit ici l'amour, et qu'on n'en puisse dire ce qu'il disait de son enthousiasme vertueux : « Cette ivresse avait commencé dans ma tête, mais elle avait passé dans mon cœur. » Ce n'est pas là le chemin de l'amour : il naît dans le cœur même, qu'aussitôt il remplit.

Il sera toujours peu prudent de lui remettre sa vie. D'abord, dans la durée de l'existence, il n'est guère qu'une crise ; puis combien de fois ce qu'on nomme ainsi n'est qu'une fureur, un désir ou une vanité ! Et même en le prenant sérieux, combien de fois deux amants sont l'un à l'autre tout l'univers, heureux encore, quand ils ne sont pas prêts à mettre le monde en feu pour satisfaire leur propre passion ou un caprice de ce qu'ils aiment. Pascal a bien dit : « Dans les grandes âmes tout est grand ; » de même dans les petites âmes tout est petit, et dans les âmes insensées tout est insensé. L'amour surtout se façonne suivant celui qui le ressent et celui qui l'inspire. Pour porter quelqu'un à la vertu, il ne suffit donc pas de lui dire, aimez ; et si on ajoute : aimez comme Rodrigue et Chimène, c'est leur dire : soyez Rodrigue et Chimène, ce qui est simplement la vertu.

Ce que Rousseau appelle la vertu est l'amour de la vertu, ce qui n'est pas précisément la même chose : au lieu de devoirs définis, une exaltation morale, au lieu d'actes, des sentiments, ce qui est plus commode. Cette vertu se contemple beaucoup elle-même et parle beaucoup d'elle-même ; elle n'a guère à faire que cela. Le mot revient perpétuellement jusqu'à la fatigue, dans les discours et les écrits du temps. Ces hommes parlent d'eux-mêmes tous les jours comme les trois cents Spartiates aux Thermopyles : « Passant, vas dire que tu as rencontré l'homme vertueux. » J.-J. Rousseau assure qu'il ne trouvera au jugement dernier aucun mortel meilleur que lui, et le brave Roland, fugitif, menacé de mort, dans un écrit exprès, qu'il porte sur lui, prévient celui qui trouvera son corps qu'il a trouvé le corps d'un homme vertueux. Julie catéchise régulièrement Saint-Preux sur ce texte.

Il ne nous semble pas que ce soit le plus grand effort de la morale. Pourtant au dix-huitième siècle ce n'était pas méprisable. La vertu était tellement discréditée que la chose et le nom étaient tombés en oubli ; Rousseau rappela le nom, et si ce mot ne disait pas exactement ce qu'il veut dire, du moins il sonnait autrement que le plaisir.

Cela dit, à la louange de Rousseau, il faut rétablir les choses comme elles sont. La vertu n'est pas la force que donne la fièvre ou l'excitation des nerfs, pas plus que l'habileté un hasard, et l'éloquence une exclamation ; c'est une vigueur solide, une habitude, un état, la constance d'une âme qui s'attache au bien. Comme le bien n'est pas vague, mais tout en devoirs déterminés : se respecter soi-même et se perfectionner, être juste et ensuite dévoué à l'égard de ses semblables, de sa patrie, de sa famille et de ses amis, devant Dieu humble et reconnaissant, une fois les devoirs fixés et la raison mise à sa place, à la première, l'enthousiasme moral vient bien, il rend tous les devoirs plus faciles, il donne du feu à la raison, des ailes à la volonté, et de la grâce à la vertu.

Pour être juste envers Rousseau, il faut reconnaître qu'il n'a pas toujours substitué l'amour à la raison, ni l'exaltation morale au devoir. Julie devenue madame de Wolmar se soutient par l'attachement à ses devoirs d'épouse, et combat par là un amour mal éteint.

VII

La génération qui a commencé ce siècle vient de lui. Comme les dents du dragon qui se changent en hommes, chacun des ouvrages de Rousseau enfante un écrivain. René procède des *Confessions* et des *Rêveries;* Werther, de la *Nouvelle Héloïse;* Lamennais, du *Vicaire Savoyard* et des *Lettres de la montagne;* enfin, son âme passe tout entière dans une femme : spiritualisme hardi, enthousiasme des libres élans du cœur, haine de la civilisation qui les comprime, mépris de la vie positive, culte d'un idéal nulle part réalisé, amour exalté et délicat des arts et de la nature, sentiment religieux profond et indéfini, puissante harmonie du langage, passion dans le paradoxe, Rousseau enfin, d'une raison moins originale, mais doué à plaisir de la fantaisie créatrice qui va par le monde, se posant sur ses personnages divers, ou, au dedans de l'âme, touchant de son aile enchantée une espérance, un regret, un caprice, leur donne un corps et cette vie immortelle que les enfants du génie possèdent seuls ici-bas.

Il faut relire Rousseau, il faut relire Voltaire, et Pascal et Bossuet, tous ces grands hommes qui ont eu foi dans un principe, une foi entière, vigoureuse, même intolérante. Le monde énerve toutes les croyances, il nous force à compter avec toutes les opinions, à retrancher quelque chose de toutes nos convictions. Avons-nous rapporté de la réflexion quelque principe vrai, nous voulons l'appliquer aussitôt; mais d'autres principes rivaux se dressent devant nous, avec la même vérité, et aussi avec les mêmes prétentions. Que faire? Sans doute les recueillir et les associer. Dieu, créateur de toutes les forces qui animent l'univers, les a contraintes de vivre ensemble; il n'a livré le monde ni au mouvement sans frein ni au repos sans terme; il lance et retient les globes dans leur orbite; sous la main de ce maître, toutes les puissances se tempèrent, nulle ne périt. Mais nous, dans notre courte sagesse, nous ne connaissons point la mesure, nous affaiblissons les principes par des dérogations sans nombre, nous les paralysons les uns par les autres, nous annulons les forces par le contre-poids; nous formons des alliances menteuses et impossibles. La raison et l'autorité, le sentiment et la logique, la liberté et l'ordre, le devoir et le bonheur, la terre et le ciel se confondent dans des compromis monstrueux. Il faut enfin sortir de ce chaos; il faut rendre chaque principe à lui-même, à sa véritable nature, à sa vertu originelle. On les retrouve dispersés dans les monuments que leur a élevés le génie. Là

Bossuet, défenseur ombrageux et jaloux, garde l'autorité, Voltaire la raison, Machiavel l'ordre, Milton la liberté, Senèque le devoir, Épicure le bonheur, Spinoza la logique, Rousseau le sentiment. C'est là, c'est dans ces grandes âmes que les principes habitent solitaires dans leur éternelle jeunesse et leur sauvage vigueur.

Rousseau et Voltaire ne sont pas seulement deux éminents génies ; à eux deux ils représentent, mûris par la raison moderne, les deux sortes d'esprits qui se partagent en tout temps le gouvernement du monde, les politiques et les rêveurs. Les politiques tiennent compte de ce qui est, pour le maintenir ou le corriger, les rêveurs abandonnent la réalité et se jettent dans l'idéal ; les uns conservent pour réformer, les autres détruisent pour transformer. Les politiques ne voient dans un gland que le gland même, un corps immobile et achevé qui se défend contre la mort ; les rêveurs y voient un chêne vigoureux, déployant hardiment ses branches, y abritant de nombreuses familles d'oiseaux, et ils se reposent à son ombre. Aristote observe les diverses constitutions de la Grèce, et donne à chacune d'elles le secret de durer, il trouve autour de lui l'esclavage et l'accepte ; Julien soutient et répare le paganisme chancelant ; Bossuet préserve le catholicisme menacé par l'esprit nouveau ; Voltaire poursuit les abus, défend la monarchie et ne s'aventure que jusqu'au gouvernement représentatif ; plus hardi, Platon, dans une société païenne, affranchit l'esprit du corps, l'esclave du maître, et devine le pénitentiaire ; saint Paul bâtit la cité chrétienne et émancipe la foi ; Fénelon émancipe l'amour divin ; Rousseau prévoit le gouvernement de tous par tous et va droit jusqu'à la démocratie.

Qui a raison et qui a tort des politiques et des rêveurs ? Chacun en quelque mesure, aucun entièrement. L'univers des âmes, comme l'univers des corps, est régi par une double force, celle qui précipite et celle qui retient. Éternellement ennemies, elles sont éternellement nécessaires à l'ordre, et leur concours forcé constitue l'harmonie même de la création. Il faut au mouvement un but et un frein. Le bonheur ne réside ni dans les étangs de glace de l'*Enfer,* ni dans le tourbillon qui jamais ne s'arrête. Tant que les sociétés auront peur de l'anarchie, elles feront une place aux politiques ; tant qu'elles craindront l'engourdissement de la mort, elles seront douces aux rêveurs. S'il y a des songes trompeurs qui s'échappent par la porte de corne, il en est aussi qui s'échappent par la porte d'ivoire, pour nous visiter, pour animer notre lourd sommeil ou calmer nos agitations. Souvent l'idéal n'est que la réalité mûrie, et les illusions du présent les fantômes de l'avenir.

L'esprit de Voltaire est avec les politiques, l'esprit de Rousseau avec les rêveurs : heureux hommes à qui il a été donné par privilége de représenter un instant les deux formes éternelles de la pensée divine qui conserve et renouvelle toutes choses.

Ils nous tiennent de plus près encore, à nous dont ils ont parlé la langue. Nous ne descendons ni de l'un ni de l'autre uniquement ; notre génie est formé et, pour ainsi dire, mélangé de leurs génies : c'est l'ironie de Voltaire sanctifiée par la passion de Rousseau, et la passion de Rousseau modérée par l'ironie de Voltaire ; ce bon sens qui surveille nos emportements ; cette verve de raillerie qui suit le héros dans les combats, le martyr sur l'échafaud, qui est le voile dont se couvre devant le public une âme ardente, et comme la pudeur de l'enthousiasme. Non, la nation qui a produit ces deux hommes ne peut pas périr ; elle a encore quelque chose à faire dans le monde; elle vivra, il faut le croire, alors même que le sol tremble ou s'affaisse, aux jours sombres, où il semble qu'il n'y a plus rien à espérer.

DIDEROT.

« Un si beau génie à qui la nature a donné de si grandes ailes, » disait Voltaire ; « un génie transcendant comme je n'en connais pas dans ce siècle, » disait J.-J. Rousseau. Je choisis mes autorités. Voltaire et Rousseau n'étaient pas seuls de leur avis, et Diderot ne fut pas méconnu : parmi tous les philosophes, on l'appelait *le Philosophe*. C'était justice. La philosophie recherche l'évidence et l'unité, elle est l'ardeur inquiète de l'intelligence qui ne se paie ni d'apparence, ni de mots, ni de conventions, ni de causes secondaires, et pousse partout hardiment jusqu'aux premiers principes ; elle est aussi convaincue que l'univers est un, qu'il n'y a pas autant de causes premières différentes que d'ordres de choses, mais une cause unique, naturelle, universelle, d'où sort l'infinie variété, comme dans l'astronomie, les mouvements sans nombre des astres se réduisent à l'attraction newtonienne. La philosophie sera faite quand l'unité et l'évidence seront accomplies.

Au XVIIIe siècle, l'auteur de *Jenny* et l'auteur de la *Profession de foi du Vicaire savoyard* veulent surtout l'évidence, et, de peur de la perdre, ils renoncent à l'unité : ils admettent toutes les grandes vérités sans en poursuivre l'accord, et affectent le plus profond mépris pour la métaphysique. Diderot veut l'unité, et se contente d'une évidence plus faible. A des hommes épris d'observation et d'analyse, il rappelle que l'observation et l'analyse ne sont pas tout, et qu'il n'y a point de science sans vue d'ensemble; autour de lui on réduit les objets en poussière : il organise cette poussière et la ranime; esprit vivant, il voit partout la vie, qui est convenance, relation, unité ; il est né pour saisir des rapports, et n'y manque pas, il saisit également les rapports délicats et les rapports immenses : c'est, comme l'appelait Grimm dans son étonnement, *un puits d'idées,* source jaillissante qui se prête à tout le monde, sans se plaindre et sans s'épuiser; enfin, par cette rare puissance de synthèse, il fait contrepoids à l'esprit de ce temps et de ce pays. Gœthe l'appelle [1] le plus allemand des Français. La finesse de ses vues délecte, leur hauteur transporte; mais, chose merveilleuse ! tandis que les philosophes, charmés par un système, y demeurent asservis, esclaves qui se sont enchaînés eux-mêmes, lui, il ne veut ni être enchaîné, ni s'enchaîner, et marche dans sa pleine indépendance; s'il conclut courageusement, il observe scrupuleusement ; son système n'est point quelque chose de raide, d'immuable, d'exclusif, qui s'impose à la réalité ; ce n'est point un joug, c'est le lien flexible dont il lie les faits recueillis ; si la gerbe grossit, le lien prête et s'étend. Il y a des philosophies aussi vastes, il n'y en a pas où on soit plus à l'aise : ce n'est, à vrai dire, que l'intelligence humaine s'organisant naturellement en toute liberté.

---

[1] Ma vie, l. xi.

Nous pouvons gagner quelque chose à nous approcher de lui. L'œuvre la plus sérieuse de la philosophie de nos jours a été la création d'un grand enseignement classique, ferme et sobre, comme il convient à l'enseignement de la jeunesse ; nous tous qui y avons coopéré devons en être fiers, et la destinée d'un homme, occupée à cet emploi, est bien remplie ; mais la destinée d'un homme n'est pas la destinée de la science : c'est bien là de la philosophie, et excellente, ce n'est pas toute la philosophie. Il est bon d'exposer les grandes vérités du sens commun, et de leur prêter toutes les ressources et toutes les séductions de l'éloquence ; mais le sens commun n'est que le point de départ et le contrôle de la philosophie, qui va au delà. Qu'elle se borne tant qu'elle le jugera nécessaire, pourvu qu'elle n'oublie pas, qu'elle ne laisse pas oublier qu'elle est essentiellement sans limites, et qu'elle ne laisse pas prescrire son droit pour le jour où il lui conviendra de s'en servir.

Ce jour est-il venu ? Peut-être. Si elle veut agréer au monde, il faut qu'elle s'occupe des choses auxquelles le monde s'intéresse : l'art, la morale, la science. Déjà elle s'occupe davantage de l'art, et veut bien le regarder, non comme un amusement, mais comme une forme de l'intelligence humaine, une manifestation de la vie de l'âme ; que lui faut-il encore ? Avertie par les événements récents, appliquer hardiment ses principes à la morale sociale, à la haute politique : dire la fin et la loi des sociétés, les causes et le remède des révolutions ; puis s'enquérir davantage des progrès des sciences naturelles ; tirer de son isolement ce *moi* solitaire, de son abstraction ce pur esprit, le replacer au sein de l'humanité et de la nature où il se développe ; ajouter à la perfection de l'individu qui se transforme, la perfection de l'homme qui transforme la matière et la société; étendre sa destinée pour cette œuvre, s'associer à ses victoires et à ses espérances; en un mot, vivre de la vie universelle et en expliquer, à qui l'ignore, le secret.

Diderot l'entendait ainsi : il aime les grands horizons. Embrassons d'abord avec lui, tel qu'il le voit, l'ensemble des choses; puis, avec lui, nous descendrons dans le monde privilégié de l'art : il est là chez lui, il le connaît, il l'aime et nous le fera aimer.

Je demande la permission de citer beaucoup. S'il s'agissait seulement de déterminer à quelle école appartient Diderot, je serais plus sobre de textes et prierais qu'on me crût sur parole; mais traiter ainsi notre philosophe serait vraiment lui faire tort. Une idée appartient à tout le monde, le tour d'esprit qui l'amène est à un seul, et ce qui est le plus original chez Diderot, ce qui est lui davantage, c'est le mouvement. Les savants font de belles collections, où chaque objet est soigneusement classé : chaque plante y est avec l'indication précise du genre et de l'espèce auxquels elle appartient; mais où sont ces autres choses précieuses aussi, la vie, le port, la couleur ?

I

Diderot est un disciple de Leibnitz, je dis disciple et non point écolier : il a pris dans le maître l'idée la plus originale, la plus forte, et l'a hardiment étendue. Leibnitz appartient à la fois au XVIIe et au XVIIIe siècle par son âge, autant par sa doctrine. Il y a deux hommes en lui, l'auteur de l'*Harmonie préétablie* et l'inventeur de la *Monade*, le dernier philosophe de l'école cartésienne, le premier philosophe du monde nouveau. Le XVII° siècle va au panthéisme, le XVIII° à l'athéisme, non point au hasard, mais par raison. Pour Descartes, le principe des choses, la substance, l'être, est une nature morte, inerte, qui reçoit du dehors son mouvement et ses déterminations : elle est si voisine du néant, que, pour l'empêcher d'y tomber, Dieu la crée à chaque instant de rechef. Autant valait dire que Dieu la fait à chaque instant ce qu'elle est, et Malebranche n'y manque pas. Selon l'auteur de la *Vision en Dieu* et des *Causes occasionnelles*, Dieu retire à lui l'essentiel de la pensée et de l'action, il présente à notre esprit les idées, et meut notre corps, ne nous laissant en propre que la sensation confuse et le désir. Mais Malebranche à son tour ne va pas assez loin. Puisqu'il reste à l'homme si peu de chose, et que Dieu agit si puissamment en lui, autant vaut dire que l'homme n'est pas, que Dieu seul est ; Spinoza le dit.

Leibnitz voit le mal et la cause du mal. Suivant lui, le panthéiste Spinoza « n'a fait que cultiver certaines semences de la philosophie de Descartes, » tirer de la définition cartésienne de la substance ce qu'elle renfermait. C'est donc cela qu'il faut réformer, et il le réforme comme il suit.

Le principe de toute recherche portant sur la réalité, est *le principe de la raison suffisante* : tout fait dépend d'une cause qu'il faut chercher, et cette cause d'une autre plus relevée, qu'il faut chercher encore, remontant ainsi jusqu'à une première cause qui ne dépende de rien. Mais il n'est pas permis de supposer plusieurs causes premières : tout doit s'expliquer le plus simplement possible, comme tout doit se faire le plus simplement possible, avec la moindre dépense de temps, d'espace, de force : selon *le principe de la moindre action*, qui domine et règle le principe de la raison suffisante, et gouverne toute la science.

Ces principes établis, Leibnitz essaie de les appliquer dans son système.

L'élément des choses, la substance est simple, une (*monadologie*) ; — cette substance est une force, portant en elle-même le principe de son mouvement, changeant, comme toute chose créée, et tendant à un but (*dynamisme*) ; toutes sont différentes, sans quoi il n'y aurait plus de raison pour que Dieu eût placé celle-ci plutôt que celle-là en un point de l'espace : les unes pensent, les autres ne pensent pas, les unes ont une conscience obscure, comme les bêtes, les autres la claire conscience et la raison humaine (*principe des indiscernables*) ; elles s'associent et forment des corps composés inorganiques ou organiques dans lesquels une unité centrale gouverne le reste; la vie n'est qu'un développement, la mort qu'un enveloppement, l'existence de l'univers qu'une perpétuelle métamorphose ; tout changement dérive d'un changement antérieur, toute forme dérive d'une forme qui précède, et engendre une forme qui suit ; rien ne se fait par sauts, par bonds ; point d'hiatus, point de vide, une parfaite continuité dans la nature (*principe de continuité*).

Telle est la première partie du système de Leibnitz ; voici la seconde.

La raison suffisante de toute existence et de tout ordre, la cause qui produit tout et n'est produite par rien, c'est Dieu. — Il a choisi un monde plutôt qu'un autre, non point par caprice, mais parce que ce monde était le plus beau, le plus un (*optimisme*) ; — le monde des corps et le monde des âmes vont chacun de leur côté : dans le monde matériel, un mouvement produit un mouvement, dans le monde spirituel, une pensée produit une pensée, par un enchaînement ininterrompu (*déterminisme*) ; et, chose admirable! pendant que chacun suit son cours sans pénétrer l'autre et sans en être pénétré, ils se rencontrent, ils se correspondent fidèlement : une pensée d'une âme répond à un mouvement d'un corps, et un mouvement d'un corps à une pensée d'une âme : ces deux séries se suivent parallèlement jusque dans l'infini sans se toucher (*harmonie préétablie*).

Comme on le voit, ces deux parties du système de Leibnitz se superposent, elles ne se supposent pas. Diderot retranche la seconde, et garde la première, qu'il étend à proportion, poussé au delà de Leibnitz par l'esprit de Leibnitz lui-même.

Ce philosophe avait dit : « J'aime les maximes[1] qui se soutiennent, et où il y a le moins d'exceptions qu'il est possible. » L'esprit de la science est là dans sa rigueur : elle veut un seul principe, une seule cause, la parfaite unité. Diderot prend la règle du maître et l'applique inflexiblement. Si on admet l'existence des monades, l'élément des choses, comme une force simple se mouvant par une vertu interne vers un certain but, il faut se renfermer dans cette idée, en tirer tout ce qu'elle contient, sans recourir à des inventions étrangères, et fonder une explication qui se soutienne. Or, l'explication de Leibnitz ne se soutient pas.

Pour rendre compte de la diversité des substances, il a recours à Dieu ; et quelle raison donne-t-il?

---

[1] Théodicée, part. I, § 90.

Clarke [1] déjà ne s'en contentait pas. Diderot y substitue une explication naturelle : quelle que soit la nature primitive des éléments, quand même ils seraient tous, à l'origine, identiques, pour expliquer l'infinie variété des choses, il suffit bien de l'infinie variété des combinaisons des causes connues et inconnues.

Leibnitz encore, expliquant l'origine des âmes humaines, n'ose pas affirmer qu'elles soient un développement des âmes inférieures ; « il a de la peine [2] à concevoir qu'il y ait un moyen naturel d'élever une âme sensitive au degré d'âme raisonnable, et accepte au besoin l'intervention particulière de Dieu pour opérer cela, une sorte de transcréation. » C'est manquer de courage, et Diderot n'en manque point.

Enfin, pourquoi chercher en un Dieu la raison suffisante de l'existence des monades? Pourquoi ne seraient-elles pas éternelles? et puisqu'il est nécessaire d'admettre un premier être qui ait toujours été, être pour être, pourquoi ne seraient-ce pas aussi bien les monades que Dieu? Une force qui va à l'infini est tout ce qu'il faut pour expliquer le monde. Voilà du moins, pour parler le langage de Leibnitz, une maxime qui se soutient.

C'est le fond, l'âme de la doctrine de Diderot et de la science du XVIIIe siècle. Grimm le constatait avec bonheur : « Le principe de Leibnitz, renouvelé par Maupertuis [3], de faire opérer la nature avec le moins de dépense possible, nous gagne de toutes parts. » La science prenait sa revanche. Au sortir de la complication des causes visibles, occultes et surnaturelles

---

[1] Voyez Correspondance entre Leibnitz et Clarke, et, dans l'Encyclopédie, le profond article *Leibnitz*, de Diderot. — [2] Théodicée, part. I, § 91. — [3] Correspondance, 1765, IV, 186.

du moyen âge, elle exigeait l'unité et se tenait obstinément dans l'ordre des causes naturelles. C'était bien d'économiser les causes ; mais, d'économie en économie, on supprima Dieu.

Diderot critique avec un suprême dédain toute la théologie populaire.

D'abord le Dieu, cause première. Personne ne se méprit à ces paroles qu'il prête à l'aveugle Saunderson :

> Un phénomène [1] est-il, à notre avis, au-dessus de l'homme ? nous disons aussitôt : *C'est l'ouvrage d'un Dieu* ; notre vanité ne se contente pas à moins. Ne pourrions-nous pas mettre dans nos discours un peu moins d'orgueil et un peu plus de philosophie ? Si la nature nous offre un nœud difficile à délier, laissons-le pour ce qu'il est, et n'employons pas à le couper la main d'un être qui devient ensuite pour nous un nouveau nœud plus indissoluble que le premier. Demandez à un Indien pourquoi le monde reste suspendu dans les airs, il vous répondra qu'il est porté sur le dos d'un éléphant ; et l'éléphant, sur quoi l'appuiera-t-il ? sur une tortue ; et la tortue, qui la soutiendra ?... Cet Indien vous fait pitié ; et l'on pourrait vous dire comme à lui : « Monsieur Holmes, mon ami, confessez d'abord votre ignorance, et faites-moi grâce de l'éléphant et de la tortue. »

Puis le Dieu artisan, l'ouvrier qui travaille sur un dessein :

> Qui sommes-nous [2] pour expliquer les fins de la nature ? Ne nous apercevrons-nous point que c'est presque toujours aux dépens de sa puissance que nous préconisons sa sagesse, et que nous ôtons à ses ressources plus que nous ne pouvons jamais accorder à ses vues ? — Le physicien, dont la profession est d'instruire et non d'édifier, abandonnera donc le *pourquoi*, et ne s'occupera que du *comment*. Le *comment* se tire des êtres, le *pourquoi* de notre entendement ; il tient à nos systè-

---

[1] Lettre sur les aveugles. — [2] De l'interprétation de la nature, LVI.

mes, il dépend du progrès de nos connaissances. — Cette manière d'interpréter la nature est mauvaise même en théologie naturelle. C'est attacher la plus importante des vérités théologiques au sort d'une hypothèse. Combien d'idées absurdes, de suppositions fausses, de notions chimériques, dans ces hymnes que quelques défenseurs téméraires des causes finales ont osé composer à l'honneur du Créateur? Au lieu de partager les transports de l'admiration du prophète, et de s'écrier pendant la nuit, à la vue des étoiles sans nombre dont les cieux sont éclairés : *Cœli enarrant gloriam Dei*, ils se sont abandonnés à la superstition de leurs conjectures. Au lieu d'adorer le Tout-Puissant dans les êtres mêmes de la nature, ils se sont prosternés devant les fantômes de leur imagination. — L'homme fait un mérite à l'Eternel de ses petites vues; et l'Eternel, qui l'entend du haut de son trône et qui connaît son intention, accepte sa louange imbécile, et sourit de sa vanité.

Enfin le Dieu moteur, qui secoue la prétendue inertie de la matière :

Je ne sais en quel sens les philosophes ont supposé[1] qu'elle était indifférente au mouvement et au repos? Ce qu'il y a de bien certain, c'est que tous les corps gravitent les uns sur les autres; c'est que toutes les particules des corps gravitent les unes sur les autres; c'est que, dans cet univers, tout est en translation ou *in nisu*, ou en translation et *in nisu* à la fois. Cette supposition des philosophes ressemble peut-être à celle des géomètres, qui admettent des points sans aucune dimension, des lignes sans largeur ni profondeur, des surfaces sans épaisseur. *Pour vous représenter le mouvement, disent-ils, outre la matière existante, il vous faut imaginer une force qui agisse sur elle.* Ce n'est pas cela : la molécule, douée d'une qualité propre à sa nature, par elle-même est une force active. Elle s'exerce sur une autre molécule qui s'exerce sur elle.

Ce n'est pas tout de détruire, il faut édifier. Si Dieu est retranché, qui le remplacera? Comment expliquer

---

[1] Principes philosophiques de la matière et du mouvement.

cette prodigieuse diversité des vues de la nature, qui produit tant de faits différents et tant de formes différentes ? On se trompe : il n'y a qu'un fait, qu'une forme ; la science consiste précisément à réduire, à faire disparaître la diversité. L'astronomie en a donné un éclatant exemple, et depuis, la géologie, la physique et la chimie. La marche de la science, avant Diderot et sous ses yeux, lui fit augurer le sens de ses progrès futurs, et il ne vit, comme d'Alembert, dans l'immensité des faits qu'un seul fait :

L'étonnement vient souvent [1] de ce qu'on suppose plusieurs prodiges où il n'y en a qu'un, de ce qu'on imagine dans la nature autant d'actes particuliers qu'on nombre de phénomènes, tandis qu'elle n'a peut être jamais produit qu'un seul acte. Il semble même que, si elle avait été dans la nécessité d'en produire plusieurs, les différents résultats de ces actes seraient isolés; qu'il y aurait des collections de phénomènes indépendantes les unes des autres; et que cette chaîne générale, dont la philosophie suppose la continuité, se romprait en plusieurs endroits. L'indépendance absolue d'un seul fait est incompatible avec l'idée de tout; et sans l'idée de tout, plus de philosophie.

De même [2] qu'en mathématiques, en examinant toutes les propriétés d'une courbe, on trouve que ce n'est que la même propriété présentée sous des faces différentes; dans la nature, on reconnaîtra, lorsque la physique expérimentale sera plus avancée, que tous les phénomènes, ou de la pesanteur, ou de l'élasticité, ou de l'attraction, ou du magnétisme, ou de l'électricité, ne sont que des faces différentes de la même affection. Mais, entre les phénomènes connus que l'on rapporte à l'une de ces causes, combien y a-t-il de phénomènes intermédiaires à trouver, pour former les liaisons, remplir les vides et démontrer l'identité? C'est ce qui ne peut se déterminer. Il y a peut être un phénomène central qui jetterait des rayons, non-seulement à ceux qu'on a, mais encore à tous ceux que le temps ferait découvrir, qui les unirait et qui en formerait un système.

[1] Interprétation de la nature, VI — [2] Ibid, XLV.

Cela va loin, et Diderot n'était pas homme à rester en route. Outre l'unité des faits, il lui fallait l'unité des formes vivantes pour achever cette idée de tout, sans laquelle il n'y a plus de philosophie. Justement Maupertuis avait apporté d'Erlangen en France, en 1753, la thèse du docteur Baumann, qui considérait tous les animaux comme des copies différentes d'un même type. Le docteur Baumann était Maupertuis lui-même; la thèse parut en latin en 1751; la traduction française, donnée en 1753, était simplement l'original. Ce livre fit sur Diderot une vive impression : une vaste synthèse allait à son esprit large et audacieux. C'était la même séduction que le système de Geoffroy Saint-Hilaire a exercée sur nous par des conceptions pareilles, la séduction de l'unité sur l'homme, toutes les fois qu'il en aperçoit la réalité ou l'ombre :

Il semble que la nature [1] se soit plue à varier le même mécanisme d'une infinité de manières différentes. Elle n'abandonne un genre de productions qu'après en avoir multiplié les individus sous toutes les faces possibles. Quand on considère le règne animal et qu'on s'aperçoit que, parmi les quadrupèdes, il n'y en a pas un qui n'ait les fonctions et les parties, surtout intérieures, entièrement semblables à un autre quadrupède; ne croirait-on pas volontiers qu'il n'y a jamais eu qu'un premier animal, prototype de tous les animaux, dont la nature n'a fait qu'allonger, raccourcir, transformer, multiplier, oblitérer certains organes? Imaginez les doigts de la main réunis, et la matière des ongles si abondante, que, venant à s'étendre et à se gonfler, elle enveloppe et couvre le tout; au lieu de la main d'un homme, vous aurez le pied d'un cheval. Quand on voit les métamorphoses successives de l'enveloppe du prototype, quel qu'il ait été, approcher un règne d'un autre règne par des degrés insensibles, et peupler les confins des deux règnes (s'il est permis de se servir de ce terme de *confin*, où il n'y a aucune division réelle); et peu-

[1] Interprétation de la nature, xii

pler, dis-je, les confins des deux règnes d'êtres incertains, ambigus, dépouillés en grande partie des formes, des qualités et des fonctions de l'un, et revêtus des formes, des qualités, des fonctions de l'autre ; qui ne se sentirait porté à croire qu'il n'y a jamais eu qu'un premier être prototype de tous les êtres ? Mais que cette conjecture philosophique soit admise, avec le docteur Baumann, comme vraie, ou rejetée, avec M. de Buffon, comme fausse, on ne niera pas qu'il ne faille l'embrasser comme une hypothèse essentielle au progrès de la physique expérimentale, à celui de la philosophie rationnelle, à la découverte et à l'explication des phénomènes qui dépendent de l'organisation.

Et quel sera l'agent qui fera passer ce prototype d'une forme à l'autre, les variant ainsi à l'infini ? Le temps :

On dit : *il ne se passe rien de nouveau sous le ciel*, et cela [1] est vrai pour celui qui s'en tient aux apparences grossières. Mais qu'est-ce que cette sentence pour le philosophe, dont l'occupation journalière est de saisir les différences les plus insensibles ? Qu'en devait penser celui qui assura que sur tout un arbre il n'y aurait pas deux feuilles *sensiblement* du même vert ? Qu'en penserait celui qui, réfléchissant sur le grand nombre des causes, même connues, qui doivent concourir à la production d'une nuance de couleur précisément telle, prétendrait, sans croire outrer l'opinion de Leibnitz, qu'il est démontré par la différence des points de l'espace où les corps sont placés, combinée avec ce nombre prodigieux de causes, qu'il n'y a peut-être jamais eu et qu'il n'y aura peut-être jamais dans la nature deux brins d'herbe *absolument* du même vert ? Si les êtres s'altèrent successivement, en passant par les nuances les plus imperceptibles, le temps, qui ne s'arrête point, doit mettre, à la longue, entre les formes qui ont existé très-anciennement, celles qui existent aujourd'hui, celles qui existeront dans les siècles reculés, la différence la plus grande ; et le *nil sub sole novum* n'est qu'un préjugé fondé sur la faiblesse de nos organes, l'imperfection de nos instruments et la brièveté de notre vie. La philosophie examine sévèrement ces axiomes de la sagesse populaire ?

[1] Interprétation de la nature, LVII.

Mais la vie et le sentiment ! Où en est l'origine ?

Concevez-vous [1] bien qu'un être puisse jamais passer de l'état de non vivant à l'état de vivant ? Supposer qu'en mettant à côté d'une particule morte une, deux ou trois particules mortes, on en fera un système de corps vivant, c'est avancer, ce me semble, une absurdité très-forte, ou je ne m'y connais pas. Quoi ! la particule A placée à gauche de la particule B n'avait point la conscience de son existence, ne sentait point, était inerte ou morte, et voilà que celle qui était à gauche mise à droite, et celle qui était à droite mise à gauche, le tout vit, se connaît, se sent. Cela ne se peut. Que fait ici la droite ou la gauche ? Y a-t-il un côté ou un autre dans l'espace ? Cela serait, que le sentiment et la vie n'en dépendraient pas. Ce qui a ces qualités, les a toujours eues et les aura toujours. Le sentiment et la vie sont éternels. Ce qui vit a toujours vécu et vivra sans fin. La seule différence que je connaisse entre la mort et la vie, c'est qu'à présent vous vivez en masse, et que dissous, épars en molécules, dans vingt ans d'ici vous vivrez en détail.

Il corrige complaisamment l'hypothèse du docteur d'Erlangen, qui prêtait un sentiment trop vif aux molécules organiques :

Il fallait se contenter [2] d'y supposer une sensibilité mille fois moindre que celle que le Tout-Puissant a accordée aux animaux les plus voisins de la matière morte. En conséquence de cette sensibilité sourde et de la différence des configurations, il n'y aurait eu pour une molécule organique quelconque qu'une situation, la plus commode de toutes, qu'elle aurait sans cesse cherchée par une inquiétude automate, comme il arrive aux animaux de s'agiter dans le sommeil, lorsque l'usage de presque toutes leurs facultés est suspendu, jusqu'à ce qu'ils aient trouvé la disposition la plus convenable au repos. Ce seul principe eût satisfait d'une manière assez simple, et sans aucune conséquence dangereuse, aux phéno-

---

[1] Lettre à Mlle Voland, 15 octobre 1759. — Voir Mémoires, t. IV ; Entretien entre d'Alembert et Diderot ; Rêve de d'Alembert. — [2] Interprétation de la nature, II

mènes qu'il se proposait d'expliquer, et à ces merveilles sans nombre qui tiennent si stupéfaits tous nos observateurs d'insectes.

Enfin il s'échappe, et avec un souverain mépris pour la révélation, qui arrête la pensée, il écrit :

De même[1] que dans les règnes animal et végétal, un individu commence, pour ainsi dire, s'accroît, dure, dépérit et passe, n'en serait il pas de même des espèces entières? Si la foi ne nous apprenait que les animaux sont sortis des mains du Créateur tels que nous les voyons, et s'il était permis d'avoir la moindre incertitude sur leur commencement et sur leur fin, le philosophe, abandonné à ses conjectures, ne pourrait-il pas soupçonner que l'animalité avait de toute éternité ses éléments particuliers, épars et confondus dans la masse de la matière; qu'il est arrivé à ces éléments de se réunir, parce qu'il était possible que cela se fît; que l'embryon formé de ces éléments a passé par une infinité d'organisations et de développements; qu'il a eu, par succession, du mouvement, de la sensation, des idées, de la pensée, de la réflexion, de la conscience, des sentiments, des passions, des signes, des gestes, des sons, des sons articulés, une langue, des lois, des sciences et des arts; qu'il s'est écoulé des millions d'années entre chacun de ces développements; qu'il a peut-être encore d'autres développements à subir et d'autres accroissements à prendre, qui nous sont inconnus; qu'il a eu ou qu'il aura un état stationnaire; qu'il s'éloigne ou qu'il s'éloignera de cet état par un dépérissement éternel, pendant lequel ses facultés sortiront de lui comme elles y étaient entrées; qu'il disparaîtra pour jamais de la nature, ou plutôt qu'il continuera d'y exister, mais sous une forme et avec des facultés tout autres que celles qu'on lui remarque dans cet instant de la durée? La religion nous épargne bien des écarts et bien des travaux.

Grâce à l'idée qu'il a des éléments et des développements du monde, Diderot se passe de Dieu. Mais cela n'est-il pas dangereux? Si par hasard Dieu exis-

---

[1] Interprétation de la nature, LVIII.

tait ! Si Dieu existe, il est indulgent, il ne demande à l'homme que d'être sincère avec soi-même, il ne lui fait pas un crime de manquer d'esprit, et Diderot se rassure par un conte : un jeune Mexicain [1], assis sur une planche au bord de l'océan, s'affirmait à lui-même qu'il n'y avait pas de terre au delà des mers, ni d'habitants :

> Ne vois-je pas la mer confiner avec le ciel? Et puis je croire, contre les témoignages de mes sens, une vieille fable dont on ignore la date, que chacun arrange à sa manière, et qui n'est qu'un tissu de circonstances absurdes, sur lesquelles ils se mangent le cœur et s'arrachent le blanc des yeux ?

En raisonnant, il s'endort, le flot soulève la planche, porte notre raisonneur en pleine mer, puis le dépose sur une rive inconnue, aux pieds d'un vieillard vénérable, qui lui dit :

> Je suis le souverain de la contrée. Vous avez nié mon existence et celle de mon empire. Je vous le pardonne, parce que je suis celui qui voit le fond des cœurs, et que j'ai lu au fond du vôtre que vous étiez de bonne foi; mais le fond de vos pensées et de vos actions n'est pas également innocent. Alors le vieillard, qui le tenait par l'oreille, lui rappelait toutes les erreurs de sa vie; et, à chaque article, le jeune Mexicain s'inclinait, se frappait la poitrine et demandait pardon. Là, madame la maréchale, mettez-vous pour un moment à la place du vieillard, et dites-moi ce que vous auriez fait. Auriez-vous pris ce jeune insensé par les cheveux, et vous seriez-vous complu à le traîner à toute éternité sur le rivage?

Et la maréchale répondit : « En vérité non. »

Les ouvrages de Diderot, publiés par Naigeon, montraient déjà clairement son naturalisme, mais il faut le suivre dans les ouvrages publiés par sa fille,

---

[1] Entretien d'un philosophe avec la maréchale de *** (Broglie)

l'*Entretien avec d'Alembert*, le *Rêve de d'Alembert*. A voir cet esprit fermentant, ces idées qui du plus loin s'appellent et s'organisent en un système gigantesque, il semble qu'on assiste à la fermentation du chaos, et qu'on sent dans son propre sein travailler sourdement l'antique et infatigable énergie. C'est la fièvre d'idées, le délire de la raison.

Diderot s'est jugé lui-même : « C'est de la plus haute extravagance [1], et tout à la fois de la philosophie la plus profonde ; il faut souvent donner à la sagesse l'air de la folie, afin de lui procurer ses entrées. » Le prétexte est excellent, mais ce n'est qu'un prétexte, et Diderot ne demandait pas mieux que de suivre une bonne fois sa fougue.

En deçà des systèmes, Diderot rendit un grand service à la philosophie naturelle : il fit le premier connaître à ses compatriotes tout le mérite de Bacon. Il disait qu'il faudrait [2] peut-être plusieurs siècles pour rendre le *novum organum* tout à fait intelligible.

Voici sa pensée sur la morale.

Il n'y a pas une loi morale antérieure à l'homme, subsistant dans la raison divine, mais une loi contemporaine de l'humanité qu'elle régit. L'homme a une nature certaine ; il doit donc faire ce qui convient à cette nature : ce qui lui convient, c'est le bien ; ce qui ne lui convient pas, le mal. Il ne peut pas plus changer le bien que changer la nature humaine ; aussi la justice est absolue. Or, telle est la nature humaine, que nul ne saurait être heureux tout seul, que son bonheur est lié au bonheur de ses semblables ; la justice commande donc à l'individu de travailler au

---

[1] Lettres à Mlle Voland, 11 septembre 1769. — [2] Voir Grimm., XVI, 6, 27.

bonheur des autres hommes, et d'écouter le penchant de son cœur à la bienfaisance.

Telle est la morale de Diderot. A tort ou à raison, elle conserve le devoir et le désintéressement :

> C'est proprement [1] de la nature de l'homme que résultent les propriétés de nos actions, lesquelles, en ce sens, ne souffrent point de variation, et c'est cette immutabilité des essences qui forme la raison et la vérité éternelle. — Une action qui convient ou ne convient pas à la nature de l'être qui la produit est moralement bonne ou mauvaise, parce qu'elle s'accorde avec l'essence de l'être qui la produit ou qu'elle y répugne. Si l'on suppose [2] des êtres créés de façon qu'ils ne puissent subsister qu'en se soutenant les uns les autres, il est clair que leurs actions sont convenables ou ne le sont pas à proportion qu'elles s'approchent ou qu'elles s'éloignent de ce but, et que ce rapport avec notre conservation fonde les qualités de bon et de droit, de mauvais et de pervers, qui ne dépendent, par conséquent, d'aucune disposition arbitraire, et existent non-seulement avant la loi, mais même quand la loi n'existerait point.

La morale commande donc à l'homme de faire du bien à ses semblables, et en pratiquant la vertu il rencontre le bonheur, Diderot l'écrit dans son incorrecte éloquence, et, avant de l'écrire, ce qui vaut mieux, il l'avait éprouvé :

> Si nous voulons [3] remplir tous nos devoirs envers les autres hommes, soyons justes et bienfaisants, la morale l'ordonne, la théorie des sentiments nous y invite ; l'injustice, ce principe fatal des maux du genre humain, n'afflige pas seulement ceux qui en sont les victimes, c'est une sorte de serpent qui commence par déchirer le sein de celui qui le porte. Elle prend naissance dans l'avidité des richesses ou dans celle des honneurs, et en fait sortir avec elle un germe d'inquiétude et de chagrin. L'habitude de la justice et de la bienveillance qui nous rend heureux principalement par les mouvements de

---

[1] Encycl., art. *juste*. — [2] *Ibid.* — [3] Encycl., art. *plaisir*.

notre cœur, nous le rend aussi par les sentiments qu'elle inspire à ceux qui nous approchent ; un homme juste et bienfaisant, qui ne vit que pour les mouvements de bienveillance, est aimé et estimé de tous ceux qui l'approchent. Si l'on a dit de la louange qu'elle était pour celui à qui elle s'adressait la plus agréable des musiques, on peut dire de même qu'il n'est point de spectacle plus doux que celui de se voir aimé. Tous les objets qui s'offriront lui seront agréables, tous les mouvements qui s'élèveront dans son cœur seront des plaisirs.

Il entendait la vertu comme nous, c'est-à-dire désintéressée, et il avait à cela quelque mérite dans la société où il vivait. Il écoutait autour de lui décrier le désintéressement, puis il en revenait toujours à son idée : « Nous avons [1] une notion, un goût de l'ordre auquel nous ne pouvons résister, qui nous entraîne malgré nous. » Et dans une chaude discussion avec Saurin et Helvétius, discussion dans laquelle « ils s'arrachèrent le blanc des yeux, » ces messieurs prétendant que certains hommes n'avaient aucune idée d'honnêteté, « j'avouais, dit-il, que la [2] crainte du ressentiment était bien la plus forte digue de la méchanceté, mais je voulais qu'à ce motif on en joignît un autre qui naissait de l'essence même de la vertu, si la vertu n'était pas un mot. Je voulais que le caractère ne s'en effaçât jamais entièrement, même dans les âmes les plus dégradées ; je voulais qu'un homme qui préférait son intérêt propre au bien public, sentît plus ou moins qu'on pourrait faire mieux, et qu'il s'estimât moins de n'avoir pas la force de se sacrifier ; que si l'ordre était quelque chose, on ne réussît jamais à l'ignorer, comme si de rien n'était, que quelque mépris que l'on fît de la postérité, il n'y eût

---

[1] Lettre à Mlle Voland, 4 oct. 1767. — [2] Ibid., 1er déc. 1750.

personne qui ne souffrît un peu si on l'assurait que ceux qu'il n'entendrait pas diraient de lui qu'il était un scélérat. » On ne peut mieux que ceci : « Tout ce [1] qui porte un caractère de vérité, de grandeur, de fermeté, d'honnêteté, me touche et me transporte. » Et voici une belle maxime : « Celui [2] qui blesse l'espèce humaine me blesse. »

Diderot a sa théorie du beau. Esprit large, mais conséquent, il admet sur le beau, comme sur le bien, tout ce qu'on peut admettre sans avouer l'existence de Dieu, et n'admet que cela. Nous voici loin de Condillac et de Locke : « Si le goût [3] est une chose de caprice, s'il n'y a aucune règle du beau, d'où viennent donc ces émotions délicieuses qui s'élèvent si subitement, si involontairement, si tumultueusement au fond de nos âmes, qui les dilatent ou qui les serrent, et qui forcent de nos yeux les pleurs de la joie, de la douleur, de l'admiration, soit à l'aspect de quelque grand phénomène physique, soit au récit de quelque grand trait moral ? *Apage, sophista!* tu ne persuaderas jamais à mon cœur qu'il a tort de frémir, à mes entrailles qu'elles ont tort de s'émouvoir. »

Qu'est-ce donc que le beau ? Nous naissons avec la faculté de penser [4] : la première démarche de la faculté de penser, c'est d'examiner ses perceptions, de les unir, de les comparer, de les combiner, d'apercevoir entre elles des rapports de convenance ou de disconvenance. Nous naissons avec des besoins qui nous contraignent de recourir à différents expédients, un outil, une machine, ou quelque autre in-

---

[1] Lettre à Mlle Voland, 5 sept 1760. — [2] *Ibid.*, 30 sept. 1760. — [3] Essai sur la peinture, ch. vii. — [4] Voir Encyclopédie ; art. *beau*.

vention de ce genre, où nous retrouvons les idées d'ordre, d'arrangement, de symétrie, de mécanisme, de proportion, d'unité. Une fois ces idées ébauchées dans notre entendement, nous nous trouvons environnés d'êtres où ces mêmes notions sont, pour ainsi dire, répétées à l'infini : nous ne pouvons faire un pas dans l'univers sans que quelque production ne les réveille ; elles entrent dans notre âme à tout instant et de tous côtés. Qu'est-ce que cela? Des rapports. Le beau, hors de nous, est tout ce qui contient en soi de quoi réveiller dans notre entendement des rapports; et le beau, par rapport à nous, tout ce qui réveille cette idée.

Ainsi est-il de toutes les choses où se trouve quelque beauté : elles sont expressives. La ligne droite [1] est le symbole de l'inertie ou de l'immobilité ; la ligne ondoyante, symbole du mouvement et de la vie ; la ligne perpendiculaire, image de la stabilité, mesure de la profondeur. La proportion produit l'idée de force et de solidité. Les êtres inanimés ne sont pas sans caractère. Les métaux et les pierres ont les leurs. Entre les arbres, qui n'a pas observé la flexibilité du saule, l'originalité du peuplier, la raideur du sapin, la majesté du chêne ? entre les fleurs, la coquetterie de la rose, la pudeur du bouton, l'orgueil du lis, l'humilité de la violette, la nonchalance du pavot ? Les grâces du corps humain sont comme un voile transparent à travers lequel l'esprit se montre. Toutes les parties du corps ont leur expression. Une antique et profonde forêt ramène l'homme à l'origine du monde ; un rocher est pour lui l'image de la constance et de la durée, de la grandeur, de la puissance. Quelles

---

[1] *Passim.*

grandes idées réveillent en lui les ruines, comme elles lui parlent de la vie humaine ! On sait ce que c'est en architecture que le grand, le simple, le noble, le lourd, le léger, le svelte, le grave, l'élégant, le sérieux. Le peintre répand son âme sur la toile, et son art est l'art d'aller à l'âme par l'entremise des yeux. La musique et la poésie, par la puissance de l'image et du rhythme, rendent les mouvements de l'âme et de la nature.

Le beau, qui résulte de la perception d'un seul rapport, est moindre ordinairement que celui qui résulte de la perception de plusieurs rapports. La vue d'un beau visage ou d'un beau tableau affecte plus que celle d'une seule couleur, un ciel étoilé qu'un rideau d'azur, un paysage qu'une campagne ouverte, un édifice qu'un terrain uni, une pièce de musique qu'un son. Pourtant il ne faut pas multiplier le nombre des rapports à l'infini, et la beauté ne suit pas cette progression : nous n'admettons de rapports dans les belles choses, que ce qu'un bon esprit en peut saisir nettement et facilement.

Selon la nature d'un être, selon qu'il excite en nous la perception d'un plus grand nombre de rapports, et selon la nature des rapports qu'il excite, il est joli, beau, plus beau, très-beau, ou laid, bas, petit, grand, élevé, sublime, outré, burlesque ou plaisant.

Et maintenant spécifiez les rapports, vous aurez les diverses espèces de beautés. Dans l'architecture et la sculpture, symétrie et proportion ; dans une machine, dans une montre, la convenance des moyens avec la fin ; dans un théorème mathématique, les rapports cachés qu'il donne entre diverses lignes. Les grâces du corps consistent dans un juste rapport des mouvements à la fin qu'on se propose. Voulez-vous voir le beau, paraissant [1], disparaissant, changeant avec les rapports mêmes, prononcez le *qu'il mourût* devant un homme qui ignore Corneille, ou mettez-le dans la bouche du vieil Horace, ou que Scapin, fuyant, le dise de son maître attaqué par des brigands; vous avez l'insignifiant, le sublime, le burlesque. L'âme veut vivre. Tout ce qui [2] l'élève, tout ce qui l'étend, tout ce qui l'exerce sans la fatiguer, lui plaît. L'esprit aime la symétrie, les proportions, la convenance, qui grandissent et soulagent l'attention; ce lui est un doux exercice de pénétrer les pensées fines qui, « de même que la bergère de Virgile, se cachent autant qu'il le faut pour qu'on ait le plaisir de les trouver. » Il y a aussi une douceur secrète attachée à toute émotion de l'âme. Dans la peinture que la poésie fait des passions, ce qui en fait le principal agrément, c'est que telle est leur contagion, qu'on ne peut guère les voir sans les ressentir. La tragédie divertit d'autant mieux qu'elle fait couler plus de larmes; tout mouvement de tendresse, d'amitié, de reconnaissance, de générosité, de bienveillance est un sentiment de plaisir.

Au fond, le beau n'est rien de nouveau pour nous. « Ajoutez [3] au vrai et au bon quelque circonstance rare, éclatante, et le vrai sera beau et le bon sera beau. Si la solution du problème des trois corps n'est que le mouvement de trois points donnés sur un chiffon de papier, ce n'est rien, c'est une vérité purement spéculative. Mais si l'un de ces trois corps est l'astre qui nous éclaire pendant le jour; l'autre, l'astre qui

---

[1] Voir Encycl., art. *beau*. — [2] Voir Encycl., art. *plaisir*. — [3] Pensées détachées sur la peinture, etc; de la Beauté,

nous luit pendant la nuit, et le troisième, le globe que nous habitons : tout à coup la vérité devient grande et belle. »

Diderot, on le voit, a retrouvé la pensée platonicienne : le beau est la splendeur du vrai ; mais voici où il déserte Platon. La beauté de la nature est-elle nécessairement le produit de l'intelligence ? Platon l'affirme, Diderot doute d'abord et nie enfin :

Le beau [1] n'est pas toujours l'ouvrage d'une cause intelligente : le mouvement établit souvent, soit dans un être solitaire, soit entre plusieurs êtres comparés entre eux, une multitude de rapports surprenants. — La nature imite, en se jouant, dans cent occasions, les productions de l'art ; et l'on pourrait demander combien il faudrait remarquer de rapports dans un être pour avoir une certitude complète qu'il est l'ouvrage d'un artiste ; comment sont entre eux le temps de l'action de la cause fortuite et les rapports observés dans les êtres produits, et si, à l'exception des œuvres du Tout-Puissant, il y a des cas où le nombre des rapports ne puisse jamais être compensé par celui des jets !

On sait ce que signifie, dans un article de l'*Encyclopédie*, le nom du Tout-Puissant prononcé par Diderot. Dans ses *Salons* où il est plus à l'aise, il nous livre sa pensée tout entière ; il faut l'y voir :

Si vous aviez [2] un peu plus fréquenté l'artiste, combien de choses vous trouveriez à reprendre dans la nature ! Combien l'art en supprimerait qui gâtent l'ensemble et nuisent à l'effet ; combien il en rapprocherait qui doubleraient notre enchantement ! — Quoi ! vous croyez sérieusement que Vernet aurait mieux à faire que d'être le copiste rigoureux de cette scène ? — Je le crois. — Mais Vernet ne sera toujours que Vernet, un homme. — Et, par cette raison, d'autant plus étonnant, et son ouvrage d'autant plus digne d'admiration ; c'est sans contredit une grande chose que cet univers ; mais quand je le compare

---

[1] Encycl., art. *beau*. — [2] Salon de 1767, art. *Vernet*.

avec l'énergie de la cause productrice, si j'avais à m'émerveiller, c'est que son œuvre ne soit pas plus belle et plus parfaite encore. C'est tout le contraire lorsque je pense à la faiblesse de l'homme. L'artiste dit : Que la lumière se fasse, et la lumière est faite ; que la nuit succède au jour et le jour aux ténèbres, et il fait nuit et il fait jour ; ses compositions prêchent plus justement la grandeur, la puissance, la majesté de la nature, que la nature même. Il est écrit : *Cœli enarrant gloriam Dei*. Mais ce sont les cieux de Vernet ; c'est la gloire de Vernet.

L'abbé lit avec étonnement dans un manuscrit de Diderot la pensée suivante : l'ouvrage de l'homme est quelquefois plus admirable que l'ouvrage d'un Dieu :

Monsieur l'abbé, avez-vous vu l'Antinoüs, la Vénus de Médicis et quelques autres antiques ? — Oui. — Avez-vous jamais rencontré dans la nature des figures aussi belles, aussi parfaites que celles-là ? — Non, je l'avoue. — Vos petits élèves ne vous ont-ils jamais dit un mot qui vous ait causé plus d'admiration et de plaisir que la sentence la plus profonde de Tacite ? — Cela est quelquefois arrivé. — Et pourquoi cela ? — C'est que j'y prends un grand intérêt ; c'est qu'ils m'annonçaient par ce mot une grande sensibilité d'âme, une sorte de pénétration, une justesse d'esprit au-dessus de leur âge. — L'abbé, à l'application. Si j'avais là un boisseau de dés, que je renversasse ce boisseau et qu'ils se tournassent tous sur le même point, ce phénomène vous étonnerait-il beaucoup ? — Beaucoup. — Et si tous ces dés étaient pipés, le phénomène vous étonnerait-il encore ? — Non. — L'abbé à l'application. Ce monde n'est qu'un amas de molécules pipées en une infinité de manières diverses. Il y a une loi de nécessité qui s'exécute sans dessein, sans effort, sans intelligence, sans progrès, sans résistance dans toutes les œuvres de la nature. Si l'on inventait une machine qui produisît des tableaux tels que ceux de Raphaël, ces tableaux continueraient-ils d'être beaux ? — Non. — Et la machine ? — Lorsqu'elle serait commune, elle ne serait pas plus belle que les tableaux. — Mais d'après vos principes, Raphaël n'est-il pas lui-même cette machine à tableaux ? — Il est vrai. — Mais la machine Raphaël n'a jamais été commune; mais les ouvrages de cette machine ne sont pas aussi communs que les feuilles de chêne; mais par une pente naturelle et presque invincible, nous supposons à cette machine une volonté, une intelligence, un dessein, une liberté. Supposez Raphaël éternel, immobile devant la toile, peignant nécessairement et sans cesse. Multipliez de toutes parts ces machines imitatives. Faites naître les tableaux dans la nature, comme les plantes, les arbres et les fruits qui leur serviraient de modèles; et dites-moi ce que deviendrait votre admiration. Ce bel ordre qui vous enchante dans l'univers ne peut être autre qu'il est. Vous n'en connaissez qu'un, et c'est celui que vous habitez; vous le trouvez alternativement beau et laid, selon que vous coexistez avec lui d'une manière agréable ou pénible. Il serait tout autre, qu'il serait également beau ou laid pour ceux qui coexisteraient d'une manière agréable ou pénible avec lui. Un habitant de Saturne, transporté sur la terre, sentirait ses poumons déchirés, et périrait en maudissant la nature. Un habitant de la terre, transporté dans Saturne, se sentirait étouffé, suffoqué, et périrait en maudissant la nature. J'en étais là lorsqu'un vent d'ouest, balayant la campagne, nous enveloppa d'un épais tourbillon de poussière. L'abbé en demeura quelque temps aveuglé; tandis qu'il se frottait les paupières, j'ajoutais : Ce tourbillon qui ne vous semble qu'un chaos de molécules éparses au hasard; eh bien, cher abbé, ce tourbillon est tout aussi parfaitement ordonné que le monde...

Telle est la doctrine de Diderot. Il admet une vérité certaine, une justice, une beauté certaines, qui ne dépendent point du caprice de nos sensations et de nos jugements; mais il n'affirme pas un Être éternel dans lequel la vérité soit toujours entendue, la justice et la beauté achevées. Le vrai est la convenance de la pensée avec les objets; le bon, la convenance des actes de l'homme avec sa fin; le beau, la splendeur du vrai et du bon. En résumé, un monde d'êtres vivants et sentants, et des rapports.

Il n'a pas publié de doctrine politique; mais il s'est donné bien des licences dans sa *Politique à l'usage des souverains* et dans son *Parallèle des règnes de Claude et de Néron*. Il entendait largement la liberté :

> La liberté de publier ses pensées n'admet aucun privilége exclusif ; l'art de penser appartient de droit à toute la classe bipède des hommes ; c'est au temps à exterminer toutes les productions ridicules, et il s'acquitte de ce devoir sans que personne s'en mêle.

Voici une page de ce qu'il appelait ses pensées philosophiques et politiques, qui a son prix :

> Convenir avec un souverain qu'il [1] est le maître absolu pour le bien, c'est convenir qu'il est le maître absolu pour le mal, tandis qu'il ne l'est ni pour l'un ni pour l'autre. Il me semble que l'on a confondu les idées de père avec celles de roi. Peuples, ne permettez pas à vos prétendus maîtres de faire même le bien contre votre volonté générale.
>
> O redoutable notion de l'utilité publique ! Parcourez les temps et les nations, et cette grande et belle idée d'utilité publique se présentera à votre imagination sous l'image symbolique d'un Hercule qui assomme une partie du peuple aux cris de joie et aux acclamations de l'autre partie, qui ne sent pas qu'incessamment elle tombera écrasée sous la même massue aux cris de joie et aux acclamations des individus actuellement vexés. Les uns rient quand les autres pleurent ; mais la véritable notion de la propriété entraînant le droit d'us et d'abus, jamais un homme ne peut être la propriété d'un souverain, un enfant la propriété d'un père, une femme la propriété d'un mari, un domestique la propriété d'un maître, un nègre la propriété d'un colon... La police obvie à la licence, l'administration assure la liberté.

II

Le système de Diderot n'est point, ce semble, méprisable. Il a le malheur de douter de Dieu ; mais,

---

[1] Voir Grimm, xv, 301.

comme on n'est pas un philosophe uniquement parce qu'on croit à l'existence de Dieu; parce qu'on en doute, on ne cesse pas d'être un philosophe. Athée ou théiste, on peut être de la famille de Platon, d'Aristote et de Leibnitz, quand on poursuit opiniâtrement la vérité, quand on a le sentiment des problèmes, quand on se rend compte, quand on ne se paie pas d'apparences et qu'on remonte aux premiers principes. A ce titre Diderot est de la famille, il est bien, comme de son temps on l'appelait, *le Philosophe*. Si je ne me trompe, il vient immédiatement après les premiers. Il n'a pas, comme quelques-uns, mis au monde un de ces grands principes qui font révolution et gouvernent pendant des siècles l'esprit humain, mais il a interprété un des maîtres, il a saisi un de ces principes, l'a organisé et en a fait quelque chose d'une singulière puissance : un nouveau naturalisme, profond et vaste, un univers sans Dieu, il est vrai, mais un univers vivant, se suffisant à lui-même, perpétuellement renouvelé, et, au centre de tous ces changements, la plus forte unité. Si cela ne suffit pas pour figurer dans l'histoire de la philosophie, que faut-il donc?

Diderot ne nie pas Dieu, il l'ignore. De l'un à l'autre la distance est énorme. Quelle différence entre l'*Interprétation de la nature* et le *Système de la nature!* D'Holbach a un parti pris : ennemi de l'intolérance, des prêtres, du catholicisme, de la révélation, et de Dieu, qu'il confond avec ces choses, il est décidé à ne reconnaître dans le monde et dans l'homme que ce qui s'accorde avec son antipathie et ne risque pas de ramener ce qu'il déteste. Or, comme la spiritualité de l'âme, la liberté, le devoir, le désintéressement, en un mot toutes les grandes vérités naturelles entraînent la croyance à Dieu, il les nie résolument ; entêté d'athéisme, il est sourd et aveugle, et son système, le plus arbitraire, le plus absurde, le plus étroit qui ait jamais été. Sous prétexte de science, on n'a pas idée d'un pareil mépris de la science. Diderot est un autre homme et ne procède pas ainsi : il observe, prêt à reconnaître ingénument tous les faits que l'observation lui donnera, puis il lie ces faits par les lois qu'il trouve et par les causes que les faits mêmes permettent de supposer. Comme il ne fait pas la science arbitrairement, il ne la fait pas non plus à demi : la science étant unité, il poursuit l'unité suprême et le premier principe naturel d'où sort la variété infinie. Il n'y a point pour lui des vérités amies ou ennemies de Dieu, qu'il lui faille rejeter ou admettre, il y a des choses qui sont et des choses qui ne sont pas. Aussi, observateur sincère et profond, il a reconnu la raison, l'activité propre de l'âme, le devoir, le désintéressement, la beauté ; l'homme et le monde se retrouvent dans sa doctrine : Dieu seul est absent ; la construction est large, fortement liée, portée sur de solides fondations ; seulement il manque le rayon d'en haut. Le mérite est au philosophe, la faute au temps.

Au moyen âge, l'esprit humain s'applique tout entier à la cause première et oublie les causes secondes ; au dix-huitième siècle, il s'applique tout entier aux causes secondes et oublie la cause première ; avant, Dieu sans la science ; après, et en punition, la science sans Dieu. Diderot est la pensée de cette dernière époque : nul ne représente mieux la science, l'ambition indomptable de l'esprit, l'investigation sans fin, la recherche universelle des premiers principes, l'impatience du mystère. Répondre à toute question :

Dieu le veut, ce n'est pas savoir, c'est se dispenser de savoir, et s'imaginer qu'on sait. La science est l'explication naturelle de la nature. Elle n'est pas pour ou contre Dieu, elle est la science : elle remonte la chaîne des causes, à la poursuite du premier anneau. Arrivée là, elle s'arrête, son rôle est fini. La main surnaturelle qui tient ce premier anneau lui échappe ; cachée à la science, elle se découvre d'elle-même à la simple raison qui nous éclaire tous tant que nous sommes. Il y a dans chacun de nous l'homme et le savant, et plus d'une fois un terrible duel entre ces deux personnages : l'un tenant obstinément à la terre, l'autre tendant obstinément plus haut ; et l'histoire intellectuelle de l'humanité n'est que l'histoire de cette lutte interne. Elle est impie et doit finir ; mais comment y mettre fin. La science est en chemin, et elle marchera tant qu'il y aura d'espace, tant que le sol la portera ; elle ne s'arrêtera que lorsqu'elle aura trouvé, dans l'ordre même des faits, la première vérité d'où dépendent toutes les vérités. Certainement, et c'est ma ferme confiance, elle ne pourra saisir la sublime harmonie de l'univers sans adorer profondément l'intelligence qui l'a conçue ; mais il faut qu'elle saisisse cette harmonie d'abord, c'est-à-dire qu'elle soit elle-même dans toute sa puissance. Laissez-la donc faire, laissez-la suivre son mouvement ; vous voulez qu'elle aille à Dieu : elle y va à sa manière, comme le veut la nature souveraine des choses, sur laquelle nous ne pouvons rien. Une fois le premier problème posé, l'innocence de l'esprit perdue, le premier pas fait hors du paradis terrestre, il faut, une inflexible loi l'ordonne, marcher devant soi sans détourner la tête, et on n'y rentre qu'après avoir achevé le tour du monde. Diderot ne parle pas de Dieu ; qu'en disent aussi la Place et Humboldt ? Dans leurs savantes explications ils ne prononcent pas ce nom une seule fois; mais, qu'ils se taisent sur ce Dieu, leurs livres parlent; je le sens à l'impression que j'emporte : le *Système du monde,* le *Cosmos*, sont religieux, de cette religion dont le livre est la nature, les docteurs, Copernic, Newton, etc., les fidèles, tous les hommes de tous les temps et de tous les lieux, qu'a jamais touchés, que touchera jamais le désir de connaître.

Tandis que la science moderne écarte l'idée de Dieu, la société moderne veut la réformer. C'est toujours le même Dieu qui gouverne le monde, mais les hommes, qui changent, le voient toujours sous des aspects nouveaux. A toutes les époques il est le maître de la destinée humaine, celui qui donne les secours pour la remplir ; mais, à mesure que la conception de la destinée humaine varie, on cherche en lui d'autres secours. Quand on méprise la terre, la prière seule est bonne, Dieu n'est que dans le temple : quand on estime la terre, quand on prend la vie actuelle au sérieux, tout travail est bon, tout lieu est saint où s'accomplit ce travail, et Dieu partout nécessaire pour l'encourager. Le XVIIIe siècle entendait ainsi la vie ; l'homme alors se réconciliait avec le monde, il fallait donc que le monde fût réconcilié avec Dieu, car l'homme devait l'aimer ou béni ou maudit. C'est le grave conseil que Diderot exprimait dans l'excès de son langage extraordinaire : « Les hommes [1] ont banni la divinité d'entre eux ; ils l'ont reléguée dans un sanctuaire ; les murs d'un temple bornent sa vue ; elle n'existe point au delà. Insensés que vous êtes ! détruisez ces enceintes qui rétrécissent vos idées ; élargissez

---

[1] *Pensées philosophiques*, XXVI.

Dieu; voyez le partout où il est, ou dites qu'il n'est point. » Si on eût tenu compte de ce conseil, tout était sauvé; mais les puissances intervinrent, habilement comme elles interviennent toujours dans les affaires de l'esprit : le livre de Diderot fut brûlé, le Dieu du moyen âge vengé, le siècle froissé, et par son injuste, colère, le Dieu vivant déserté. C'est l'éternelle histoire : on ne voulut pas une réforme, on eut une révolution.

Elle dure encore, et si nous voulons fermer la révolution, il faut faire la réforme. Nos pères sont morts, leur esprit vit en nous; nous sommes travaillés par leurs pensées, agités par leurs désirs avec une bien autre force : ils ne savaient pas comme nous l'histoire de ce globe, et notre histoire de ces soixante années; ils ne connaissaient pas ces formidables agitations de la terre et des sociétés humaines, et le progrès accompli dans ces secousses; ils n'avaient pas assisté aux découvertes de la science, aux prodiges de l'industrie, accomplis dans ce demi-siècle; ils n'avaient pas ressenti les fiers mouvements qu'excite dans l'homme chacune de ces grandes conquêtes, l'orgueil du pouvoir, les espérances infinies, le besoin d'espace, de durée, de force, pour suffire à son œuvre. Si Diderot revenait parmi nous, il nous répéterait ce qu'il disait à nos pères : « Élargissez Dieu. » Faites-nous un vaste monde qui ne soit pas d'hier, et ne périsse pas demain; donnez à l'activité divine du temps et de l'espace; que ce monde n'ait pas la beauté immobile de la statue, mais la mouvante énergie qui tire du gland le chêne, de l'œuf l'animal, renouvelle sans cesse les conditions et les formes de l'existence, et rajeunit perpétuellement le vieil univers; que la création spirituelle, que l'humanité se meuve à son tour dans une vaste carrière ; donnez-lui aussi la force féconde qui tire de l'ignorance la science, de l'apathie la vertu, du malaise l'industrie, la barbarie de la civilisation ; qu'elle transforme la terre par ses mains, la société par sa pensée ; faites l'âme de l'homme à l'image de l'humanité et du monde : qu'elle se meuve comme toutes choses, et qu'elle marche du néant à l'infini, dans une condition ou dans une autre poursuivant toujours le même objet, accomplissant sous le doigt de Dieu des épreuves multipliées, « dans un progrès perpétuel à de nouveaux plaisirs et de nouvelles perfections [1]. »

Il est très-vrai que Diderot ignore Dieu ; nous qui croyons, réjouissons-nous, plaignons-le, et soyons comme lui sincères. Si, au moment où nous parlons, nous sommes assurés, l'avons-nous toujours été aussi fermement? Dans toute une vie de réflexion, notre confiance n'a-t-elle pas une seule fois faibli? Si le cœur des mystiques a ses sécheresses, l'esprit des croyants n'a-t-il pas aussi ses aveuglements? Sans doute le monde qui nous environne et le monde que nous portons en nous-mêmes, nous entretiennent incessamment de Dieu : de toutes parts la lumière nous inonde et nous presse ; mais il y a aussi des heures ingrates où la vision s'évanouit, et le démon de la science nous surprend et nous tente.

C'est là notre faiblesse, notre honte, que nous cachons soigneusement aux autres et à nous-mêmes, la plaie toujours en danger de se rouvrir. Pascal y porte hardiment la main et la découvre par un mouvement sublime ; et Rousseau, le religieux Rousseau, l'auteur de la *Profession de foi*, l'homme qui, dans un dîner

---

[1] Leibnitz Principes de la nature et de la grâce.

d'athées, avait dit : « Je crois en Dieu ; » et avait arrêté les convives par cette brusque déclaration : « Je sors[1] si vous dites un mot de plus ; » Rousseau, dans l'épanchement d'une confidence intime, avouait ses défaillances ; et quand on a connu cet aveu, on ne l'oublie plus : « Quelquefois[2] au fond de mon cabinet, mes deux poings dans les yeux, ou au milieu des ténèbres de la nuit, je suis de l'avis de Saint-Lambert. Mais voyez cela (dit-il, en montrant d'une main le ciel, la tête élevée, et avec le regard d'un inspiré) ; le lever du soleil, en dissipant la vapeur qui couvre la terre et en m'exposant la scène brillante et merveilleuse de la nature, dissipe en même temps les brouillards de mon esprit. Je retrouve ma foi, mon Dieu, ma croyance en lui ; je l'admire, je l'adore et je me prosterne en sa présence. »

Kant ajoutait à ce témoignage du firmament au-dessus de notre tête, le témoignage de la loi morale dans notre cœur, et c'était sagesse. Le soleil se cache, la nuit étoilée se voile, non jamais la loi morale. Elle ne nous est point dérobée par les nuages, elle porte avec elle sa lumière sans ombre ; irréfutable argument de l'existence de Dieu, elle crée dans nos esprits non point une conviction mobile, où entrent nos humeurs, mais une conviction permanente, absolue, mathématique. Si vraiment il y a du bien et du mal, du mérite et du démérite, de l'estime et du mépris, un remords cuisant et un contentement suprême ; si nous sommes faits pour la perfection morale, et si nous le savons à n'en pouvoir douter ; si seulement nous sommes plus près ou plus loin du but, par le malheur du

---

[1] *Mémoires de Mme d'Epinay.* — [2] *Ibid.*

temps ou par notre vice, il faut, entendez ce mot, il faut un être excellent en connaissance, en sagesse, en bonté, en justice, en puissance, qui distingue en nous le bien du mal, dans l'espèce les bons des méchants, et, suivant la rigoureuse équité, dispense à chacun les récompenses, les punitions, les épreuves, nous ménage l'accomplissement de notre destinée ; sinon la vie humaine est renversée, il n'y a plus rien de sûr, il n'y a plus de raison. L'ordre physique du monde admet les hypothèses : une nuit profonde couvre les origines ; le premier et unique ressort qui produit tant de beaux mouvements n'a pas été montré encore ; mais la vérité morale emporte ses conséquences inflexibles : elle ne présume pas ce qui a été ni ce qui est, elle commande ce qui doit être, avec l'infaillible autorité de la logique, comme la géométrie. Nous ignorons ce que devient, sous la fatalité des lois naturelles, un élément de matière, par quelles vicissitudes il peut passer, si la chance ne le fait pas monter et descendre dans l'ordre des êtres, lui donnant arbitrairement sa place ; il est permis à Hamlet de rêver au bord d'une fosse sur le sort des éléments qui composèrent autrefois le corps d'Alexandre, et de s'imaginer, par amusement, que ce qui fut Alexandre est, à cette heure, la bonde d'un tonneau ; mais la morale ne connaît point ces choses : chance, fortune, arbitraire ; elle ne rêve point ; l'âme humaine, cette âme qui n'a pas seulement vécu, mais qui a fait le bien et le mal, ne se perd pas dans l'univers, poussée par une force brutale ; elle a le sort qu'elle s'est fait elle-même, elle est au lieu où elle s'est placée elle-même, selon qu'elle a avancé dans la perfection ; cela doit être ainsi, cela ne peut être autrement : il y a de la justice, il y a donc un être protecteur de cette justice; le devoir existe, Dieu existe donc. Et quand ce bel ordre de la création s'abîmerait, quand l'univers tomberait en ruines, Dieu serait encore présent dans l'espérance des justes et la terreur des méchants. Ce n'est pas là conjecture, système, induction, c'est vérité, ou il n'y a pas de vérité.

Comme il n'y a pas de composition sur un pareil objet, j'achève. Je ne cherche plus ce que l'existence de Dieu est à la science, à la pratique morale; je cherche si elle est certaine ou non. Selon Diderot, et bien d'autres avec lui, il ne faut pas admettre de prime-abord l'existence de Dieu, mais tenter, par tous les moyens possibles, de s'en passer, et ne l'admettre qu'en désespoir de cause. Il se peut qu'en fin de compte on y croie, il se peut qu'on n'y croie pas.

A cela je réponds. Existe-t-il ou non une règle des jugements humains? Si elle n'existe pas, ne disputons point, et il n'y a point de science; si elle existe, quelle est-elle, sinon celle que, même à notre insu, nous reconnaissons tous, quand nous disons : ceci est raisonnable, cela est déraisonnable; ceci est sensé, cela est absurde; c'est-à-dire, la raison universelle, le bon sens, le sens commun. Tout relève de lui, il ne relève de rien, et on ne règle pas la règle. Or, voici entre autres des jugements du sens commun : moi qui pense, j'existe; je suis libre; il y a des corps; il y a de l'ordre dans le monde; il y a un être parfait, un Dieu. Toute opinion qui de près ou de loin combat le sens commun, est fausse, et il n'en faut plus parler; on ne le trouve pas, on le possède depuis qu'on est homme; on n'y arrive pas, on y est, et le plus violent effort que puisse faire un homme est d'en sortir. Enfin, il n'est pas permis de choisir parmi les vérités du sens commun, de prendre l'une, de rejeter l'autre, de croire un peu plus à celle-ci, un peu moins à celle-là; il faut tout prendre ou tout rejeter, tout croire avec une même confiance ou tout suspecter également, car l'évidence est égale, et le sentiment pareillement irrésistible, que ce soit le sentiment de notre liberté, le sentiment moral ou religieux. Aussi le vrai philosophe, respectant la raison universelle, et au même degré les divers jugements de la raison universelle, pose ainsi le problème de la science : trouver un système des choses dans lequel entrent l'homme, la nature et Dieu, la liberté, l'ordre, la bonté et la justice; il met les grandes vérités dans les données mêmes, dans les conditions du problème.

Une certaine science entend autrement les choses : elle prétend juger le juge universel, prendre et laisser dans ce corps absolu de dogmes, ajourner le sens commun; elle fait de la réalité entière deux parts : dans l'une, elle met ce qui lui paraît le plus sensible : l'être, le phénomène, la cause, la loi; dans l'autre, le reste : Dieu, la liberté, la justice; puis la première court après la seconde, et la ressaisit ou ne la ressaisit pas. Comme si un naturaliste, voyant le règne organique et inorganique, décidait que le règne inorganique est la seule réalité palpable, et partait de là pour retrouver le règne organique, prêt à l'admettre ou à le nier selon que le mèneraient ses idées. Ce sont jeux de philosophes, de philosophes très-sérieux; par malheur, l'enjeu est bien gros, quelque chose comme le libre arbitre, la Providence et la morale.

Notez qu'une fois l'évidence universelle désertée, chacun a son évidence, et ils vont chacun de son côté, celui-ci croyant d'entrée à l'âme et cherchant la nature, celui-là croyant à la nature et cherchant l'âme : l'un s'établissant dans la foi en Dieu et de là essayant d'atteindre le monde, l'autre s'établissant dans la foi au monde et de là essayant d'atteindre Dieu. Ils ont, suivant cette belle méthode, excellente pour se tromper, égaré par les chemins toutes les vérités premières, la création et le Créateur. Il n'y a de sage que de se placer en plein dans la réalité.

Leur procédé est mauvais, et, si ce procédé aboutit à nier ou ignorer Dieu, une formelle contradiction. De quel droit, en effet, sacrifier Dieu à la science? et quelle est l'autorité de la science à laquelle on sacrifie un si grand objet? Le savant poursuivrait-il l'unité du monde, si la raison universelle ne lui apprenait que cette unité existe? et n'est-ce pas justement la même raison universelle qui lui apprend que Dieu est? Il faut admettre les deux choses, ou les rejeter toutes deux, car elles ont même autorité : on n'a pas le droit de choisir, ou alors on l'accorde pareil à ses adversaires qui, au nom de Dieu, à leur tour, détruiront l'unité de l'univers et la science même.

Mais je vois s'élever une objection. Il est difficile de croire à Dieu, parce qu'il faut, pour arriver jusqu'à lui, s'élever au-dessus de la nature. Assurément, si on entend par nature la chaîne des faits, des causes et des lois. Mais alors la liberté est-elle davantage dans l'ordre de la nature? Quelle conclusion des causes physiques aveugles et fatales à cette cause intelligente et libre, qui suspend l'action des autres causes? Et la loi morale! Quelle conclusion des lois qui expriment seulement la marche constante des faits, à cette loi qui commande la volonté même et se fait reconnaître par le remords? Que si on croit à la liberté et à la justice, si on appelle nature à la fois la chaîne des faits et le libre arbitre et la règle morale, quelle plus grande difficulté de reconnaître Dieu ? On a déjà, au-dessus des causes physiques, la cause libre, au-dessus des lois physiques, la loi morale ; on aura, au-dessus des êtres imparfaits, l'être parfait. Quand la nature n'est plus seulement ce qui est visible, expérimental, le système des phénomènes, elle est tout ce qui est, Dieu lui-même, s'il est vrai qu'il soit.

Tout ceci est contre Diderot et va plus loin, jusqu'à la philosophie allemande, qui marche avec une incomparable vigueur sur un chemin sans issue. On ne dispute point impunément avec le sens commun. Une fois qu'on l'abandonne, il vous abandonne, et vous livre à vos erreurs risibles et à vos vérités impuissantes. Pour moi, je m'y attache obstinément, et je n'en fais pas à demi : ou Dieu est la vérité absolue, essentielle, primordiale, ou il est une supposition plus ou moins ingénieuse ; si je ne crois pas à lui comme Platon, Fénelon et Bossuet, je m'en tiens au mot de Lagrange à Napoléon qui lui demandait[1] ce qu'il pensait de Dieu : « Zolie hypothèse ! elle explique bien des soses. »

Voilà, faiblement exposées, quelques-unes des raisons qu'on aurait pu proposer à Diderot, pour l'amener à croire décidément en Dieu ; et vraiment il méritait d'y croire. Son esprit curieux ne pouvait souffrir la borne ; mais la nature humaine, que son auteur fit pour toute vérité, parlait en lui avec véhémence. Contre les philosophes qui nieraient quelqu'une des grandes vérités, à l'occasion contre lui-même, il n'y a rien de mieux à apporter que sa foudroyante apostrophe à ceux qui nient le beau absolu ; lorsque le

---

[1] Souvenirs d'un sexagénaire, par Arnault, t. IV, p. 317.

sculpteur Falconet méprisait l'immortalité par raison démonstrative, il lui a envoyé ces lignes excellentes : « Les vérités[1] du sentiment sont plus inébranlables dans mon âme que les vérités de démonstration rigoureuse, quoiqu'il soit souvent impossible de satisfaire pleinement l'esprit sur les premières. Toutes les preuves qu'on apporte, prises séparément, peuvent être contestées, mais le faisceau est plus difficile à rompre. Quand vous aurez brisé tous mes bâtonnets, je n'en soupirerai pas moins après l'immortalité, je n'en respecterai pas moins la postérité. »

Oui, sans doute, et ces croyances ne sont pas seulement aimables, elles s'allient à tout ce qu'il y a d'excellent en nous, elles fortifient le courage nécessaire à la vertu. Diderot, pour en parler, a retrouvé la langue du xviie siècle, la langue des nobles pensées. « Le sentiment de l'immortalité et le respect de la postérité émeuvent le cœur et élèvent l'âme ; ce sont deux germes de grandes choses, deux promesses aussi solides qu'aucune autre, et deux jouissances aussi réelles que la plupart des jouissances de la vie, mais plus solides, plus avantageuses et plus honnêtes. » Quand on pense, quand on parle ainsi, on était digne de croire à Dieu, on devait y croire, sur la foi de la raison et sur la foi du sentiment religieux, qui est bien aussi évident que les autres, et sans lequel toute promesse est faible, tout germe avorté.

Je veux prendre ce long plaidoyer[2] de Diderot en faveur du sentiment de l'immortalité et du respect de la postérité, je veux substituer partout à ces deux

---

[1] Correspondance avec Falconet, févr. 1766.
[2] *Ibid.*, etc.

noms le sentiment religieux, et en faire, sans autre peine, une des plus éloquentes défenses de l'existence de Dieu ; tellement l'âme de Diderot était prête pour tout ce qui est généreux. « Plus les hommes ont été grands, plus ils s'en sont enivrés, et plus ils s'en sont enivrés, plus ils ont été grands ; le sentiment de l'immortalité et le respect de la postérité ne s'est jamais développé avec plus de force que dans les beaux siècles des nations, et elles se sont dégradées à mesure que les deux grands fantômes s'éloignaient. » De quelle chose dit-il ce qui suit : « Cet appel, c'est le cri de la vertu qui succombe sous l'oppression ; c'est le cri du génie transporté de son propre ouvrage ; c'est le cri de l'héroïsme ; c'est le cri de la conscience après une action sublime. — Pourquoi m'amuserais-je à briser un des principaux ressorts de l'âme ? Pourquoi tarirais-je la source des actions héroïques ? Pourquoi attacherais-je l'homme à lui-même, qu'il n'aime déjà que trop ? Pourquoi ôterais-je au talent méconnu ou persécuté, à l'innocence opprimée, à la vertu malheureuse, son unique consolation, son dernier appel ? — Soutien du malheureux qu'on opprime, toi qui es juste, toi qu'on ne corrompt point, qui venges l'homme de bien, qui démasques l'hypocrite, qui traînes le tyran, idée sûre, idée consolante, ne m'abandonne jamais. — Si c'est une chimère, si c'est une folie, j'aime mieux une belle chimère qui fait mépriser le repos et la vie, une illustre folie qui fait tenter de grandes choses, qu'une réalité stérile, une prétendue sagesse qui jette et retient l'homme rare dans une stupide inertie. »

Éloquent philosophe, allez plus loin encore, ne disputez pas contre votre instinct, qui est excellent. Vous mettez la postérité, l'immortalité devant la vertu éclatante, et la voilà affermie; mais que faites-vous pour la vertu obscure? Il n'est pas donné à tout le monde, il n'est donné qu'à un petit nombre d'hommes de paraître sur la grande scène, qui se voit de loin; il ne suffit pas de vouloir pour être un personnage historique; il ne suffit pas de crier à la postérité pour qu'elle vous entende. De tant de millions d'hommes qui vivent dans un instant, deux ou trois noms surnagent, et le reste s'engloutit à jamais. J'ai reconnu la morale du génie, de Diderot et de ses pareils : elle s'adresse bien à un artiste, qui peut prétendre à l'immortalité; mais où est notre morale, à nous tous qui travaillons dans l'ombre, qui combattons dans l'ombre, qui, entre notre conscience et nous, essayons de nous rendre meilleurs, y parvenons quelquefois au prix de rudes sacrifices ? Où est notre appui, notre consolation, notre ressource? Ce n'est pas l'éclat de la vertu qui en fait le mérite : il ne peut que l'illustrer; ce n'est pas la grandeur du théâtre qui fait la grandeur de l'action. Et le monde moral ne vit pas de rares et brillants exploits : il s'entretient par ce courant insensible de vertus ignorées, qui s'accomplissent dans le mystère de l'âme, de la famille et de l'amitié. C'est là la trame solide sur laquelle d'intervalle à intervalle le génie attache sa splendide fantaisie. Que nous sert donc le sentiment de l'immortalité, le respect de la postérité, à nous qui n'avons à prétendre qu'une postérité de quelques hommes, et une immortalité de quelques années? Si cette immortalité nous manque, il nous en faut une autre. Laquelle? Diderot écrit au sculpteur Falconet : « L'homme qui travaille suppose le monde et son ouvrage éternels. » C'est bien dit, et j'ajoute : L'homme qui travaille à la vertu suppose la vie et son ouvrage éternels. S'il soupçonnait que ses œuvres périront, qu'il périra, il ne se donnerait pas tant de mal : il s'abandonnerait à son caprice et jouirait du repos. Ce qui, au contraire, le soutient dans ses pénibles exercices, c'est la certitude que dans le monde moral rien ne se perd, c'est la certitude que la mort ne brisera entre ses mains ni l'œuvre, ni l'instrument, et qu'il l'emportera ailleurs, pour l'appliquer plus parfait à de plus parfaits ouvrages. L'homme de génie qui ne rêve que l'immortalité de son nom, se leurre lui-même, il s'enchante d'un rêve charmant; mais il ne se peut pas que parfois il ne s'éveille, qu'il ne reconnaisse la grande tromperie, qu'il ne cherche quelque chose de plus vrai; et alors il réclame l'immortalité de l'être. Notre Diderot songeant à la mort, oublie ce qu'il a dit avec tant d'assurance. « La postérité, pour le philosophe, c'est l'autre monde de l'homme religieux, » et il laisse échapper ce redoutable aveu : « Au dernier instant [1], peut-être achèterais-je le bonheur d'exister encore une fois, de mille ans, de dix mille ans d'enfer. » Le voilà devenu semblable à nous.

Pascal et Diderot nous donnent un étrange spectacle et une forte instruction. L'un se tient à Dieu, pour secouer la raison, l'autre à la raison, pour secouer la croyance à Dieu ; tous deux se combattent eux-mêmes avec une merveilleuse énergie; tous deux croient avoir vaincu, mais leur victoire est inquiète, et l'ennemi abattu leur donne de cruels assauts. Il n'y a de paix que dans la sagesse. La sagesse n'entend point nos querelles : elle ne prend ni le parti de Dieu contre l'intelligence humaine, ni de l'intelligence humaine contre Dieu : amie de toute vérité, plus large

---

[1] Lettre à Falconet, 20 oct. 1760.

que nos systèmes, plus haute que les plus hauts génies, elle n'est pas pour Diderot ou pour Pascal ; c'était à Pascal et Diderot d'être pour elle.

Quelle que soit la morale de Diderot, il a la prétention d'avoir une morale, tandis qu'il n'admet pas un Dieu, et qu'il est très-dur [1] sur l'article de la liberté ; mais il ne faut pas qu'il y compte. Si les philosophes sont inconséquents, l'homme ne l'est pas, et prendra bien vite la morale que ses croyances lui feront. Si je ne crois pas à Dieu, et qu'il me plaise d'être méchant, qui m'arrêtera? La raison? Je la brave. Le remords? Je l'étouffe : il y a dans les joies des sens, de la fortune, du pouvoir, au moins de quoi m'étourdir. La crainte des maux qu'entraîne le désordre? Si un jour la vie me pèse, elle est en mes mains, et il n'y a pas d'autre vie. Une grande autorité que Diderot compta toujours, un homme qui n'était pas suspect de fanatisme, Voltaire lui dit rudement et éloquemment quelle sera la morale de l'athée. « Je suis mon Dieu [2] à moi-même, je suis ma loi, je ne regarde que moi. Si les autres sont moutons, je me fais loup, s'ils sont poules, je me fais renard. » Diderot écrit quelque part : « J'aime la philosophie qui relève l'humanité : la dégrader, c'est encourager les hommes au vice. » C'est bien, mais que fait-il donc ici? Et tandis qu'il encourage les méchants, il décourage les bons : il ôte à l'homme qui veut faire le bien, tout ce qui donne la force de le faire : l'espoir du bonheur futur, l'idée du maître, du juge, du père qui assiste à nos combats. Diderot pratiquant la justice, «met [3] à fonds perdu; » c'est bien pour lui : il avait à soutenir l'honneur de sa

---

[1] Lettre à Landors, Grimm, 1756, II, 2. — [2] Histoire de Jenni —
[2] Entretien, etc.

doctrine; mais tout le monde n'est pas chef d'école comme lui, et il nous faut d'autres secours. Diderot nous le dit, et on ne saurait mieux dire : « Il nous est doux [1] d'imaginer à côté de nous, au-dessus de notre tête, un être grand et puissant, qui nous voit marcher sur la terre, et cette idée affermit nos pas. »

Oui, et cette croyance confirme toutes nos autres croyances, consacre la distinction éternelle du vice et de la vertu. Le philosophe qui veut nous l'enlever, gémit, au fond du cœur, de l'avoir perdue; un jour, réfléchissant à l'étendue du mal que font certains hommes, par exemple, les lâches précepteurs des princes, il éclate : « Je regrette [2] l'enfer pour les abominables corrupteurs de ces enfants-là. Il n'est donc que trop vrai qu'il n'y a pas un lieu de supplice pour eux après cette vie souillée de leurs forfaits et trempée de nos larmes ! Ils nous auront fait pleurer, et ils ne pleureront point ! Je souffre mortellement de ne pouvoir croire en Dieu. » Maître, est-ce la paix que vous nous avez promise ?

Permettons à Diderot d'avoir une morale; la voici en deux mots : la vie intérieure n'est rien, la vie sociale est tout : par réaction contre la morale du moyen âge. Au moyen âge, en effet, et encore dans les trois siècles qui suivent, la grande affaire est le salut. Cette œuvre peut s'opérer dans le monde, mais elle s'opère bien autrement et s'achève dans le cloître. La loi du cloître est le combat contre la nature, combat contre toutes les passions du corps et de l'âme, à outrance contre la volupté. C'est là que les vertus, ébauchées ailleurs, s'accomplissent; c'est là que l'homme, rompant d'un coup toutes les attaches du monde, affran-

---

[1] Entretien, etc. — [2] Lettre XVI, sur le salon de 1769.

chi de ses exigences et de ses tolérances, resté seul sous l'œil de Dieu, entreprend ce terrible travail contre lui-même, ce duel sanglant d'où sortent les saints. Le cloître est l'exemplaire du monde : il lui laisse les faibles et en retire les forts, ces âmes vigoureuses qui, incapables de compter avec le devoir, enflammées du zèle de la perfection, gravissent épuisées les sommets austères de la vertu, à la confusion de notre lâcheté. Le monde essayait de loin d'imiter le cloître. Obligé de vivre dans la société, on s'isolait en esprit, on se confinait dans l'œuvre solitaire du salut, et, tandis qu'on se perfectionnait dans la vertu individuelle et religieuse, la vertu sociale s'avilissait. Une seule chose importe : le salut, et, pour le salut, le catholicisme; il n'y a que deux classes d'hommes : ceux qui aiment le catholicisme et ceux qui ne l'aiment pas, les fidèles et les hérétiques; le bien est ce qui est bon au catholicisme, le mal ce qui lui est mauvais. Aussi le mariage des dissidents en France sera déclaré par la loi concubinage; on leur enlèvera leurs enfants, ils seront exclus des places, ils seront chassés; les livres des libres penseurs seront censurés, arrêtés à la frontière ou brûlés, leurs auteurs emprisonnés; et, dans des moments de colère, chez les peuples les plus doux, on égorgera les hérétiques, tandis que chez d'autres peuples plus zélés, l'inquisition sera un pouvoir public, et l'auto-da-fé une institution nationale.

Les philosophes du XVIIIe siècle, pour remettre la morale sociale en honneur, procèdent hardiment. Le catholicisme comprimait la nature, ils s'allient avec la nature contre le catholicisme; ils lâchent la raison et les passions sur le monde. Ce premier réveil de la nature est terrible : elle abat le dogme, ébranle l'existence de Dieu, démolit les églises et les cloîtres, honnit la chasteté comme une lutte impie, comme un vol au genre humain ; pour tarir à jamais la source des saints du catholicisme, quelques hommes conspirent avec la volupté, ils provoquent par des tableaux lascifs la sensualité, apprivoisent l'imagination, émoussent la délicatesse de la conscience, et, pliant l'art à ce triste service, pénètrent jusqu'au fond des âmes pour y tuer la chasteté ; ils la tuent en effet, non pas seulement cette chasteté héroïque et inutile qui fleurit au désert, mais cette chasteté précieuse qui relève les joies du corps et entoure la famille de pudeur et de respect. C'en est fait de la vie intérieure. Cependant la vertu sociale s'élève sur ces ruines ; on n'entend plus que cette prédication : honte et malheur à l'égoïsme : enfants de la grande famille humaine, aidons-nous les uns les autres ; soyons bienveillants, bienfaisants, mettons notre bonheur à faire le bonheur de tous. Et cette morale passe de la philosophie dans la littérature, dans l'art, dans la politique ; goûtée dans les romans, applaudie sur les théâtres, admirée dans les tableaux, elle devient populaire, elle introduit dans la société, à tous les rangs, depuis les derniers jusqu'aux plus hauts, la généreuse philanthropie qui est la passion du XVIII° siècle et sa fortune.

Dans une pièce de Diderot, alors fort applaudie, le drame s'arrête pour laisser parler un philosophe, qui parle longuement et doctement ; et ce philosophe est une femme, une fille amoureuse, qui, après avoir fait à celui qu'elle aime une déclaration de ses sentiments pour lui, lui fait une déclaration de ses principes et, plus heureuse cette fois, le séduit par l'admiration de ses doctrines. C'est une tirade contre les cruautés du fanatisme, une pièce d'éloquence philanthropique, un prêche sur la bienveillance universelle, sur un texte de Voltaire. Assurément cela est fort respectable et assez ridicule ; mais ce qui est ridicule pour nous aujourd'hui, ne l'était point pour les spectateurs et les lecteurs d'alors, pour des esprits prévenus, si préoccupés d'une certaine pensée que, la portant partout, ils voulaient la trouver partout. Combien avons-nous vu de pareils anachronismes, pour peu que nous ayons vécu soixante ans et assisté à six ou sept révolutions. Le peuple, qui ne comprend pas l'indifférence pour les choses qui lui tiennent au cœur, impose sa passion à tout personnage qui l'approche ; les héros de l'antiquité et de la fable nous ont chanté sur la scène nos chants patriotiques, et ne semblaient pas plus absurdes aux amis de la liberté et de la gloire que la *Constance* de Diderot aux amis de la philosophie. L'absurde n'est guère souvent que ce qui choque notre passion dominante, et on est toujours assez raisonnable quand on entre dans nos préventions. On ferait l'histoire des sentiments d'un peuple, une histoire curieuse et vraie, en recueillant dans les ouvrages de théâtre et les romans de chaque génération ces invraisemblances. Ce qui déroute ainsi la raison, ce qui traverse ainsi la logique, est sans doute une puissance réelle. Cet océan humain a ses courants, et le courant du dix-huitième siècle était philanthropique.

Eh bien ! la maxime est belle : chacun pour tous ; il ne reste qu'à l'appliquer. Mais ce n'est point chose facile. Tout est perdu si chacun n'est en souci et en travail pour procurer la félicité universelle. Personne donc n'est plus chez soi : il faut bien garder la maison du voisin, pour qu'il garde la vôtre ; jamais on n'a vu république plus laborieuse : au prix de ce travail sans trêve, le travail des saints n'est qu'un repos. Je ne serai plus forcé d'être continent, mais je serai forcé d'être à tout moment un Décius, un Vincent de Paule ; on me soulage du devoir, et on me met au régime de l'héroïsme.

Soyons héros! Mais il me reste encore une ancienne faiblesse : j'ai besoin d'être soutenu dans mon dévouement par la reconnaissance qu'il mérite. Si je rencontrais des ingrats? Diderot a éprouvé ce qui en est, il a été mal récompensé de sa bienfaisance ; mais il se console : « J'ai fait un ingrat : que n'en puis-je faire cent par jour! » Cela est sublime, et ce qui condamne la morale de Diderot, c'est justement que cela est sublime, trop beau pour la vie de tous les jours. Nous aimons ce qui est grand ; mais on se fatigue à la fin d'un dévouement stérile, on se lasse de se dévouer tout seul ; à la fin on profite de l'expérience, et reconnaissant un beau jour que le genre humain se divise en deux classes, les habiles et les simples, on se place bravement parmi les gens d'esprit ; et nous voilà tout doucement rentrés dans l'égoïsme.

Cela est triste, n'est-il pas vrai? Il y a quelque chose de plus triste encore. Qu'importe, dit-on, l'expérience! le principe n'en est pas moins vrai : tous sont pour tous ; les égoïstes, les méchants ne prouvent rien contre lui ; voici seulement ce qu'ils prouvent : il y a des gens qui tiennent le bonheur des autres entre leurs mains, et ne veulent pas les ouvrir ; il faut les y contraindre. Nous n'avons pu convertir les hommes, changeons les choses ; créons une société telle que la méchanceté et l'égoïsme y soient impossibles ; créons un état tout-puissant qui assigne à chacun sa fonction dans la fonction générale ; une machine dont chaque pièce soit fixée par une main souveraine au lieu où elle est utile et forcée de contribuer au mouvement de l'ensemble ; si dans l'individu quelque puissance nous contrarie, supprimons-la ; si la propriété, si l'héritage, si le choix des vocations, si l'éducation paternelle nous gênent, supprimons la propriété, l'héritage, le choix des vocations, l'éducation de la famille ; si la liberté nous gêne, supprimons la liberté. Et c'est la conséquence fatale où va, non point Diderot, mais son principe, appliqué par des hommes moins doux que lui. On débute par nous dire que notre bonheur n'est pas dans la vie intérieure, mais au dehors ; que là nous ne pouvons être heureux tout seuls, et qu'il nous revient seulement une portion du bonheur universel ; on nous montre notre portion ou celle de nos frères trop faible, et on nous propose de créer un pouvoir absolu qui fasse les parts, de larges parts ; et nous, nous admirons d'abord, nous sommes d'abord tentés, puis, quand on nous invite à détruire la société éternelle, à briser de nos mains notre foyer, à retrancher nos plus tendres affections, notre chère liberté, nous reculons devant ce bonheur qui fait pâlir les supplices et la mort.

Diderot se trompe : notre devoir n'est pas de faire le bonheur des autres, mais de faire le bien. S'il disait vrai, il faudrait croire que, jetés dans une île déserte, ou isolés parmi nos semblables, dénués de tout, ne pouvant contribuer au bien-être de personne, nous n'aurions aucun devoir à remplir ; et qui le croira ? Puis, faut-il procurer aux autres tout bonheur indistinctement, ou n'y a-t-il pas des services fâcheux pour celui à qui on les rend ; et celui qui les rend ne doit-il pas, avant tout, consulter la justice ? Il y a donc une justice pour l'individu hors de la société, une au milieu de la société, pour régler sa bienfaisance ; ainsi la justice est plus étendue et plus haute que la bienfaisance, avec laquelle Diderot la confond. Tous, tant que nous sommes, êtres intelligents, sensibles et libres, mais ignorants, grossiers, capricieux et lâches, nous portons en nous un homme meilleur que nous, raisonnable, généreux, courageux, type parfait de la nature: En le voyant, nous rougissons de nous-mêmes et nous résolvons de l'imiter. Pour reproduire ce modèle, nous cherchons la vérité dans les livres, dans le monde, dans nos pensées, par un travail sans relâche ; nous réprimons en nous les passions basses et développons les nobles instincts, nous nous exerçons à mettre l'ordre dans notre âme, et nous essayons aussi de le mettre au dehors, soldats de la bonne cause. Les plus tièdes, les plus faibles ne retracent que quelques traits incertains du modèle ; les âmes bien nées, ardentes et fortes, l'expriment vivement en caractères de feu ; et tous, aussi avancés que nous soyons, imparfaits encore, nous sommes cloués à la tâche, effaçant, retouchant, mutilant, rencontrant parfois, désespérés, reconfortés, jusqu'à l'heure suprême, où la mort y met encore sa main. L'homme de génie, l'homme vertueux est un grand artiste. Diderot aurait compris cela assurément ; il le comprenait, quand il vantait comme le plaisir le plus touchant, celui que fait naître en nous l'idée de perfection, « objet de notre [1] culte, à qui on sacrifie tous les jours les plus grands établissements, et sa personne même. »

En suivant cette pensée, il aurait senti que nos héros ne sont pas que des instruments du bonheur pu-

---

[1] Encycl., art. *plaisir*.

blic. s'usant à ce service, mais une énergie immortelle, qui s'essaie, dans un point du temps et de l'espace, à une œuvre de longue haleine.

Et puisqu'il tenait si fort à la vertu sociale, il aurait vu qu'il en tenait là le secret. Le zèle de la perfection ne nous enferme pas dans la vie intérieure : il inspire de cultiver les instincts généreux, ceux qui, détachant l'homme de lui-même, lui font sacrifier son plaisir au plaisir d'autrui ; il pousse au sacrifice, il est la charité : non pas la charité intempérante et débordée, satisfaction d'un besoin maladif, mais la charité discrète, qui se règle sur la justice, et se propose pour fin d'aider les hommes à l'accomplir. Celui que ce zèle de la perfection anime ne craint pas le sacrifice : exercé à la vie intérieure, il sait ce que c'est de sacrifier le plaisir au devoir ; et si, pour prix de son dévouement, il rencontre l'ingratitude et la méchanceté, cette âme saignante s'honore devant Dieu de sa blessure.

Cela dit contre Diderot, qui absorbe toute morale dans la morale sociale, nous devons arrêter aussi ceux qui, par un excès contraire, reprocheraient au dix-huitième siècle la préoccupation du bonheur public, et nous interdiraient cette préoccupation. Il est beau à un individu de mépriser les biens de ce monde, mais une société n'a pas le droit de les mépriser ; le chrétien dédaigne le bonheur terrestre, la société chrétienne partage ce bien aussi également que possible entre les hommes, défend ceux qui ne se défendent pas, relève ceux qui s'humilient, à qui cherche uniquement la perfection intérieure distribue sa part d'air et de soleil. Qu'on veuille s'en souvenir, une société n'est pas chrétienne à la façon d'un individu. A ce titre, le dix-huitième siècle en France est le plus chrétien qui ait jamais été : il a pensé que les mauvaises institutions créent des douleurs gratuites, que les bonnes institutions épargnent ou guérissent ces douleurs: qu'il n'est pas permis à l'homme d'ajouter aux misères de la nature, qu'il lui est permis d'en retrancher ce qu'il peut, sous la réserve de la justice, que les sociétés sont faites pour cela, et qu'il faut les organiser en sorte qu'elles remplissent le mieux possible leur destinée; en un mot, il a posé ce terrible problème de la misère sociale, qui est, à cette heure, notre mal, hélas! et notre honneur.

Des hommes que le problème épouvante le supprimeraient volontiers, et, tandis que l'esprit humain se travaille pour le résoudre, ils tentent de l'en détourner, ils lui prêchent le retour à la vie intérieure, à l'affaire du salut. Ils le connaissent mal.

Voyez-vous cette belle fleur qui orne nos jardins : la nature ne l'a pas faite telle d'un coup, elle s'y est reprise à plusieurs fois : elle l'a doublée, elle l'a arrondie, elle l'a imbriquée, elle l'a veloutée et panachée; et, chaque fois qu'elle lui a donné une qualité, elle lui en a repris une autre, qu'elle lui a rendue ensuite par un don nouveau; et ainsi, de travail en travail, gagnant d'un côté, perdant de l'autre, ressaisissant ce qu'elle a perdu, elle perfectionne, jusqu'à ce que, par un dernier effort, elle achève. Elle fait bien ce qu'elle fait, mais elle ne fait qu'une chose à la fois.

Ainsi va l'esprit humain. Lui aussi, dans un instant, et ses instants sont des siècles, il ne fait jamais qu'une chose. Depuis l'avénement du christianisme, il levait les yeux vers le ciel; au dix-huitième siècle, il les abaisse vers la terre; il la travaille, la transforme, l'ensemence, lui demande ses fruits. Absorbé dans cette pensée, il ne songe plus aux choses d'en haut. Vous lui criez qu'il s'avilit, qu'il méconnaît sa nature, sa haute origine, ses grandes destinées ; il ne vous entend pas. Il a, seize siècles durant, nourri un même désir ; apprenez par là combien de siècles encore il peut nourrir son désir nouveau, et, par le temps qu'il a oublié la terre, calculez le temps qu'il peut oublier Dieu : courbé sur son ouvrage, il ne relèvera la tête que lorsqu'il sera fini, lorsque la moisson attendue aura levé, pour remercier la Providence qui a béni son courage. En attendant, au lieu de le prêcher vainement, aidez-le dans sa tâche, et ne vous ménagez pas ; plus d'ouvriers s'y mettront, plus de bonne volonté sera dépensée, plus vite se fera le retour à Dieu.

III

Voici l'art maintenant. Après avoir longtemps écouté Diderot, je répète au maître sa leçon ; seulement j'y mêle parfois un peu du mien, pour essayer de le surprendre.

Chaque art a son élément, et cet élément a sa loi. L'élément de l'architecture, de la sculpture et du dessin est la ligne, de la peinture la couleur, de la musique le son, du dessin la ligne superficielle, de la sculpture et de l'architecture la ligne en relief.

La loi des lignes de l'architecture est, avec la proportion, essentiellement la symétrie, la loi des lignes de la sculpture et du dessin la proportion, des couleurs l'harmonie, et des sons l'harmonie encore. Il est très-vrai qu'une couleur appelle une couleur, une ligne une ligne, un son un son. Le fait, fût-il inexpliqué et inexplicable, n'en est pas moins réel. Il y a telles alliances de lignes, telles alliances de couleurs qui charment l'œil, d'autres qui l'offensent ; telles combinaisons de sons qui flattent l'oreille, d'autres qui la blessent ; il est des objets qui se marient, il en est de discordants ; il y a pour l'ouïe et pour la vue une harmonie modèle, l'accord parfait, l'arc-en-ciel. Où donc est le juge délicat qui prononce ainsi ? Ce n'est pas l'organe, le nerf, sans doute : l'œil et l'oreille ne sont rien, c'est l'esprit qui voit et qui entend ; mais sur quelle règle l'esprit juge-t-il ? Chose étrange ! la raison de ces jugements, en apparence arbitraires, est une profonde mathématique. Quand l'oreille a dit : ceci me plaît, cela ne me plaît pas, la science observe, calcule ; elle reconnaît d'abord, dans la marche des sons, un retour constant de mouvement et de repos, un certain rhythme, la régularité où l'esprit, à son insu, se repose ; puis, distinguant les sons, comptant les vibrations qu'ils impriment à l'organe, elle dit lesquels ont entr'eux un rapport exact, lesquels un rapport inexact, et trouvant un rapport facile à saisir entre les trois sons qui forment l'accord parfait, elle apprend à l'oreille étonnée qu'elle faisait des mathématiques sans le savoir.

Et ainsi des jugements de l'œil. Il vibre à la fois sous l'impression de plusieurs couleurs. Selon que les mouvements s'accordent ou se contrarient, l'esprit reçoit une impression d'ordre ou de désordre. De là l'agrément de l'arc-en-ciel, où toutes les couleurs sont tellement fondues, que toutes ensemble elles donnent à l'œil des mouvements sensiblement uniformes, sans secousse, sans brusque choc ; de là, en partie, le charme incomparable du printemps et de l'aurore. L'esprit, ami de l'ordre, aime encore la simplicité de la ligne droite et ses plus régulières combinaisons; la ligne témérairement brisée le fatigue, et, dans les combinaisons des courbes, il lui faut le progrès et la continuité qui le conduisent sans effort. Enfin la symétrie, impérieusement exigée de l'architecture, la proportion essentielle à la sculpture, sont-elles autre chose que le rapport exact, la règle, l'ordre, en un mot?

Ainsi, comme nous le disions, chaque art a son élément, chaque élément sa loi; et nous le savons, la loi générale de toutes ces lois particulières, c'est que ces divers arts communiquent à l'esprit par diverses voies une même impression d'ordre; car la raison n'aime que la raison.

Dans le plaisir de l'odorat, du goût et souvent du tact, la matière seule jouit; dans le plaisir de la vue, de l'ouïe et du tact, juge de la forme, la matière et l'esprit jouissent à la fois; et il ne faut pas médire de ce plaisir. Ce sont les sens intellectuels, artistes.

Architecture. — L'architecture n'est ni la symétrie, ni la proportion, quoiqu'elle ne soit pas sans elles. La symétrie est une répétition, et suppose l'objet répété; la proportion est un rapport entre deux choses qu'il a fallu trouver d'abord. Il y a la proportion de la colonne à l'entablement, du pilier au cintre, du torse à la tête et au bas du corps humain, etc. Symétrie et proportion sont des règles; or la règle est différente de l'objet réglé, le suppose, et ne l'explique point. J'apprends par cœur Vitruve et Vignole, et je demande ensuite d'où sont nés la colonne, l'entablement, le pilier, le cintre, l'ogive, la tour et la flèche. A moins que les pierres ne se soient arrangées toutes seules, il faudra bien convenir que le génie particulier de l'architecte y est pour quelque chose; et si tel ou tel genre de construction se rencontre de préférence dans tel ou tel peuple, tel ou tel temps, que le génie de ce peuple ou de ce temps y est pour quelque chose encore. Le style, c'est l'homme même, disait Buffon de l'art d'écrire ; ajoutons : le style de l'architecture d'un peuple est ce peuple même. Quoi ! il n'y a rien de grec dans un temple grec ? Cette élévation mesurée de l'édifice au-dessus du sol, ces lignes droites qui se marient si simplement, ces entre-colonnements où se jouent l'air et la lumière, annonceraient aussi bien un génie mystique, tourmenté, vaporeux? Non certes, et ces pierres me le disent aussi clairement qu'Homère et Sophocle : c'est ici un génie lumineux, une libre et harmonieuse nature ; si haut que cette âme aspire, elle ne perd point la terre.

Viennent les Romains : eux qui ont tant emprunté aux Grecs, ils ne leur prendront pas leur architecture, pas plus que leur langue. Dans cet arc solide et borné réside bien l'esprit inflexible, l'esprit de stoïcien et de jurisconsulte, qui se borne pour être fort et à la fin enserra le monde dans ses formules. Il convint au catholicisme, avec son instinct d'organisation et d'empire : c'était la monarchie universelle du dogme remplaçant la monarchie universelle du droit.

Mais un jour l'autorité catholique devient pesante, l'antique esprit chrétien emprisonné se dégage : mépris de la terre, soif de l'invisible, sublime élan, libre vie de l'âme, émancipée par l'amour. De là naissent deux monuments immortels : un petit livre, l'*Imitation*, et la cathédrale chrétienne. Voici, dans ces pierres, le Christ matériel : la croix, et même la tête inclinée; voici mieux : l'esprit même du Christ. La parole qu'il a dite un jour, elles la répètent éternellement ; l'édifice immense qui se meut en haut, pour s'achever loin au-dessus de la terre, nous pénètre de notre néant et nous emporte avec lui en haut, nous inspire l'humilité et la prière.

Diderot n'a guère parlé de l'architecture; mais il a compris l'effet des ruines :

Quand on a [1] du génie, c'est là qu'on le sent. Il s'éveille au milieu des ruines. Je crois que de grandes ruines doivent plus frapper que ne feraient des monuments entiers et conservés. Les ruines sont loin des villes; elles menacent, et la main du temps a semé parmi la mousse qui les couvre une foule de grandes idées et de sentiments mélancoliques et doux. J'admire l'édifice entier; la ruine me fait frissonner, mon cœur est ému, mon imagination a plus de jeu. C'est comme la statue que la main défaillante de l'artiste a laissée imparfaite ; que n'y vois-je pas ?...

Voilà l'artiste ; le philosophe aussi se donne carrière. Il ressuscite le passé ; il voit la multitude d'hommes qui vivaient, s'agitaient, s'armaient, se haïssaient, projetaient autour de ces monuments : parmi eux un César, un Démosthènes, un Cicéron, un Brutus, un Caton.

Puis il se livre à des impressions plus profondes :

Nous attachons [2] nos regards sur les débris d'un arc de triomphe, d'un portique, d'une pyramide, d'un temple, d'un palais, et nous revenons sur nous-mêmes. Nous anticipons sur les ravages du temps; et notre imagination disperse sur la terre les édifices mêmes que nous habitons. A l'instant la solitude et le silence règnent autour de nous; nous restons seuls de toute une nation qui n'est plus. — Tout s'anéantit, tout périt, tout passe; il n'y a que le temps qui dure. Qu'il est vieux, ce monde! Je marche entre deux éternités. De quelque part que je jette les yeux, les objets qui m'entourent m'annoncent une fin et me résignent à celle qui m'attend. Qu'est-ce que mon existence éphémère, en comparaison de celle de ce rocher qui s'affaisse, de ce vallon qui se creuse, de cette forêt qui chancelle, de ces masses suspendues sur ma

---

[1] Observat. sur la sculpture. — [2] Salon de 1767, Robert.

tête et qui s'ébranlent? Je vois le marbre des tombeaux tomber en poussière, et je ne veux pas mourir! et j'envie un faible tissu de fibre et de chair à une loi générale qui s'exécute sur le bronze! Un torrent entraîne les nations les unes sur les autres au fond d'un abîme commun; moi seul je prétends m'arrêter sur le bord et fendre le flot qui coule à mes côtés.

Et cette fine remarque :

Les ruines[1] sont plus belles au soleil couchant que le matin. Le matin, c'est le moment où la scène du monde va devenir tumultueuse et bruyante. Le soir, c'est le moment où elle va devenir silencieuse et tranquille.

L'architecture ne rend de l'âme que ses attributs abstraits et métaphysiques, peu de l'âme émue. Chez elle l'ampleur exprime la grandeur ou la médiocrité; la hauteur : l'élévation ou l'humilité; le mouvement horizontal ou vertical : la mesure ou la sublimité; la masse : la solidité, l'éternité, la légèreté; la proportion : la liberté ou la rectitude; le travail : la simplicité, l'élégance, la richesse, la rudesse ou la grâce. Comme le règne inorganique, dont elle emprunte principalement la ligne, elle ne vit pas, ne sent pas, ne se passionne pas ; elle communique de fortes impressions sans les éprouver, et remue profondément l'homme, parce qu'elle n'est pas humaine, parce qu'elle propose la raison immuable à notre mobilité, ou l'espace immense et le temps infini à notre pauvre être que l'espace et le temps engloutissent.

Sculpture. — Les naturalistes nous apprennent qu'une loi fixe assemble dans les divers êtres les divers organes. L'homme étant regardé comme l'animal le plus parfait, si on altère un de ses organes, les

---

[1] Salon de 1765, Servandoni.

autres s'altèrent à proportion, par une secrète correspondance, en sorte que les types innombrables des animaux ne sont que des déviations plus ou moins profondes de ce type primitif. Une nécessité inflexible déduit d'un seul changement tous les changements; et le corps est un vivant théorème.

Tout de même dans l'espèce humaine il n'y a qu'un homme : le reste sont des déviations de ce type. La fonction, la passion individuelle l'altèrent d'une manière si frappante, qu'elles se lisent dans ces altérations; et l'altération de la masse se transmet logiquement à chacune des parties, par une rigoureuse conséquence. L'artiste qui voit cela et le rend, fait le portrait.

Mais où est le modèle premier?

Convenez[1] qu'il n'y a et qu'il ne peut y avoir ni un animal entier subsistant, ni aucune partie de l'animal subsistant, que vous puissiez prendre à la rigueur pour modèle premier. C'est un vieux conte que, pour former cette statue vraie ou imaginaire, que les anciens appelaient la règle et que j'appelle le modèle idéal ou la ligne vraie, ils ont parcouru la nature, empruntant d'elle, dans une infinité d'individus, les plus belles parties, dont ils composèrent un tout. Comment est-ce qu'ils auraient reconnu la beauté de ces parties, de celles surtout qui, rarement exposées à nos yeux, telles que le ventre, le haut des reins, l'articulation des cuisses ou des bras, où le *poco più* et le *poco meno* sont sentis par un si petit nombre d'artistes, ne tiennent pas le nom de belles de l'opinion populaire, que l'artiste trouve établie en naissant et qui décide son jugement? Entre la beauté d'une forme et sa difformité, il n'y a que l'épaisseur d'un cheveu. Comment avaient-ils acquis ce tact qu'il faut avoir avant que de rechercher les formes les plus belles éparses, pour en composer un tout? Voilà ce dont il s'agit. Et quand ils eurent rencontré ces formes, par quel moyen incompréhensible les réunirent-ils?

---

[1] Salon de 1847, lettre à Grimm.

Qu'est-ce qui leur inspira la véritable échelle à laquelle il fallait les réduire? — Je vais tâcher d'expliquer comment les anciens, qui n'avaient pas d'antiques, s'y sont pris. Le modèle le plus beau, le plus parfait d'un homme ou d'une femme serait un homme ou une femme supérieurement propre à toutes les fonctions de la vie, et parvenu à l'âge du plus entier développement sans en avoir exercé aucune. Mais comme la nature ne nous montre nulle part ce grand modèle, ni total, ni partiel; comme elle produit tous ces ouvrages viciés; comme les plus parfaits qui sortent de son atelier ont été assujettis à des conditions, des fonctions, des besoins qui les ont encore déformés; comme, par la seule nécessité sauvage de se conserver et de se reproduire, ils se sont éloignés de plus en plus de la vérité, du modèle premier, de l'image intellectuelle, en sorte qu'il n'y a point, qu'il n'y eut jamais et qu'il ne peut jamais y avoir ni un tout, ni, par conséquent, une seule partie d'un tout qui n'ait souffert; sais-tu, mon ami, ce que tes plus anciens prédécesseurs ont fait? Par une longue observation, par une expérience consommée, par la comparaison des organes avec leurs fonctions naturelles, par un tact exquis, par un goût, un instinct, une sorte d'inspiration donnée à quelques rares génies, peut-être par un projet naturel à un idolâtre, d'élever l'homme au-dessus de sa condition et de lui imprimer un caractère divin, un caractère exclusif de toutes les servitudes de notre vie chétive, pauvre, mesquine et misérable, ils ont commencé par sentir les grandes altérations, les difformités les plus grossières, les grandes souffrances. Voilà le premier pas, qui n'a proprement réformé que la masse générale du système animal ou quelques-unes de ses proportions principales. Avec le temps, par une marche lente et pusillanime, par un long et pénible tâtonnement, par une notion sourde, secrète d'analogie, le résultat d'une infinité d'observations successives dont la mémoire s'éteint et dont l'effet reste, la réforme s'est étendue à de moindres parties, de celles-ci à de moindres encore, et de ces dernières aux plus petites, à l'ongle, à la paupière, aux sourcils, aux cheveux, effaçant sans relâche et avec une circonspection étonnante les altérations et difformités de nature viciée ou dans son origine ou par les nécessités de sa condition, s'éloignant sans cesse du portrait, de la ligne fausse, pour s'élever au vrai modèle idéal de la beauté, à la ligne vraie; ligne vraie, modèle idéal de la beauté, qui n'existe nulle part que dans la tête des Agasias, des Raphaël, des Poussin, des Pujet, des Pigale, des Falconet; modèle idéal de la beauté, ligne vraie, dont les artistes subalternes ne puisent des notions incorrectes, plus ou moins approchées, que dans l'antique ou dans les ouvrages incorrects de la nature; modèle idéal de la beauté, ligne vraie, que ces grands maîtres ne peuvent inspirer à leurs élèves aussi rigoureusement qu'ils le conçoivent; modèle idéal de la beauté, ligne vraie, au-dessus de laquelle ils peuvent s'élancer en se jouant, pour produire le chimérique, le sphinx, le centaure, l'hippogryphe, le faune et toutes les natures mêlées, au-dessous de laquelle ils peuvent descendre pour produire les différents portraits de la vie, la charge, le monstre, le grotesque, selon la dose de mensonge qu'exige leur composition et l'effet qu'ils ont à produire; en sorte que c'est presque une question vide de sens, que de chercher jusqu'où il faut se tenir approché ou éloigné du modèle idéal de la beauté, de la ligne vraie; modèle idéal de la beauté, ligne vraie non traditionnelle, qui s'évanouit presque avec l'homme de génie, qui forme pendant un temps l'esprit, le caractère, le goût des ouvrages d'un peuple, d'un siècle, d'une école; modèle idéal de la beauté, ligne vraie, dont l'homme de génie aura la notion plus ou moins rigoureuse, selon le climat, le gouvernement, les lois, les circonstances qui l'auront vu naître; modèle idéal de la beauté, ligne vraie, qui se corrompt, qui se perd et qui ne se retrouverait peut-être parfaitement chez un peuple que par le retour à l'état de barbarie; car c'est la seule condition où les hommes, convaincus de leur ignorance, puissent se résoudre à la lenteur du tâtonnement.

Il y a des gens qui parlent sans cesse de l'imitation de la nature, et qui croient de bonne foi qu'il y a une belle nature subsistante; qu'elle est, qu'on la voit quand on veut, et qu'il n'y a qu'à la copier. Si vous leur disiez que c'est un être tout à fait idéal, ils ouvriraient de grands yeux ou ils vous riraient au nez. — Je demanderai à un de ces artistes : Si vous aviez choisi pour modèle la plus belle femme que vous connussiez, et que vous eussiez rendu avec le plus grand scrupule tous ses charmes, croiriez-vous avoir représenté la beauté? Si vous me répondez qu'oui, le dernier de vos élèves vous démentira, et vous dira que vous avez fait un portrait. — Mais vous n'oseriez pas m'assurer, depuis le moment où vous prîtes le pinceau jusqu'à ce jour, de vous être assujetti à l'imitation rigoureuse d'un cheveu. Vous y avez ajouté, vous en avez supprimé, sans quoi vous n'eussiez point fait une image première, une copie de la vérité, mais un portrait ou une copie de copie, φαντάσματος οὐκ ἀληθείας, *le fantôme et non la chose*; et vous n'auriez été qu'au troisième rang, puisqu'entre la vérité et votre ouvrage il y aurait eu la vérité ou le prototype, son fantôme subsistant qui vous sert de modèle, et la copie que vous faites de cette ombre mal terminée de ce fantôme. Votre ligne n'eût pas été la véritable ligne, la ligne de beauté, la ligne idéale, mais une ligne quelconque altérée, déformée, portraitique, individuelle ; et Phidias aurait dit de vous : τρίτος ἐστί ἀπὸ τῆς καλῆς γυναικὸς καὶ ἀληθείας. *Vous n'etes qu'au troisième rang après la belle femme et la beauté*; et il aurait dit vrai. — Le célèbre Garrick disait au chevalier de Chastellux : Quelque sensible que la nature ait pu vous former, si vous ne jouez que d'après vous-même, ou la nature subsistante la plus parfaite que vous connaissiez, vous ne serez que médiocre. — Médiocre! et pourquoi cela ? — C'est qu'il y a pour vous, pour moi, pour le spectateur, tel homme idéal possible qui, dans la position donnée, serait bien autrement affecté que nous. Voilà l'être imaginaire que vous devez prendre pour modèle. Plus fortement vous l'aurez conçu, plus vous serez grand, rare, merveilleux et sublime.— Vous n'êtes donc jamais vous?— Je m'en garde bien. Ni moi, monsieur le chevalier, ni rien que je connaisse précisément autour de moi. Lorsque je m'arrache les entrailles, lorsque je pousse des cris inhumains, ce ne sont pas mes entrailles, ce ne sont pas mes cris, ce sont les entrailles, les cris d'un autre que j'ai conçu et qui n'existe pas. Or, il n'y a, mon ami, aucune espèce de poète à qui la leçon de Garrick ne convienne. Son propos bien réfléchi, bien approfondi, contient le *secundus à naturâ* et le *tertius ab ideâ* de Platon, le germe et la preuve de tout ce que j'ai dit.

Cet homme, dont parle Diderot, supérieurement propre à toutes les fonctions de la vie et parvenu à l'âge du plus entier développement sans en avoir exercé aucune, cet homme est abstrait, idéal, et ne peut être figuré : nous ne comprenons la vie que manifestée ; elle ne nous est sensible que sous quelqu'une de ses formes, dans quelqu'un de ses actes. Le problème pour la statuaire est donc de choisir parmi les conditions humaines celles qui laissent le mieux paraître l'homme idéal, celles qui laissent le mieux deviner, sous une fonction particulière de la vie, la puissance éminente propre à toute fonction. Ainsi l'ont compris les anciens. Parcourez les beaux ouvrages qu'ils nous ont laissés : les formes sont diverses, mais à travers chacune de ces formes le type idéal rayonne ; de l'une à l'autre, c'est un autre corps humain, mais c'est toujours le corps humain.

Voici la plénitude parfaite de la vie physique, sans que rien la trouble, ni travail physique, ni travail intellectuel, ni agitation morale ; l'âme est noyée dans une douce ivresse : c'est Bacchus au repos. Que l'âme se dégage du corps, qu'elle prenne sa place et agisse pour se faire reconnaître : c'est l'Apollon du Belvédère ; le mouvement plus rapide du corps, la fière intelligence de cette tête le disent. Au contraire, que l'âme soit étouffée par la matière, que la puissance physique domine, la physionomie s'annule, les muscles, les veines se prononcent : c'est le Discobole, l'Hercule Farnèse, le Gladiateur mourant, la force physique en acte, reposée ou défaillante. Voulez-vous la force sans l'effort, achevée, immortalisée, divinisée ? l'Hercule Farnèse cède à un Hercule plus beau encore, au Torse fameux. C'est bien ici le héros : sa puissante poitrine, que le travail a sillonnée, l'atteste ; mais les veines ont disparu, et la vie immortelle circule égale dans les membres du dieu. Et après l'Hercule et l'Apollon, il y a place pour le Jupiter Olympien : au-dessus de la force qui fatigue et de la force qui agit sans fatiguer, est la puissance sûre d'elle-même, la puissance incomparable, celle qui se possède pleinement, celle qui réside dans le front du dieu assis et immobile.

Voici Vénus, la Vénus de Médicis, la femme dans sa plus universelle fonction. Cesse-t-elle d'être uniquement cela pour prendre d'autres qualités, elle devient la Diane chasseresse, l'Amazone, Thétis, la nymphe de Milo, ou la matrone romaine; la sculpture donne à la Vénus des formes plus légères ou plus mâles, substitue à la pudeur la grâce ou la fierté.

Enfin, après avoir rendu dans leur précision les formes réelles, un jour la statuaire rêve, elle s'envole dans la vague région où flottent les formes indécises des deux sexes, et elle les mêle dans une œuvre prodigieuse, l'Hermaphrodite : là, sur ce corps déjà incertain de la jeunesse, les contours de l'homme et de la femme se fondent dans la langueur voluptueuse d'un adolescent efféminé.

Préoccupée de la beauté, la statuaire ne reproduit que les formes où cette beauté se rencontre, et quand elle exprime les sentiments qui agitent l'homme, elle les arrête au degré que la beauté commande. Est-il une plus grande douleur que celle de Laocoon et de Niobé? Laissez cette douleur maîtresse, elle va tordre, abattre, déformer le corps, et un artiste vulgaire ne manquerait pas de la déchaîner. Le sculpteur antique la réprime, et, jusque dans ces affreux tourments, l'âme paraît, portant avec elle la mesure, qui n'est qu'à l'homme. Je me trompe peut-être, mais Agésandre et Praxitèle, quand ils sculptaient le Laocoon et Niobé, n'avaient pas pour but de retracer la souffrance et de nous émouvoir, ils visaient plus haut. On avait montré la beauté paisible, librement répandue dans le corps humain, il restait à la montrer luttante et triomphante, pour en imprimer un sentiment plus vif. O profondeur de l'art antique! Homère va nous apprendre quelle était Hélène. Il introduit cette femme funeste aux Troyens dans l'assemblée des vieillards; à sa vue leur colère tombe, ils se lèvent en disant : Qu'elle est belle!

Voilà le triomphe de la beauté et aussi le triomphe de l'art. Ainsi le sculpteur grec, amant de la forme, la met aux prises avec l'extrême douleur; la forme l'emporte : elle vainc la douleur sur le marbre, la pitié dans notre âme, et ne nous laisse que l'impression profonde de la toute-puissante beauté.

Limitée par le soin de l'art, la sculpture est aussi limitée dans ses ressources : elle est fatalement abstraite. Elle rend une fonction générale, la sensation générale de plaisir ou de douleur; mais si elle veut raconter un trait, rendre une affection avec son objet précis, une sensation avec sa cause déterminée, la ligne ne lui suffit plus, elle appelle à son secours l'attribut ou le groupe, qui parlent pour elle et expliquent au spectateur ce qu'elle a laissé d'obscur; elle compose le groupe de Laocoon et de Niobé, pour spécifier la douleur physique ou morale, le groupe d'Electre et d'Oreste, de Silène et de Bacchus, pour exprimer la tendresse; elle donne à chacune des neuf Muses son attribut distinctif; ou enfin, si elle raconte, elle a pour interprète la légende populaire. Voilà la leçon que nous donnent les Grecs : ils savaient ce que la ligne peut et ne peut pas, et ils se sentaient assez riches pour avouer leur pauvreté. Il y a eu des sculpteurs qui se sont crus plus habiles que les anciens, et qui ont trouvé dans la ligne une étendue d'expression que ceux-ci ne lui avaient pas soupçonnée; ils ont rivalisé avec la peinture et la parole. Par malheur! on ne gagne rien à forcer son génie, et la sculpture n'a pas profité à ces exercices périlleux. Laissez-la comme les anciens nous l'ont faite : ils s'y entendaient. Elle est assez puissante dans ses limites, pour ne pas tenter de les passer; ce qu'elle dit, elle le dit d'une manière incomparable, mais si elle veut tout dire, elle tombe de la statuaire dans l'hiéroglyphe; et cet homme avait raison : « Tout ce qui n'est pas de la sculpture est de la sculpterie. »

S'il y a des sculpteurs égarés, Diderot n'en portera pas la faute : il a admirablement compris cet art, et, quand on en parlera, voici comme il en faut parler :

La sévère [1], grave et chaste sculpture choisit. Elle joue quelquefois autour d'une urne ou d'un vase, même dans les compositions les plus grandes et les plus pathétiques : on voit en bas-relief des enfants qui folâtrent sur un bassin qui va recevoir le sang humain; mais c'est encore avec une sorte de dignité qu'elle joue. Elle est sérieuse, même quand elle badine. Elle exagère sans doute; peut-être même l'exagération lui convient-elle mieux qu'à la peinture. Le peintre et le sculpteur sont deux poetes, mais celui-ci ne charge jamais. La sculpture ne souffre ni le bouffon, ni le burlesque, ni le plaisant, rarement même le comique. Le marbre ne rit pas. Elle s'enivre pourtant avec les faunes et les sylvains; elle a très-bonne grâce à aider les satyres à remettre le vieux Silène sur sa monture ou à soutenir les pas chancelants de son disciple. Elle est voluptueuse, mais jamais ordurière. Elle garde encore dans la volupté je ne sais quoi de recherché, de rare, d'exquis, qui m'annonce que son travail est long, pénible, difficile, et que, s'il est permis de prendre le pinceau pour attacher à la toile une idée frivole, qu'on peut créer en un instant et effacer d'un souffle, il n'en est pas ainsi du ciseau, qui, déposant la pensée de l'artiste sur une ma-

---

[1] Salon de 1765. Sculpture.

tière dure, rebelle et d'une éternelle durée, doit avoir fait un choix original et peu commun. Le crayon est plus libertin que le pinceau, et le pinceau est plus libertin que le ciseau. La sculpture suppose un enthousiasme plus opiniâtre et plus profond, plus de cette verve forte et tranquille en apparence, plus de ce feu couvert et caché qui bout au dedans. C'est une muse violente, mais silencieuse et discrète.

Si la sculpture ne souffre point une idée commune, elle ne souffre pas davantage une exécution médiocre. Une légère incorrection de dessin, qu'on daignerait à peine apercevoir dans un tableau, est impardonnable dans une statue. Le maniéré, toujours [1] insipide, l'est beaucoup plus en marbre ou en bronze qu'en couleur. Oh! la chose ridicule qu'une statue maniérée!

Peinture. — Le peintre a d'abord la lumière, cette intelligence de l'univers. Qu'il la prodigue ou qu'il l'amortisse, qu'il la distribue uniformément ou inégalement, il répand à son gré la joie et la douleur : il a dans son pinceau les *Heures* du Guide ou le *Déluge* de Poussin, les *Moissonneurs* ou les *Pêcheurs* de Léopold Robert : le soleil lui prête sa lumière triomphante, la lune sa lumière tempérée et douteuse, les objets enflammés leur lumière mouvante et fantastique, selon qu'il veut rendre l'expansion de la vie, le vague et les délicatesses du sentiment, ou les terreurs du monde surnaturel, avec ses visions étranges. C'est une juste remarque de Diderot :

Toutes les [2] lumières artificielles, en général, celles des feux des lampes, des torches, des flambeaux, sombres et rougeâtres, liées avec les idées de nuit, de morts, de revenants, de sorciers, de sépulcres, de cimetières, de cavernes, de temples, de tombeaux, de scènes secrètes, de factions, de complots, de crimes, d'exécutions, d'enterrements, d'assassinats, portent avec elles de la tristesse. Elles sont incertaines, ondulantes, et semblent par ces ondulations continues sur les vi-

---

[1] Observations sur la sculpture. — [2] Salon de 1765. Deshays.

sages, annoncer l'inconstance des passions douces, et ajouter à l'expression des passions funestes :

Et voici encore notre fin artiste :

Carles Vanloo n'a pas craint de représenter les Grâces en plein soleil ; Diderot le reprend avec vivacité :

Ce n'est pas ainsi [1] que le poëte les a vues. C'était au printemps. Il faisait un beau clair de lune. La verdure nouvelle couvrait les montagnes. Les ruisseaux murmuraient. On entendait, on voyait jaillir leurs eaux argentées. L'éclat de l'astre de la nuit ondulait à leur surface. Le lieu était solitaire et tranquille. C'était sur l'herbe molle de la prairie, au voisinage d'une forêt, qu'elles chantaient et qu'elles dansaient. Je les vois, je les entends aussi. Que leurs chants sont doux ! qu'elles sont belles ! que leurs chairs sont fermes ! la lumière tendre de la lune adoucit encore la blancheur de leur peau.

Après la lumière, la couleur. Chaque couleur a son sens propre, que l'instinct vulgaire lui a judicieusement attaché. Ce n'est pas par hasard que la pourpre éclatante s'associe à l'éclat du pouvoir et de la justice ; la blancheur, aisément ternie, à la candeur ; le noir sombre, au sombre deuil. Il y a des couleurs qui provoquent l'œil, d'autres qui le reposent, des couleurs qui se font voir, d'autres qui s'effacent ; et aussi tout ce qui provoque ou repose l'esprit, qualités douces ou fortes, humbles ou brillantes, elles le rendent.

Outre le sens que lui donne la vivacité de son impression sur l'œil, la couleur en a un autre : elle exprime l'état intérieur du corps et de l'âme, la vie et la mort et les mille accidents de la vie. Chaque passion a sa couleur sur la figure humaine : la colère, la honte, l'envie, l'effroi, etc. ; et selon qu'elle est dis-

[1] Salon de 1765 Carles Vanloo

tribuée, elle marque la fièvre intestine ou le calme profond. On l'avait dit avant Diderot, et il le répète : « La plus belle couleur qu'il y ait au monde est cette rougeur aimable dont l'innocence, la jeunesse, la santé, la modestie et la pudeur colorent les joues d'une jeune fille. »

Heureux le coloriste, s'il a le sentiment de l'harmonie : il sait marier les couleurs, charmer l'œil par cet accord ou le réveiller par de piquants contrastes. S'il entend ce que lui dit chaque ton de la lumière, chaque nuance de la couleur, sa toile s'anime : il y répand la douceur ou la force, la joie, la tristesse, la terreur ; s'il a observé la figure humaine, s'il a su lire sur ce mouvant tableau, et y reconnaître la trace du travail secret de l'organisation ou de l'âme, alors sa langue s'enrichit et se passionne, elle raconte la scène intérieure, le calme qui la remplit ou les émotions qui la bouleversent.

Diderot est enthousiaste du grand coloriste, il le décrit avec feu :

> Sa palette [1] est l'image du chaos. C'est dans ce chaos qu'il trempe son pinceau, et il en tire l'œuvre de la création, et les oiseaux et les nuances dont leur plumage est teint, et les fleurs et leur velouté, et les arbres et leurs différentes verdures, et l'azur du ciel et la vapeur des eaux qui le ternit, et les animaux, et les longs poils et les taches variées de leur peau, et le feu dont leurs yeux étincellent. — Mais c'est la chair qu'il est difficile de rendre : c'est ce blanc onctueux, égal, sans être ni pâle ni mat, c'est ce mélange de rouge et de bleu qui transpire imperceptiblement ; c'est le sang, la vie qui font le désespoir du coloriste. Et ce qui achève de le rendre fou, c'est la vicissitude de cette chair, c'est qu'elle s'anime et qu'elle se flétrit d'un clin d'œil à l'autre, c'est que tandis que l'œil de l'artiste est attaché à la toile et que son pinceau s'oc-

[1] Essai sur la peinture.

cupe à me rendre, je passe, et que, lorsqu'il retourne la tête, il ne me retrouve plus. Les fruits, les fleurs changent sous le regard attentif de la Tour et de Bachelier. Quel supplice n'est donc pas pour eux le visage de l'homme, cette toile qui s'agite, se meut, s'étend, se détend, se colore, se ternit, selon la multitude infinie des alternatives de ce souffle léger et mobile qu'on appelle l'âme. Mille peintres sont morts et mille peintres mourront sans avoir senti la chair.

Aussi, lorsque dans un tableau, la vérité des lumières se joint à celle de la couleur, tout est pardonné, du moins dans le premier instant. Incorrection de dessin, manque d'expression, pauvreté de caractère, vice d'ordonnance, on oublie tout; on demeure extasié, surpris, enchaîné, enchanté.

C'est le dessin qui donne la forme aux êtres; c'est la couleur qui leur donne la vie. — On ne manque pas d'excellents dessinateurs; il y a peu de grands coloristes. Il en est de même en littérature : cent froids logiciens pour un grand orateur; dix grands orateurs pour un poëte sublime. Un grand intérêt fait éclore subitement un homme éloquent; quoi qu'en dise Helvétius, on ne ferait pas dix bons vers, même sous peine de mort.

Nous retrouvons dans la peinture la ligne de la sculpture, mais dans de nouvelles conditions. Ici la loi expresse n'est plus la beauté, mais la conséquence dans les lignes :

La nature ne fait rien d'incorrect. Toute forme, belle ou laide, a sa cause, et, de tous les êtres qui existent, il n'y en a pas un qui ne soit comme il doit être. Voyez cette femme qui a perdu les yeux dans sa jeunesse. Les paupières se sont rapetissées; celles d'en haut ont entraîné les sourcils, celles d'en bas les joues et la lèvre supérieure, etc. Appelez la nature, présentez-lui ce cou, ces épaules, cette gorge, et la nature dira : Cela, c'est le cou, ce sont les épaules, c'est la gorge d'une femme qui a perdu les yeux dans sa jeunesse. Un bossu est bossu de la tête aux pieds. Nous disons d'un homme qui passe dans la rue, qu'il est mal fait. Oui, selon nos pauvres règles; mais selon la nature c'est autre chose. Nous disons d'une statue, qu'elle est dans les proportions les plus belles. Oui, d'après nos pauvres règles; mais selon la nature? Si, sur l'extrémité du pied de la Vénus de Médicis, la nature, évoquée de rechef, se chargeait d'achever la figure, vous seriez peut-être surpris de ne voir naître sous ses crayons que quelque monstre hideux et contrefait. Mais si une chose me surprenait, moi, c'est qu'il en arrivât autrement. Une figure humaine est un système trop composé, pour que les suites d'une inconséquence insensible dans son principe, n'eussent pas jeté la production de l'art la plus parfaite à mille lieues de l'œuvre de la nature.

L'objet de la sculpture est l'exactitude des proportions ; il suffit à la peinture de reproduire « un système de difformités bien liées et bien nécessaires. »

Le peintre doit aussi connaître et retracer la vérité des expressions, fallût-il encore déroger à la beauté :

L'expression est l'image d'un sentiment. Dans chaque partie du monde, chaque contrée ; dans une même contrée, chaque province ; dans une province, chaque ville ; dans une ville chaque famille ; dans une famille, chaque individu ; dans un individu, chaque instant a sa physionomie, son expression. L'homme entre en colère, il est attentif, il est curieux, il aime, il hait, il méprise, il dédaigne, il admire, et chacun des mouvements de son âme vient se peindre sur son visage en caractères clairs, évidents, auxquels nous ne nous méprenons jamais. Le sauvage n'a pas la même expression que l'homme civilisé ; et dans la société, chaque ordre de citoyens a son caractère et son expression ; l'artisan, le noble, le roturier, l'homme de lettres, l'ecclésiastique, le magistrat, le militaire. Parmi les artisans il y a des habitudes de corps, des physionomies de boutiques et d'ateliers. L'expression est aussi différente sous les différents gouvernements ; on n'a point le même air dans la république, sous la monarchie et sous le despotisme. Une grande imagination de peintre est un recueil immense de toutes les expressions.

Que maintenant ce personnage beau ou laid d'expression et de forme se meuve, il y a :

Une conspiration générale des mouvements, conspiration qui se sent, qui se voit, qui s'étend et serpente de la tête au pieds. Qu'une femme laisse tomber sa tête en devant, tous ses membres obéissent à ce poids; qu'elle la relève et la tienne droite, même obéissance du reste de la machine. Voulez-vous peindre une partie d'un objet, tâchez de supposer toute la figure transparente et de placer votre œil au centre; de là vous observerez tout le jeu extérieur de la machine; vous verrez comment certaines parties du corps s'étendent, tandis que d'autres se raccourcissent; comme celles-là s'affaissent tandis que celle-ci se gonflent; et, perpétuellement occupés d'un ensemble et d'un tout, vous réussirez à montrer dans la partie de l'objet que votre dessin présente, toute la correspondance convenable avec celle qu'on ne voit pas.

Introduisez dans le tableau plusieurs personnages, il y aura une conspiration de tous ces personnages : chacun, selon ce qu'il est, recevra pour sa part et rendra l'impression commune. Si vous voulez savoir ce que c'est que ce consentement, regardez les œuvres de Poussin, regardez l'*Arcadie*.

Pour les oisifs, à moins que le contraste n'en soit sublime, cas rare, je n'en veux point. Encore lorsque ce contraste est sublime, la scène change, et l'oisif devient le sujet principal.

Lors donc qu'on prend le pinceau, il faudrait, ce semble, avoir quelque idée forte, ingénieuse, délicate ou piquante, et se proposer quelque effet, quelque impression.

Diderot jugeait bien certains artistes :

Si leurs tableaux sont muets, c'est qu'ils ne se sont pas dit un mot.

Et le sculpteur le Moine, pauvre dans les grandes machines :

Il a beau se frapper le front, il n'y a personne.

Voilà l'artiste, tel que le veut notre philosophe, et il le forme à sa manière. Il dit au peintre de la nature :

Va consulter [1] la nature ; habite les champs avec elle ; va voir le soleil se lever et se coucher ; promène-toi dans la prairie autour des troupeaux ; vois les herbes brillantes des gouttes de rosée ; vois le brouillard s'étendre, rougir le disque du soleil, puis, en s'abaissant, découvrir les montagnes, le haut des clochers, le faîte des maisons et la scène entière, et vois l'orage se former, éclater et finir. La nature ! la nature ! quelle différence entre celui qui l'a vue chez elle et celui qui ne l'a vue qu'en visite chez son voisin.

L'artiste qui veut peindre l'homme, il l'envoie devant l'homme, et il est charmant dans sa colère contre le modèle et le maître de grâces, contre tout ce qui détruit le mouvement réel, cet enchaînement si précieux des parties qui se commandent et s'obéissent réciproquement les unes aux autres, tout ce qui écarte l'animal des actions simples, réelles de la nature, pour y substituer des attitudes de convention :

Toutes ces positions [1] académiques, contraintes, apprêtées, arrangées ; toutes ces actions froidement imitées par un pauvre diable, et toujours par le même pauvre diable, gagé pour venir trois fois la semaine se déshabiller et se faire mannequiner par un professeur, qu'ont-elles de commun avec les portraits et les actions de la nature? Qu'ont de commun l'homme qui tire de l'eau dans le puits de votre cour et celui qui, n'ayant pas le même fardeau à tirer, simule gauchement cette action avec ses deux bras en haut sur l'estrade de l'école ? Qu'a de commun celui qui fait semblant de se mourir là avec celui qui expire dans son lit ou qu'on assomme dans la rue ? Qu'a de commun ce lutteur d'école avec celui de mon carrefour ? Cet homme qui implore, qui prie, qui réfléchit, qui s'évanouit à discrétion, qu'a-t-il de commun avec le paysan étendu de fatigue sur la terre, avec le philosophe qui médite au coin de son feu, avec l'homme étouffé qui s'évanouit dans la foule? Rien, mon ami, rien.

Cependant la vérité de nature s'oublie ; l'imagination se

---

[1] Salon de 1765. Loutherbourg. — Salon de 1767. La Grenée. —
[2] Essai sur la peinture.

remplit d'actions, de positions et de figures fausses, apprêtées, ridicules et froides. Elles y sont emmagasinées ; elles n'en sortiront plus que pour aller s'attacher sur la toile. Toutes les fois que l'artiste prendra ses crayons ou son pinceau, ces maussades fantômes se réveilleront, se présenteront à lui ; il ne pourra s'en distraire ; et ce sera un prodige s'il réussit à les exorciser. J'ai connu un jeune homme plein de goût, qui, avant de jeter le moindre trait sur sa toile, se mettait à genoux et disait : Mon Dieu, délivrez-moi du modèle.

Cent fois j'ai été tenté de dire aux jeunes élèves que je trouvais sur le chemin du Louvre avec leur portefeuille sous le bras : Mes amis, combien y a-t-il que vous dessinez là ? — Deux ans. — Eh bien, c'est plus qu'il ne faut. Laissez-moi cette boutique de *manière*. Allez-vous-en aux Chartreux, et vous y verrez la véritable attitude de la piété et de la componction. C'est aujourd'hui veille de grande fête : allez à la paroisse ; rôdez autour des confessionnaux, et vous y verrez la véritable attitude du recueillement et du repentir. Demain, allez à la guinguette, et vous verrez l'action vraie de l'homme en colère. Cherchez les scènes publiques ; soyez observateur dans les rues, dans les jardins, dans les marchés, dans les maisons ; et vous y prendrez des idées justes du vrai mouvement dans les actions de la vie. Tenez, regardez vos deux camarades qui disputent ; voyez comme c'est la dispute même qui dispose à leur insu de la position de leurs membres. Examinez-les bien, et vous aurez pitié de la leçon de votre insipide professeur, et de l'imitation de votre insipide modèle. Que je vous plains, mes amis, s'il faut qu'un jour vous mettiez à la place de toutes les faussetés que vous avez apprises, la simplicité et la vérité de le Sueur ! Et il le faudra bien, si vous voulez être quelque chose.

Et maintenant au maître de grâces, à Marcel. Il lui donne, par un tour original, l'Antinoüs à marceliser :

Si Marcel rencontrait un homme placé comme l'Antinoüs, lui portant une main sous le menton et l'autre sur les épaules : Allons donc, grand dadais, lui dirait-il, est-ce qu'on se tient comme cela? Puis lui repoussant les genoux avec les siens, et le relevant par-dessous les bras, il ajouterait : On dirait que vous êtes de cire, et que vous allez fondre. Allons, nigaud, tendez-moi ce jarret; déployez-moi cette figure, ce nez un peu au vent. Et quand il en aurait fait le plus insipide petit-maître, il commencerait à lui sourire, et à s'applaudir de son ouvrage.

Il faut que la peinture connaisse son essence, et qu'elle n'aille pas se perdre dans la statuaire. La statuaire provoque l'admiration et ne reproduit que la beauté; la peinture provoque l'émotion et reproduit la vérité. Dans le choix d'un personnage isolé, tandis que la sculpture le prend pour la perfection de ses formes, et arrête l'expression où la beauté cesse, la peinture le prend pour l'impression qu'il doit produire, et sacrifie, au besoin, la beauté physique à cette impression. Dans un groupe de sculpture, la beauté des lignes dans chaque personnage et dans l'ensemble est le principal : l'action la met en œuvre, l'introduit et s'y subordonne ; dans les scènes que la peinture représente, chaque personnage est pour l'ensemble, concourt pour une part à l'impression générale, revêt la forme et l'expression nécessaire à l'effet de tout ; la laideur est-elle utile à cet objet, elle est admise parce qu'elle est la laideur.

Toutes les fois donc que dans une scène, dans une action représentée sur la toile, un personnage détourne l'attention sur la beauté de ses formes, il fait statue dans un tableau. Voyez le serment des Horaces : l'auteur nous invite à contempler une grande action, l'héroïsme qui sauva Rome ; il nous expose trois beaux corps de jeunesse dans l'attitude où ils brillent : statuaire ; nous nous attendions à être émus, nous avons été trompés. Voici une scène dramatique : un général, un empereur qui distribue les drapeaux à ses soldats ; nous sommes prêts à partager l'enthousiasme universel ; mais que fait donc sur le premier plan ce soldat aux formes magnifiques, dans une attitude théâtrale ? il se fait voir, et il nous refroidit. Poussin eût froncé le sourcil, et l'eût durement renvoyé à son rang. Une statue colorée n'est pas de la peinture ; un groupe porté sur la toile n'est pas un tableau. Sans doute le peintre peut renoncer à une partie de sa puissance et tenter de rendre uniquement sur la toile la beauté de la lumière ou de la couleur ou des lignes ; mais alors il faut qu'il le dise franchement et qu'on voie bien que c'est là tout son sujet, que ce soit bonnement un effet de soleil ou une odalisque couchée.

La peinture est autrement vaste que la sculpture : elle a le monde entier des corps et des âmes, toute la variété de la vie et du cœur humain. Après cela, que l'artiste soit selon sa vocation, antique ou moderne, qu'il soit touché surtout par la forme ou par la passion qu'elle traduit. Mais ce serait mieux s'il était antique et moderne à la fois, si à la pureté des lignes il joignait l'émotion, le sentiment simple et vrai. Tel fut autrefois notre le Sueur, telle est aussi, de nos jours, l'aimable artiste qui a peint un enfant au bras des Sœurs de charité.

Musique. — La vie intérieure c'est, sur la scène mobile de l'âme, la succession et le combat des sentiments divers, qui par là s'affaiblissent ou se fortifient et s'exaspèrent. Or, tous les sentiments de l'âme ont leur *mode* : ils sont mâles ou efféminés ; ils ont leur *ton* : ils sont graves ou éclatants ; ils ont leur *mouvement* : lent ou pressé, saccadé ou uniforme. Et il y a un élément matériel, qui se meut de tous les mouvements, qui est éclatant ou grave, mâle ou efféminé, le son ; un art de le mettre en œuvre, la musique. Elle saisit le mode, le ton, le rhythme de chaque passion, en y appliquant le mode, le ton et le rhythme correspondant des sons qu'elle fait se succéder, elle exprime, dans son langage matériel les choses immatérielles, amour, haine, plaisir, douleur, effroi, et le mélange de tous ces sentiments, la vie.

Voilà la puissance du son abstrait ; mais le son réel sort d'un objet déterminé et en retient la nature. Différent dans différents corps, et dans le même corps qui change, il marque leur constitution interne, distingue l'or, l'argent, le cuivre, le bronze, le bois, etc., est sourd, rauque, clair, retentissant ; et, dans les êtres animés, dans l'homme le plus parfait d'entre eux, il marque les âges de la vie et les variations de l'organisme : il est le timbre de l'homme et de la femme, le timbre de l'enfance, de la jeunesse, de la maturité, de la vieillesse, le timbre de la maladie et de la santé : puissant, délicat, frais, pur, plein, ferme, cassé, voilé, vibrant, avec les mille nuances de toutes ces qualités, il exprime et les états du corps et les sentiments de l'âme qui y correspondent.

Lorsque l'âge est arrivé et qu'il nous a apporté les soins sévères de la vie et la vérité sur le monde, si par hasard, au milieu de quelque grave préoccupation, nous entendons raisonner le timbre frais de l'aimable jeunesse, il nous frappe, nous remue jusqu'au fond de l'âme ; il y réveille nos belles années, nos espérances, nos illusions, nos premières affections, si ferventes ; nous sommes suspendus au son insouciant qui s'envole, notre oreille le suit tandis qu'il s'éloigne, et s'attache à ses derniers échos ; mais il s'éteint et du même coup s'éteint dans notre cœur la flamme un instant ranimée.

Déjà le son exprime une foule de choses de l'âme, mais indirectement, par analogie, par allusion, pour ainsi dire; voici que l'âme elle-même s'exprime directement : pressée par la passion, elle crie, et ce cri, c'est la passion même; l'art s'en saisit et il en fait *l'accent.* L'accent, ce sont les inflexions du cri, c'est le cri sauvage devenu humain, se tempérant pour se varier, pour ménager sa puissance, s'imposant la mesure pour convenir à un être doué de la raison, qui n'est que mesure. Oui, l'animal crie, l'homme a l'accent, parce que seul il est raisonnable. Rien de plus puissant que le cri : il fait tressaillir, il bouleverse, il déchire; c'est lui qui, caché sous l'accent, nous remue avec une force irrésistible. Celui qui possède l'accent vrai de chaque passion et qui sait le rendre, celui-là fait de nous ce qu'il veut : il commande en maître à notre cœur, il le soulève, il l'apaise, il le tire en tous sens. Celui qui n'a pas ces dons-là peut avoir tous les autres au plus haut degré, et charmer par eux; c'est un oiseau, ce n'est pas un homme; il manque chez lui le souverain élément, la passion, et l'on dit bien : il n'a pas d'âme.

Déjà la musique est assez puissante; eh bien! elle l'est encore davantage, par un autre secret qui en fait «le plus violent[1] des beaux arts. » L'âme s'imprime dans le corps et l'agite de tous ses mouvements : abattue, elle l'abat, relevée, elle le relève; paralysée par la crainte, elle le paralyse, animée par l'audace, elle le pousse et le précipite; le cœur s'épanouit ou se resserre, le sang court ou se glace dans les veines, la poitrine est oppressée ou se dilate. Le flux et le reflux de la mer ne sont pas plus constants, et nous connais-

---

[1] Lettre sur les aveugles, nouv. add.

sons tous, à tout âge, ces signes infaillibles des agitations de l'âme. Peu d'hommes lisent dans leur conscience, ou ils ne veulent pas s'avouer ce qu'ils y lisent; mais le corps parle à tous clairement, et tel qui volontiers nierait qu'il a peur, est contraint par le tremblement de ses membres de convenir qu'il a peur.

Ces mouvements sont contagieux, et contagieux aussi le sentiment qu'ils expriment. Nous ne pouvons voir un homme agité extérieurement, ses membres, son visage remués par une passion, sans partager son agitation extérieure et sans entrer dans sa passion. Combien plus, si, au lieu de ce trouble superficiel, nous saisissons le trouble des organes intérieurs de la vie, si nous sentons le cœur d'une pauvre créature battre en désordre, ou sa respiration convulsive. Combien plus enfin, et quelle ne serait pas notre émotion s'il nous était donné de pénétrer dans ses entrailles, et de ressentir les profonds ébranlements que les grandes secousses de l'âme leur impriment.

Or la musique fait cela. Elle a et elle donne tous les mouvements passionnés qui agitent le corps jusque dans son centre; aussi, si elle frappe juste, rien ne lui résiste : elle subjugue, elle irrite, elle apaise, elle charme, elle tourmente, elle nous ouvre le ciel ou l'enfer, nous énerve ou nous souffle le courage, déchaîne dans notre sein les tempêtes ou les endort, et y verse l'harmonie. Elle exprime la gaieté et la tristesse avec toutes leurs nuances, depuis le rire de Rossini jusqu'aux marches funèbres de Beethoven et de Chopin; elle exprime l'amour et la haine, et combien de sortes d'amour? le pur et le terrestre, le mélancolique et l'impétueux; elle est guerrière s'il y a quelque chose de guerrier dans la *Marseillaise*, dans le *Chant du Départ*, dans la *Conjuration de Guillaume Tell*, dans ces chants qui font les révolutions et gagnent les batailles ; elle est religieuse et variée comme les cultes : elle est le chant catholique, le choral de Luther, l'hymne anabaptiste ; vaste comme la religion même, elle dit les angoisses, les terreurs, les prières, la confiance de l'âme devant Dieu dans les *Sept Paroles* de Haydn, dans le *Stabat* de Pergolèse, dans le *Requiem* de Mozart ; elle triomphe dans le fameux psaume de Marcello ; elle mêle le sentiment religieux aux guerres de secte et de liberté dans la *Bénédiction des Poignards* et le célèbre chœur de *Judas Machabée* ; infernale dans la fin de *Don Juan* et des parties de *Robert* ; spirituelle et moqueuse, autant que Beaumarchais, dans le *Barbier de Séville* ; morale comme une page de Xénophon ou de saint Augustin, comme la fable d'Hercule entre la Vertu et la Volupté, ou la scène du Figuier des *Confessions*, dans la symphonie en ut mineur. Fontenelle disait bien à une sonate insipide : « Sonate, que me veux-tu ? » Mais, que voulait aux auditeurs la symphonie de Beethoven, lorsque, à un instant, une salle entière, électrisée, se levait d'un même mouvement ? Ce qu'elle leur voulait, la plupart n'auraient pu le dire, mais ils avaient senti passer quelque chose de grand, ils saluaient ce qu'ils avaient salué tant de fois sur les théâtres, dans les livres, dans le monde, et aussi dans eux-mêmes : après les longs et douloureux combats contre les forces rebelles de l'âme, le triomphe de la vertu ; ils se dressaient pour combattre et triompher avec elle.

Elle exprime aussi la nature, soit qu'elle en imite les bruits, soit qu'elle nous en rappelle les secrètes impressions. Elle est champêtre dans la *Symphonie pastorale*, elle nous fait entendre les mugissements de la tempête, les danses des bergers, le coucou, la caille, le rossignol; puis, par la mollesse de sa cadence, par la grâce naïve de ses mélodies, par ses douces harmonies, elle nous promène dans les prairies et nous berce sur l'eau. Voici la poésie des forêts : les chasses qui les éveillent, la merveilleuse population, formidable ou gracieuse que leurs ombres renferment : Euryanthe, Freyschütz, Oberon. Quoi plus! la mystérieuse et solennelle impression que suscite en nous la grande voix de la nature ou son vaste silence, ce vague, ce mélancolique sentiment de l'infini où, dans la stupeur des sens, la pensée se recueille, se perd et grandit, ce que l'œil n'a jamais vu, ce que l'oreille n'a jamais entendu, un homme l'a su rendre par des sons matériels. Beethoven, le pareil de Rousseau par le sentiment, son maître par la simplicité sublime de la parole, Beethoven, c'est l'union de la nature et de l'esprit célébrée dans une grande âme.

Et Haydn? Il est à part. Ce n'est pas un de ces esprits exclusifs et singuliers, qui, possédés d'une passion, l'imposent à tous les objets, et les tordent, pour ainsi dire, par une merveilleuse vigueur, de ceux qui ne rendent qu'un son, mais original et puissant; lui, il reçoit et rend inaltérées toutes les impressions; il est le retentissement naïf des choses, l'écho de la création, l'éveil de l'âme aux premiers jours, la pure source qui réfléchit la pure lumière; il est naïf, simple, facile, primitif : il n'est pas telle ou telle nature, il est la nature.

Diderot n'a connu qu'un petit nombre des personnages et des œuvres dont nous avons parlé; mais il nous pardonnerait de l'avoir abandonné un instant :

il s'entendait en musique, il a écrit le *Neveu de Rameau*.

Danse. — *Art des jardins.* — La danse et l'art des jardins sont des arts composés des autres arts. La danse a la ligne et le rhythme; l'art des jardins la ligne. La condition générale de la danse est l'élégance du dessin et du mouvement; la danse de fantaisie la poursuit uniquement, et la danse de caractère la modifie selon les diverses passions.

Diderot n'a dit qu'un mot de l'art des jardins; et on l'y reconnaît. Esprit vivant et libre, le spectacle de l'inflexible régularité, de la contrainte, le gêne. En fait d'éducation il a pour maxime : ne pas trop élever; en fait de jardins : ne pas trop aligner, ne pas trop élaguer. Il veut reconnaître la main de la nature. « Le sauvage[1] des lieux que la nature a plantés, est d'un sublime que la main des hommes rend joli quand elle y touche. » Il y a du vrai dans sa pensée; mais enfin un jardin n'est pas une forêt, pas plus qu'un temple n'est une caverne d'un rocher, c'est œuvre de la main des hommes; et il l'a compris parfaitement dans sa description de Marly. Sans cesse le dessinateur de jardins doit se souvenir qu'il a affaire à quelque chose de vivant, et, tandis que l'architecte fait vivre les pierres, il serait curieux qu'il dût pétrifier les arbres. Il travaille de concert avec la nature : celle-ci apporte la liberté, lui, il apporte, au nom de l'art, l'harmonie. Une fois les parts faites ainsi justement, le reste est une chose de convenance entre l'édifice et le jardin qui en dépend et le continue. Cette convenance est admirable dans le parc de Versailles et du Petit-Trianon. Là, la droite et le cercle, les

---

[1] Lettre à Mlle Voland, 23 août 1759. — 23 sept. 1762.

grandes lignes, les hautes et sombres voûtes, les lointaines perspectives, les lumières larges et crues, les vastes eaux dormantes ; ici la courbe seule avec tous ses caprices, les lignes gracieuses, les perspectives coupées, des échappées de vue, des accidents, des surprises, les petits lacs, les petits ruisseaux, qui coulent et murmurent mollement, des échappées de lumière pour colorer des paysages à la Watteau. Et les deux jardins, de caractère si opposé, sont des merveilles.

Eloquence. — C'est aussi un art. On lui refuse souvent ce titre, parce qu'elle se propose, non de produire le beau, mais d'opérer la croyance. On aurait raison, si elle ne voulait que convaincre : elle serait alors quelque chose comme la dialectique, mais elle veut persuader, et persuade par la beauté. Elle se sert de la parole pour agir sur l'âme, pour lui donner une forte impression des choses, pour y exciter de puissants mouvements. Après que le dialecticien a composé sa matière et ordonné ses preuves, l'orateur vient : il anime ces pensées mortes et leur donne la voix et le geste qui commandent au dedans de nous ; il fait naître dans notre cœur le courage, la fierté, la pitié, l'humilité, le mépris, la haine, etc., soit qu'il s'y insinue ou y entre d'autorité, soit qu'il le remplisse d'une seule passion, ou qu'il le tourmente par des passions contraires. Les choses parlent, mais la plupart des hommes ne les entendent pas, ou confusément ; l'éloquence entend leur langage et le rend dans son énergie. Devant le cercueil de Louis XIV, l'orateur chrétien dit ces mots : « Dieu seul est grand » ; c'est aussi ce que disaient le spectacle et le cercueil muet du roi, c'est le sentiment confus qui touchait les spectateurs ; l'orateur n'a fait qu'interpréter les choses aux hommes et les hommes à eux-mêmes, pour les humilier. De là son impuissance, quand les choses parlent trop haut.

L'éloquence n'est pas la poésie. La poésie est désintéressée et se contente de l'admiration que le beau excite, l'éloquence a toujours sa fin, qui est l'action. Virgile peint la Renommée, pour peindre ; quand Homère peint les Prières, dans le discours de Phœnix à Achille, c'est pour désarmer Achille. L'éloquence qui s'amuse aux charmes de la poésie, s'oublie et s'arrête en chemin ; l'éloquence n'est pas un feu qui brille, c'est un feu qui brûle.

A dire vrai, elle n'est que l'art de persuader. Quand on ajoute de persuader le bien, et qu'on demande à l'orateur lui-même d'être un homme de bien, on dit simplement les conditions auxquelles elle reste ce qu'elle est. L'orateur doit toujours paraître homme de bien ; s'il ne l'est pas, il est besoin qu'il le joue, et ici l'artifice ne vaudra pas le naturel : il aura beau faire, à une oreille exercée le ton sera faux. Puis, quand on se propose de persuader le mal, on s'adresse aux basses parties de l'âme, qu'on irrite par le désir. L'orateur puise plus haut ses inspirations : l'âme émue devant la vérité et la vertu qu'il aime, et qu'il voudrait faire aimer par toute la terre, il trouve des accents inconnus de cette langue mâle et touchante qui force les cœurs.

Poésie. — La poésie c'est, par excellence, l'idéal. Le poëte observe les hommes : dans la confusion de leurs actes et de leurs paroles, quelques paroles, quelques actes saillants lui révèlent un sentiment caché; il saisit ces traits de la passion, en achève l'image, et retrouve dans son esprit la passion idéale, partout présente, partout défigurée, partout effacée dans la réalité ; il en retrouve les vrais mouvements, les vrais accents, et la place ensuite dans une action où ces mouvements, ces actions prendront toute leur énergie. Cette action elle-même est idéale. Les diverses scènes de la vie font chacune quelque impression d'une certaine nature, mais dans ces scènes il y a des événements indifférents ou qui contrarient l'impression générale ; le poëte les retranche, et conçoit une scène plus expressive que celle-là, telle qu'une même émotion sorte de tous les accidents. Cette passion idéale dans une action idéale, c'est la tragédie, la comédie ; l'épopée n'est que l'idéal sur un grand théâtre, un moment de la vie d'un peuple, de l'humanité ; la fable, un petit drame ; la poésie lyrique, une impression idéalisée de l'âme, soit qu'emportée par l'enthousiasme ou recueillie dans un sentiment triste, elle devienne le dithyrambe ou l'élégie.

L'homme ne comprend que ce qui est général, abstrait : il rapporte toutes choses particulières à des classes et à des lois ; mais il ne sent que ce qui est individuel, réel ; il comprend et il sent à la fois, il est complétement satisfait, quand il rencontre un être vivant dans lequel éclate avec énergie un sentiment général. Le poëte lui donne cette jouissance-là, il personnifie les instincts. Le Cid est l'honneur, Phèdre l'amour dévorant, Tartuffe l'hypocrisie, Alceste la misanthropie ; ce sont, comme dit Voltaire, les passions parlantes ; et désormais, la passion ne fait qu'un avec ces personnages, le monde ne la connaît plus que sous ces traits, ne l'appelle plus que de ce nom. On ne dit pas, dans la force de l'impression, c'est un avare, c'est un hypocrite, mais c'est un Harpagon, c'est un Tartuffe.

Ces êtres à part ont une langue à part ; la nature

plus forte veut de plus forts accents. Ce qui est sensible surtout dans la tragédie. Ces grands fantômes ne peuvent s'exprimer comme l'un de nous, et Diderot a raison : en ce sens, le vrai ne serait que le commun. Ils seraient ridicules dans le monde, et nous misérables sur la scène. Le comédien, qui sent cette convenance, sort de lui-même, se revêt de ce personnage fantastique, et exagérant son attitude, son geste, sa physionomie, son cri, pour traduire la passion exagérée, se grandissant par son artifice, rend sensible aux spectateurs les hautes proportions de ces êtres plus grands que nature. Mais laissons parler Diderot.

« Il y a [1] trois modèles, l'homme de la nature, l'homme du poëte, l'homme de l'acteur. Celui de la nature est moins grand que celui du poëte, et celui-ci moins grand encore que celui du grand comédien, le plus exagéré de tous. Le dernier monte sur les épaules du précédent, et se renferme dans un grand mannequin d'osier, dont il est l'âme ; il meut ce mannequin d'une manière effrayante, même pour le poëte qui ne se reconnaît plus, et il nous épouvante, ainsi que les enfants s'épouvantent les uns les autres, en tenant leurs petits pourpoints courts élevés au-dessus de leur tête en s'agitant, et en imitant de leur mieux la voix rauque et lugubre d'un fantôme qu'ils contrefont. »

Comme on voit, le secret de la poésie n'est pas nouveau ; c'est le secret de la sculpture, de la peinture, de la musique : l'idéal découvert dans la création divine, rendu dans une création humaine. C'est là le fond de tous les arts.

---

[1] Paradoxe sur le comédien. V. Observations sur une brochure intitulée Garrick, etc.

La poésie a sa langue. Cette langue a d'abord la couleur, qui est l'image. Sans image il n'y a pas plus de langue poétique que de peinture sans couleurs. Dans la foule des caractères d'un objet, j'en saisis un dominant, j'oublie le reste ; ce caractère me rappelle l'objet de la nature où il est pour ainsi dire seul, où il se rencontre au plus haut degré, et je nomme la première chose du nom de celle-ci : je l'idéalise. L'homme courageux devient un lion, l'homme féroce un tigre, l'orgueilleux un cèdre dans le pays des cèdres, un chêne dans le pays des chênes ; l'inconsistance de la vie humaine, une ombre ou le rêve d'une ombre ; le temps un fleuve ; les générations humaines, les feuilles des arbres d'automne ; l'âge de l'homme, jeunesse, maturité, vieillesse, les saisons de la terre : printemps, été, automne, hiver ; par un emprunt, tantôt au monde matériel, tantôt au monde de l'âme, comme quand on appelle orgueil cet instrument qui lève la tête ; toujours saisissant des analogies frappantes, toujours l'impression exagérée, l'objet le plus faible marqué du signe du plus fort et l'idéal montré.

Le monde des corps et des âmes, œuvre d'une même pensée, est un ; les éléments du tout et de chaque partie, à l'infini, sont liés par des sympathies secrètes ; les phénomènes divers innombrables qui composent sa vie obéissent à une même loi ; une harmonie suprême régit la création, une immense analogie la pénètre, insensible pour les esprits grossiers ou distraits, sensible pour les esprits attentifs et délicats, qui reçoivent la vive impression des choses, puis, étendant cette impression par les impressions analogues que celle-là réveille, se dilatent dans une jouissance délicieuse. Selon qu'ils ont le sens du vrai ou le sens du beau, ce sont les savants ou les poëtes.

La langue a la couleur ; elle a aussi la ligne. L'idée travaille à se faire un corps. Ce sont d'abord quelques faibles linéaments, quelques traits grossiers ; puis, d'ébauche en ébauche, elle prend une forme distincte, et atteint enfin la forme parfaite où elle paraît dans sa pure et pleine énergie. C'est vraiment un corps vivant, créé par un principe invisible. La ligne du style a le caractère de l'esprit, le grand caractère d'un grand esprit ; elle est comme l'attitude, comme la démarche de l'âme : fière et impérieuse ou flexible et gracieuse, la ligne de Corneille ou de Racine.

Avec la couleur et la ligne, la langue a l'harmonie, l'harmonie des sons qui plaît à l'oreille et l'harmonie imitative, écho des bruits de la nature :

... L'essieu crie et se rompt...
Pour qui sont ces serpents qui sifflent sur vos têtes ?

Elle possède une harmonie plus profonde : elle frappe l'oreille comme elle veut frapper l'esprit, avertit la raison par le sens ; elle a le rhythme. Qu'est-ce donc que le rhythme ?

C'est[1] un choix particulier d'expressions ; c'est une certaine distribution de syllabes longues ou brèves, dures ou douces, sourdes ou aigres, légères ou pesantes, lentes ou rapides, plaintives ou gaies, ou un enchaînement de petites onomatopées analogues aux idées qu'on a et dont on est fortement occupé ; aux sensations qu'on ressent et qu'on veut exciter ; aux phénomènes dont on cherche à rendre les accidents ; aux passions qu'on éprouve et au cri animal qu'elles arracheraient à la nature ; au caractère, au mouvement des actions qu'on se propose de rendre ; — c'est l'image même de l'âme rendue par les inflexions de la voix, les nuances suc-

---

[1] Salon de 1767, Loutherbourg.

cessives, les passages, les tons d'un discours accéléré, ralenti, éclatant, étouffé, tempéré en cent manières diverses. — Sans la facilité de trouver ce chant, cette espèce de musique, on n'écrit ni en vers ni en prose; je doute même qu'on parle bien. Sans l'habitude de la saisir ou de la rendre, on ne sait pas lire, et qui est-ce qui sait lire? Partout où cette musique se fait entendre, elle est d'un charme si puissant, qu'elle entraîne, et le musicien qui compose au sacrifice du terme propre, et l'homme sensible qui écoute a l'oubli de ce sacrifice. C'est elle qui prête aux écrits une grâce toujours nouvelle. Ce n'est pas à l'oreille seulement, c'est à l'âme, d'où elle est émanée, que la véritable harmonie s'adresse.

Ecoutez les poëtes :

Soupire, étend les bras, ferme l'œil et s'endort.
. . . .
Autant des immortels les coursiers intrépides
En franchissent d'un saut . . . .
. . . . *Nec brachia longo*
Margine terrarum porrexerat Amphitrite.

Cette distribution des syllabes longues et brèves, des voyelles et des consonnes, des mots dans la phrase, constitue, selon Diderot, autant d'emblèmes déliés[1], d'hiéroglyphes subtils, qui peignent la pensée : le poëte les trouve, l'homme de goût les sent. Dans le vers d'Ovide,

Quelle image! quels bras! quels prodigieux mouvements! quelle terrible étendue! quelle figure! Ce *porrexerat* ne finit point. Tous s'écrient sur le vers de Boileau : Que cela est beau! Mais celui qui s'assure du nombre des syllabes par ses doigts sentira-t-il combien il est heureux pour un poëte qui a le soupir à peindre, d'avoir dans sa langue un mot dont la première syllabe est sourde, la seconde tenue et la dernière muette! On lit *étend les bras*, mais on ne soupçonne guère la longueur et la lassitude des bras d'être représentés dans ce monosyllabe pluriel; ces bras étendus retombent si douce-

---

[1] Lettre sur les sourds et muets. — Salon de 1767, Renou.

ment avec le premier hémistiche du vers, que personne ne s'en aperçoit, non plus que du mouvement subit de la paupière dans *ferme l'œil*, et du passage imperceptible de la veille au sommeil dans la chute du second hémistiche *ferme l'œil et s'endort.*

Il faut lire dans Diderot l'analyse des vers où Virgile raconte la mort d'Euryale; du morceau de l'Iliade où Jupiter confirme à Thétis la promesse qu'il lui a faite, et de cet autre passage où Homère décrit la Renommée; cela est exquis.

Si tout ce qu'on vient de dire est vrai, la langue de la poésie possède à la fois, par privilége, l'harmonie, la couleur et la ligne, concentre en elle seule les ressources de tous les autres arts.

Étendue des divers arts. — Et c'est ici le lieu de comparer l'étendue de la poésie avec l'étendue des autres arts. L'architecture est solitaire et immobile; la statuaire, solitaire encore, exprime déjà le mouvement; seulement c'est le mouvement immobilisé, un instant éternel de la vie. Avec la peinture, nous entrons plus avant dans la vie : ses personnages sont groupés; l'action et la réaction des uns sur les autres circule sur la toile, et le mouvement unique qu'elle exprime retrace, au gré du peintre, celui qui précède et annonce celui qui va suivre. La musique est plus vivante encore : elle se meut dans le temps, elle rend la succession des phénomènes de la nature et de l'âme. Enfin, la poésie est sans limites, dispose souverainement du temps et de l'espace, du réel et du possible; dit ce qui était avant que fût le monde, ce qui est au-dessus et ce qui sera par delà; évoque, anime à volonté des personnages sans nombre; dans un seul personnage, montre toute une génération, et dans une pensée, le poids du passé et de l'avenir;

elle est la vie. Bien entendu que ces frontières entre les divers arts ne sont point, dans la réalité, aussi exactes. Comme les règnes de la nature, les règnes de l'art se rapprochent et se continuent par des intermédiaires : l'architecture s'approche de la sculpture par les constructions vivantes du style chrétien; la sculpture de la peinture, par le groupe et le bas-relief; la peinture de la musique, par les scènes dramatiques, où la succession des mouvements est fermement indiquée; la musique de la poésie par la symphonie, qui est un monde en action. Mais, pour distinguer les choses, il faut absolument les prendre dans la rigueur de leur définition, dans leur type le plus haut, le plus fort et aussi le plus exclusif.

Les différents arts se distinguent encore par la variété des impressions dont ils disposent en un même instant.

La vie est diverse, mêlée en un moment, de toutes sortes d'événements, de toutes sortes d'impressions, qui se contrarient et s'affaiblissent. L'art, d'ordinaire, choisit les impressions de même sens, qui frappent uniformément l'esprit, et néglige les autres. Mais parfois se rencontrent dans la vie des contrastes d'une force singulière, qui donnent à l'âme des coups contraires et la jettent hors d'elle-même; l'art les saisit encore. Au défaut des événements et des hommes, la nature est là, qui partage ou heurte nos sentiments : elle est sensible comme nous, elle a de nous la gaîté, le sourire, la sérénité, la mélancolie, l'agitation, l'orage; aussi nous voulons qu'elle partage nos affections, nous voulons qu'elle brille sur notre bonheur, qu'elle se voile pour nos douleurs; et, conforme ou contraire à nos émotions, elle les comble ou les exaspère. Beaux jours du printemps, vous êtes la joie, le réveil de l'espérance au fond des âmes; vous êtes la tristesse amère, le souvenir des morts bien-aimés, lorsque tout renaît dans la nature, et qu'eux seuls ne renaissent pas.

L'architecture ne connaît point ce contraste; la sculpture semble quelquefois s'y essayer dans le groupe, mais sa vue est ailleurs, son contraste est entre la dureté du marbre et la mollesse de la vie, entre la douleur et la beauté; la peinture en use plus largement : ce lui est même un écueil, l'écueil du procédé, qui est à la hauteur de tous les génies; dans la musique, il est sublime ou intolérable, rare par conséquent. Le plus souvent elle donne une seule impression, et l'accompagnement prend la couleur du chant; parfois l'accompagnement contraste, et de cette opposition, maniée par un maître, naissent des effets merveilleux. Tandis qu'un refrain de danse sort du palais, Alceste pleure la vie: sur un accompagnement sourdement agité, Oreste chante le calme qui rentre dans son cœur. « Il ment, il a tué sa mère, » disait Gluck; il ment, dit l'accompagnement moqueur, lorsque don Juan chante, sous la fenêtre d'Elvire, une romance amoureuse. Qui n'a pas reçu le choc de ces contrastes, qui n'a pas entendu ces deux scènes d'Alceste et d'*Iphigénie en Tauride*, ne connaît pas ce que peut la musique. Shakespeare a créé de ces contrastes frappants quand il lui a plu : dans *Roméo et Juliette*, à la scène où Juliette s'empoisonne, tandis que dans la salle voisine on se réjouit, et à la fameuse scène du tombeau, où la mort et l'amour luttent si cruellement; dans *Hamlet*, à la scène des fossoyeurs, à la mort d'Ophélia, partout avec une force souveraine. Quand il lui a plu aussi, il a enfoncé dans l'âme du spectateur une même impression, comme dans ce sombre drame de *Macbeth*, où jamais il ne fait jour. Depuis que Shakespeare est rentré chez nous en honneur, on a prétendu lui voler son secret, et notre jeunesse littéraire a joué aux contrastes. Cependant le grand art en est sobre, et se réjouit aux harmonies de l'âme et de l'univers; c'est par elles que commence, par elles que finit notre merveilleux poëte George Sand, depuis le roman orageux d'*Indiana* qui s'ouvre par une triste soirée d'hiver, au bruit de la pluie glacée sur les vitres, jusqu'au *Champi*, où se rencontrent la nature engourdie d'automne, et l'âme engourdie aussi, à la vie sourde, lentement développée du paysan.

Harmonie. — L'artiste rencontre dans la nature une langue toute faite, et y observe une harmonie nécessaire; il respecte cette harmonie et se sert de cette langue pour exprimer la vie, ses mouvements, les troubles de la scène intérieure, les combats des passions; cela est bien, mais il y a mieux encore : il peut rendre sensible la paix même des passions, le calme profond de l'âme; il fait dire à cette langue humaine et matérielle ces choses divines, insaisissables : la sagesse, la béatitude, la vertu.

Qui de nous n'a parfois échappé aux agitations de la vie? Il est des moments où, seuls devant la nature, par un jour serein, l'harmonie, qui de toutes parts nous environne, entre insensiblement dans notre cœur, y apaise les orages, adoucit les regrets, élève les pensées et les désirs, nous réconcilie avec nous-mêmes dans le dessein d'une nouvelle existence. Qui a éprouvé ce charme bienfaisant, sait combien il l'a regretté, combien ce spectacle décolore les spectacles du monde, avec leurs scènes changeantes et agitées. Il est aussi des moments où nous venons d'accomplir quelque grand sacrifice ; l'effort a cessé, un sentiment délicieux repose alors notre âme : la mâle conscience de notre force morale, et la douceur d'aimer. En paix avec nous-mêmes, avec toute la création, nous goûtons une joie à faire pâlir toutes les autres joies. Qui a connu ce moment, l'a voulu éternel.

Harmonie ! beauté de l'univers vivant des corps et des esprits, c'est toi qui es la vérité, le bonheur suprême. Hors de toi il n'y a que mensonge, ou plaisir passager, ou longue peine. Tu enchantes le savant qui t'a entrevue, tu combles le cœur de l'homme vertueux, dans l'âme qui aime tu es l'amour, et c'est toi qu'adorent, loin de la foule, les plus grands d'entre les grands artistes, nos maîtres éternels.

La sculpture, la statuaire antique se recueille dans l'idéal, pour y contempler les nobles attitudes de l'âme, empreintes sur la forme visible, l'immortelle beauté de l'homme ; dédaigneuse des émotions faciles, du consentement des sens et des surprises de la pitié, elle provoque l'admiration, elle s'adresse à l'esprit, à la raison même, et lui parle une langue trop forte pour les mollesses du cœur et que les sens n'entendent pas.

Raphaël sort de cette école : le sentiment antique de l'harmonie se retrouve en lui, étendu par le christianisme ; c'est Praxitèle touché par la grâce. Il choisit dans la nature l'être le plus excellent, l'homme, et dans l'homme le divin : il laisse les autres peintres retracer la laideur morale ou quelque trait accidentel de quelque vertu particulière, effort momentané, et fait voir ce que les yeux ne voient pas, la beauté même de l'âme, la beauté constante et universelle, la pureté morale, la chaste tendresse ; il exprime non pas la puissance humaine, non pas un travail de cette puissance, ni enfin le mouvement tumultueux de toutes ces puissances à la fois, mais leur inexprimable accord; parmi les agitations et les bruits de la vie, il médite, il contemple, dans le ravissement, la calme et silencieuse harmonie, il tente fièrement de nous toucher sans le drame des passions, de nous émouvoir par l'image même de la paix intérieure, et il y réussit, il nous emporte avec lui dans son monde céleste : il est le peintre du *Parnasse*, de l'*École d'Athènes*, de la *Théologie*, des *Vierges* et de la *Transfiguration*.

Parmi les musiciens il y a une place réservée pour Mozart, la place de Raphaël parmi les peintres. Comme lui il adore l'harmonie, il a de lui le mouvement idéal, d'exquise pureté, que l'esprit sent avec amour. Il déroute un peu l'oreille sensuelle des Italiens, il ne tente pas les rudes et dramatiques efforts de Gluck; la muse qui l'inspire, trop fière pour faire appel à la volupté physique, trop réservée pour admettre les mouvements violents, relève et tempère toutes les émotions par l'émotion sereine de la beauté; son nom est la Grâce.

Elle habitait l'âme de Sophocle, lorsqu'il créait son Antigone, de charme immortel; elle visitait Rousseau, lorsqu'après les orages des premières années, Julie, devenue madame de Wolmar, répandait partout la paix autour d'elle et jusque dans le cœur de son ancien amant; elle a retracé l'enfance de Paul et Virginie; elle suivait Jeanne d'Arc dans les batailles, dans la prison, et elle est apparue à l'historien de la sainte fille[1]; effarouchée par la violence de l'art contemporain, elle vient de reparaître au milieu de

---

[1] M. Michelet.

nous, rappelée par une femme, par ce grand artiste qui, après tant d'autres créations énergiques, nous a donné ces fraîches créations : *André*, *Consuelo*, *Fadette*, *Jeanne*, et ce chef-d'œuvre, *la Mare au diable*.

L'art, qui exprime, est beau ; s'il exprime la beauté, il est beau une seconde fois, et joint à sa force la force de la beauté ; et l'art suprême est celui qui exprime la beauté suprême, l'ineffable harmonie.

Poésie et prose. — L'art, sous diverses conditions, est prose ou poésie. Ceux qui, pénétrés d'un sentiment ou d'une idée, veulent uniquement les rendre dans leur force, dans leur vérité, et y parviennent, sont les maîtres de la prose. La prose est la forme exacte que se créent à elles-mêmes nos pensées. Elles trouvent la ligne, le rhythme et la couleur du style qui leur conviennent exactement. C'est le vêtement ample ou étroit, éclatant ou sombre, flottant ou relevé, que nous nous faisons, suivant nos humeurs, et qui marque les différents caractères des individus, des professions et des peuples. C'est la marche, lente ou rapide, uniforme ou capricieuse, où se montre, à notre insu, notre nature.

La poésie aussi cherche la ligne, le rhythme, la couleur propres aux choses qu'elle exprime : elle prend tous les caractères des pensées qu'elle rend ; mais, tandis que la prose poursuit uniquement cela, elle a une autre vue. Avant que l'homme invente cette harmonie intelligente, qui répond à ses sentiments, et n'en est, pour ainsi dire, que l'écho, il y a une autre harmonie, indéterminée, absolue, un certain accord de lignes, comme les lignes des chaînes de montagnes et des fleuves ; de couleurs, comme les couleurs de l'aurore ou du couchant, du printemps ou de l'automne; de sons, comme les murmures des eaux et les chants des oiseaux : un accord qui plaît à nos sens. Si l'un de nous a été touché de ce charme, il ne peut plus l'oublier, et veut le retrouver partout. Si la vérité de l'expression ne le contente pas, lorsque ce premier attrait y manque; s'il parle une langue qui plaise à la fois aux sens et à l'esprit; si cette langue n'est que la vaste harmonie naturelle se façonnant à la variété des objets, comme la lumière se colore suivant les corps qu'elle touche, comme l'eau prend la forme du vase où elle tombe, celui-là est maître de poésie. Ici encore la pensée se fait son vêtement, mais elle le taille dans une riche étoffe; on retrouve encore l'allure de l'homme, mais au lieu de la marche, c'est la danse artistique, la marche pliée à certaines règles de beauté :

> Mais tout dort, et l'armée, et les vents, et Neptune.
> . . . . . . Et la rame inutile
> Fatiguait vainement une mer immobile.
> . . . . . Cet éclat emprunté,
> Dont elle eut soin de peindre et d'orner son visage,
> Pour réparer des ans l'irréparable outrage.

La poésie compose son charme de tous les charmes épars dans la nature : elle emprunte à l'arc-en-ciel ses teintes, à la fleur son coloris, au ciel et aux eaux leur transparence, à l'oiseau la ligne de son vol, à la création mouvante ses harmonies; elle est comme le petit chien du pèlerin, que Diderot se rappelle, qui, chaque fois qu'il secoue la patte, en fait tomber des perles; c'est la grande magicienne, la puissante enchanteresse, qui métamorphose tout ce qu'elle touche. La prose rompt l'enchantement et rend aux choses leur être. Tout ce qui voile la splendeur naturelle de la forme, pour faire paraître la pensée, est prose; tout ce qui voile cette pensée par les splendeurs de l'art est poésie. Poésie : la langue de Racine, de Rubens, de Rossini, l'architecture ionienne et corinthienne, et par excellence, la sculpture antique. Prose : les pyramides, une colonne brisée, l'architecture chrétienne, le *Milon* du Pujet dont une reine disait : Le pauvre homme, comme il souffre ! la vie de saint Bruno de le Sueur; les chants catholiques, le *Dies iræ*, les dissonnances, qui maltraitent l'oreille, pour redresser l'esprit; bien des scènes de Gluck; et, dans les cérémonies funèbres, ces cruelles pulsations de l'orgue, cri étouffé, vain et terrible effort d'une âme qui se débat dans sa prison; prose enfin la langue de Bossuet et de Pascal.

La prose contente pleinement la raison, mais elle ne contente pas la fantaisie, qui veut autre chose. La poésie est le luxe de la nature, la fleur du monde : à côté de l'aigle, le paon, à côté de l'homme, la femme, parmi les épis de blé, le bluet et le pavot.

Et la prose n'est ni plus ni moins que la poésie, quand elle est tout ce qu'elle peut et doit être; elle est elle-même, une langue à part pour des choses à part. Voltaire a raison : « la poésie dit plus et mieux que la prose, » pourvu qu'il ajoute : dans les sujets qui admettent la poésie. Mais il y a des sujets qui ne l'admettent pas. Imaginez-vous les sermons, les oraisons funèbres chrétiennes en vers; imaginez-vous Pascal tournant en vers ses pensées ? Il y a dans la vie des rencontres si sévères, qu'il serait honteux d'y mêler le moindre souvenir des plaisirs sensibles : une mère qui a perdu son enfant ne se pare point, et ne va point au spectacle; et nous tous, quand nous venons d'éprouver une perte de cette sorte, nous écartons, dans la piété de notre douleur, les poëtes, les artistes chéris, et nous cherchons quelqu'un de ces livres, simples, sans ornement, sans art, qui nous entretiennent de nos chagrins, nous laissent tout entiers à notre deuil, et ne prétendent pas, par des amusements, nous disputer à la personne absente; ainsi l'esprit se repliant sur soi trouve de solennels aspects, des pensées sévères qui repoussent les agréments de l'art, et s'expriment elles-mêmes dans leur âpre beauté. Écoutez Pascal : « Le silence éternel de ces espaces infinis m'effraie. » Il y a dans ces grands mots, dans le rhythme inexorable de ces syllabes longues, dans le prolongement des sons, enfin dans le frémissement du mot qui termine, une énergie d'expression et une beauté incomparable. Toute poésie serait faible et petite auprès de cette prose.

L'art pour l'art. — L'art pour l'art : maxime équivoque dans sa concision sentencieuse. Que dit-elle véritablement? Ceci peut-être : l'art n'est au service ni de la religion, ni de la morale; il est moral et religieux parce qu'il est beau; le moyen d'être parfaitement moral et religieux c'est de n'être pas artiste à demi; et, pour être artiste, il ne suffit pas d'avoir le sens commun. La maxime a raison. — Veut-on dire que, dans un grand nombre d'œuvres d'art excellentes, l'objet principal est la beauté; que la pensée sert seulement à l'introduire? La maxime a raison encore. —Veut-on dire enfin que, dans certains arts, la forme se soutient par elle-même, qu'il y a des successions purement agréables de sons, une aimable harmonie des couleurs, en tant que couleurs, de l'art dans la bouquetière habile et dans le peintre de fleurs, des mouvements gracieux de simples lignes, de l'art dans les arabesques et certains pas de la danse? Une fois encore la maxime a raison. — Mais si on entendait que toujours la forme est tout, que le fond lui nuit, qu'un artiste n'a pas besoin de penser et de sentir, qu'il a besoin de ne pas sentir et de ne pas penser, qu'il se paralyse quand il s'émeut, qu'il se gâte quand il s'entend; alors la maxime est étrange, et elle vaut seulement comme une protestation excessive contre les docteurs secs, qui n'éprouvent pas le besoin de l'art, et contre les prêcheurs larmoyants, qui, parce qu'ils ont fait pleurer, s'imaginent qu'ils sont artistes.

L'art n'est point l'artifice, il est l'instinct de la nature ou le relief de la vérité.

Il y a des âmes heureusement douées, naturellement éloquentes et poétiques, chez qui toutes pensées et tous sentiments se tournent en grâce : instruments délicats qui résonnent au plus léger souffle ; l'aimable murmure vous berce ; on écouterait sans fin la voix merveilleuse, et on oublie ce qu'elle dit en l'écoutant; comme ils disent quelquefois, ils chantent, et on sent qu'ils sont pris eux-mêmes à la douceur de leur chant. Leur maîtresse est la beauté, l'impression dominante qu'ils nous laissent, l'impression de la beauté, qui couvre celle de la vérité. D'autres, esprits austères, convaincus, ne sacrifient qu'à la vérité ; ils prétendent qu'elle se montre seule, mais aussi dans toute sa force : c'est là la rhétorique de saint Augustin et de Bossuet :

Il y a[1] ici un ordre à garder : la sagesse marche devant, comme la maîtresse ; l'éloquence s'avance après, comme la suivante. Elle doit suivre sans être appelée ; il faut qu'elle vienne comme d'elle-même, attirée par la grandeur des cho-

---

[1] Bossuet, sermon sur la parole de Dieu. Saint Augustin, *de Doctrina christiana*, IV.

ses, pour servir d'interprète à la sagesse qui parle. Dans le désir qu'il a de gagner les âmes, le prédicateur évangélique ne cherche que les choses et les sentiments. Ce n'est pas, dit saint Augustin, qu'il néglige quelques ornements de l'élocution, quand il les rencontre en passant, et qu'il les voit comme fleurir devant lui par la force des bonnes pensées qui les poussent, mais aussi n'affecte-t-il pas de s'en trop parer; et tout appareil lui est bon, pourvu qu'il soit un miroir où Jésus-Christ paraisse en sa vérité, un canal d'où sortent en leur pureté les eaux vives de son Évangile; ou, s'il faut quelque chose de plus animé, un interprète fidèle qui n'altère, ni ne détourne, ni ne mêle, ni n'affaiblisse sa sainte parole.

En fait d'éloquence, on peut croire saint Augustin et Bossuet; et tout leur art consiste à estimer comme il le faut la vérité. Démosthènes l'entendait ainsi. Et c'est la poétique d'Eschyle et de Lucrèce qui les fait, en de certains moments, incomparables. Chez tous ces hommes, ce sont les choses mêmes et les sentiments qui parlent; et la fierté, l'autorité, la grandeur, la force de ce langage confondent les richesses du langage humain. Ici la vérité et la beauté font corps, paraissent égales, et, frappant d'un même coup notre âme, nous procurent un contentement parfait.

Nous avons maintenu que l'art est par lui-même moral; mais il ne s'ensuit pas qu'il puisse indifféremment prendre des sujets immoraux; il n'est pas vrai que Raphaël, illustrant l'Arétin, comme le fit son disciple, eût valu le Raphaël des Vierges. On ne sert pas deux maîtres à la fois, et deux maîtres aussi contraires que le corps et l'esprit. Voyons, lequel voulez-vous contenter? L'esprit? C'est un maître difficile et jaloux : livrez-vous aux exercices qu'il aime, recueillez-vous, méditez l'âme, ses puissances, ses beautés, puis tout plein de ce que vous avez vu, faites-le dire au marbre, à la toile, au son, à la parole. Serviteur de l'art, il vous récompensera comme seul il récompense, il donnera à vos ouvrages la grandeur et la durée. Au contraire, voulez-vous contenter le corps ! Il n'y faut point tant de façons ; parlez-lui crûment, vous aurez bien parlé. Et après, plus crûment encore ; et enfin, conduisez-le à l'orgie. Un jour même il s'y endormira ; par une pente fatale on va de Boucher à Baudouin, de Baudouin à quelque malfaiteur subalterne qui cache sa main. Dans la littérature, c'est d'abord quelque œuvre provocante, délicate encore : l'art que le sujet repousse, se sauve dans les détails ; puis il quitte ses scrupules, s'énerve et meurt dans des débauches sans nom.

Diderot pensait ainsi : il recommande instamment, incessamment aux artistes de prendre [1] des sujets honnêtes ; il dit [2] quelque part : « Deux qualités essentielles à l'artiste, la morale et la perspective » ; il outre même : « Tout morceau [3] de sculpture ou de peinture doit être l'expression d'une grande maxime, une leçon pour le spectateur. » Il se plaint de retrouver partout « ces objets séduisants qui contrarient l'émotion de l'âme par le trouble qu'ils jettent dans les sens » ; il a écrit ceci : « Je ne suis pas [4] un capucin ; j'avoue cependant que je sacrifierais volontiers le plaisir de voir de belles nudités, si je pouvais hâter le moment où la peinture et la sculpture, plus décentes et plus morales, songeraient à concourir avec les autres beaux-arts à inspirer la vertu et à épurer les mœurs. » Il maltraite rudement Baudouin ; dans son enthousiasme de l'honnêteté, il irait jusqu'à briser telle statue antique dangereuse pour les mœurs ; il dit cette belle parole : « Quelle compensation [5] y

---

[1] *Essai sur la peinture.* — [2] *Pensées détachées sur la peinture*, etc. — [3] *Ibid.* — [4] *Ibid.* — [5] *Salon de 1767, Baudouin.*

a-t-il entre un tableau, une statue, si parfaite qu'on la suppose et la corruption d'un cœur innocent ? » Il fait même sa confession naïve, et on peut l'en croire, du bien comme du mal, quand il parle de lui :

> Pour moi, qui [1] suis au plus attentif sur mes pensées, mes paroles et mes actions, qui aime avec une précision, un scrupule, une pureté vraiment angéliques, qui ne permettrais pas à un de mes soupirs, à un de mes regards de s'égarer ; à qui Céladon a légué sa féalité et sa conscience, legs que j'ai encore amélioré par des raffinements dont aucun mystique, soit en amour, soit en religion, ne s'est jamais avisé ; jugez combien j'ai dédaigné la tendresse courante ! Je suis un vrai janséniste, et pis encore.

Pourquoi faut-il que, trop souvent dans ses livres, lui l'artiste délicat, lui l'honnête homme, il ait sacrifié aux dieux infâmes !

Sans doute il s'était dit, à l'occasion, qu'il était bon d'humilier la sainteté chrétienne et de relever la nature, qu'il fallait plaire pour être lu, plaire pour faire passer la vérité, qu'à un public licencieux il fallait l'écrivain libre, et qu'on ne risquait pas de l'effaroucher par certaines peintures de haut goût. Ainsi s'expliquent, un peu partout, dans ses ouvrages, des choses crues qui arrivent à l'improviste, comme à peu près chez tous ses contemporains. Mais que pour écrire certaines pages odieuses, il ait raisonné de sang-froid, je ne l'admettrai jamais. Je le connais bien : il n'est pas le maître de son esprit, il sait d'où il part, il ne sait pas où il arrivera ; ses idées le mènent ; une fois lancée, son imagination puissante s'échauffant sans mesure, enfantera des monstres. Ce n'est plus lui qui écrit, c'est la fantaisie effrénée ; la sève abondante monte au cerveau et l'enivre. Que

---

[1] Lettre à Mlle Voland, 24 sept. 1767.

cette ivresse donc, où la nature était complice, qu'au retour de la raison, les pensées meilleures soient son excuse et, s'il est possible, son pardon.

Puisque la maxime : l'art pour l'art, a été agitée pour faire révolution en littérature, je dirai naïvement les merveilles qu'elle y produirait. Je ne m'offense point si le principal objet de Rembrandt est la lumière; de Rubens, la couleur; de Sébastien Bach, les modulations et les accords; souvent de Michel-Ange, la ligne du corps humain, qu'il se plaît à tourmenter, pour en montrer tous les accidents. Lignes, sons, couleurs, sont éléments inanimés, inintelligents, choses de la nature, éloignées de l'esprit, et qui n'expriment la pensée que par allusion. Mais, dans la langue qui s'écrit et qui se parle, poursuivre uniquement, à tout prix, la forme, c'est enlever au mot son rapport direct avec l'âme, le réduire au son, et dégrader la parole. La parole tient de trop près à l'esprit, et par cette alliance elle est trop haute pour se prêter à de semblables tours.

J'admire Rabelais en ses fantaisies, sa forme étincelante : ce sont jeux d'imagination, jeux de plume, jeux d'enfant; la langue française, comme Gargantua au berceau, essayait sa vigueur par des exercices prodigieux; mais Rabelais parle aussi en homme, et aujourd'hui la langue est faite; il nous faut, à notre âge, d'autres exercices. Dieu merci ! la grâce est éternelle : elle accompagne l'homme à tous les âges, toujours aimable, quand elle se montre, mais autre pour l'enfant, l'adolescent, l'homme mûr, le vieillard, autre pour la femme et pour l'homme, toujours discrète, bienséante, en son lieu.

Nous proposons ces réflexions aux écrivains qui entendraient par la maxime : l'art pour l'art, le style pour le style. Belle chose que l'harmonie, la ligne, la couleur du style dans Racine et dans Fénelon ! Essayer de penser, de sentir comme eux, pour parler comme eux, louable entreprise ; mais cette beauté est attachée à la pensée, fait corps avec elle, et il n'y a pas de procédé si délicat, de main si légère, qui puisse détacher du fond la forme, pour l'appliquer ensuite où il lui plaira. Prétendre ne parler qu'en images, lorsque l'image n'est pas la splendeur des choses, lorsqu'au lieu d'illuminer la pensée, elle éblouit, c'est manquer de respect à la vérité, et trahir l'art.

Et c'est le trahir encore que de substituer à la grâce libre des mouvements que le sentiment donne au style, les mouvements bizarres que le goût novateur affectionne, ou les agréments flétris de la période académique.

Il n'est pas permis, quand on parle d'art, de mentionner ces tristes personnages qui, décidés à faire de l'effet, mais n'ayant pas reçu le don des images neuves et fortes, s'en vont ramassant les images usées, rebut des gens de goût, et drapent fièrement un sot dans des haillons de pourpre.

Beauté. — En définitive, qu'est-ce que la beauté ? La puissance ; la beauté infinie, la puissance infinie ; la beauté limitée, la puissance limitée ; beauté physique, intellectuelle et morale : puissance physique, intellectuelle et morale ; beauté d'un orage, d'un incendie, d'un champ de moisson, puissance qui produit ou détruit ; beauté d'un système scientifique, d'une œuvre poétique, puissance de l'esprit qui retrouve l'unité de la création ou crée à son tour ; beauté de l'âme, puissance des grandes passions révoltées, ou force de l'âme humaine qui se possède et s'élève au-dessus d'elle-même, *virtus*, force, comme disaient les anciens. Quand la puissance paraît dans son infinité, c'est le sublime; quand elle se limite, et dans cette limite, se meut librement, quand elle prend une forme, s'applique à une œuvre et qu'elle éclate sous cette forme, dans cette œuvre, c'est le beau. La mer, les montagnes, l'éruption d'un volcan, une tempête, le *qu'il mourût* du vieil Horace, le *qui te l'a dit* d'Hermione, le mot d'Auguste à Cinna, le cri d'Achille, sont sublimes : ce sont les forces de la nature et de l'âme mises à nu dans leur suprême énergie; l'homme est beau, aussi le lion, l'aigle, la rose, le fleuve, la prairie, belles tant de conceptions de tant d'artistes, la sagesse aussi et la vertu, la puissance réglée et féconde, en un mot, la vie.

Le sentiment de la forme n'est autre chose que le sentiment de la vie. La ligne, dans ses inflexions, en exprime tous les accidents : elle est rapide ou lente, dégagée ou embarrassée, régulière ou irrégulière, paisible ou tourmentée, simple ou capricieuse, humble ou fière; les diverses lignes se nouent avec force ou avec grâce, finement ou grossièrement; et dans cet artifice d'un beau corps on voit la vie à l'œuvre, on sent l'invisible puissance qui se meut librement dans la matière, une énergie qui se développe hardiment, et marche sans obstacle, une raison harmonieuse qui met tout en sa place, comme dans un corps difforme on sent une puissance empêchée, une énergie arrêtée que la matière surmonte, et comme une raison obscurcie. L'attitude, le geste, la physionomie mettent en jeu la perfection d'un corps, ils ne la font pas. Les mouvements du corps humain traduisent les mouvements de l'âme humaine; mais, avant d'être passionnée, la forme a son excellence propre, son essentielle beauté : la ligne traduit une autre âme, la force souveraine, la souveraine intelligence qui lui a donné l'existence, a commandé à la matière informe de se ranger dans cette noble harmonie. Ce principe anime tous les êtres animés, vit dans tous les êtres vivants, ici obscur, là éclatant, offusqué par la matière ou rayonnant à travers ses ombres, partout présent et sensible dans la variété innombrable des formes. Il se joue un matin dans la véronique des champs ; il médite l'ouvrage de plusieurs siècles, un chêne ; il travaille avec un art infini le scarabée sous l'herbe, l'oiseau-mouche dans le feuillage ; il ébauche l'éléphant, la baleine gigantesque, et s'égare dans les formes fantastiques qui peuplent le fond des mers. Frêles créatures qui partagez avec nous l'existence, et avec nous habitez le monde, l'artiste ne vous méprise pas ; il vous ménage, humble fleur qui bordes le chemin, pauvre oiseau que lui envoie le froid ou la tempête ; il respecte en vous la vie, la force secrète qui le soutient lui-même quelques instants, le puissant principe qui, tour à tour, appelle à la lumière et replonge dans la nuit les magiques légions des formes, et perpétue l'enchantement de l'univers. Diderot, dans un moment d'enthousiasme, ravi par la beauté de la nature, s'écrie : « Vous, mon ami, qui connaissez [1] si bien l'enthousiasme et son ivresse, dites-moi quelle est la main qui s'était placée sur mon cœur ? » Cette main, il la sent, il l'adore ; qu'il ose donc la nommer.

Goût. — On a vu plus haut que, pour Diderot, il y a un bon et un mauvais goût ; il reste à les définir.

---

[1] Salon de 1767, Vernet.

Qu'est-ce donc [1] que le goût? Une faculté acquise par des expériences réitérées, à saisir le vrai ou le bon avec la circonstance qui le rend beau, et d'en être promptement et vivement touché. Tous disent que le goût est antérieur à toutes les règles, peu savent le pourquoi. Le goût, le bon goût, est aussi vieux que le monde, l'homme et la vertu ; les siècles ne l'ont que perfectionné.

L'école de goût où il enverrait le critique, est celle où on apprendrait à voir le bien et à fermer les yeux sur le mal ; il adresse cette leçon au critique dédaigneux : « Tu remues [2] le sable d'un fleuve qui roule des paillettes d'or, et tu reviens les mains pleines de sable, et tu laisses les paillettes ; » enfin il le corrige par cette rude apostrophe : « La sotte occupation que celle de nous empêcher sans cesse de prendre du plaisir, ou de nous faire rougir de celui que nous avons pris ; c'est celle du critique. » Quant à lui, il est bon, il ne demande qu'à louer, il tâche de ne pas apercevoir les méchantes œuvres ; mais s'il les aperçoit, blessé au vif, il entend au dedans de lui son goût [3] brutal qui crie : hors du salon ! hors du salon ! Exaspéré par les mauvais peintres, il invente pour leurs parents et pour leurs maîtres un nouveau supplice : « S'il y a [4] une autre vie, ils y seront certainement châtiés pour cela ; ils y seront condamnés à voir ces tableaux, à les regarder sans cesse et à les trouver de plus en plus mauvais. » Le voici tout entier dans cette page :

Pour moi, qui ne retiens [5] d'une composition musicale qu'un beau passage, qu'un trait de chant ou d'harmonie qui

---

[1] Pensées détachées sur la peinture, etc.; du goût — [2] Ibid ; de la critique. — [3] Salon de 1765 ; Boucher. — [4] Salon de 1767 ; Millet Francisque. — [5] Salon de 1767, le Prince.

m'a fait frissonner ; d'un ouvrage de littérature, qu'une belle idée, grande, noble, profonde, tendre, fine, délicate ou forte et sublime, selon le genre et le sujet ; d'un orateur, qu'un beau mouvement ; d'un historien, qu'un fait que je ne réciterais pas sans que mes yeux s'humectent et que ma voix s'entrecoupe ; et qui oublie tout le reste, parce que je cherche moins des exemples à éviter que des modèles à suivre ; parce que je jouis plus d'une belle ligne que je ne suis dégoûté par deux mauvaises pages ; que je ne lis que pour m'amuser ou m'instruire ; que je rapporte tout à la perfection de mon cœur et de mon esprit ; et que, soit que je parle, réfléchisse, lise, écrive ou agisse, mon but unique est de devenir meilleur.....

Et[1] dans un autre endroit :

J'aime à louer ; je suis heureux quand j'admire, je ne demandais pas mieux que d'être heureux et d'admirer.

Voltaire et Diderot sont les deux critiques du siècle : ils se partagent le grand goût, mais ils ont chacun un côté du goût. L'instinct de Voltaire est blessé de toute laideur, l'instinct de Diderot charmé de toute beauté ; l'un est l'ironie, l'autre l'enthousiasme. Il va sans dire que Diderot sait blâmer et Voltaire louer en maître ; mais nature les fit pour une autre œuvre, qu'ils font plus volontiers et en perfection. Diderot avait le sentiment de cette différence, quand il disait : « j'aime les fanatiques », et qu'il appelait Voltaire « le grand renverseur de piédestaux. »

Il ne faut trop se fier, pour le jugement particulier, ni à l'un ni à l'autre. Montesquieu, peu content de l'opinion de Voltaire sur l'*Esprit des lois*, écrivait[2] à l'abbé de Guasco : « Quant à Voltaire, il a trop d'esprit pour m'entendre : tous les livres qu'il lit, il les fait, après quoi il approuve ou critique ce qu'il a fait. » Diderot[3] dit un jour, en louant beau-

---

[1] Grimm, 1759, II, 341 — [2] 1757. Lettre 67. — [3] Grimm, XVI, 147

coup un manuscrit qu'on lui avait confié ; « Que ce qu'il y avait surtout de beau dans cet ouvrage était ce qui n'y était point, mais qu'il dirait à l'auteur d'y mettre la première fois qu'il le verrait. »

S'il trouvait une chose belle, rien ne l'empêchait de la trouver belle ; son goût dominait ses préventions. Lui, si peu chrétien, il osait, en plein dix-huitième siècle, approuver hautement le choix des sujets chrétiens, et réfutait avec hauteur la prétention de Webb, que les sujets [1] tirés des livres saints ou du martyrologe ne peuvent jamais fournir un beau tableau. S'il ne comprenait pas toute l'architecture chrétienne, il la louait du moins d'étendre [2] l'espace au dedans par la hauteur de ses voûtes et la légèreté de ses colonnes. Enfin, il écrivait, dans sa candeur :

Ces absurdes rigoristes [3] ne connaissent pas l'effet des cérémonies extérieures sur le peuple ; ils n'ont jamais vu notre adoration sur la croix au vendredi-saint, l'enthousiasme de la multitude à la procession de la Fête-Dieu, enthousiasme qui me gagne moi-même quelquefois. Je n'ai jamais vu cette longue file de prêtres en habits sacerdotaux, ces jeunes acolytes vêtus de leurs aubes blanches, ceints de leurs larges ceintures bleues, et jetant des fleurs devant le Saint-Sacrement, cette foule qui les précède et qui les suit dans un silence religieux, tant d'hommes le front prosterné contre la terre ; je n'ai jamais entendu ce chant grave et pathétique donné par les prêtres et répondu affectueusement par une infinité de voix d'hommes, de femmes, de jeunes filles et d'enfants, sans que mes entrailles ne s'en soient émues, n'en aient tressailli et que les larmes ne m'en soient venues aux yeux. Il y a là-dedans je ne sais quoi de grand, de sombre, de solennel, de mélancolique.

A tout prendre, il aime [4] mieux une chose hideuse

---

[1] Salon de 1767, fin. — [2] Essai sur la peinture, ch. vi. — [3] Salon de 1765. L'Epicié. — [4] 1765, Bachelier. — Doyen. — 1765, Greuze.

qu'une petite chose, l'extravagant que le plat, comme en morale, devant la bassesse, il ne hait pas les grands crimes. La correction n'est pas tout l'art à ses yeux. « Maudit maître [1] à écrire, n'écriras-tu jamais une ligne qui réponde à la beauté de ton écriture? » Mais, quand il a frappé ces cerveaux vides, il se retourne contre les artistes intempérants, et châtie, partout où il le trouve, le faux goût. D'abord la *manière :* « Elle est plus insupportable [2] à l'homme de goût que la laideur, car la laideur est naturelle, et n'annonce par elle-même aucune prétention, aucun ridicule, aucun travail d'esprit. Elle est dans les beaux-arts ce que l'hypocrisie est dans les mœurs. » Puis l'amour du strapassé, le mépris du simple et de la mesure, le goût des enfants qui aiment [3] tout ce qui brille, et préfèrent la Barbe-Bleue à Virgile, Richard sans Peur à Tacite. On quitte ses *Salons*, enthousiaste de la simplicité dans l'art, il vous fait aimer, d'une nouvelle passion, la sculpture antique, Virgile, Poussin, Raphaël. Il faut plaindre ceux qui n'auraient pas profité près de lui; ils méritent le jugement de notre critique sur ce peintre qui revenait d'Italie tel qu'il était parti de France, avec le goût de Boucher. « Mauvais symptôme! il a [4] conversé avec les apôtres, et il ne s'est pas converti. » On disputera sur le goût, on ne dira pas plus ingénieusement que ceci :

La nature [5] nous départit à tous une multitude de petits cartons sur lesquels elle a tracé le profil de la vérité. La découpure belle, rigoureuse et juste, serait celle qui suivrait le trait délié dans tous ses points, et qui le diviserait en deux. La découpure de l'homme d'un grand sens et d'un grand goût en approche le plus. Celle de l'enthousiaste, de l'homme sen-

---

[1] 1767, Lagrenée. — [2] 1767, de la manière. — [3] 1767, Robert. — [4] 1767, Téraval. — [5] 1767, Lagrenée.

sible, de l'esprit chaud, prompt, violent, mal intentionné, jaloux, blesse le trait.

L'artiste. — Diderot nous a fait connaître l'art, il va nous faire connaître l'artiste. Point d'artiste sans enthousiasme de l'art : « Ne fît-on [1] que des épingles, il faut être enthousiaste de son métier pour y exceller. » L'enthousiasme ne suffit pas : « Il est écrit *nil facies invitâ Minervâ.* On ne viole guère [2] d'autres femmes ; mais Minerve point. — Il faut la verve, l'idéal, le feu sacré, le tison de Prométhée, le démon, l'inspiration, ce qui vient de nature et que les maîtres, que l'étude ne donnent point — Et qu'est-ce donc que l'inspiration ? L'art de lever un pan du voile, et de montrer aux hommes un coin ignoré, ou plutôt oublié, du monde qu'ils habitent. » Et le sentiment qui pousse l'artiste ? L'amour désintéressé de l'idéal. « Au moment [3] où l'artiste pense à l'argent, il perd le sentiment du beau. On verserait des sacs d'or aux pieds du génie, qu'on n'en obtiendrait rien, parce que l'or n'est pas sa véritable récompense. Réduisez-le à dormir dans un grenier, sur un grabat, ne lui laissez que de l'eau à boire et des croûtes à ronger ; vous l'irriterez, mais ne l'éteindrez pas. Le génie travaille en enrageant et mourant de faim. » C'était un artiste à sa façon, ce serrurier qui avait femme et enfants, qui n'avait ni vêtement ni pain à leur donner, et qu'on ne put jamais résoudre, à quelque prix que ce fût, à faire une mauvaise gâche. Il ne faut pas non plus travailler pour obtenir l'approbation incertaine des hommes ; « il faut [4] travailler pour soi ; et tout homme qui ne

---

[1] Grimm, 1771, VII, 353. — [2] 1765, Bachelier — Falconet. — 1767, le Prince. — [3] Pensées détachées, etc., de la beauté. — 1765, feu Carle Vanloo. — [4] Salon de 1765, Desportes neveu.

se paie pas par ses mains, en recueillant dans son cabinet, par l'ivresse, par l'enthousiasme du métier, la meilleure partie de sa récompense, ferait fort bien de demeurer en repos. » Il a raison, le véritable artiste veut se contenter lui-même, et se contente difficilement. Il l'a dépeint d'une manière charmante dans ces lignes auxquelles Poussin aurait souri :

Méfiez-vous [1] de ces gens qui ont leurs poches pleines d'esprit, et qui le sèment à tout propos. Ils n'ont pas le démon. Ils ne sont pas tristes, sombres, mélancoliques et muets. Ils ne sont jamais ni gauches, ni bêtes. Le pinson, l'alouette, la linotte, le serin, jasent et babillent tant que le jour dure. Le soleil couché, ils fourrent leur tête sous l'aile et les voilà endormis. C'est alors que le génie prend sa lampe et l'allume, et que l'oiseau solitaire, sauvage, inapprivoisable, brun et triste de plumage, ouvre son gosier, commence son chant, fait retentir le bocage, et rompt mélodieusement le silence et les ténèbres de la nuit.

Il nous a dit comment il s'y prenait pour juger :

Voici ma règle [2] : Je m'arrête devant un morceau de peinture ; si la première sensation que j'en reçois va toujours en s'affaiblissant, je le laisse ; si au contraire, plus je le regarde, plus il me captive, si je ne le quitte qu'à regret, s'il me rappelle quand je l'ai quitté, je le prends.

On le reconnaîtra, je l'espère, sans peine : ce qu'il y a de large, d'élevé, de profond, de délicat dans la critique artistique de notre temps, et, dans nos mœurs, de sympathie pour ces rares natures d'artistes, nous vient de Diderot. Il ne nous a pas appris à mépriser ; cela n'était point nécessaire ; il nous a appris à admirer : avec lui on sort à la fois de l'admiration plate et des dédains impertinents. Il est par excellence de cette petite église invisible d'élus, dont

---

[1] Salon de 1765, feu Carle Vanloo. — [2] Grimm, 1771, VII, 353.

il parle, il y attire les esprits curieux des belles choses, et ceux-ci en attirent d'autres à leur tour ; ainsi, de proche en proche, le culte de l'art s'étend.

IV

Nous avons cité de nombreux ouvrages de Diderot : l'*Interprétation de la nature*, les *Pensées philosophiques*, les *Pensées sur la matière et le mouvement*, l'*Entretien d'un philosophe avec la maréchale de Broglie*, la *Lettre sur les aveugles*, la *Correspondance avec mademoiselle Voland* et *avec Falconet*, les admirables *Salons*, avec les autres ouvrages qui s'y rattachent, *Lettre sur les sourds et muets*, *Paradoxe sur le comédien*, qu'il faut lire et relire ; mais, on le sait, le fécond Diderot n'est pas là tout entier ; il a écrit sur toutes sortes d'objets : dans l'Encyclopédie, des articles savants, sensés, ingénieux, qu'il est bon de lire, en tenant un compte attentif du temps et du lieu où ils ont paru, se gardant bien de prendre l'auteur à la lettre dans les sujets épineux ; l'*Entretien d'un père* (du père de Diderot) *avec ses enfants*, sur la question s'il est permis de violer la loi : sage discussion morale, où règne trop souvent *l'ordre sourd;* les *Maximes de politique tirées de Sénèque et de Tacite*, code du despotisme, à l'usage des peuples, avec la concision imitée des deux auteurs latins ; et, quand le libraire Berton se fut permis de corriger les derniers volumes de l'Encyclopédie, la lettre qu'il lui adressa, chef-d'œuvre de colère, sauvée de la tentation des gros mots. Il a même composé une poétique pour le théâtre, où je recueille cette juste remarque, que chaque artisan de poétique la fait à son usage, conforme à son talent. A quoi notre philosophe n'a pas manqué : facilement pris d'attendrissement et d'enthousiasme, il a donné là une sorte d'introduction au drame larmoyant et déclamant. Par bonheur, il a fait mieux que ces pièces, fort goûtées du reste de son temps ; l'artiste indiscipliné, mal à l'aise dans le cadre régulier d'un drame, a écrit l'éblouissante fantaisie, *Le neveu de Rameau*, *L'histoire de madame de la Pommeraye*, la touchante aventure : *Ceci n'est pas un conte*, et le reste, qu'on saura bien retrouver.

C'était à lui qu'il convenait d'écrire sur les femmes, non à Thomas, qui avait des qualités pour d'autres sujets. Aussi, quand parut l'essai de Thomas, Diderot le jugea, et écrivit d'entrain quelques pages très-brillantes. Citons au moins quelques lignes :

Jamais un homme ne s'est assis, à Delphes, sur le sacré trépied ; le rôle de pythie ne convient qu'à une femme. Il n'y a qu'une tête de femme qui puisse s'exalter au point de pressentir sérieusement l'approche d'un dieu, de se tourmenter, de s'écheveler, d'écumer, de s'écrier : « Je le sens, je le sens, le voilà, le dieu ! » et d'en trouver le vrai discours. Un solitaire, brûlant dans ses idées ainsi que dans ses expressions, disait aux hérésiarques de son temps : « Adressez-vous aux » femmes : elles reçoivent promptement, parce qu'elles sont » ignorantes ; elles répandent avec facilité, parce qu'elles sont » légères ; elles retiennent longtemps, parce qu'elles sont » têtues. » — Le quiétisme est l'hypocrisie de l'homme pervers et la vraie religion de la femme tendre. Il y eut cependant un homme d'une honnêteté de caractère et d'une simplicité de mœurs si rares, qu'une femme aimable put, sans conséquence, s'oublier à côté de lui, et s'épancher en dieu ; mais cet homme fut le seul, et il s'appelait Fénelon. C'est une femme qui se promenait dans les rues d'Alexandrie, les pieds nus, la tête échevelée, une torche dans une main, une aiguière dans l'autre, et qui disait : « Je veux brûler le ciel avec » cette torche et éteindre l'enfer avec cette eau, afin que

« l'homme n'aime son Dieu que pour lui-même. » Ce rôle ne va qu'à une femme.

L'exemple d'une seule en entraîne une multitude. Il n'y a que la première qui soit criminelle; les autres sont malades. O femmes, vous êtes des enfants bien extraordinaires !

Quand on écrit des femmes, il faut tremper sa plume dans l'arc-en-ciel, et jeter sur sa ligne la poussière des ailes du papillon. Comme le petit chien du pèlerin, à chaque fois qu'on secoue sa patte, il faut qu'il en tombe des perles, et il n'en tombe point de celles de M. Thomas.

Faute de réflexion et de principes, rien ne pénètre jusqu'à une certaine profondeur de conviction dans l'entendement des femmes; les idées de justice, de vertu, de vice, de bonté, de méchanceté, nagent à la superficie de leur âme, elles ont conservé l'amour-propre et l'intérêt personnel avec toute l'énergie de nature; plus civilisées que nous en dehors, elles sont restées de vraies sauvages en dedans, toutes machiavélistes du plus au moins; où il y a un mur d'airain pour nous, il n'y a souvent qu'une toile d'araignée pour elles.

Tandis que nous lisons dans les livres, les femmes lisent dans le grand livre du monde : aussi leur ignorance les dispose-t-elle à recevoir promptement la vérité quand on la leur montre. Aucune autorité ne les a subjuguées. Au lieu que la vérité trouve à l'entrée de nos crânes un Platon, un Aristote, un Épicure, un Zénon en sentinelles et armés de piques pour la repousser. Elles sont rarement systématiques, toujours à la dictée du moment.

Thomas ne dit pas un mot du commerce des femmes pour un homme de lettres; et c'est un ingrat. L'âme des femmes n'étant pas plus honnête que la nôtre, mais la décence ne leur permettant pas de s'expliquer avec notre franchise, elles se sont fait un ramage délicat, à l'aide duquel on dit honnêtement tout ce qu'on veut, quand on a été sifflé dans leur volière. — Elles nous accoutument encore à mettre de l'agrément et de la clarté dans les matières les plus sèches et les plus épineuses. On leur adresse sans cesse la parole, on veut en être écouté, on craint de les fatiguer ou de les ennuyer, et l'on prend une facilité particulière de s'exprimer qui passe de la conversation dans le style. Quand elles ont du génie, je leur en crois l'empreinte plus originale qu'en nous.

Le fond de sa nature était l'enthousiasme. Meister l'a bien connu. « Il semble que l'enthousiasme fût devenu la manière d'être la plus naturelle de sa voix, de son âme, de tous [1] ses traits. Il n'était vraiment Diderot, il n'était vraiment lui que lorsque sa pensée l'avait transporté hors de lui-même. — Quand je me rappelle le souvenir de M. Diderot, l'immense variété de ses idées, l'étonnante multiplicité de ses connaissances, l'élan rapide, la chaleur, le tumulte impétueux de son imagination, tout le charme et tout le désordre de ses entretiens, j'ose comparer son âme à la nature, telle qu'il la voyait lui-même, riche, fertile, abondante en germes de toute espèce, douce et sauvage, simple et majestueuse, bonne et sublime, mais sans aucun principe dominant, sans maître et sans Dieu. »

Il avait des vues sur tous les objets ; on ne pouvait toucher cet esprit, sans en faire jaillir une flamme ; et ce n'étaient pas des saillies isolées, de simples vivacités, mais l'égalité d'une raison puissante qui se portait promptement au centre des choses, et de là les illuminait.

On reconnaissait sa main dans un grand nombre de pages les plus fortes du *Système de la nature*, de *l'Esprit* et de *l'Histoire philosophique des deux Indes*. Lors du soulèvement contre le *Système de la nature*, il fut très-inquiet, il se tint à Langres, prêt à passer la frontière. Paraissait-il un livre hardi, comme le livre *De la Nature*, par Robinet, on affectait de le lui attribuer.

Son style est à part : il a essentiellement le feu, mais ce sont proprement autant de styles que de dif-

---

[1] *Mélanges.* — Grimm, 1786, XIII, 202, etc.

férentes émotions, et jamais homme n'y a été plus ouvert ; c'est la naïve empreinte de l'âme. Ce ne sont pas tableaux mais esquisses de maître : il n'a fait que des esquisses, suivant un certain tour de tête qui vient une fois et ne vient plus après, chaque fois crayonnant avec une verve incomparable. Pascal, l'auteur des *Pensées*, esquisse à sa façon : il marque rapidement le trait profond, ineffaçable, inflexible, qui commande le dessin futur ; il saisit d'abord ce durable aspect des choses, qui se découvre à la réflexion opiniâtre ; le trait de Diderot est errant, mais plein de vie, c'est le premier jet abondant, la première main hardie, impétueuse, la première impression des choses sur un esprit admirablement fait. C'est un grand artiste qui n'a laissé que des cartons, mais des cartons immortels.

On ne saurait, en parlant de Diderot, trop parler de l'écrivain, mais il serait injuste d'oublier l'homme. Il a dit vraiment de lui : « Si la nature [1] a fait une âme sensible, vous le savez, c'est la mienne. » Et ceci qui est honnête : « Quant à moi, qui n'ai pas la peau fort tendre, et qui serais plus honteux d'un défaut que j'aurais, que de cent vices que je n'aurais pas, et qui me seraient injustement reprochés... » Il n'était pas tyran, si on en croit le *Code Denis* :

> Au frontispice de mon code
> Il est écrit : Sois heureux à ta mode ;
> Car tel est notre bon plaisir.

J'ai déjà cité son mot sur les ingrats ; prodigue de ses idées, de sa fortune, de son influence, il fit toujours le bien, jamais le mal, il fut trompé, point corrigé : l'expérience fut quelquefois dure, mais l'expé-

---

[1] V. Grimm, 1770, VII, 102. — 1770, VI, 473. — 1770, VI, 342.

rience ne le découragea pas. Ce qui ne veut pas dire qu'il donnât son affection à tout le monde. Il ne pouvait ni la donner ni la retirer sans peine : « Je fais bien [1] de ne pas rendre l'accès de mon cœur facile ; quand on y est une fois entré, on n'en sort pas sans le déchirer ; c'est une plaie qui ne cautérise jamais bien. » Il l'avait ouvert à Grimm, et lorsque celui-ci fut menacé de devenir aveugle, il écrivit ce mot charmant, parce que ce n'est pas un mot : « C'est [2] d'une goutte-sereine que Grimm est menacé ; et d'avance je vous préviens que son bâton et son chien sont tout prêts. » Quand il avait de forts griefs contre d'anciens amis, sachant bien qu'il pourrait les oublier, il en prenait note sur des tablettes exprès, qu'il ne consultait guère. Meister les vit ouvrir une fois que Diderot voulut lui raconter les torts de Jean-Jacques. Il était bien le frère de la chère sœur qui ne s'en laissait imposer [1] ni par les choses ni par les personnes, et du sensible abbé, qui se dépouillait pour les pauvres, et sanglotait et étouffait à l'idée d'être moins aimé que sa sœur. Il était l'homme d'un petit nombre : une nouvelle connaissance lui était un gros souci : il balbutiait, il cherchait les phrases d'usage et ne se trouvait pas « un liard de cette monnaie ; » il confie sa peine à son amie : « je sais dire [4] tout, excepté bonjour. » Mais, au milieu de sa société familière, son âme ardente rayonnait : il représentait l'enthousiasme dans un monde glacé. Voici ce qui n'est point un récit de fantaisie, mais une analyse saisissante :

Je ne saurais [5] vous dire ce que la droiture et la vérité font

---

[1] Lettre à Mlle Voland, 20 déc. 1765. — [2] *Ibid.*, 12 août 1762. — [3] Lettre à Mlle Voland, 31 juillet 1759. — [4] *Ibid.*, 28 oct. 1760. — [5] *Ibid*, 8 oct. 1760.

sur moi. Si le spectacle de l'injustice me transporte quelquefois d'une telle indignation, que j'en perds le jugement, et que dans ce délire, je tuerais, j'anéantirais, aussi celui de l'équité me remplit d'une douceur, m'enflamme d'une chaleur et d'un enthousiasme où la vie, s'il fallait la perdre, ne me tiendrait à rien ; alors il me semble que mon cœur s'étend au dedans de moi, qu'il nage ; je ne sais quelle sensation délicieuse et subite me parcourt partout ; j'ai peine à respirer, il s'excite à toute la surface de mon corps comme un frémissement...

D'une mobilité extrême d'impression, mais toujours tout entier en proie à l'impression présente, il se regardait comme un Langrois, seulement un peu corrigé, et disait plaisamment de ses compatriotes : « La tête [1] d'un Langrois est sur les épaules comme un coq d'église au haut d'un clocher. » Qu'avons-nous affaire de le peindre? Il s'est peint lui-même. Mécontent de son portrait par Michel Wanloo, il le refait de verve :

Mes enfants, je vous [2] préviens que ce n'est pas moi. J'avais en un jour cent physionomies diverses. Selon la chose dont j'étais affecté, j'étais serein, triste, rêveur, tendre, violent, passionné, enthousiaste ; j'avais un grand front, des yeux très-vifs, d'assez grands traits, la tête tout à fait du caractère d'un ancien orateur, une bonhomie qui touchait de bien près à la bêtise, à la rusticité des anciens temps. J'ai un masque qui trompe l'artiste ; soit qu'il y ait trop de choses fondues ensemble, soit que les impressions de mon âme se succèdent très-rapidement et se peignent toutes sur mon visage, l'œil du peintre ne me retrouvant pas le même d'un instant à l'autre, sa tâche devient beaucoup plus difficile qu'il ne la croyait.

J'insiste à dessein sur la candeur et l'exquise bonté de Diderot ; car ce n'est pas un médiocre éloge. C'est

---

[1] Lettre à Mlle Voland, 10 août 1759. — [2] Salon de 1767, Michel Vanloo.

un beau spectacle, au dix-septième siècle, que cette société des grands esprits, humains, polis, bienveillants, qui, dans la discussion, oublient leur personne et la personne de leurs adversaires, et ne s'échauffent que pour les choses éternelles. On dirait qu'ils habitent déjà par delà notre monde, dans la paix des Champs-Elysées. C'est, au contraire, un triste spectacle, au dix-huitième siècle, que la société des beaux esprits avec ses tracasseries, ses propos, ses aigreurs; le petit bruit des vanités qui se choquent, couvre la solennelle dispute de l'erreur et de la vérité; on ne pouvait plus sûrement se décrier, se rapetisser devant l'avenir. Diderot vécut parmi eux, sans partager leurs misères, bien au-dessus des petitesses de l'amour-propre et des coteries; par la sincérité, la naïveté, le désintéressement, il est du dix-septième siècle, pour son honneur; il est du dix-huitième, par la bonté un peu intempérante : il fut un grand homme, et un excellent homme.

UNE PHILOSOPHIE NOUVELLE.

Une philosophie nouvelle, pour la France du moins, se dessine chez nous depuis quelque temps. Pour une part, elle est un retour à celle du dix-huitième siècle, pour l'autre, une importation de la philosophie allemande de Hégel. Il n'entre pas dans notre dessein de l'exposer au long et de la réfuter pied à pied; nous nous contenterons d'en marquer le caractère général et de proposer, à cette occasion, quelques réflexions, générales aussi, sur la doctrine et sur l'état où elle rencontre la raison publique et l'ancienne philosophie française.

Cette philosophie se distingue du panthéisme et de l'athéisme primitif. Tandis que le panthéisme n'admet qu'un être et détruit tout ce que nous sommes habitués à prendre pour des êtres individuels, des personnes; tandis que l'athéisme des atomistes, avec sa pluie d'atomes indifférents, qui s'accrochent dans le vide, nie l'infini, l'âme et la liberté, elle admet une infinité d'êtres, qui, par une force intime, tendent à se développer, et, dans ce développement, tendent à la perfection; ainsi elle peut conserver la personnalité, la liberté, l'âme spirituelle et immortelle, le devoir comme idéal de l'activité, une idée d'infini dans le nombre et de perfection dans le but.

Où ranger cette doctrine? Cela n'est point aisé. Parmi les hommes, les uns croient à Dieu, les autres n'y croient pas : ce sont les théistes et les athées; mais parmi les théistes, les uns ont l'esprit et le cœur religieux, les autres ont l'esprit théiste et le cœur athée; parmi les athées, les uns ont l'esprit et le cœur athées, les autres ont l'esprit athée et le cœur religieux. L'athée parfait est celui qui n'a ni pensée ni souci d'autre chose que du fini; l'homme religieux parfait est celui qui de partout s'élève à l'infini et s'y dilate. Mais qu'il est difficile d'être conséquent avec soi-même! Tel qui nie obstinément l'infini ne peut y songer sans être ému, étouffe dans les barrières qu'il s'impose; tandis que son esprit se cramponne au sol, son cœur s'envole, ravi par quelque chose de grand qui passe, par la beauté, par le génie, par l'héroïsme, par la force mystérieuse qui produit sans s'épuiser tous les phénomènes du monde, provoque le germe sous terre, tonne dans le ciel, élève les puissances ou les insulte, se joue dans la vie et dans la mort. Lucrèce s'imagine être athée! Et il s'imagine être religieux, ce croyant qui croit à Dieu parce qu'il ne peut s'empêcher d'y croire, mais ne s'en inquiète pas autrement, ou, s'il y songe, dans toutes les pensées et les actions qu'il lui prête, le ravale, le fourvoie dans des misères, en fait un Dieu de théâtre, une grande utilité. Ce qui est clair dans la doctrine nouvelle, c'est qu'elle n'admet pas un Dieu personnel; mais ce qui est clair aussi, c'est que les esprits qui la proposent, par leur foi à l'infinité et à la perfection, par le sentiment qu'ils ont du progrès dans la vie de la nature et dans la pensée humaine, par le souffle de toute leur philosophie, peuvent être comptés parmi les esprits les plus religieux de ce temps.

Les hommes sont couverts par leur sincérité : ils ont droit à notre respect et n'appartiennent qu'à leur conscience ; quant à la doctrine, elle nous appartient. Nous l'examinerons tout à l'heure en elle-même ; pour le moment, nous sommes frappés de la tactique qu'elle emploie : sachant bien dans quel monde prévenu elle tombe, elle se défend à l'avance, elle récuse pour juges le sens commun, le sentiment, quelquefois même la pratique.

D'abord le sens commun. On rappelle avec complaisance ses méprises, et on n'espère pas qu'il doive être plus infaillible dans l'avenir que par le passé. Ce mauvais vouloir est naturel : quand on tente les grandes aventures, on n'aime pas une surveillance jalouse, un censeur qui vous rappelle à l'ordre ; mais il est naturel aussi que ceux que l'on conduit réfléchissent un peu, quand ils soupçonnent qu'on veut les mener loin. Je sais bien que nous avons toujours à la bouche le sens commun, que tout le monde à propos de tout l'invoque pour soi et contre les autres, qu'à ce compte il y aurait autant de variétés du sens commun que de pays, d'époques et d'individus ; mais le véritable sens commun n'a rien à voir avec ces contradictions ; l'erreur n'est pas la sienne, c'est l'erreur de ceux qui le font parler où il n'a que dire. Il ne se prononce pas sur l'astronomie, la physique, la physiologie et la politique, il ne décide pas si la terre se meut ou si elle est immobile au centre de l'univers, si la nature a ou non horreur du vide, si le sang circule ou non dans le corps, s'il faut choisir telle ou telle forme de gouvernement; composé d'un petit nombre de vérités premières, évidentes, universelles, présentes à tous les hommes par cela seul qu'ils sont hommes, il m'assure que je suis, qu'il y a des corps, qu'il y a un être infini, que je suis libre, qu'il y a de l'ordre dans le monde, qu'il y a du bien et du mal; il parle aux autres comme à moi ; ces quelques axiomes jugent toutes les idées qui peuvent passer par la tête des hommes, condamnent tout système qui les combat. Les axiomes géométriques ne sont sans doute pas toute la géométrie, ni les axiomes du sens commun toute la philosophie; mais il n'y a ni géométrie ni philosophie sans eux, et dans les deux cas il ne s'agit, pour être assuré de ce qu'on affirme, aussi loin qu'on semble être de ces vérités, que de remonter aux premiers principes d'une affirmation, ou de descendre aux dernières conséquences et de confronter. J'ajoute que le sens commun n'approuve pas mais réprouve, qu'il se borne à exclure et à rejeter par l'absurde; car il y a bien des manières d'entendre une vérité et d'en accorder plusieurs, mais il n'y a qu'une manière de les nier. Le sens commun ainsi entendu est à l'abri de toutes les objections, n'est plus cette autorité complaisante qui consacre toutes les erreurs un peu répandues ; il est la seule règle de la vérité; sans lui, il n'y a plus que des conceptions personnelles menées par une logique aveugle. Autre chose est la raison, autre chose le raisonnement, comme l'a dit Molière :

> Et le raisonnement en bannit la raison.

La raison naturelle, sans réflexion, nous donne les vérités premières ; puis vient le raisonnement qui, analysant et déduisant, tantôt retrouve ces vérités et tantôt les perd. Il n'y en a pas une seule qui ne soit restée par les chemins de la philosophie. Averti par ces exemples et craignant par nous-mêmes, nous nous abritons sous le sens commun et demandons à ceux qui sont hardis la permission d'être timide.

Une autre prétention de la philosophie nouvelle est que le sentiment n'a rien à voir avec la vérité, que par conséquent toutes ses protestations sont inutiles. Il me semble que nos philosophes font ici comme les opérateurs qui, avant d'opérer les gens, les rendent insensibles pour les empêcher de crier. Ce début ne me rassure point et je tâche de me défendre. D'abord, il y a une sorte de sentiments entièrement distincts de l'intelligence, comme le sentiment maternel : on avouera que contre ceux-là la raison ne saurait prévaloir; en vain toute la logique s'armerait contre eux, en vain les principes qui les attaqueraient paraîtraient les plus solides et les conséquences les plus rigoureuses, nul système ne tient contre ce simple mouvement des entrailles. Il y a, je le sais, une autre sorte de sentiments, et j'y viens ; ceux-ci suivent un acte de l'intelligence : tels sont le sentiment moral, le sentiment du beau, le sentiment religieux, qui se produisent en nous, quand nous avons conçu le bien, le beau, et l'infini; on peut dire qu'ils ne sont que le contre-coup de la raison. Ici il semble que les systèmes puissent davantage, et que, s'ils convainquaient d'erreur ces idées de la raison, ils convaincraient par là même d'erreur ces sentiments de la sensibilité, qui n'aurait plus qu'à se taire; il n'en est pas ainsi. La parole ose tout; voici des philosophes bien fiers d'avoir vaincu quelqu'un de ces préjugés; mais, alors même qu'ils s'en vantent, quelque chose en eux proteste : celui qui nie les corps se sent mouvoir, celui qui nie la personnalité et la liberté humaine sent sa force et qu'il est maître de soi, celui qui nie l'ordre du monde en sent l'harmonie, celui qui nie le bien, le beau, la perfection, est ému quand il les rencontre et y aspire sans y songer. Ces puissants mouvements de la nature, que la réflexion ne crée pas et qu'elle ne vient pas à bout de détruire, c'est ce qu'on appelle le sentiment : idée ou émotion, ordinairement les deux ensemble, intimement unis, cachés au plus profond de notre être, où ils agissent sans notre volonté, comme dans notre corps les appareils de la vie organique, par lesquels le sang circule et respire; sortant quelquefois de ces profondeurs par des coups éclatants, ou pour confondre les systèmes des théologiens et des philosophes, ou pour rappeler aux hommes qu'ils sont hommes : pitié soudaine dans les bourreaux, tremblement du héros qui va au danger, regret de la liberté quand on a le reste, du bien dans le mal, élan de patriotisme, frémissement d'admiration, tristesses des saints dans la vie angélique, réveils religieux dans la vie mondaine. Vraiment, il serait trop commode de dogmatiser et de se gouverner ou de gouverner les autres, si on n'avait pas à compter avec le sentiment; mais il n'y a pas moyen de compter sans lui, et c'est ce qui fait la difficulté de philosopher et de gouverner, et aussi la difficulté de vivre.

Il en est, dans les nouveaux philosophes, qui, pour philosopher plus à leur aise, déclarent que la spéculation n'a rien à démêler avec la pratique. Parlons nettement. Croit-on que si une doctrine abolissait la certitude, on n'aurait pas à lui représenter qu'elle tue la vie intellectuelle? que si elle abolissait la liberté, la distinction du bien et du mal, l'immortalité, on n'aurait pas à lui représenter qu'elle tue l'activité morale? La pratique donc a quelque autorité sur la spéculation pour la rappeler au vrai. On tirera aisément de là que si la spéculation abolit le Dieu personnel et que si la pratique le réclame, la spéculation a tort. C'est ici, qu'on le remarque, une question de vie ou de mort, et on n'entend pas naturellement que s'il y a une imagination ou une institution qui rende la pratique plus facile, elle entre par cela même de droit dans la raison ; car, à ce compte, toutes les superstitions de tous les pays seraient sacrées. On énonce seulement une vérité facile à saisir : c'est que l'homme est un ; que si son intelligence et sa liberté allaient à part, il serait double ; que si son intelligence et sa liberté allaient en sens contraire, il serait un monstre. Parce qu'on unit dans ces hauteurs la spéculation à la pratique, on n'est pas de ceux qui placent Dieu dans la société de la même façon que les anciens plaçaient tel dieu dans leurs champs comme un épouvantail.

Contre la philosophie nouvelle, nous conservons donc obstinément l'appel au sens commun, au sentiment et à la pratique. Maintenant un mot sur la doctrine elle-même. Si dans un système la simplicité est tout, celui-ci est le parfait système ; mais, outre la simplicité, il faut la vérité. Or, ici les doutes abondent ; je ne dirai que les principaux. Laissons les discussions métaphysiques où le sens se trouble si aisément, ces hauteurs aiguës où il est si difficile de se tenir, il reste la vieille objection que la raison commune oppose éternellement à la science hardie : d'où vient l'harmonie du monde? Je ne m'occupe pas des astres : ils ont une loi ; créés ou non, il faut bien qu'ils en aient une, et cette loi produit la variété des mouvements qui se font. Mais les corps organisés, les végétaux, les animaux, l'être merveilleux de l'homme! le corps de l'homme, cette machine à mille rouages, qui respire, digère, circule, absorbe, secrète, se conserve et se reproduit ; cet appareil aux mille leviers, os, humeurs, membranes, qui se meut, sent, entend et voit, serviteur d'un esprit intelligent et actif; le monde fait pour lui et lui pour le monde; un sol pour son pied, la lumière pour son œil, l'air pour son oreille, l'air encore pour son sang, pour ses dents larges et tranchantes l'herbe et la chair; dans les autres êtres vivants des millions d'autres problèmes avec d'autres données, mais aussi sûrement résolus; partout, dans les animaux et dans l'homme, à défaut de la science, un instinct ignorant, impétueux, infaillible. Tout cela n'est pas, ne peut pas être l'effet du hasard, ni du tâtonnement, ni d'une pensée encore aveugle et qui se cherche elle-même, ni d'un principe physique qu'on appellerait principe d'harmonie, capable de concerter des desseins si étendus. On a beau dire, on a beau faire, cela c'est de l'intelligence. Je l'avoue humblement, j'ai essayé, et quel homme, s'il est homme, ne l'a essayé, d'expliquer le monde par lui-même; j'ai toujours été vaincu par ce raisonnement vulgaire qui de l'intelligence conclut à un être intelligent. Sans doute, pour des êtres qui ne pensent et n'agissent que dans le temps, c'est une terrible difficulté de concevoir la pensée et l'activité éternelles, ou en elles-mêmes ou formant le monde. Ceux qui font les fiers là-dessus mentent, croyez-le bien, ou n'y ont pas songé. Mais enfin, si je ne vois pas nettement cette manière d'existence divine, je vois nettement que le monde est ordonné et n'a pu s'ordonner lui-même; il y a là une obscurité, mais il y a ici une évidence, contre laquelle rien ne peut prévaloir.

Voici une observation de quelque prix. En ôtant le Dieu personnel, on ôte une grande douceur à l'âme, qui n'a plus d'être parfait à adorer, une grande force à la volonté, qui travaillait au bien, on désole la vie intérieure. Si Dieu est le Dieu de l'homme, si l'homme est raison et cœur à la fois, pourquoi Dieu ne serait-il pas le Dieu de la raison et du cœur humain, le Dieu de la pensée et de la vie? J'admire la rigueur de votre doctrine; mais il y a trois choses qu'on n'y rencontre pas : la faiblesse, la douleur et l'amour. Notre faiblesse se fortifie en s'approchant d'un être parfait par l'élan d'une âme qui contemple et qui adore; nos souffrances imméritées sont révoltantes si c'est la fatalité qui nous frappe sans compensation. Quant à l'amour, où tout ce qui est de l'homme se concentre, s'absorbe, se perd et défie la mort, sous toutes ses formes et surtout sous la forme sacrée de la famille, où sa puissance est faite de toutes les puissances du monde, la passion, le sang, le devoir; quant à l'amour, il a, dis-je, sa logique contre votre logique : il n'admet pas qu'un accident physique, une veine ou un nerf qui se rompt puisse rompre cette société qu'il a formée et en disperser les éléments dans l'espace pour s'oublier et se méconnaître à jamais.

La nouvelle philosophie est donc une philosophie de la raison, mais elle n'est pas une philosophie humaine, comme le sera celle qu'on trouvera peut-être un jour ou que nous possédons déjà. Est-il permis d'avouer que, sous la réserve des développements possibles, on tient encore pour cette philosophie française qui, consultant perpétuellement le sens commun, le sentiment et la pratique, a constitué le spiritualisme présent? Depuis quelques années elle n'est pas en faveur. Est-ce la faute du temps, est-ce la sienne? Cela vaut la peine d'être examiné. Rappelons-nous ce que nous avons vu et ce que nous voyons encore, et disons ce qui est : ce temps-ci n'a pas cherché une raison plus haute, il s'est dégoûté de la raison.

Quand on observe quels enseignements de nos jours ont le plus piqué l'attention et le plus fortement agi sur l'intelligence publique, on trouve, et personne ne me contredira, dans le mouvement M. Proudhon, dans la réaction M. Veuillot ; pour le surnaturel, les esprits frappeurs et les nouveaux miracles; pour la morale, les événements. Les esprits frappeurs ont, comme on se le rappelle, vivement ébranlé les imaginations. Une grande autorité, le père Ventura, voit dans ces phénomènes, malgré leur apparence de puérilité, un des plus grands faits de notre siècle. « Il sort déjà, dit-il, de toutes ces choses de merveilleuses leçons. Il en sort, en effet, la justification de l'Évangile et de la foi, la condamnation définitive d'un rationalisme terrassé par les faits, et par conséquent la glorification prochaine de tout le passé de la véritable Église, et même de ce moyen âge si calomnié, si travesti, si gratuitement doué de tant de ténèbres. Les événements politiques des derniers temps s'étaient chargés de lui donner raison, à ce moyen âge, sous le rapport du bon sens en matière gouvernementale; et voilà des faits d'une nature tout à fait étrange qui viennent le venger d'une crédulité superstitieuse. » (Lettre à M. Eudes de Mirville.) Pendant ce temps, les apparitions divines se sont multipliées, et ainsi nous avons été plongés dans le merveilleux. Lorsque la nuit se fait, les fantômes arrivent. Quant aux événements, pour n'en dire qu'un mot, ils ont été l'avénement d'une nouvelle conscience humaine, moins étroite que l'ancienne conscience, moins timorée, et, si on peut le dire, moins provinciale. Pour MM. Proudhon et Veuillot, un mot ne suffit pas; parlons-en tout à notre aise, comme dit Montesquieu quand il arrive à Alexandre.

Je ne tente point de démêler ce qu'il y a dans M. Proudhon de naïf et d'artificiel, ce qu'il a mis de sa réputation au service de ses idées, et de ses idées au service de sa réputation. Dieu sait cela, et M. Proudhon ne le sait pas lui-même; toujours est-il qu'il y avait en lui de l'étoffe pour réussir de toutes façons; mais il voulait faire de l'effet et il en fit : il força sa voix et la désaccoutuma du ton naturel; enivré de logique allemande, il joua avec toutes les idées, les lançant en l'air, les rattrapant pour les lancer encore, escamotant, à l'ébahissement universel, Dieu et la société, faisant paraître et disparaître les choses dans une fantasmagorie d'où on sort ne sachant plus où on en est, la vue trouble, n'étant plus sûr de rien ni de soi-même; il a fini, comme finissent quelquefois les puissances, par l'infatuation.

J'entends dire beaucoup de mal de M. Veuillot, et c'est bien injuste. Imaginez un instant qu'il n'existe pas, que deviendrions-nous? Quand on ne peut parler de rien, de quoi voulez-vous qu'on parle, sinon de M. Veuillot? Il y a tel journal à qui les protestations contre M. Veuillot tiennent lieu de couleur. Le jour où M. Veuillot ne serait plus, la France serait prise d'un grand ennui. Voltaire écrivait que son médecin lui avait ordonné de *courre*, tous les matins, une heure ou deux, le Pompignan; et on sait que cet exercice l'a fait vivre jusqu'à quatre-vingt-quatre ans. Nous sommes quelques-uns des fils de Voltaire qui courons aussi le Veuillot; cela nous tient en vie et en gaieté, suffit à notre bonheur dans ce monde et nous sera compté dans l'autre, où il y aura bien des gens surpris. Personne n'a à se plaindre du renom de M. Veuillot que M. Granier de Cassagnac, qu'on ne peut plus, malgré ses invitations, aller chercher sur son terrain, et qui a la douleur d'être inviolable. Quelle a été la mission de M. Veuillot? On a vu un homme entreprendre la tâche hardie de déshabituer les hommes de la raison, l'attaquer en elle-même et dans toutes ses idées, combattre comme des niaiseries la liberté politique, la liberté de conscience, la séparation de l'ordre civil et de l'ordre religieux, par ces paradoxes de haut goût rendre tout le reste fade pour le lecteur excité. M. Veuillot devra donc avoir une grande place dans l'histoire philosophique de notre temps. Ce n'est pas tout.

Nous avons vu naître de nos jours un genre inconnu dans les lettres : cela figure une boxe littéraire et s'appelle, en français nouveau, l'éreintement. Il paraît que cet exercice a un grand charme. Ne pouvant, comme Dieu, faire de rien quelque chose, on fait de quelque chose rien ; puis toutes les amertumes, les rancunes, les colères, tout ce qu'il y a de venin dans les entrailles se dépense là. Dans cette action de jeter un ennemi à terre et de le meurtrir à loisir, il y a des voluptés à faire trembler un saint, quand cet ennemi n'est pas l'ennemi de Dieu et des hommes, un révolutionnaire de 89 ou un philosophe. Lors donc que plus tard on refera l'histoire littéraire, on dira que cette création appartient à un journal nommé l'*Univers religieux*, que le rédacteur de ce journal avait dans cet art un joli talent, qu'il florissait sous l'Empire, vers le milieu du dix-neuvième siècle, et fut le premier dans le dernier des genres. Il y a entre lui et M. Proudhon de grands rapports et la matière d'un parallèle à la Plutarque. Ils ont tous les deux de l'esprit, de la verve, de la violence ; ils sont au-dessus du sens commun et de la convenance, comme César était au-dessus de la grammaire ; M. Proudhon est M. Veuillot touché par la révolution, et M. Veuillot est M. Proudhon touché par la grâce ; la Providence, qui veille à l'équilibre du monde, n'a pas voulu qu'ils fussent tous deux du même côté.

En retraçant les influences dominantes de ces dernières années, nous ne croyons pas avoir rien inventé ni rien augmenté. Après cela, quelle figure voulez-vous que fassent les philosophes spiritualistes? Ils n'ont point de miracles, ils ne sont ni esprits, ni médiums, ils lisent comme on lisait autrefois, avec leurs yeux ; ils ne savent du passé que ce que leur en apprend l'histoire, et s'ils ressuscitent un siècle, c'est bonnement par l'érudition et l'intelligence, sans évoquer les moindres ombres des personnages du temps ; quant à l'avenir, ils l'ignorent absolument, et l'on n'en tirerait pas la plus petite lumière pour une spéculation industrielle ; ils n'appellent pas la foule par l'audace des affirmations et des mots : ils disent ce qu'ils savent, dans une langue discrète qui ne surfait point les choses ; ils n'attirent pas par le scandale ; parce qu'ils doutent quelquefois on les appelle orgueilleux, et parce qu'ils défendent les idées du sens commun on les appelle absurdes ; ils trouvent cela dur et se résignent ; quand ils se rangent pour laisser passer le monde nouveau qui roule les hommes et les principes, ils ont l'air peu intelligents et s'y résignent encore. Il ne faut pas se faire illusion : la philosophie spiritualiste est passée à l'état d'honorable curiosité; elle figurera dans les musées avec d'autres débris des âges primitifs, avec les tribunes et ces vénérables machines des gouvernements parlementaires qui font sourire notre civilisation. On nous a si bien répété que nous sommes morts que nous finissons par le croire. J'avoue, pour mon compte, que je ne trouve pas cette condition sans charmes. Quand on est mort, naturellement on n'est plus tourmenté par les passions, on se désintéresse des choses de ce monde, et si on avait tenu autrefois à l'honneur de le gouverner, en voyant ce qui s'y fait, on se console. Que voulez-vous? Puisque nous ne sommes plus une philosophie publique, nous serons une philosophie domestique : nous entrerons dans la maison, nous irons nous asseoir au foyer, là où l'on a besoin de croire à l'âme et au dévouement, nous garderons le sentiment chez les enfants et les femmes, et la dignité chez les hommes, s'il plaît à Dieu.

Nous ne disons pas que si la philosophie spiritualiste française doit un jour reparaître, elle reparaîtra absolument telle qu'elle a été; si elle veut inspirer un siècle et prendre la place qui lui appartient, il faut qu'elle sache à quelles conditions cela peut être. Née sous l'aile de la Sorbonne, élevée par deux évêques et par les solitaires de Port-Royal, elle s'est plus tard échappée en niant tout ce qu'on lui avait enseigné, pour se prouver qu'elle était libre, puis elle est tombée de ces aventures dans la sagesse où nous l'avons vue. A ce prix, on lui a permis d'enseigner la jeunesse et c'est une noble fonction qu'elle a bien remplie ; mais, contente de régner dans les écoles, elle a peut-être trop oublié le public, qui a semblé l'oublier aussi. Il s'est intéressé aux rêveries ingénieuses d'un écrivain qui l'a promené sur la terre et dans le ciel;

il a permis qu'un jeune homme de talent traitât la philosophie comme il a traité les premiers philosophes du dix-neuvième siècle, sans façon ; sans être rassuré sur le symbole de la doctrine, il a suivi avec charme ce rare esprit qui fait passer toutes les croyances religieuses par sa critique « engageante et hardie ; » même il a écouté la philosophie sauvage et sophistique d'un homme maintenant tombé dans l'adoration de lui-même; il sera peut-être captivé par cette philosophie de Hégel, qu'un des penseurs les plus sérieux de ce temps introduit dans sa métaphysique. Que notre philosophie songe donc, elle aussi, à se faire écouter et à faire durer la réaction inévitable qui se décidera en sa faveur. Déjà elle inspire heureusement l'histoire des idées morales et politiques ; qu'elle ne craigne pas les problèmes. Au delà des vérités du sens commun et du spiritualisme rationaliste et chrétien, il y a des questions où la curiosité humaine s'obstine : de ce nombre sont la destinée future, les rapports du corps avec l'âme et du monde avec Dieu. Il sera bien d'aborder ces problèmes, de ranimer la philosophie languissante; il ne s'agit plus de compter éternellement sa fortune, mais de l'augmenter.

Nous ne lui conseillerons pas, en essayant de se rajeunir, de changer son ancienne forme. Un jeune écrivain, qui a fait d'excellentes choses et qui est supérieur a tout ce qu'il a fait, a tenté cela. Il a brisé le discours continu, égayé le ton sévère; M. Pierre et M. Paul résolvent de l'air le plus dégagé les plus terribles difficultés, soulèvent du bout du doigt le poids des plus grosses questions; toute la métaphysique est le déjeuner de deux hommes d'esprit. Faut-il le dire? J'ait été émerveillé par je ne sais combien de pages d'une verve étincelante ; mais élevé à une autre école (tant on a de peine à se défaire des premières impressions !) au milieu des caprices et des saillies de cette discussion alerte, je regrettais le *Discours de la Méthode,* l'ampleur de la composition, la gravité, la dignité, la lenteur convenable aux grands objets qu'il traite, cette large lumière qui va bien aux grands horizons, toutes ces qualités extérieures qui frappent et avertissent le lecteur, en sorte que s'il n'emporte pas de là la vérité, il emporte du moins le respect de la science. Le ton leste ne peut que tromper sur la difficulté des choses ; parce que la métaphysique est faite par M. Pierre et M. Paul, ce n'en est pas moins la métaphysique, et parce que M. Pierre et M. Paul fument, on n'y voit pas plus clair.

Du reste, que la philosophie se donne carrière, qu'elle prenne de l'air et de l'espace et constate son droit. On dirait, en France, que dès qu'un homme pense autrement que les autres, tout est perdu ; l'opinion se soulève contre lui ; un propriétaire inquiété dans sa possession n'est pas plus ému : voilà que tout est remis en question, il n'y a plus de sécurité, on ne peut plus s'amuser ni dormir tranquille. Vraiment, les philosophes sont-ils si dangereux, et un philosophe ne peut-il avoir une idée que la société ne tremble ? La métaphysique est-elle redoutable à ce point ? J'avais toujours cru que la France était de beaucoup de pays celui où on pouvait faire de la métaphysique le plus impunément. Chez les Allemands, rien n'est moins innocent qu'un système métaphysique : ils ont la naïveté de pratiquer ce qu'ils croient, il peut sortir de l'*objectif* et du *subjectif* de longues tempêtes ; mais nous ne sommes pas le moins du monde allemands. Ici la pensée est une chose, la pratique en est une autre : chacun en naissant est placé dans une religion, où il restera ; on la lui enseigne de dix à douze ans ; il a là un moment de vive ardeur, mais bientôt il s'aperçoit que si la foi l'occupe tout entier, elle ne tient pas dans le monde la même place ; quelques-uns persistent, et, trouvant que c'est le monde qui a tort, se proposent de le corriger ; le grand nombre change, prend un parti général sur la question des révélations, des miracles et des mystères, se borne à une manière de religion naturelle, vague, où il arrange sa vie. Entre gens qui se fréquentent, la religion est supposée et ne se discute point ; la théologie est renvoyée au séminaire, la philosophie à l'école : il n'est pas du bon sens de se plonger dans ces choses-là, et il n'est pas du bon goût de prétendre y entraîner les autres ; il est clair que si on donnait du temps à converser sur Dieu et la vie future, il n'en resterait plus pour parler du roman de la veille et de l'événement du jour, car la vie est courte. Athées et panthéistes sont mal vus, par ce qu'il faut être comme tout le monde, parce que ces fronts sérieux effarouchent le plaisir public. Un dogme nouveau peut passer, il n'est pas nécessaire qu'on s'en occupe ; mais une doctrine nouvelle vous sollicite : si vous la laissez faire, elle s'emparera de votre esprit, et si vous la laissez faire encore, elle s'emparera de votre personne pour réformer vos habitudes, ce qui ne peut se supporter ; une loi reçue vous lie peu, mais une loi que vous vous donnez vous lie, et on ne veut pas être lié. Nous ne voyons donc jamais dans ce pays de grands dangers à la métaphysique.

Pour ce qui regarde ce temps-ci en particulier, il y a moins de danger encore : il n'a absolument rien à craindre des spéculations de la philosophie. Autrefois, on cherchait comment a été formé le monde; nous, nous l'exploitons. Quant à l'autre monde, ce n'est pas grand'chose, puisqu'on ne peut pas le mettre en actions. On ne prétend donc ici contrarier aucun goût, mais on demande aux gens positifs l'indulgence pour quelques méditatifs qui ne font de mal à personne et ne tourmentent qu'eux-mêmes. Eux aussi, ils désirent toujours, ils font et défont leur édifice, les uns jamais découragés, mourant dans toute leur ambition, les autres tristement assis sur ces ruines. Ils sont inutiles pour le moment; mais quand les hommes, après avoir contenté leur envie, auront de nouveau le souci des choses divines, ils seront bien aises de retrouver quelques solitaires qui les leur rapprennent. Les maîtres seront-ils d'accord? Cela n'est pas probable et n'est pas si nécessaire qu'on le dit. Il y a, dans la philosophie, la vérité et la recherche de la vérité, celle-là par accident, celle-ci par essence ; on n'est pas philosophe parce qu'on trouve, mais parce qu'on cherche. Heureux ceux dont la fortune est faite! ils n'ont plus qu'à jouir. Le philosophe fait sa fortune lui-même; c'est son défaut, si on veut, c'est aussi son honneur : qu'il réussisse ou non, il a travaillé. Les philosophes sont ici-bas pour maintenir un petit nombre de problèmes, pour inquiéter les esprits, comme les poëtes pour inquiéter les imaginations et les cœurs. Qui ne veut que vivre tranquille peut se passer des philosophes et des poëtes, mais on ne se passe pas d'eux quand on veut vivre avec dignité

1859.

HISTOIRE GÉNÉRALE DE LA PHILOSOPHIE.

M. Victor COUSIN [1].

Voici un volume qui n'avait pas prévu qu'il arriverait si à propos. Il s'imprimait pendant que la philosophie des lycées, réduite à plaisir, portait encore le triste nom de logique, qu'on lui a infligé il y a douze années, et n'avait pas la liberté de rien raconter de son passé, pour ne pas scandaliser la jeunesse par le récit de ses égarements. Au moment où il se publie, la philosophie, grâce à un ministre réparateur, a retrouvé ses honneurs et son nom ; on a pensé avec raison qu'il n'était pas permis à l'esprit humain d'ignorer son histoire, et qu'il n'y avait aucun danger pour les jeunes gens si on leur faisait connaître et juger par avance les systèmes qu'ils connaîtront certainement un jour et qu'ils ne jugeront peut-être pas. Ce volume arrive donc, comme nous disions, fort à propos, et on ne saurait imaginer une plus juste rencontre, ni plus heureuse.

M. Cousin ne se plaindrait pas, nous en sommes sûr, si son livre n'était lu que de la jeunesse des colléges ; c'est pourtant à un autre public qu'il l'avait destiné, à celui qui a si favorablement accueilli le

[1] Un volume in-8°. Librairie Didier.

livre *du Vrai, du Beau et du Bien*, et en a demandé en peu de temps dix éditions. Dans cet ouvrage, comme dans le précédent, il a résumé des travaux de cinquante années avec la clarté, la mesure nécessaires, et avec le style que l'on sait. Ce style, un peu tendu à l'origine, peut-être par l'influence de J.-J. Rousseau, puis assoupli au contact du dix-septième siècle, demeure unique par l'ampleur, l'éclat et le mouvement.

Nous n'insisterons pas sur le mérite de l'érudition historique et bibliographique qui est dans cet ouvrage : il y a là ce goût de la parfaite exactitude, que notre siècle apporte dans l'histoire, et dont M. Cousin est possédé jusqu'à ne reculer devant aucune fatigue pour vérifier un texte ou un titre. Personne, parmi les adversaires les plus décidés des doctrines de M. Cousin, n'a eu l'idée de nier le mouvement qu'il a imprimé à l'histoire de la philosophie, ce qu'il a produit et ce qu'il a suscité de beaux travaux sur cette histoire. Quand on laissera là les tristes querelles qui ne manquent jamais aux hommes vivants, quand on comptera ce que les nôtres ont apporté à l'histoire de la philosophie, on leur sera reconnaissant, il faut l'espérer, d'avoir substitué à des expositions vagues ou passionnées des études précises et profondes, en sorte qu'il n'y a pas un seul coin de ce vaste champ qui n'ait été éclairé d'une vive lumière [1]... Quelques personnes ont craint que la science historique ne fût un péril pour l'originalité ; nous ne saurions partager leur crainte : ceux qui sont nés originaux ne manqueront pas de l'être, et nous comptons

---

[1] Voir le *Dictionnaire des sciences philosophiques*, dirigé par notre savant collaborateur M. Franck.

bien que la fécondité de l'esprit humain n'est pas épuisée ; mais, grâce à l'érudition actuelle, on ne sera plus exposé à prendre pour de l'originalité la répétition ignorante d'opinions vieilles comme le monde.

Il a plu à l'auteur de conserver à son livre la forme de leçons qu'il avait d'abord. Nous ne nous chargeons pas de certifier que le jeune professeur de 1829 ait su tout ce que sait le rédacteur de 1863, ni qu'il n'y ait aucune nuance entre les pensées et les expressions d'alors et les pensées et les expressions d'aujourd'hui ; en y regardant d'un peu près, on reconnaîtrait les différentes couches dont l'ouvrage est composé et les différentes époques de formation ; mais le public prend peu de souci de cette identité des textes ; ce qu'il demande, c'est une bonne histoire de la philosophie, qui soit au courant des connaissances actuelles, et il ne se fâche pas qu'elle réponde aussi à des préoccupations actuelles : cela signifie simplement qu'elle a été faite pour lui. M. Cousin pourra donc, s'il le veut, se mettre là-dessus à son aise. Ainsi il n'avait pas appris encore en 1829 tout ce qu'il a appris depuis sur la scolastique ; il n'avait pas fait encore la préface du grand ouvrage d'Abélard, où les querelles du temps sont si admirablement éclaircies. et on lui pardonnerait sans peine d'en reproduire ici les passages principaux ; quelques légers anachronismes de ce genre rendront grand service au lecteur.

Nous retrouvons ici l'ancienne classification des systèmes en quatre classes : sensualisme, idéalisme, scepticisme et mysticisme. On se défie, en général, de ce qui est simple, et pourtant il nous semble difficile qu'il y ait un système qui ne rentre pas par quelque côté dans cette classification. En effet, on croit ou on ne croit pas à la raison. Si on y croit, on penche à faire la part du corps plus grande, ou plus grande la part de l'âme; si on n'y croit pas, ou on ne croit pas à autre chose, ou on croit à quelque chose de supérieur. Bien entendu, ces systèmes ne se rencontrent pas partout nettement tranchés, à l'état pur et violent, mais ils se tempèrent en bien des degrés et se combinent en bien des proportions différentes. Il en est ici comme des corps élémentaires de la nature : ils sont presque toujours mêlés; mais dans tous ces mélanges, en définitive, il n'y a qu'eux.

Un mérite de cette classification est de mettre tout d'abord une grande clarté dans l'histoire de la philosophie, où on est si aisément perdu. Une fois ces quatre catégories établies, il reste à déterminer à laquelle telle ou telle doctrine appartient. Pour prononcer équitablement là-dessus, M. Cousin observe des règles prudentes que, par malheur, on n'observe pas toujours. La première est de n'interroger les philosophes d'une époque que sur les questions qui sont nées alors. Il n'y a pas seulement, dans l'histoire des systèmes, des solutions nouvelles à d'anciennes questions, il y a aussi des questions nouvelles qui naissent, auxquelles on ne songeait pas auparavant, et qui peut-être disparaîtront après. J'en citerai une, qui est née environ de nos jours. En analysant la raison humaine, Kant y rencontre de certaines notions, sur la portée desquelles il s'interroge : par exemple, les notions de Dieu, de l'âme, de la liberté; il se demande si ces notions n'ont d'existence que dans l'esprit, dans le sujet qui les aperçoit, ou si elles répondent à quelque chose de réel, en dehors de l'esprit, à un objet. Voilà, comme on voit, une question nouvelle, et si on n'y songe pas, on ne comprend rien à la philosophie allemande, qui, depuis Kant, s'obstine à la poser au début de toutes les recherches. On aurait donc tort de la négliger dans l'étude de cette philosophie, mais on aurait aussi grand tort de la poser à tous les philosophes qui ne l'ont pas soupçonnée. Autant vaudrait examiner Homère sur la théologie du moyen âge ou sur notre catéchisme politique et lui demander ce qu'il pense de la maxime : « Le roi règne et ne gouverne pas. » C'est une faute de ce genre qu'a faite Tennemann ; aussi on verra vite la différence qu'il y a entre son *Manuel*, traduit autrefois par M. Cousin, et l'*Histoire générale de la Philosophie*, que M. Cousin nous donne aujourd'hui pour son propre compte.

La seconde règle est d'interroger les philosophes sur la question qui est la principale de leur temps et de les classer par la réponse qu'ils y font. Parmi les questions que la philosophie d'une époque est capable d'entendre, toutes n'ont pas la même importance : à un moment, les unes s'effacent, les autres passent au premier rang, ainsi qu'il arrive dans les affaires politiques ; et si on veut connaître le vrai caractère d'une philosophie, il est à propos de ne pas l'interroger sur les points qui sont alors secondaires, mais sur les points ou sur le point qui est alors principal, sur la question qui est alors, comme on dit ailleurs, à l'ordre du jour. A l'époque de Descartes, comme le remarque M. Cousin, c'était la question de la certitude ; au moyen âge, c'était celle des universaux ; au dix-huitième siècle, celle de l'origine des idées.

En observant ces règles, que M. Cousin recommande et qu'il s'attache à suivre, on est assuré de déterminer justement le caractère réel des doctrines et de ne point les classer à faux.

Nous devons avertir les lecteurs que, s'ils ouvrent ce livre, ils y rencontreront l'éclectisme. Comme ce mot a la vertu de faire à beaucoup de personnes un effet extraordinaire, il nous paraît utile de ramener ce terrible éclectisme à ses véritables proportions. Parlons-en simplement. Si on disait : « Il est dange-
» reux de s'obstiner à ne considérer qu'une seule
» chose, parce que, à force de la voir, on finit par ne
» plus voir qu'elle, » on donnerait un conseil utile ; si on ajoutait : « Le monde, et surtout le monde
» des philosophes, est plein d'esprits qui ont fait cela;
» chacun d'eux a donc raison de voir ce qu'il voit et
» a tort de ne pas voir ce que voient les autres ; par
» conséquent, il faut juger les querelles philosophi-
» ques avec discernement et équité, avec une raison
» plus large que les systèmes, en choisissant dans
» tous ce qu'ils ont de vrai, » on donnerait à la critique historique une excellente inspiration, et ce choix intelligent pourrait s'appeler l'éclectisme. En ces termes non plus, il n'est pas probable qu'il suscitât beaucoup d'opposition ; mais si on mettait dans ces idées plus de rigueur, en les enfermant dans des formules, si on disait : « Les systèmes sont vrais par ce qu'ils affirment, faux par ce qu'ils nient, et tous les systèmes possibles sont inventés, » on éveillerait la contradiction. Elle n'a pas manqué en effet. Un parti avancé de la philosophie protestait vivement : « Qui
» vous assure que tous les systèmes sont inventés;
» que l'esprit humain est devenu stérile? Puis, en
» nous invitant à chercher la vérité dans les systèmes,
» au lieu de la chercher en nous-mêmes, vous honorez
» l'histoire de la philosophie, mais vous supprimez

» la philosophie. » A leur tour, les adversaires de la philosophie protestaient avec vigueur et avec ensemble. Par une interprétation légèrement détournée, ils supposaient que, au lieu de choisir toutes les vérités des systèmes, on en choisissait toutes les erreurs, et qu'on faisait de la philosophie nouvelle une collection de tous les monstres de la création. On se rappelle que le monstre à effet, en ce temps-là, était le panthéisme.

Nous dirons tout à l'heure un mot sur ces assertions des adversaires de la philosophie; quant à ses amis, tous leurs scrupules, fussent-ils injustes, nous paraissent respectables, et, à l'égard d'un certain éclectisme, ils nous paraissent justifiés. L'éclectisme est bon quand on le prend largement. Il n'est pas difficile d'admettre que toutes les grandes idées, tous les grands sentiments dont l'humanité vit, que toutes les grandes puissances dont elle est pourvue se sont montrées : ainsi, l'âme et le corps, Dieu et le monde, la raison et la foi, la croyance et le doute, la logique et l'expérience, le plaisir et le devoir, l'idéal et le réel, l'ordre et la liberté; il n'est pas difficile d'admettre non plus qu'une sage philosophie ne doit refuser une place à aucun de ces éléments, qu'elle doit, comme le dit M. Cousin ici même, « tout comprendre pour tout employer; » mais si un éclectisme malavisé venait à soutenir qu'il n'est plus possible d'avoir une idée neuve, que les systèmes philosophiques, les formes politiques, sociales, artistiques, sont épuisées, et que tout ce qu'on peut faire est de les mélanger, cet éclectisme, dis-je, ne serait-il pas pour blesser et paralyser les esprits qui ont de l'initiative et pour encourager les génies médiocres qui, incapables de créer, combinent plus ou moins adroitement les créations des autres dans leurs compositions hybrides ? La philosophie, la première, ne serait-elle pas atteinte dans sa source, la flamme de l'esprit éteinte, la recherche ardente et la réflexion personnelle remplacées par une sorte de mécanisme ? Si quelques personnes ont pris l'éclectisme ainsi, M. Cousin, du moins, ne les y avait pas autorisées. À ses yeux, l'éclectisme est une méthode purement historique ; c'est entre des systèmes nombreux et des systèmes grands et différents qu'on peut porter une critique à la fois profonde et bienveillante, qui seule peut nous y faire discerner et choisir ce que chacun d'eux a de vrai ; mais à la condition qu'une toute autre méthode nous ait appris ce qui est le vrai. L'éclectisme est la lumière de l'histoire, mais la philosophie repose sur une analyse exacte de la conscience. L'éclectisme n'est pas un instrument que tout le monde puisse manier : il suppose de vastes connaissances historiques, qui ne s'acquièrent pas en un jour. C'était donc, à tous les égards, une étrange idée de soutenir qu'on en avait voulu faire une méthode universelle, à l'usage des colléges.

J'ai eu l'honneur de vivre près de M. Cousin pendant plusieurs années, et d'être toujours admis près de lui ; j'ai enseigné la philosophie quand il dirigeait cet enseignement ; j'ai reçu, en partant pour occuper ma chaire, ses instructions, et j'ai été témoin des instructions qu'il donnait à un grand nombre d'autres qui partaient comme moi ; je puis assurer que je ne l'ai pas entendu parler d'éclectisme une seule fois; mais avec quelle vivacité il nous recommandait le spiritualisme, en nous bornant aux vérités essentielles qui se retrouvent les mêmes dans le christianisme et dans la philosophie, et que le panthéisme détruit !

C'était précisément pendant ce temps-là qu'on représentait M. Cousin comme le pontife de l'éclectisme et du panthéisme, et les professeurs de l'Université comme de jeunes fanatiques que le maître envoyait prêcher sa doctrine aux quatre vents. Tant est grande la justice des partis! Je ne parierais pas que maintenant encore il n'y ait quelques honnêtes personnes qui croient de bonne foi que M. Cousin est panthéiste, parce qu'il a écrit jadis, dans sa jeunesse, au retour d'Allemagne, une phrase brillante, une phrase à effet, où l'on pouvait voir une foule de choses et le panthéisme avec le reste. Car que prouve contre une phrase qu'ils ont lue un enseignement d'un demi-siècle qu'ils n'ont pas lu? Vraiment, ils ont bien choisi leur panthéiste, l'esprit le plus actif, le plus vivant que l'on ait vu! Il est bien disposé à se regarder comme une apparence, comme un mode de l'infini, et je leur conseille d'aller lui dire qu'il n'existe pas.

La doctrine constante de M. Cousin est celle que nous venons de nommer : le spiritualisme, appuyé sur le témoignage de la conscience, la nécessité de la pratique et l'expérience de la vie. Sur la conscience d'abord. Je puis nier l'existence des autres, non la mienne : ce monde tout entier peut me sembler n'être qu'une figure, un spectacle d'ombres; mais, moi, je sais que j'existe, je sais que je ne suis pas une collection de phénomènes changeants, que je suis une personne réelle, qui pense et qui veut, qui jouit et qui souffre, qui aime et qui hait, qui craint et qui désire, qui dort et qui éveille, une force qui préexiste à ses actes, les produit et subsiste après; en un mot, j'ai conscience de moi-même.

Je puis aussi nier la liberté des autres, chercher les

causes de leurs volontés et les trouver dans des causes fatales, semblables à celles qui font tomber la pierre ou tourner les astres; l'univers alors me fait l'effet d'un immense mécanisme où il n'y a que des rouages, des ressorts et des poids; mais nier sérieusement ma propre liberté, lorsque je me sens maître de prendre un parti ou de ne pas le prendre, de commencer une action, de la suspendre ou de la continuer, cela est impossible.

Et je puis aussi nier la distinction du bien et du mal dans le monde, rapporter toute la conduite des hommes à l'intérêt bien ou mal entendu; mais quand j'ai à me résoudre, je ne puis nier le respect que le bien m'inspire, et, l'action faite, je ne puis me nier à moi-même mon contentement ou mes remords. Assurément, le devoir existe, et, suivant que je m'y attache ou non, je sens que je m'élève ou que je m'abaisse; il y a dans l'homme un indomptable instinct du bien. Pour pouvoir s'estimer lui-même, pour pouvoir être estimé des autres, quelquefois d'un seul, il sacrifie ses plus chers plaisirs. Ceux qui font ces sacrifices sont tristes; ils seraient encore plus tristes s'ils ne les faisaient pas. Nous aimons tellement le bien, que, si nous étions maîtres, nous voudrions lui donner le monde; nos discours, nos contestations roulent presque uniquement sur le juste et l'injuste, et dans les guerres, l'ennemi oppose la justice à son ennemi, comme il tâche de lui mettre le soleil dans les yeux.

La nécessité de l'action appuie à son tour le spiritualisme. La spéculation a ses incertitudes infinies: on voit, puis tout à coup on ne voit plus; on passe le matin par-dessus des difficultés, qui, le soir, se dressent insurmontables; les mêmes mots paraissent tantôt pleins, tantôt vides d'être, comme les solides figurés sur un tableau paraissent tantôt plats, tantôt en relief, selon que la lumière les éclaire et que l'œil les regarde; mais où la spéculation hésite, l'action enseigne; les vérités qu'auparavant vous contempliez comme du dehors, la vie les fait entrer en vous, elle vous en pénètre, et désormais mêlées à votre existence, elles y portent des principes nouveaux : elles sont l'élan qui porte en haut, le ressort qui relève, l'espérance qui soutient, la force qui combat; c'est l'âme elle-même replacée dans toute la vérité de sa condition, c'est-à-dire rattachée à son origine, à sa loi, à sa fin, et recueillant toutes ses puissances pour agir. Unis alors à ces grandes vérités du spiritualisme, nous les sentons comme la nécessité que la pratique suppose, comme l'objet à qui nos pensées, nos désirs, nos résolutions font appel. Quand l'homme ne veut que jouir, il n'a que faire d'un être parfait et d'une autre vie : il se laisse aller à la nature, l'eau coule et l'emporte, et il s'abandonne au courant; mais, quand il est debout, quand il tente quelques-uns de ces grands efforts qui demandent tout l'homme, alors il faut que son pied pose sur un sol ferme; ce sol ferme, c'est le fond de la raison même, c'est notre nature éternelle, avec sa foi et son espoir.

Enfin l'expérience de la vie enseigne le spiritualisme. Tant que la vie est belle, on glisse à la surface; mais il vient des agitations terribles qui en découvrent le fond. Tant qu'elle est en fleur, on jouit, sans y songer, de son éclat et de ses parfums; mais il vient des secousses qui brisent et arrachent nos plus chères affections, et mettent à nu leurs profondes racines. On voit alors clairement sur quoi la vie repose, que l'âme humaine ne se passe ni de Dieu ni de l'immortalité.

On n'a pas d'idée de la pitié avec laquelle de plus forts esprits regardent cette philosophie. Ils ont créé tout exprès pour elle une nouvelle branche de littérature, qu'ils appellent littérature philosophique, comme un supplément de la *Bibliothèque rose*, à l'usage des adolescents et des demoiselles, spécialement affecté aux distributions de prix. Rendons-leur justice, ils distinguent parmi ceux qui se livrent à ces jeux innocents : il y a, selon eux, les habiles, qui savent ce qu'ils font, en professant une doctrine approuvée par les puissances, et qui n'expose point au martyre ; il y a aussi les provinciaux de la philosophie, population estimable à qui les phrases font encore de l'effet, derniers croyants de la rhétorique. Le spiritualisme est une honnête doctrine à l'usage de leur médiocrité, quelque chose comme la poétique de Marmontel ; on y a même les trois unités : Dieu, le libre arbitre et la vie future ; avec le spiritualisme on fait de la philosophie sans être philosophe, de même qu'avec la poétique de Marmontel on fait de la poésie sans être poète ; c'est le classique en religion, une représentation décente de formes vides.

Naturellement on se demande dans quelle catégorie on est classé ; on n'a de choix qu'entre les deux, et on n'a de plaisir à être dans aucune. Avant donc d'être classé, on désirerait présenter quelques observations qui semblent justes. Dites-nous ce qui constitue le philosophe et le sépare du littérateur philosophique. Est-ce la doctrine ou la réflexion ? Ce n'est point la doctrine : le titre de philosophe serait trop facile à prendre, car il existe, en dehors du spiritualisme ordinaire, assez de systèmes pour qu'on ne soit pas embarrassé d'en trouver un ; si c'est la réflexion qui fait la différence, alors on vous prie de croire que, parmi nous, il y en a qui ont réfléchi, et se sont, par méditations personnelles, approprié le spiritualisme, comme, par méditations personnelles aussi, vous vous êtes approprié ce qui n'est pas cela. Aujourd'hui on appelle hommes forts ceux qui renversent une chose qui est réputée solide, et j'ai entendu appeler tel ou tel sophiste un homme très-fort. Sans disputer cet honneur à ceux à qui on l'accorde, à prendre la question en général, cette manière d'apprécier la force me paraît assez contestable : lorsque quelqu'un s'attaque à un objet, celui qui le soutient est aussi fort que celui qui l'ébranle. Mais, dit-on, il faut quelque vigueur pour s'élever au-dessus des opinions établies et découvrir les raisons qui les combattent ; mais, répondrai-je, il faut aussi quelque vigueur pour creuser jusqu'au fondement de ces opinions et découvrir les raisons sérieuses qui les appuient, au lieu de se contenter de la coutume. Et c'est ce qu'a fait notre spiritualisme.

Quand cela est fait, la philosophie est-elle achevée? Nous ne le pensons pas. Exposer dans tout leur jour les vérités fondamentales du spiritualisme est une œuvre excellente ; c'est une œuvre excellente aussi de montrer l'harmonie de ces vérités et leur utilité pour la pratique ; mais l'esprit humain ne se contente pas de cela : il veut pénétrer dans la nuit des origines, percer les mystères ; il n'a pas peur de la témérité et des lointaines aventures, qui, si elles ne rapportent aucune découverte, ont du moins le mérite d'entretenir dans le monde les grandes ambitions. Il y a deux philosophies, qu'il est important de ne pas confondre :

la philosophie de recherche et la philosophie d'enseignement. Celle-ci n'existait pas en France, M. Cousin l'a créée : il a fondé dans les colléges ce vaste enseignement de la philosophie que nous avons vu florissant en maîtres et en élèves pendant une vingtaine d'années, que nous avons vu aussi périr dans de mauvais jours et qui renaît aujourd'hui. Il va sans dire, ce qui était enseigné là, c'était le spiritualisme, la croyance constante du genre humain ; et il ne pouvait en être autrement, car qui dit enseignement dit tradition, et celle-là était assez grande pour qu'on en fît part aux jeunes générations, dussent-elles plus tard s'en dégager, pour commencer une humanité nouvelle. D'ailleurs, on ne se bornait pas à donner aux jeunes gens une philosophie, on leur donnait l'esprit philosophique, c'est-à-dire l'habitude de se rendre compte : ils recevaient à la fois une doctrine et le moyen de la juger. On ne saurait donc trop reconnaître les mérites de cet enseignement; pour mon compte, je m'honore de l'avoir servi, et n'eussé-je fait que cela, j'aurais la conscience que ma vie n'a pas été perdue ; mais, aussi grands que soient ses mérites, il est ce qu'il est. Le propre de tout enseignement est l'affirmation ; il n'est pas maître d'ignorer et de douter, il tourne de lui-même en catéchisme ; ajoutez que, s'il est dogmatique sur les questions qu'il pose, il ne les pose pas toutes et écarte celles qui agitent trop vivement l'esprit. Si donc l'enseignement philosophique des colléges paraissait hors des colléges, il risquerait de rappeler son origine, d'affirmer trop au delà de ce qui est sûr, et de ne pas aborder les questions périlleuses, celles qui tentent le plus la curiosité ; par son silence sur certains points et sa décision sur d'autres, il devrait déplaire à cette foule d'âmes inquiètes, qui soulèvent tous les problèmes, les plus hauts de préférence, et ne se contentent parfaitement sur rien. La philosophie hardie que nous voyons paraître depuis quelques années est venue par réaction. Je la crois souvent fausse comme doctrine, mais, à un moment donné, elle a sa valeur : elle rend à la pensée toute son étendue, elle ramène dans la philosophie la curiosité et le doute, deux choses humaines; elle effraie, elle irrite une partie du public ; elle intéresse le reste par la nouveauté, par l'audace, par le talent, par l'attrait des brillantes entreprises et de la vie en plein air. M. Cousin a été plus hardi que les uns et plus réservé que les autres. Il a pratiqué la recherche scientifique avec une rare pénétration : ainsi, le jour où il a introduit dans la philosophie l'idée de Leibnitz qui fait de l'être une force, il y a introduit le germe de développements incalculables et un principe qui la renouvelle entièrement; mais, pour le plus beau système, il ne consentirait pas à compromettre la philosophie éternelle qui subsiste dans l'humanité. Aussi, quand il présente l'histoire de la philosophie, il est préoccupé de montrer la tradition de celle-là ; nous craignons même qu'il ne se soit trop complu à la montrer, et qu'il n'ait trop laissé dans l'ombre la partie héroïque, les audaces, les fantaisies et les chimères.

Nous avons une dernière remarque à présenter sur le livre qui nous occupe. M. Cousin entend par philosophie la libre réflexion appliquée à l'étude de l'homme, de sa nature, de son origine et de sa destinée, et il la distingue ainsi de la religion, qui procède par inspiration et par autorité. Cette définition se conçoit : il y a en effet une science qui est cela, et qu'un philosophe solitaire, sans société et sans livres, peut faire, pourvu qu'il s'observe suffisamment lui-même. Toutefois, à côté de cette science, il y en a une autre que nous voyons rapidement se développer. Au lieu d'étudier l'homme dans un homme, on l'étudie dans l'histoire, on replace l'esprit humain dans l'espace et dans le temps, on le regarde se mouvoir et vivre, produire, détruire, renouveler, comme fait la nature, ou par changements insensibles ou par grandes créations ; on connaît ainsi les puissances qui sont en lui et le caractère particulier que leur impriment les pays et les siècles où elles agissent. Dans l'histoire ainsi entendue, il est impossible de négliger les religions, car il n'y a pas de fait plus considérable et où éclate davantage le génie des âges et des peuples ; il est impossible aussi de négliger les systèmes philosophiques, les langues, les formes politiques, sociales et artistiques, qui sont comme des moules où l'esprit humain a laissé son empreinte. L'histoire de la philosophie, telle qu'elle était autrefois comprise et qu'elle est exécutée ici, devient ainsi une partie, partie indispensable, d'une plus vaste histoire, celle qu'on appellera, si on veut, la critique, qui commence à se dessiner chez nous et ne sera pas l'œuvre d'un jour.

J'ai examiné le livre de M. Cousin avec une entière liberté ; il sait d'ailleurs de quel sentiment de respect et d'affection particulière elle est accompagnée. Pour tout le monde, ce livre sera un nouveau service rendu à la science historique et au spiritualisme, que M. Cousin s'est comme approprié par la belle et longue défense qu'il en a faite. Ne craignons pas de le dire hautement, ce spiritualisme est autre chose qu'un dogmatisme officiel ; il est la philosophie française, celle où Voltaire et Rousseau eux-mêmes se sont arrêtés, malgré la hardiesse de leur pensée, celle où ils se sont rencontrés, malgré l'opposition de leurs esprits; disons mieux : il est la philosophie humaine, la grande tradition, restaurée avec un singulier éclat. On ne doit pas être pressé de le voir périr, car il aura fait son temps quand auront fait leur temps les pensées et les sentiments qui nous élèvent au-dessus de ce monde et de nous-mêmes.

1863.

TABLE DES MATIÈRES.

		Pages.
Avertissement.		v

Essai sur la Providence.

Préface.		3
Chap. I.	Connaissance de Dieu par la raison. — Première idée.	31
— II.	Attributs de Dieu.	33
— III.	Sagesse divine. — Dieu agit par raison. — Il n'y a qu'une raison.	44
— IV.	L'idée de Dieu s'achève par la science et la vertu.	50
— V.	Dieu présent à l'âme par le sentiment. .	52
— VI.	Providence visible dans l'ordre de la nature.	58
— VII.	Providence nécessaire à la vie morale. .	86
— VIII.	Objection historique. — Réfutation. . .	102
— IX.	Providence nécessaire à la vie future. . .	126
— X.	Du plan de la création. — 1° Desseins et lois.	133
— XI.	Du plan de la création. — 2° L'homme en est-il le centre ? — 3° Beauté vivante de la création.	140
— XII.	De la prescience divine et de la liberté humaine.	156
— XIII.	De la Providence et de la liberté humaine.	162
— XIV.	Du mal.	179
— XV.	Du mal. — 1° Du désordre.	191
— XVI.	Du mal. — 2° Du vice.	192

	Pages.
Chap. XVII. Du mal. — 3° De la douleur.	194
— XVIII. Double conclusion : contre la superstition et l'athéisme.	203
— XIX. 1° Contre la superstition dans la science.	209
— XX. 2° Contre la superstition dans la pratique.	222
— XXI. Contre l'athéisme.	239

Philosophes du XVIIIe siècle :

Voltaire.	257
Rousseau.	319
Diderot.	372

Une philosophie nouvelle. 495

Histoire générale de la philosophie. M. V. Cousin. 513

www.ingramcontent.com/pod-product-compliance
Lightning Source LLC
Chambersburg PA
CBHW051359230426
43669CB00011B/1699